Über dieses Buch

Der Fischer Film Almanach 1981 bietet dem Kinogänger eine lückenlose Dokumentation aller in der Bundesrepublik erst- bzw. uraufgeführten Filme des vergangenen Jahres. Sämtliche Filme werden mit filmographischen Daten (soweit von den Verleihfirmen zu erhalten) und kurzen Inhaltsübersichten vorgestellt. Viele Filme sind mit Szenen- oder Porträtfotos illustriert. Darüber hinaus enthält der Band einen Überblick über die wichtigsten Filmfestivals von Berlin bis Cannes und die dort ausgezeichneten Preisträger. Außerdem beschäftigt er sich mit dem 2. Film/Fernseh-Abkommen, das Mitte 1980 verabschiedet wurde, mit der Duisburger Erklärung der Arbeitsgemeinschaft Dokumentarfilm und mit der 1978 gegründeten »Aktion Klartext e. V.«, die die längst überfällige Gleichstellung der Frau in den Medien zu erreichen versucht und sich engagiert darum bemüht, in den Medienbetrieben eine Diskussion in Gang zu setzen mit dem Ziel, im Programm-, Produktions- und Redaktionsbereich Männerdomänen abzubauen.
Ergänzt wird dieses wichtige Nachschlagewerk für den Filmfreund durch Kurzbiographien von rund dreißig Filmemachern, ein Register der Regisseure des Kinojahres 1980, ein Verzeichnis der fremdsprachigen Originaltitel der 1980 erstaufgeführten Filme und der Anschriften der Filmverleiher in der Bundesrepublik und in Westberlin.

Die Autoren

Willi Bär, Jahrgang 1951, Germanistikstudium, Zeitungsvolontariat, Kulturredakteur, ist seit 1979 Chefredakteur der Filmprogramm-Zeitschrift »Cinema« und der Zeitschrift »Kino«, arbeitet als Buch- und Drehbuchautor.

Hans Jürgen Weber, Jahrgang 1928, Filmredakteur, arbeitete u. a. bei den Zeitschriften »Der neue Film«, »Filmwoche«, »Film-Echo«, seit 1975 Chefredakteur von »Film & TV Kameramann«. Daneben Fernsehdokumentationen, Drehbücher, Co-Regie und ständige Mitarbeit für die Film- und Fernsehredaktionen verschiedener großer deutscher Tageszeitungen.

Willi Bär
Hans Jürgen Weber

Fischer Film Almanach 1981

Filme, Festivals,
Tendenzen

Fischer
Taschenbuch
Verlag

Lektorat: Ingeborg Mues

Originalausgabe
Fischer Taschenbuch Verlag
April 1981
Umschlagentwurf: Jan Buchholz/Reni Hinsch
Foto: Hanna Schygulla in dem Film »Lili Marleen« (Tobis Filmkunst)
Fischer Taschenbuch Verlag GmbH, Frankfurt am Main

Gesamtherstellung: Clausen & Bosse, Leck
Printed in Germany
1280-ISBN-3-596-23665-7

Inhalt

Vorwort

Eine Bilanz des Filmjahres 1980 zeitigt ein eher mageres Ergebnis. Das allzu oft prognostizierte deutsche Filmwunder wollte sich trotz beschwörender Appelle und eiligst organisierter regionaler Festivals nicht einstellen. Mit der »Blechtrommel« oder »Maria Braun« vergleichbare Produktionen blieben aus, die deutsche Filmszene präsentierte zumeist schale Kost. Mit einer Ausnahme allerdings. »Theo gegen den Rest der Welt« entwickelte sich zum Kassenrenner und Hauptdarsteller Marius Müller-Westernhagen zum Jugendidol. Seine Darstellung faszinierte das Publikum quer durch die Altersgruppen.

Was für die deutsche Filmszene gilt, trifft nicht weniger auf die internationale zu. Zwar stieg die Zahl der aufgeführten Filme verhältnismäßig stark an, Highlights jedoch waren nicht zu verzeichnen. Bestimmend für das Kinojahr 1980 waren vor allem jene Streifen, die man zwischen Geisterbahn und Gummizelle ansiedeln könnte; jene Produktionen also, in denen das Grausen und Gruseln fröhliche Urständ feiert. Wohl nie zuvor gab es auf der Leinwand soviel Blut und Brutalität, Folter und Fäulnis. Hochkonjunktur war angezeigt für Zombies und Kannibalen, psychopathische Killer und ähnliche Figuren aus dem Schreckenskabinett der Studios. Ein Blick auf das Jahr 1981 stimmt da schon optimistischer. Bewegung kommt vor allem wieder in die deutsche Filmlandschaft. So wartet Rainer Werner Fassbinder gleich mit zwei Großproduktionen auf. Im Sommer startet mit Hanna Schygulla in der Hauptrolle »Lili Marleen«, die Verfilmung der Lebensgeschichte von Lale Andersen, Ende des Jahres soll die Pitigrilli-Adaption »Kokain« in die Kinos kommen. Literaturverfilmungen erfreuen sich bei deutschen Regisseuren offenbar nach wie vor großer Beliebtheit. So dreht Volker Schlöndorff an Originalschauplätzen im Libanon seinen Film »Die Fälschung« nach dem Roman des kürzlich verstorbenen Schriftstellers Nicolas Born, Geissendörfer arbeitet an der Thomas-Mann-Verfilmung »Der Zauberberg«. Auch »Dr. Faustus« soll nach dem Willen von Produzent Seitz demnächst vor die Kamera.

International macht der »Fantasy«-Film 1981 von sich reden. Die

Filme aus dem Comic-Heft werden dem Publikum reichlich angeboten. »Flash Gordon«, «Merlin«, »Conan«, »Superman II«, »Popeye« und schließlich auch »Tarzan« werden die Kinolandschaft stark bestimmen.

Dezember 1980 Willi Bär, Hans Jürgen Weber

Praktischer Hinweis

Soweit in der folgenden Übersicht über die Spielfilm-Erstaufführungen nicht ausdrücklich anders angegeben, handelt es sich um Farbfilme und um Filme im 35-mm-Format.
Den Listen der Freiwilligen Selbstkontrolle der Filmwirtschaft folgend, wird die Länge des Films in Metern (= m) aufgeführt. (Nur bei den Erstaufführungen von Spielfilmen in ARD- und ZDF-Programmen wurde auf Längenangaben verzichtet, da die Fernsehanstalten diese Daten in ihren Informationen nicht nennen.)
Zur Umrechnung der Meterlänge des Films in seine Spieldauer dient die folgende Tabelle.

Laufzeiten für 35-mm- und 16-mm-Film bei der Kinovorführung mit 24 Bildern/sek.

Meter		Laufzeit	Meter		Laufzeit
35 mm	16 mm	min:sek	35 mm	16 mm	min:sek
1	0,4	–: 2,2	24	9,6	–:52,6
2	0,8	–: 4,4	25	10	–:54,8
3	1,2	–: 6,6	26	10,4	–:57
4	1,6	–: 8,8	27	10,8	–:59,2
5	2	–:11	28	11,2	1: 1,4
6	2,4	–:13,2	29	11,6	1: 3,6
7	2,8	–:15,4	30	12	1: 5,8
8	3,2	–:17,5	31	12,4	1: 8
9	3,6	–:19,7	32	12,8	1:10,2
10	4	–:21,9	33	13,2	1:12,4
11	4,4	–:24,1	34	13,6	1:14,6
12	4,8	–:26,3	35	14	1:16,8
13	5,2	–:28,5	36	14,4	1:18,9
14	5,6	–:30,7	37	14,8	1:21,1
15	6	–:32,9	38	15,2	1:23,3
16	6,4	–:35,1	39	15,6	1:25,5
17	6,8	–:37,3	40	16	1:27,7
18	7,2	–:39,5	41	16,4	1:29,9
19	7,6	–:41,7	42	16,8	1:32,1
20	8	–:43,9	43	17,2	1:34,3
21	8,4	–:46,1	44	17,6	1:36,5
22	8,8	–:48,2	45	18	1:38,7
23	9,2	–:50,4	46	18,4	1:40,9

Meter 35 mm	Meter 16 mm	Laufzeit min:sek	Meter 35 mm	Meter 16 mm	Laufzeit min:sek
47	18,8	1:43,1	1350	540	49:21
48	19,2	1:45,3	1400	560	51:10
49	19,6	1:47,5	1450	580	53:—
50	20	1:49,6	1500	600	54:50
100	40	3:39,3	1600	640	58:29
200	80	7:19	1700	680	1: 2: 8
300	120	10:58	1800	720	1: 5:47
400	160	14:37	1900	760	1: 9:27
500	200	18:17	2000	800	1:13: 6
600	240	21:56	2100	840	1:16:45
700	280	25:35	2200	880	1:20:25
800	320	29:14	2300	920	1:24: 4
900	360	32:54	2400	960	1:27:43
1000	400	36:33	2500	1000	1:31:23
1050	420	38:23	2600	1040	1:35: 2
1100	440	40:12	2700	1080	1:38:41
1150	460	42: 2	2800	1120	1:42:20
1200	480	43:52	2900	1160	1:46:—
1250	500	45:41	3000	1200	1:49:39
1300	520	47:31			

Spielfilm-Erstaufführungen im Kino und in ARD- und ZDF-Programmen

Abendessen mit anschließendem Frühstück

PANE,
BURRO E MARMELLATA

Italien 1977. **Produktion:** Italian International Film, Rom. **Länge:** 2686 m.
Regie: Giorgio Capitani. **Drehbuch:** Franco Ferrer, Giorgio Capitani, Enrico Montesano. **Kamera:** Roberto Gerardi. **Musik:** Piero Umiliani.
Darsteller: Enrico Montesano, Rossana Podesta, Rita Tushingham, Adolfo Celi, Claudine Auger, Franco Giacobini.
Verleih: Jugend-Film.
Erstaufführung: 13. 6. 1980

Kinokomödchen, das aus alten Zutaten neue Funken zu schlagen versucht. Ein verlassener Ehemann findet Trost bei drei Nachbarinnen. Täppisch und konfus stolpert er in ein Abenteuer, dessen heiterwitziges Ende niemand überrascht.

Abschaum – Scum

SCUM

Großbritannien 1979. **Produktion:** Berwick Street Films »A«, London. **Länge:** 2649 m.
Regie: Alan Clarke. **Drehbuch:** Roy Minton. **Kamera:** Phil Meheux.
Darsteller: Ray Winstone, Mick Ford, Julian Firth, John Judd, Phil Daniels, John Blundell, Ray Burdis.
Verleih: Jugendfilm.
Erstaufführung: 5. 9. 1980.

Thema des Films: der englische Jugendstrafvollzug. Engagiert und hart wirft der Regisseur die Frage auf, was wohl faul sein kann in einem Staat, der straffällig gewordene Jugendliche nicht resozialisiert, sondern sie preisgibt an eine Schock-Justiz, die labile und negativ gepolte Charaktere nicht etwa auffängt, sondern weiter fallenläßt bis zur seelischen Zerstörung oder bis zur reinen Gewaltkriminalität.
Eine dokumentarisch bemühte, eindringliche Milieuschilderung, die sicherlich nicht nur für England zutrifft. Ein sehr ernsthafter Beitrag zur Diskussion, mehr noch: eine beschämende Anklage.

Abschied von einer Insel

CONRACK

USA 1974.
Regie: Martin Ritt. **Drehbuch:** Irving Ravetch, Harriet Frank. **Kamera:** John Alonzo. **Musik:** John Williams.
Darsteller: Jon Voight, Paul Winfield, Madge Sinclar, Tina Andrews.
Erstaufführung: Januar 1980, ARD.

Der junge Lehrer Conroy kommt an die Schule einer nur von Schwarzen bewohnten Insel vor der Küste South Carolinas. Er ist schockiert von der Verwahrlosung des Schulhauses, vom Rezept der schwarzen Prinzipalin, Mrs. Scott, daß »farbige« Kinder nur mit rücksichtsloser Disziplinierung auf ihr hartes Leben vorbereitet werden können – und vor allem von der Ignoranz und Interesselosigkeit der Schüler, die so ungebildet sind, daß sie nicht einmal den ungewohnten Namen Conroy aussprechen können, ihn vielmehr hilflos zu »Conrack« verstümmeln. Doch mit aggressiver Beharrlichkeit macht Conroy die verwahrloste Kinderbande zu interessierten Schülern, schließlich zu seinen Freunden.

Letztlich jedoch scheitert er. Nicht an seinen Schülern, sondern an dem auf strikte Rassentrennung bedachten reaktionären Schulleiter, der dem erfolgreichen Pädagogen kündigt.

Abschied von Manzanar

FAREWELL TO MANZANAR

USA 1976.
Regie: John Korty. **Drehbuch:** John Korty, Jeanne Wakatsuki-Houston, James D. Houston. **Kamera:** Hiro Narita. **Musik:** Paul Chihara.
Darsteller: Yuki Shimoda, Nobu McCarthy, Akemi Kikuruma, Clyde Kusatsu, Pat Morita, James Saito, Dori Takeshita, Frank Abe.
Erstaufführung: August 1980, ARD.

Während des Vietnam-Krieges und besonders nach seinem Ende hat sich in den USA eine Selbstreflexion entwickelt, eine Revision des nationalen Selbstverständnisses, die nicht allein unmittelbar mit diesem Krieg zu tun hat, sondern immer mehr in die amerikanische Geschichte zurückreicht. Eines der bisherigen Tabus behandelt in einer solchen Rückbesinnung der Film »Abschied von Manzanar«. Nach dem japanischen Angriff auf die amerikanische Pazifikflotte am 7. Dezember 1941 und die Kriegserklärung an die Vereinigten Staaten waren in den USA rund 110000 Amerikaner japanischer Abstammung in Lagern interniert worden. Eines davon war das Lager Manzanar, das rund 400 Kilometer von Los Angeles entfernt zwischen der Mojave-Wüste und Death Valley lag, in einem gänzlich öden Gebiet.
»Abschied von Manzanar« beruht auf den Erinnerungen von Jeanne Wakatsuki-Houston, die sieben Jahre alt war, als sie mit ihrer Familie aus Santa Monica deportiert wurde. Der Film zeigt die Lebensumstände in den Lagern und die Reaktionen der Menschen, von denen zwei Drittel in Amerika geboren waren und die plötzlich feststellen mußten, daß man sie als Feinde ihres eigenen Landes betrachtete und entsprechend behandelte.

Der Abstauber

THE BALTIMORE BULLET

USA 1979. **Produktion:** Film Fair Inc. **Länge:** 2642 m.
Regie: Robert Ellis Miller. **Drehbuch:** John Brascia, Vincent O'Neil. **Kamera:** James A. Crabe. **Musik:** Johnny Mandel.
Darsteller: James Coburn, Omar Sharif, Bruce Bocleitner, Ronee Blakley.
Verleih: Scotia International.
Erstaufführung: 18. 7. 1980

Ein Film für Pool-Billard-Spieler. Nette Tricks am grünen Tisch. Dazu handfeste Schlägerszenen und einiger Frohsinn mit Damen. Das Drehbuch läßt den Regisseur jedoch weitgehend im Stich. Klamauk allerwegen.

Alexander Fu Sheng – Der Todesblitz der Shaolin

THE NEW SHAOLIN BOXERS

Hongkong 1979. **Produktion:** Shaw Brothers Ltd. Kowloon. **Länge:** 2142 m.
Regie: Chang Cheh.
Darsteller: Alexander Fu Sheng, Lu Ti.
Verleih: AS-Film, Düsseldorf.
Erstaufführung: 23. 5. 1980.

Übles Gemetzel und Gerangel um Ruhe und Ordnung; abstoßende und gemeine Kampfszenen; miese Spekulation.

Allein zu zweit

A NOUS DEUX

Frankreich/Kanada 1979. **Produktion:** Films 13, Paris/Cinévidéo, Montreal. **Länge:** 2977 m.
Regie: Claude Lelouch. **Drehbuch:** Claude Lelouch. **Kamera:** Bernard Zitzermann. **Musik:** Francis Lai.
Darsteller: Cathérine Deneuve, Jac-

Jacques Dutronc und Cathérine Deneuve in dem Film »Allein zu zweit« (Foto: Warner-Columbia).

ques Dutronc, Jacques Villeret, Gérard Caillaud, Paul Preboist, Bernard Commbey, Gilberte Geniat, Jean-François Remi, Bernard Lecoq, Guy Retore.
Verleih: Warner-Columbia.
Erstaufführung: 7. 3. 1980.
FBW-Prädikat: wertvoll.

Eine Ballade vom enttäuschten Leben. Eine romantische Gangstergeschichte mit ironischen Zügen. Die Erlebnisse eines Gaunerpärchens, das auf der Flucht vor der Polizei zueinander findet, die verpfuschte eigene Existenz durchschaut und sich aus den kriminellen Verstrickungen befreien möchte.
Lelouch erzählt seine Story in der ihm meist eigenen geradlinigen, an Naivität grenzenden, direkten Art. Cathérine Deneuve und Jacques Dutronc als Hauptdarsteller bewahren sie vor seichter Allgemeinheit. Angenehme Unterhaltsamkeit dominiert.

Alles in Handarbeit

HARDLY WORKING

USA, 1979. **Produktion:** The Hardly Working Co. Ltd. **Länge:** 2680 m.
Regie: Jerry Lewis. **Drehbuch:** Michael Janover, Jerry Lewis. **Kamera:** James Pergola. **Musik:** Morton Stevens. **Schnitt:** Michael Luciano.
Darsteller: Jerry Lewis, Deanna Lund, Susan Oliver, Roger C. Carmel, Harold J. Stone, Steve Franken, Jerry Lester, Buddy Lester, Buffy Dee, Bob Melvin, Lou Marsh.
Verleih: Tobis Filmkunst.
Erstaufführung: 1. 1. 1980

Nach achtjähriger Pause endlich wieder ein neuer Film des großen amerikanischen Filmkomikers Jerry Lewis. Doch leider eine Enttäuschung.
Nach 43 Filmen innerhalb von 21 Jahren, von denen Lewis 13 auch selbst inszenier-

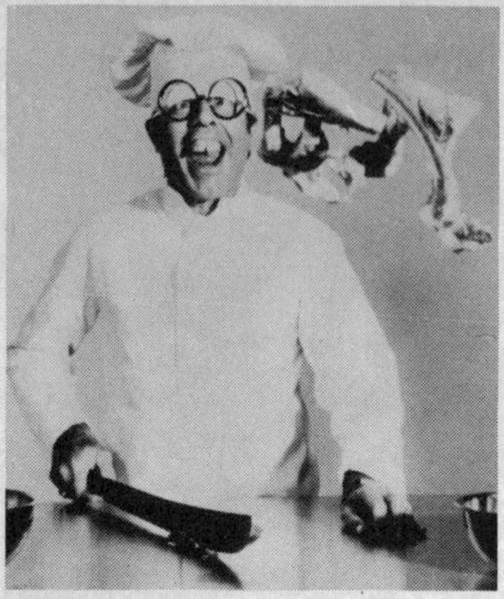

Jerry Lewis in dem Film »Alles in Handarbeit« (Foto: Tobis Filmkunst).

te, war »Wo, bitte, geht's zur Front« im Jahre 1970 der letzte Streifen des heute 53jährigen, der in die Kinos kam. 1972 versuchte Lewis einen Schritt nach vorn, eine über seinen bisherigen Stil hinausgehende, für ihn wichtige Wende mit »Der Tag, an dem der Clown weinte«, einem Film über einen Clown, der sich in einem Nazi-KZ um todgeweihte Kinder bemüht. Als Folge eines Rechtsstreits wurde dieser Titel nie völlig fertiggestellt. Ein tragischer Schiffbruch für Lewis, der ihn offenbar in die Resignation trieb.
Denn nach seiner selbstgewählten langjährigen Kino-Abstinenz kam er jetzt lediglich mit einem aufgewärmten Repertoire aus alten Zeiten auf die Kinoleinwand zurück. Zwar paßt dazu der deutsche Titel »Alles in Handarbeit«: Lewis spielt nicht nur die einzige Hauptrolle, sondern hat den Film auch geschrieben, produziert und inszeniert. Doch der Originaltitel lautet ja in etwa »Kaum Arbeit da« und ist eher als clowneske Parabel über das Thema Arbeitslosigkeit zu verstehen. Und darin steckt im Ansatz schon eine Menge traurige Wahrheit über die Situation derer, die (nicht allein in den USA) einen Gelegenheitsjob suchen, weil in ihrem Beruf nichts zu machen ist. Bedauerlicherweise wird das alles ziemlich schlampig erzählt:
Bo, der Held der Geschichte, ist Clown und kann die Leute unheimlich gut zum Lachen bringen. Doch als die Banken dem Zirkus, bei dem er arbeitet, den Geldhahn zudrehen, sitzt er auf der Straße und findet, mitten in der Saison, nirgends einen Job in diesem Beruf. Also verdingt er sich als Tankstellenwärter, Disc-Jockey, Antiquitätenhändler und Koch, bleibt aber letztlich immer nur ein müder Clown. Schließlich landet er – mit viel Protektion seiner Schwester – bei der Post als Briefträger, begreift aber bald, daß er auch hier nicht auf die Dauer leben kann. Ein Clown, sagt er einmal, kann sonst höchstens noch Präsident der USA werden.
Am Schluß geht Bo per Anhalter auf die Reise zu einer Schule für Clowns, um sich weiterzuentwickeln. Aber da ist der Film leider schon ziemlich gemütvoll »abgeschlafft«.

Die alte Jungfer

THE OLD MAID

USA 1939. **Produktion:** Warner Bros./ Hal B. Wallis.
Regie: Edmund Goulding. **Drehbuch:** Casey Robinson. **Kamera:** Tony Gaudio. **Musik:** Max Steiner. **Schnitt:** George Amy.
Darsteller: Bette Davis, Miriam Hopkins, George Brent, Jane Bryan, Donald Crisp, Louise Fazenda.
Erstaufführung: Dezember 1980, ZDF.

Im Süden der USA heiratet in den sechziger Jahren des vorigen Jahrhunderts die hübsche Delia Lovell einen jungen Mann aus reichem Haus, Jim Ralston. Am Tag der Hochzeit kehrt der Abenteurer Clem Spender aus Europa zurück und beansprucht Delia als seine Braut. Sie läßt sich jedoch nicht mehr umstimmen.
Charlotte Lovell, Delias Kusine, gesteht Clem ihre Zuneigung, und die beiden verleben eine kurze Romanze.
Schon bald verläßt Clem sie wieder, um auf

der Seite der Südstaaten in den Bürgerkrieg zu ziehen. Als er bei Vicksburg fällt, weiß er nicht, daß Charlotte ein Kind von ihm erwartet. Unter einem Vorwand schickt Familienarzt Dr. Lanskell Charlotte in den Westen, wo sie in aller Stille ihr Kind, ein Mädchen names Tina, zur Welt bringt. Nach dem Krieg führt Charlotte ein privates Waisenhaus. So kann sie auch Tina, die sie als Findelkind ausgibt, immer nahe sein. Kurz vor der Hochzeit von Charlotte mit Delias Schwager, Joe Ralston, gesteht die ledige Mutter ihrer Kusine die Wahrheit. Delia vereitelt die Hochzeit, indem sie, ohne Wissen Charlottes, Joe zum Verzicht bewegt, wobei sie den Anschein erweckt, Charlotte sei unheilbar krank. Nach einem tödlichen Reitunfall von Jim ziehen Charlotte und Tina zu Delia und ihren zwei Kindern. Während Delia Mutter für alle drei Kinder ist, spielt Charlotte, gerade Tina gegenüber, die Rolle der strengen, altjüngferlichen Tante. Jahre später kommt es zum Bruch zwischen Charlotte und Tina. Die herangewachsene Tina verliebt sich in Lanning Halsey, und Charlotte will ihr die Hochzeit verbieten, weil sie glaubt, daß die reichen Eltern des jungen Liebhabers gegen die unstandesgemäße Verbindung mit einem Waisenkind sind. Die Wende kommt mit Delias Angebot, Tina zu adoptieren. Damit wird Tina gesellschaftsfähig und kann nun Lannings Antrag annehmen. Am Vorabend der Hochzeit will Charlotte Tina die Wahrheit über ihre Herkunft erzählen, läßt sich aber durch Delia davon abbringen. Nach der Vermählung verläßt Tina das Haus und verabschiedet sich von Charlotte besonders herzlich, weil Delia sie darum gebeten hatte. Zurück bleiben die beiden alten Frauen, allein mit ihren Zweifeln und ihrem Groll gegeneinander.

American Teens (H.O.T.S.)

H.O.T.S.

USA 1979. **Produktion:** Manson International. **Länge:** 2618 m.
Regie: Gerald S. Sindell. **Drehbuch:** Cheri Caffaro, Joan Buchanan. **Kamera:** Harvey Genkins. **Musik:** David David.
Darsteller: Susan Kiger, Lisa London, Pamela Jean Bryant, Kimberley Cameron.
Verleih: Avis/Ascott.
Erstaufführung: 29. 2. 1980.

Primitives Bein- und Busen-Lustspiel.

Amityville Horror

THE AMITYVILLE HORROR

USA 1978. **Produktion:** Cinema 77/International Pictures Inc./Professional Films.
Länge: 2762 m.
Regie: Stuart Rosenberg. **Drehbuch:** Sandor Stern. **Kamera:** Fred J. Koenekamp.
Musik: Lalo Schifrin. **Bauten:** Jim Swados. **Special Effects:** Delwyn Rheaume.
Darsteller: James Brolin, Margot Kidder, Rod Steiger, Don Stroud, Murray Hamilton, John Larch, Natasha Ryan.
Verleih: Neue Constantin Film.
Erstaufführung: 18. 1. 1980.

»Amityville Horror«
(Foto: Neue Constantin).

Auf den Spuren des »Exorzisten« ein mäßig unterhaltsamer Trivialfilm. Eine fünfköpfige Familie wird dem Teufel und seinen grausamen Umtrieben ausgesetzt. Angeblich soll die Geschichte auf wahren Begebenheiten beruhen. Aberglaube und Mystizismus feiern Triumphe.

Ashram in Poona – Bhagwan's Experiment

Bundesrepublik Deutschland 1979. **Produktion:** Albatros-Produktion Fengler, München. **Länge:** 2397 m. Dokumentarfilm.
Arbeitsteam: Wolfgang Dobrowolny, Wilhelm Schulz, Peter Claussen, Friedemann Kliesch, Kirsten Liesenborghs.
Verleih: Abaton.
Erstaufführung: 4. 1. 1980.
FBW-Prädikat: besonders wertvoll.

Der Film dokumentiert die Therapien der Bhagwan-Anhänger und die Reden und Theorien des indischen Gurus Bhagwan Shree Rajaneesh in Poona.

Asphaltkannibalen

CANNIBAL APOCALYPSE

Italien 1979. **Produktion:** New Fida Organisazione, Rom. **Länge:** 2596 m.
Regie: Anthony M. Dawson. **Kamera:** Fernando Arribes. **Musik:** Alessandro Blonksteiner.
Darsteller: John Saxon, Elisabeth Turner, Tony King, Giovanni L. Radice.
Verleih: Jugendfilm.
Erstaufführung: 28. 11. 1980.

Amerikanische Vietnam-Krieger werden auf merkwürdige Art plötzlich zu Menschenfressern und infizieren, heimgekehrt, auch andere mit ihrem »Kannibalen-Virus«. Eine brutale Zombie-Spekulation mit scheinheiliger Antikriegsgeste.

Astaron – Brut des Schreckens

Bundesrepublik Deutschland/Italien 1979. **Produktion:** Lisa-Film, München/ Barthonia-Film, München/Alex Cinematografica, Rom. **Länge:** 2246 m.
Regie: Lewis Coates.
Darsteller: Ian McCulloch, Siegfried Rauch, Marino Mase, Louise Marleau, Gisela Hahn.
Verleih: Residenz-Film.
Erstaufführung: 5. 9. 1980.

Plumper Grusel-Schocker nach bekanntem Schnittmuster. Das Unheil kommt diesmal vom Mars. Außerirdische Mutanten verbreiten Entsetzen und Furcht auf der Erde. Eine eklige Spekulation.

Asylum

ASYLUM

Großbritannien 1972.
Produktion: Amicus Prod. Ltd.
Länge: 2136 m.
Regie: Roy Ward Baker. **Drehbuch:** Joseph Stefano.
Darsteller: Peter Cushing, Britt Eklund, Herbert Lom, Charlotte Rampling, Robert Powell, Barbara Perkins.
Verleih: Kora.
Erstaufführung: 12. 9. 1980.

Ein Grusel-Thriller auf Hitchcocks »Psycho«-Spuren. Schockierend und spannend bis zum letzten Meter. Mit einer attraktiven Schauspieler-Besetzung. Fesselndes Kino.

Atlantic City, USA

ATLANTIC CITY

USA/Canada/Frankreich 1979. **Produktion:** Selta-Films/Cine Neighbour/FR3/ Cinema Uni Canada. **Länge:** 2845 m.
Regie: Louis Malle. **Drehbuch:** John Guare. **Kamera:** Richard Ciupka. **Musik:**

Michel Legrand, Paul Anka. **Bauten:** Anne Pritchard. **Schnitt:** Suzanne Baron.
Darsteller: Burt Lancaster, Susan Sarandon, Kate Reid, Michel Piccoli, Hollis McLaren, Robert Joy, Al Waxman, Robert Goulet, Moses Znaimer, Angus McInnes.
Verleih: Concorde.
Erstaufführung: 28. 11. 1980.
FBW-Prädikat: besonders wertvoll.

»Atlantic City, USA« ist die Geschichte einer Stadt, deren Vergangenheit mit dem Abriß ihrer luxuriösen alten Hotels zerstört wird, um eine neue Zukunft mit riesigen modernen Spielkasinos aus dem Boden zu stampfen. Ein Bauplatz zwischen nostalgischem Luxus im Art-Deco-Stil und technisierter Freizeit mit Popmusik und Klimaanlagen.
Und es ist die Geschichte von Lou (Burt Lancaster), einem ehemaligen Mafia-Ganoven der unteren Chargen, jetzt um die sechzig, für den sich das Blatt noch einmal zu wenden scheint. Der Tod eines jungen Kokain-Dealers macht ihn plötzlich zum reichen Mann, und in der Beziehung zu seiner hübschen jungen Nachbarin Sally (Susan Sarandon) kann er sich unversehens als Beschützer und Held sehen. Aber er wird durch diese Liebe auch zum Mörder und Verfolgten. Und Sally erkennt, daß sie ihren eigenen Weg gehen muß.
Der Franzose Louis Malle, der seit über zwei Jahren in New York lebt, geht die Wirklichkeit der USA an, indem er Partikeln ihrer Realität sammelt und zu Bildern zusammensetzt, die den desolaten Zustand einer Gesellschaft signalisieren.
»Atlantic City« ist neben allem anderen vor allem auch ein Film über Rauschgifthändler und über die in den USA allgegenwärtige Drogenszene.
Der gealterte Burt Lancaster, den die Kamera hier bis zur Grenze des Wiedererkennens eher noch älter erscheinen läßt, und die junge Darstellerin Susan Sarandon geben dem Film bei aller charmanten und amoralisch-routinierten Unterhaltsamkeit auch einen starken realitätsnahen Touch.
Was da gezeigt und gemeint ist, sprengt die Grenzen des Spezifischen und beschäftigt den Kinogänger noch lange danach.

Auf ein Neues

STARTING OVER

USA 1979. **Produktion:** Alan J. Pakula/ James L. Brooks. **Länge:** 2894 m.
Regie: Alan J. Pakula. **Drehbuch:** James L. Brooks. **Kamera:** Sven Nykvist. **Musik:** Marvin Hamlisch. **Kostüme:** John Boxer. **Schnitt:** Marion Rothman.
Darsteller: Burt Reynolds, Jill Clayburgh, Candice Bergen, Charles Durning, Frances Sternhagen, Austin Pendleton.
Verleih: CIC.
Erstaufführung: 25. 4. 1980.

Waren Ehefilme bis vor kurzem Studien über den Prozeß, der zur Auflösung der Partnerbeziehung führt, beginnen sie heute meist an eben diesem Punkt. Auch Alan Pakula beginnt mit einer Abschiedsszene. Phil Potter, der verlassene Ehemann, läßt New York hinter sich, will in Boston von vorn beginnen. Unterstützt wird er von seinem Bruder, einem ehemaligen Psychiater, und dessen Frau, die ihn in einen Workshop für geschiedene Männer schikken und ein Treffen mit der alleinstehen-

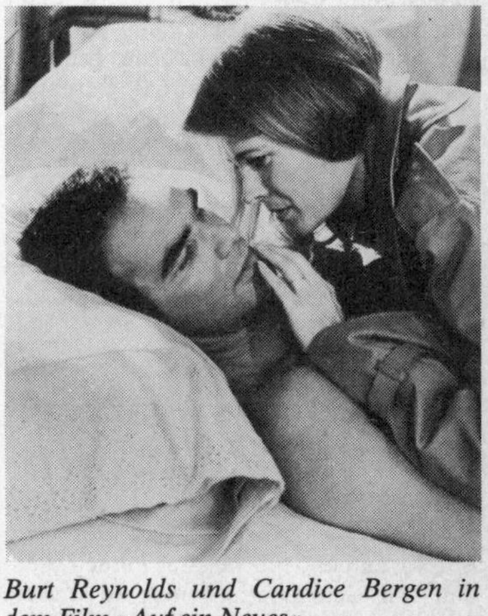

Burt Reynolds und Candice Bergen in dem Film »Auf ein Neues« (Foto: Cinema International Corp.).

den Studentin Marilyn arrangieren. Marilyn ist dreißig, hat nach einer mehrjährigen Berufsausbildung noch einmal ein Studium aufgenommen und eigentlich nicht die geringste Lust, sich mit den Problemen geschiedener Männer auseinanderzusetzen. Schließlich aber verliebt sie sich doch in Phil Potter. Die Beziehung bleibt jedoch nicht ohne Probleme, die vor allem durch Phils Ex-Frau Jessica ausgelöst werden. Sie, die Phil verließ, sucht in schwachen Momenten seine Hilfe. Schließlich aber kommt es zwischen Marilyn und Phil doch noch zum Happy-End.
Pakulas Film ist fast eine Tragikomödie, denn trotz aller intelligentwitzigen Späße scheint immer die Enttäuschung, Verunsicherung und Verwirrung durch, aus denen Liebesbeziehungen letztlich auch bestehen.

Der Aufstand

Bundesrepublik Deutschland 1980. **Produktion:** Independent-Film/v. Vietinghoff-Filmproduktion/Provobis-Film/ZDF/ in Zusammenarbeit mit Istmo-Film, San José. **Länge:** 2769 m.
Regie: Peter Lilienthal. **Drehbuch:** Peter Lilienthal, Antonio Skarmeta. **Kamera:** Michael Ballhaus. **Musik:** Claus Bantzer. **Ausstattung:** Peter Lilienthal, Fernando Castro, Maria Victoria Cardona, Mercedes Galeyno Manzanares. **Schnitt:** Siegrun Jäger.
Darsteller: Agustin Pereira, Carlos Catania, Maria Lourdes Centano de Zelaya, Oscar Castillo, Guido Sáenz, Vicky Montero, Saida Mendieta Ruiz, Orlando Zelaya Perez, Flavio Fernandez, Roger Barrios.
Verleih: Basis-Film.
Erstaufführung: 24. 10. 1980 im Kino (Festival-Start am 23. 9. 1980 beim Filmfest 1980).
FBW-Prädikat: besonders wertvoll.

Im November 1979 begann Peter Lilienthal mit den Dreharbeiten zu diesem Spielfilm, der Höhepunkte des Volksaufstandes in León, Nicaragua, zum Thema hat. Bürger von Nicaragua, die ehemalige Stadtguerilla sowie Einheiten der sandinistischen Befreiungsfront beteiligten sich an dieser Arbeit. Im Mittelpunkt der Ereignisse steht eine Familiengeschichte, die zum Symbol des Kampfes um die Wiederherstellung von Würde und Freiheit der Menschen in Nicaragua wird.
Vier Monate nach dem Ende der Diktatur Somozas durch den Sieg der Nationalen Befreiungsfront (FSLN) fand Lilienthal im ehemaligen Somoza-Stützpunkt León die aufregenden Voraussetzungen für einen Film, der nicht direkt aktuelle Ereignisse beschreibt, wohl aber leidenschaftlich aus der unmittelbaren Erfahrung heraus Partei ergreift. Der Regisseur (51), der als jüdischer Flüchtling in jungen Jahren aus dem Hitler-Deutschland nach Uruguay kam, hat sich schon in früheren Filmen («La Victoria« und »Es herrscht Ruhe im Land«) für die Menschen Lateinamerikas eingesetzt.
In »Der Aufstand« geht es wieder einmal um einen Generationskonflikt: Der Sohn ist Soldat und sieht sich gezwungen, in einem faschistischen Heer Dienst zu tun; der Vater erkennt das, will es verhindern und schafft es schließlich auch, daß der Sohn desertiert. Dabei interessiert Lilienthal an dieser Geschichte wohl vor allem die Figur des Soldaten, denn alle Diktaturen brauchen einfache Männer aus dem Volk, um sich zu verteidigen. Wie aber erreicht man, daß ein Soldat sich gegen sein eigenes Volk wendet?
Hier wird Politik zurückgeführt auf die einfachen Grundsituationen im Leben armer Menschen. Das macht den »Aufstand« zu einem wichtigen moralischen Widerstandsstreifen. Die Passion eines Volkes wird sinnlich erlebbar. Dabei rücken hinreißende Szenen ins Bild, die die politische Analyse manchmal etwas zu kurz kommen lassen. Aber filmisch funktioniert diese Mischung aus Blut, Schweiß und Tränen. »Der Aufstand« ist zwar nicht unbedingt perfektes Kino, aber ein temperamentvolles, großartiges Erlebnis.

Agustin Pereira in dem Film »Der Aufstand« (Foto: Basis-Film Verleih).

Aus dem Leben der Marionetten

Bundesrepublik Deutschland 1980. **Produktion:** Persona Film GmbH. **Länge:** 2834 m.
Regie: Ingmar Bergman. **Drehbuch:** Ingmar Bergman. **Kamera:** Sven Nykvist. **Musik:** Rolf Wilhelm.
Darsteller: Christine Buchegger, Martin Benrath, Robert Atzorn, Walter Schmidinger, Heinz Bennent, Lola Müthel, Rita Russek, Gaby Dohm, K. H. Pelser, Toni Berger, Doris Jensen.
Verleih: Tobis Filmkunst.
Erstaufführung: 7. 11. 1980.
FBW-Prädikat: besonders wertvoll.

Im ersten Teil seiner berühmt gewordenen »Szenen einer Ehe« hat Ingmar Bergman die zunächst noch nahezu ideal scheinende bürgerliche Ehe von Johan und Marianne mit der kaputten Beziehung des mit ihnen befreundeten Paares Peter und Katarina konfrontiert. Bei einem gemeinsamen Abendessen der vier kommt es zwischen Peter und Katarina zu einer schonungslos offenen Auseinandersetzung, in deren Verlauf sich beide in selbstzerfleischender Haßliebe peinigen und erniedrigen. Fünf Jahre später begann Bergman, über diese episodische Szene erneut nachzudenken, fragte er sich, was aus der Ehe von Peter und Katarina geworden sein könnte. So entstand das Drehbuch für den Film »Aus dem Leben der Marionetten« (der übrigens noch vor der Kino-Premiere im Fernsehen gezeigt wurde).
Die Geschichte des Films: Peter und Katarina führen eine katastrophale, im sogenannten gutsituierten Milieu angesiedelte Ehe. In schrecklichen Traumvisionen bringt Peter seine Frau um. In der Wirklichkeit ermordet er eine Zufallsbekanntschaft, eine Prostituierte. – Wie und warum entsteht bei einem wohlangepaßten, etablierten Mann eine solche Kurzschlußreaktion, fragt sich Bergman. Und Szenen

Christine Buchegger und Robert Atzorn in dem Film »Aus dem Leben der Marionetten« (Foto: ZDF).

vor und nach der Katastrophe erweisen, daß keiner der Beteiligten dieses Drama wirklich erklären und ergründen kann. Wobei der Regisseur kein Hehl macht aus seiner tief verwurzelten Aversion gegen die Psychoanalyse und gegen die Psychiatrie.
Nicht zuletzt deshalb ist dieser neue Bergman-Film anfechtbar. Doch psychologische Pseudoweisheiten sind nur der eine Schwachpunkt. Mindestens ebenso schwierig nachvollziehbar ist für den Zuschauer der emotionale Druck, der die Figuren bewegt. Zumal von der Dramaturgie her alle Personen äußerst uninteressant und bewußt trocken eingeführt werden, zuweilen starr vor der Kamera in langen Statements.
Bergmans Marionetten erscheinen wie die Hülsen einer Personage, leere Gedankenträger in einem schwarzweißen Film, der sich nur in der Kurzschlußreaktion zu blutigem Erröten färbt, später einige Traumbilder bräunlich getönt und zum Ende die psychiatrische Krankenstation bunt erscheinen läßt.
Auch für Musik ist bei dieser kargen Stilisierung kaum Platz.
Immerhin bleibt festzustellen, daß es sich um Bergmans ersten Film handelt, den er von vornherein ganz in deutscher Sprache gemacht, deutsch inszeniert hat. Dabei standen ihm hervorragende Theaterschauspieler zur Seite.

Aus Liebe zu Molly

LOVIN' MOLLY

USA 1973. **Produktion:** Stephen Friedman.
Regie: Sydney Lumet. **Drehbuch:** Stephen Friedman. **Kamera:** Edward Brown.

Musik: Fred Hellerman. **Bauten:** Robert Drunheller, Paul Hefferan. **Schnitt:** Joanne Burke.
Darsteller: Blythe Danner, Anthony Perkins, Beau Bridges, Edward Binns, Susan Saranson.
Erstaufführung: Januar 1980, ZDF.

Der Film spielt in Bastrop, einer kleinen Ortschaft in Texas, und erzählt in drei Abschnitten die Geschichte dreier Menschen und ihrer Liebesbeziehungen. Er beginnt in den zwanziger Jahren und endet in den Sechzigern.
Was nach der Inhaltswiedergabe wie eine triviale Story anmutet, erweist sich in der Inszenierung von Sidney Lumet als ein ebenso kurzweiliges wie einfühlsames Porträt einer sonderbaren Dreiecksbeziehung. Lumet, von dem man sonst die dramatische Schilderung von Konflikten eines auf engstem Raum eingepferchten Kollektivs gewohnt ist, überrascht auf sympathische Weise mit seiner im Westen angesiedelten Version von »Jules und Jim«.
Weniger literarisch und lyrisch als der Truffaut-Film skizziert »Lovin' Molly« abschnittsweise die drei Protagonisten über einen Zeitraum von vierzig Jahren. Lumets Film entfaltet seine Art von Poesie vor dem Hintergrund der kargen Landschaft von Texas und der eher spröden Mentalität der Bewohner. Daß Lumet es nicht nur versteht, eine literarische Vorlage («Leaving Cheyenne« von Larry McMurtry) handwerklich sauber ins Filmische zu übertragen, sondern auch ein exzellenter Schauspieler-Regisseur ist, zeigt sich bei diesem Film erneut.

Die Außerirdischen

THE VISITORS

USA 1979. **Produktion:** Ovidio Assonitis. **Länge:** 2965 m.
Regie: Michael J. Paradise. **Drehbuch:** Lou Comici, Robert Mundy.
Darsteller: Mel Ferrer, Glenn Ford, Lance Henriksen, John Huston, Sam Peckinpah, Shelley Winters, Paige Conner, Joanne Nail.
Verleih: Avis-Film/Film-Allianz.
Erstaufführung: 1. 5. 1980.

Etwas für Liebhaber des Science-fiction-Genres, die Spaß an Zitaten und Motiven aus berühmten Vorgänger-Filmen haben.

Die Aussteigerin

LA DEROBADE

Frankreich 1979. **Produktion:** A.T.C. 3000/Société Nouvelle Produs, Paris. **Länge:** 3112 m.
Regie: Daniel Duval. **Drehbuch:** Christopher Frank, Daniel Duval, Jeanne Cordelier. **Kamera:** Michel Cenet. **Musik:** Vladimir Cosma.
Darsteller: Miou-Miou, Maria Schneider, Daniel Duval, Regis Porte, Marie Pillet, Martine Ferrière, Niels Arestrup.
Verleih: Warner-Columbia.
Erstaufführung: 4. 9. 1980.

Der Film versucht eine realistische und dramatische Abbildung der Pariser Pro-

Maria Schneider und Miou-Miou in dem Film »Die Aussteigerin« (Foto: Columbia).

»Die Aussteigerin« (Foto: Columbia).

stituiertenszene. Er wurde nach dem autobiographischen Bestseller »Die Verweigerung« von Jeanne Cordelier gedreht und erzählt die Geschichte des Mädchens Marie (Miou-Miou), das aus Liebe zu dem Zuhälter Gérard (Regisseur Daniel Duval zugleich in der männlichen Hauptrolle) zur Dirne wird, Demütigungen und Brutalitäten erduldet, in ihrem Stolz jedoch ungebrochen bleibt. Nach vielen vergeblichen Versuchen schafft es Marie schließlich, sich von ihrem scheinbar unabänderlichen Schicksal zu lösen und wieder in die bürgerliche Gesellschaft zurückzukehren.
Das wird alles mit viel Genauigkeit und ohne unnötiges emotionales Pathos erzählt. Dennoch kommt Duval nicht recht los von der zwielichtigen Doppelmoral des Milieus, mag sich nicht klar entscheiden, ob er die Misere der Sex-Sklavinnen oder die Machtverhältnisse der Szene oder überhaupt jede soziale Abhängigkeit und Ausbeutung kritisch vor die Kamera bringen soll. Statt dessen bemüht er sich um akribische Genauigkeit im optischen Bereich und um darstellerische Faszination. So interessieren denn auch die Darsteller mehr als die Dargestellten.

Babyspeck und Fleischklößchen

MEATBALLS

USA 1979. **Produktion:** Dan Goldberg/ Paramount. **Länge:** 2569 m.
Regie: Ivan Reitman. **Drehbuch:** Len Blum/Dan Goldberg/Janis Allen/Harold Ramis. **Kamera:** Don Wilder. **Musik:** Elmer Bernstein. **Ausstattung:** David Charles. **Kostüme:** Judy Gellman. **Schnitt:** Debra Karen.
Darsteller: Bill Murray, Harvey Atkin,

Bill Murray und Kate Lynch in dem Film »Babyspeck und Fleischklößchen« (Foto: Cinema International Corp.).

Kate Lynch, Russ Benham, Kristine DeBell, Sarah Torgov, Jack Blum.
Verleih: CIC.
Erstaufführung: 15. 2. 1980.

Harmlose Filmerzählung aus einem amerikanischen Ferien-Camp. Liebesleben der Teens und Twens im Zelt.

Die Ballade von Jimmie Blacksmith

THE CHANT OF JIMMIE BLACKSMITH

Australien 1978.
Regie: Fred Schepisi. **Drehbuch:** Fred Schepisi. **Kamera:** Ian Baker. **Musik:** Bruce Smeaton.
Darsteller: Tommy Lewis, Freddy Reynolds, Jack Thompson, Ray Barret, Don Crosby, Ruth Cracknell, Elizabeth Alexander.
Erstaufführung: November 1980, ARD.

Fred Schepisis neuer Film ist ein markantes Beispiel für die jüngste Entwicklung des australischen Films, die zunehmende Beschäfitung mit nationalspezifischen Sujets als Beitrag zur Aufarbeitung unbewältigter – und das heutige Australien noch stark belastender – Vergangenheit. Schepisi greift mit seinem Film das Trauma der Nation auf: die Unterdrückung und Ausrottung der Ureinwohner durch die weißen Kolonisatoren.
Nach einer wahren Begebenheit um die Jahrhundertwende erzählt der Film die Geschichte eines Mischlings, der sich in die Gesellschaft der Weißen zu integrieren versucht; doch die ständige Konfrontation mit Ausbeutung, Betrug und Er-

niedrigung staut in ihm Aggressionen auf, die sich schließlich in einem blutigen Feldzug gegen seine Peiniger entladen, ehe er endgültig zugrunde gerichtet wird.

Behinderte Liebe

Schweiz 1976 bis 1979. **Produktion:** Marlies Graf. **Länge:** 1350 m (16 mm).
Regie: Marlies Graf. **Drehbuch:** Marlies Graf. **Kamera:** Werner Zuber. **Musik:** Keith Jarret.
Darsteller: Eine Gruppe Körperbehinderter und Nichtbehinderter.
Verleih: Basis-Film.
Erstaufführung: 13. 6. 1980.

Im Umgang mit Behinderten, sei ihr Handikap nun körperlicher oder mentaler Art, hat die Gesellschaft, haben die Menschen in unseren Breiten noch immer ein ziemlich verklemmtes Verhalten. Die rasche und sicherlich meist auch ehrlich gedachte Bereitschaft, »Betroffenheit« zu empfinden, geht einher mit ausgeprägten Berührungsängsten; verletzendes Mitleid und übertriebene Hilfestellung weisen die Behinderten oft eher zurück, als ihnen den Zugang zum »normalen« Leben zu erleichtern.
Die junge Schweizer Filmemacherin Marlies Graf hat sich über lange Zeit hin mit den Problemen körperbehinderter Menschen beschäftigt und dann begonnen, einen Film darüber zu drehen, in dem Behinderte und Nichtbehinderte gemeinsam versuchen, über ihre Schwierigkeiten, ihre Komplexe, ihre Ängste, ihre Sehnsüchte und ihre Wünsche zu reflektieren.
In Szenen und in Gruppengesprächen nähert sich Marlies Graf mit großer Behutsamkeit und mit dennoch ungeschützter Offenheit der Situation, in der behinderte und gesunde junge Menschen einander begegnen und in der natürlich auch die Sexualität eine Rolle spielt.
Der dokumentarisch angelegte Film ist eine Reflexion über Behinderte und ihre Probleme mit Liebe, Eros und Sex, zugleich aber auch über die Behinderung der Beziehungen zwischen Liebenden überhaupt.
Aufnahme und Gestaltung, Montage und Musik des Films sind dabei in herausragender Weise dem Gegenstand und den Menschen, um die es geht, detail-intensiv zugeordnet. Ein sehr ungewöhnlicher Film, der zu Recht international schon eine ganze Reihe von Dokumentarfilmpreisen erhielt.

Berlin Chamissoplatz

Bundesrepublik Deutschland 1980. **Produktion:** Anthea-Film/Moana-Film/Rudolf-Thome-Filmproduktion/Polytel International. **Länge:** 3064 m.
Regie: Rudolf Thome. **Drehbuch:** Jochen Brunow, Rudolf Thome. **Kamera:** Martin Schäfer. **Musik:** Ohpsst. **Schnitt:** Ursula West.

Hanns Zischler und Sabine Bach in dem Film »Berlin – Chamissoplatz« (Foto: prokino Filmverleih).

Hanns Zischler und Sabine Bach in dem Film »Berlin – Chamissoplatz« (Foto: prokino Filmverleih).

Darsteller: Sabine Bach, Hanns Zischler, Wolfgang Kinder, Gisela Freudenberg, Alexander Malkowsky, Ulrich Ströhle, Bela Brauckmann, Anna Klasse, Ralf Lotzin, Hildegard Bach, Hans Lechner, Jochen Brunow, Ingo Kaetel, Renate Sami.
Verleih: Prokino.
Erstaufführung: 14. 11. 1980 (Uraufführung bei den Hofer Filmtagen am 2. 11. 1980).

Rudolf Thome, der bislang vorwiegend von vornherein gebrochene Liebesgeschichten auf die Leinwand gebracht hat, bemüht sich hier, eine »richtige« Liebesgeschichte zu erzählen. Dabei ist in die Handlung kaum Persönliches eingeflossen, wie das früher bei Thome gang und gäbe war. Dafür gelang ihm ein sehr subtiles Zustandsbild einer Beziehung zwischen zwei nicht sonderlich ungewöhnlichen, eher »stinknormalen« Typen und zugleich die stille, sehr gelassene Beschreibung einer Szene mitten in Berlin.

Beziehungsweise andersrum

A DIFFERENT STORY

USA 1977. **Produktion:** Alan Belkin, Los Angeles. **Länge:** 2958 m.
Regie: Paul Aaron. **Drehbuch:** Henry Olek. **Kamera:** Philip Lathrop. **Musik:** David Frank, Bob Wahler. **Ausstattung** Lee Poll **Schnitt:** Lynn McCallon.
Darsteller: Perry King, Meg Foster, Valerie Curtin, Peter Donat, Richard Bull, Barbara Collentine, Guerin Barry, Doug Higgins, Lisa James, Eugene Butler, Linda Carpenter.
Verleih: Neue Constantin.
Erstaufführung: 30. 5. 1980.

Der Debütfilm des amerikanischen Theaterregisseurs Paul Aaron. Er beschreibt die ungewöhnliche Liebesgeschichte zwischen einem Modezeichner, der sich zu Männern hingezogen fühlt, und einer Immobilienmaklerin, die eigentlich bislang das weib-

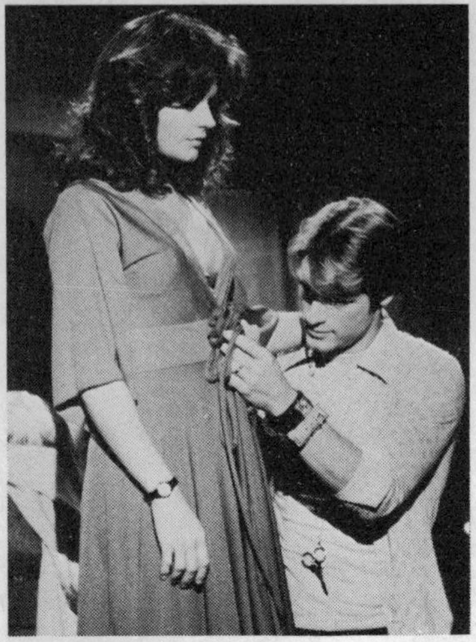

Meg Foster und Perry King in dem Film »Beziehungsweise andersrum« (Foto: Neue Constantin).

liche Geschlecht in ihren Beziehungen bevorzugt hat. Die Verbindung zwischen den beiden endet in einer Ehe mit ganz »normalen« Freuden und Problemen.
Die fürs Kino unkonventionelle Story wird mit Takt und Geschmack entwickelt. Sensibel geht der Regisseur auf die Personen ein. Dramatik und Humor werden dezent dem Handlungsfluß zugeordnet. Auch sentimentale »Drücker« gegen Schluß des Films bleiben erträglich. Und dies besonders dank der Zuverlässigkeit der beiden Hauptdarsteller.
Probleme werden locker angepackt und doch so dargeboten, daß sie nachdenklich machen. Einschlägigen Vorurteilen geht es auf unerwartete Weise an den Kragen.

The Big Red One

THE BIG RED ONE

USA 1978. **Produktion:** Lorimar Productions Inc. **Länge:** 2992 m.
Regie: Samuel Fuller. **Drehbuch:** Samuel Fuller. **Kamera:** Adam Greenberg. **Musik:** Dana Kaproff. **Schnitt:** Morton Tubor.
Darsteller: Lee Marvin, Mark Hamill, Robert Carradine, Bobby di Cicco, Kelly Ward, Stephane Audran, Siegfried Rauch, Serge Marquand, Charles MacAulay, Alain Doutey, Maurice Marsac, Colin Gilbert.
Verleih: Scotia International.
Erstaufführung: 24. 7. 1980.

The Big Red One ist das Zeichen einer US-Army-Einheit. Der Film erzählt die Geschichte einer kleinen Gruppe junger Soldaten dieser Truppe unter der Führung eines sogenannten Haudegens (Lee Marvin). Geschildert werden die Erlebnisse an Schauplätzen des Zweiten Weltkriegs in Nordafrika, auf Sizilien, in der Normandie, in Belgien und schließlich in der Tschechoslowakei aus der Sicht des jungen Schriftstellers Zab. Zab ist einer der GIs in der Gruppe des Sergeanten, der seine Aufgabe darin sieht, zu gehorchen und zu überleben. Zab trägt autobiographische Züge des Regisseurs Fuller.
Fuller schafft Bilder von brutaler, schonungslos direkter Aggressivität, wenn er Details des Krieges darstellt. Es ist der Film eines »Betroffenen« in zweierlei Sinn. Ein sehr menschlich konzipierter Streifen über das Thema Krieg, voll positiver Absichten und gelegentlich auch mit faszinierenden Details. Doch letzten Endes überzeugt seine spektakuläre Geradlinigkeit nicht. Wahnsinn und Heldentum wohnen dicht beieinander. Aber die Faszination des Kampfes Mann gegen Mann ist es vor allem, die den Film an seinen entscheidenden Stellen desavouiert: als surrealistisches Kino mit Geburt und Tod im Panzer, mit Knalleffekt im Lazarett, mit Schreckensszenen, die sehr fotogen sind.
Fuller scheitert an seinem selbstgewählten Anspruch. Die Absurdität des Krieges gerät ihm unversehens doch zum ironisch akzentuierten Lobgesang auf den namenlosen Soldaten.

Blackout – Bad Timing

BAD TIMING

Großbritannien 1980. **Produktion:** Recorded Picture Company/Jeremy Thomas. **Länge:** 3561 m.
Regie: Nicolas Roeg. **Drehbuch:** Yale Udoff. **Kamera:** Tony Richmond. **Musik:** Richard Hartley. **Ausstattung:** David Brockhurst. **Schnitt:** Tony Lawson.
Darsteller: Art Garfunkel, Theresa Russell, Harvey Keitel, Denholm Elliott, Daniel Massey, Dana Gillespie.
Verleih: 20th Century Fox.
Erstaufführung: Kinostart 25. 4. 1980 (Erstaufführung Berlinale am 29. 1. 1980).

Roegs fünfter Film ist die Chronik einer seltsamen Liebesbeziehung zwischen dem amerikanischen Psychoanalytiker Alex Linden und Milena Flaherty. Sie hat sich gerade von ihrem tschechischen Ehemann getrennt, möchte frei und unabhängig sein; er versucht, sie zu zähmen, in eine feste Beziehung einzubinden. Alex projiziert all seine Wunschvorstellungen auf Milena, diese aber kann dem Anspruch nicht gerecht werden, versucht immer wieder auszubrechen. Die Unvereinbarkeit ihrer Temperamente führt zu immer neuen Trennungen, treibt Milena schließlich zu einem Selbstmordversuch. Alex findet sie, wartet jedoch mehr als drei Stunden, bis er Hilfe ruft. Zwar überlebt Milena, die Beziehung zwischen beiden aber ist zu Ende.

Die blaue Lagune

THE BLUE LAGOON

USA 1980. **Produktion:** Columbia Pictures Inc. **Länge:** 2940 m.
Regie: Randal Kleiser. **Drehbuch:** Douglas Day Stewart nach der Erzählung von Henry DeVere Stacpoole. **Kamera:** Nestor Alemdors. **Musik:** Basil Poledouris. **Ausstattung:** John Dowding. **Kostüme:** Jean-Pierre Dorleac. **Schnitt:** Robert Cordon.
Darsteller: Brooke Shields, Christopher Atkins, Leo McKern, William Daniels, Elva Josephson, Glenn Kohan, Alan Hopgood, Gus Mercurio, Jeffrey Means, Bradley Pryce, Chad Timmermans, Gert Jacoby, Alex Hamilton, Richard Evanson.
Verleih: Warner-Columbia.
Erstaufführung: 19. 12. 1980.
FBW-Prädikat: wertvoll.

Auf den Fidji-Inseln und Nanuya Levu Island drehte »Grease«-Regisseur Randal Kleiser mit dem »Pretty Baby«-Sternchen Brooke Shields eine Südsee-Robinsonade mit allem Schmalz und Schick, dem Liebreiz und der Lust einer jungen Kino-Romanze.
Zwei Kinder leben nach einem Schiffbruch einsam auf einer tropischen Südsee-Insel inmitten einer unberührten Natur von dem, was ihnen die Lagune im Überfluß bietet. Die Jahre vergehen, und aus den Kindern werden zwei schöne junge Menschen, ein kraftvoller Mann und eine aufblühende Frau. Sie entdecken die Liebe. Und wie das bei ihnen zu einem Naturereignis wird, das ist eigentlich das Thema des Films.
Regisseur Kleiser läßt zwar keine Klischees des Genres aus, doch rekapituliert er sie so gekonnt, als habe er sie noch nie vorher irgendwo gesehen. Mit der Nacktheit seiner beiden jungen Hauptdarsteller geht er recht geschmackvoll um, und auch den intimen Szenen gewinnt er anmutige Aspekte ab. Der Clou des Ganzen freilich ist die hinreißend eindrucksvoll auf Südseezauber orientierte Kameraarbeit von Nestor Almendros.

Blues Brothers

BLUES BROTHERS

USA 1979. **Produktion:** Robert K. Weiss. **Länge:** 2629 m.
Regie: John Landis. **Drehbuch:** Dan Aykroyd, John Landis. **Kamera:** Stephen M. Katz. **Musik:** Ira Newborn. **Bauten:** Henry Larreco. **Ausstattung:** John J. Lloyd. **Kostüme:** Deborah Nadoolman. **Schnitt:** George Folsey.

Darsteller: John Belusihi, Dan Aykroyd, Kathleen Freeman, James Brown, Murphy Dunne, Willie Hall, Matt Murphy, Ray Charles.
Verleih: CIC.
Erstaufführung: 16. 10. 1980.

Mischung aus Musik- und Actionfilm mit der amerikanischen Rhythm-and-Blues-Gruppe »The Blues Brothers«. Das Brüderpaar Jake und Elwood hat wieder einmal Ebbe in der Kasse. Innerhalb von wenigen Tagen aber soll eine 50000-Dollar-Steuerschuld beglichen werden. Mittlerweile hat sich auch die Band in alle Winde zerstreut. Im Verlauf der Rekonstruktion der Gruppe treten nacheinander die originalen Blues-Brothers auf. Untermalt ist das Ganze wiederum von gigantischen Auto-Karambolagen und Beschreibungen des amerikanischen Mafia-Milieus.

Blutrausch

DEATH TRAP

USA 1976. **Produktion:** Mars Film. **Länge:** 2406 m.
Regie: Tobe Hooper. **Drehbuch:** Tobe Hooper. **Kamera:** Mardy Rustam, Alvin Fast. **Musik:** Tobe Hooper, Wayne Bell.
Darsteller: Neville Brand, Mel Ferrer, Stuart Whitman, Carolyn Jones.
Verleih: Postels.
Erstaufführung: 21. 2. 1980.

Horrorschilderung von den Taten eines geisteskranken Mörders. Mit den einschlägigen Effekten des Genres und dazu einem Übermaß an Grausamkeit.

Blutsverwandte

THE LAST OF THE MOBILE HOTSHOTS

USA 1969. **Produktion:** Sydney Lumet Productions.
Regie: Sydney Lumet. **Drehbuch:** Gore Vidal. **Kamera:** James Wong Howe. **Musik:** Quincy Jones. **Ausstattung:** Gene Callahan. **Schnitt:** Alan Heim.
Darsteller: James Coburn, Lynn Redgrave, Robert Hooks, Perry Hayes, Reggie King.
Erstaufführung: April 1980, ZDF.

Der Film »Blutsverwandte« ist nach dem Bühnenstück »The Seven Descents of Myrtle« (Königreich auf Erden) von Tennessee Williams entstanden. Bereits 1960 hatte Lumet sich mit einem Williams-Stoff befaßt: Seine Adaption von »Der Mann in der Schlangenhaut« war im ZDF-Programm zu sehen. In »Blutsverwandte« rückt Sydney Lumet erneut sein zentrales Thema von der räumlichen und emotionalen Eingegrenztheit der Menschen in den Blickpunkt seines Interesses.
Diesmal ist sein Mikrokosmos ein verfallener Herrensitz in den Südstaaten. Und wieder führt uns Lumet Helden vor, die ihre Konflikte unbeirrbar bis zum (bitteren) Ende austragen. Sie gehen lieber zugrunde, als daß sie ihrer Zielvorstellung – wie irrational sie auch sein mag – untreu werden.
Lumets Einfühlungsvermögen in die literarische Vorlage läßt ihn auch in diesem Fall nicht im Stich. Zudem versteht er es wieder glänzend, die Schauspieler zu führen. James Coburn gibt den degenerierten und neurotischen Jeb ebenso überzeugend, wie Robert Hooks den scheinbar dumpfen, in Wahrheit aber listigen und vitalen Chicken spielt. Überragend ist jedoch Lynn Redgrave als Streitobjekt zwischen den beiden ungleichen Brüdern. Sie beherrscht ihren Part in allen Nuancen. Ihre Wandlungsfähigkeit ist bestechend, mal ist sie impulsiv und kehrt das »Weibchen« heraus, mal ist sie die naiv-lustige Ulknudel und ein andermal das verunsicherte Kind, das zu früh in die Welt der Erwachsenen gestoßen wurde.

Das boshafte Spiel des Dr. Fu Man Chu

THE FIENDISH PLOT OF DR. FU MANCHU

USA 1980. **Produktion:** Orion Pictures. **Länge:** 2874 m.

Regie: Piers Haggard. **Drehbuch:** Jim Maloney, Rudy Dochtermann.
Darsteller: Peter Sellers, Helen Mirren, Sid Caesar.
Verleih: Warner-Columbia.
Erstaufführung: 19. 12. 1980.

Peter Sellers noch ein letztes Mal in einer grandiosen Doppelrolle. Es geht um den sagenhaften Gauner und Gangster Fu Man Chu, der bereits 168 Jahre alt ist und sich auf rigorose Weise ein neues Lebenselexier zu beschaffen sucht. Die Grundlage der Story und der Hauptdarsteller sind besser als die ziemlich uninspirierte Kinoinszenierung.

Die Braut mit dem schwarzen Schleier

KARA CARSAFLI GELIN

Türkei 1976. **Produktion:** Murat Film/Süreyya Duru.
Regie: Süreyya Duru. **Drehbuch:** Vedat Türkali. **Kamera:** Ali Ugur. **Musik:** Bedrihan Kirmizi.
Darsteller: Hakan Balamir, Semra Özdamar, Aytac Arman, Aliye Rona, Hüseyin Peyda, Zülfikar Divani.
Erstaufführung: Juli 1980, ZDF.

In einem an der syrischen Grenze gelegenen türkischen Dorf zwingt der Aga Mahmut, Verwalter großer Ländereien, einen Kleinbauern, das Oberhaupt einer anderen Kleinbauernfamilie zu töten, um das aufkeimende Zusammengehörigkeitsgefühl der armen Bauern zu unterdrücken. Damit die traditionelle Blutrache nicht aufflammt, übergibt die Frau des Mörders ihre zehnjährige Tocher Gülüsan der Familie des Opfers als eine Art Geisel und als Arbeitsmagd. Noch zehn Jahre später behandelt die Witwe die herangewachsene Gülüsan wie eine Sklavin und will sie an den Verwalter des Aga verkaufen. Dagegen lehnt sich aber ihr Sohn Vakkas auf, weil er das Mädchen liebt und heiraten möchte. Nach harten Auseinandersetzungen mit der Mutter kommt es zur Hochzeit. Wieder stiftet Mahmut einen Bauern zum Mord an, um Zwietracht vor der anstehenden Landreform unter den Familien zu säen. Aber Vakkas läßt sich nicht provozieren. Er zwingt den Mörder zum Geständnis und läßt ihn von der Polizei abführen.

Bronco Billy

BRONCO BILLY

USA 1979. **Produktion:** Robert Daley Prod. Inc.. **Länge:** 3183 m.
Regie: Clint Eastwood. **Drehbuch:** Dennis E. Hackin. **Kamera:** David Worth. **Musik:** Steve Dorff.
Darsteller: Clint Eastwood, Sondra Lokke, Geoffrey Lewis, Scatman Crothers, Bill McKinney.
Verleih: Warner-Columbia.
Erstaufführung: 7. 11. 1980.

Action-Komödie rund um eine wandernde Western-Show, gut fotografiert und schwungvoll aufgebaut. Hübsches Abenteuerkino mit märchenhaften Ironismen.

Bruce Lai – der Killerhai

LAMA AVENGER

Hongkong 1979. **Produktion:** Eternal Films, Kowloon. **Länge:** 2092 m.
Regie: Weng Wa Kay. **Kamera:** Ma Chiu Chiang.
Darsteller: Lee Hai Sun, Lin Chiao, Michael Winston.
Verleih: Alemannia.
Erstaufführung: 7. 3. 1980.

Bauplatz-Spekulationen in Hongkong, Maklergeschäfte und Karate-Schulszenen als Vorwand für kräftige Schlägereien, die offenbar auch noch witzig gemeint sind. Dümmliche Hongkong-Dutzendware.

Bruce Lee – Das Spiel des Todes

ENTER THE GAME OF DEATH

Hongkong 1968. **Produktion:** Robert Jeffery-Production, Hongkong. **Länge:** 2446 m.
Regie: Joseph Velasco. **Kamera:** Ho Aug Wai.
Darsteller: Bruce Lee, Cheung Lak, Le Hai San.
Verleih: Avis/Graf/Exquisit/BEKA.
Erstaufführung: 4. 4. 1980.

Dubioser und holpriger . Zusammenschnitt von offensichtlich altem Restmaterial, in dem auch der legendäre Bruce Lee gelegentlich auftaucht.

Bruce Lee – Rache ohne Gesetz

GOLD CONNECTION

Hongkong 1968. **Produktion:** Golding Films, Kowloon. **Länge:** 2542 m.
Regie: Siu Kwai.
Darsteller: Philip Ko, Han Kwok Choi, Wei Liet, Luk Chien und Bruce Lee (?).
Verleih: Apollo/Alemannia/Avis.
Erstaufführung: 20. 6. 1980.

Brutale Jagd auf einen Goldschatz, es wird geprügelt und getreten, daß es nur so kracht. Und angeblich ist auch der legendäre Bruce Lee mit von der Partie.

Bruce Lee – Seine tödliche Rache

BRUCE LEE – HIS LAST REVENGE

Hongkong 1978. **Produktion:** Lopez-Production. **Länge:** 2640 m.
Regie: Chang Co-Meng.
Darsteller: Keine Angaben.
Verleih: CFC Contact-Film.
Erstaufführung: 21. 8. 1980

Da bricht wieder einer die Knochen, daß es nur so kracht. Äußerst brutal.

Die Bruderschaft der roten Drachen

THE TATTOO CONNECTION

Hongkong 1980. **Produktion:** First Film Organisation, Kowloon. **Länge:** 2293 m.
Regie: keine Angaben.
Darsteller: keine Angaben.
Verleih: Ring-Film/Splendid.
Erstaufführung: 11. 7. 1980

Primitiver Krimi, der alle schlechten Eigenschaften der chinesischen Prügel-Filme in sich vereinigt.

Buddy haut den Lukas

CHISSA PERCHE ... CAPITANO TUTTE A ME

Italien 1980. **Produktion:** Elio Scardamaglia. **Länge:** 2356 m.
Regie: Michele Lupo. **Drehbuch:** Marcello Fondato, Francesco Scardamaglia. **Kamera:** Franco die Giacomo. **Musik:** Guido und Maurizio de Angelis. **Schnitt:** Eugenio Alabiso.
Darsteller: Bud Spencer, Cary Guffey, Ferrucio Amendola, Robert Hundar, John Bartha, Carlo Reali, Giancarlo Bastianoni, Giovanni Cianfriglia, Ottaviano dell'Acqua.
Verleih: Tobis Filmkunst.
Erstaufführung: 12. 12. 1980

Bud Spencer und sein kleiner außerirdischer Freund Charly, eigentlich R-H-25, bestehen neue Abenteuer, und als Sheriff mit der harten Faust und der weichen Seele ist Spencer auch diesmal wieder genauso, wie ihn sein Publikum sehen will. Spielverderber, wer da zuviel mäkelt.

Bud Spencer in dem Film »Buddy haut den Lukas« (Foto: Tobis Filmkunst).

Die Büstenhalterkompanie

LES FILLES DU REGIMENT

Frankreich 1978. **Produktion:** Shangrila Productions/F.F.C.M., Paris. **Länge:** 2223 m.
Regie: Keine Angaben.
Darsteller: Keine Angaben.
Verleih: Mondial-Filmverleih.
Erstaufführung: 16. 5. 1980.

Keine Informationen zum Inhalt.

Bugs Bunnys wilde, verwegene Jagd

BUGS BUNNY/ROAD RUNNER MOVIE

USA 1947 bis 1979. **Produktion:** Warner Bros. Inc./Warner Bros. Pictures Inc./Warner Bros. Television/The Vitaphone Corp. **Länge:** 2669 m.
Regie: Chuck Jones. **Drehbuch:** Michael Maltese, Chuck Jones. **Design:** Maurice Noble.
Verleih: Warner-Columbia.
Erstaufführung: 11. 7. 1980.

Bugs Bunny, der filmberühmte karottenfressende Hase, begeht sein 40jähriges Jubiläum im Show-Business. Anlaß für eine abendfüllende Rückschau auf seine alten und weniger alten, zuweilen schon klassisch zu nennenden Zeichentrick-Abenteuer, moderatorisch verbunden durch eine neugeschaffene Rahmenhandlung.

Der Bulldozer

A FORCE OF ONE

USA 1978. **Produktion:** American Communications Industries, Hollywood. **Länge:** 2441 m.
Regie: Paul Aaron. **Drehbuch:** Ernest Tidyman, Pat Johnson. **Kamera:** Roger Shearman. **Musik:** Dick Halligan.
Darsteller: Jennifer O'Neill, Chuck Norris, Clu Gulager, Ron O'Neal, James Whitmore jr., Eric Laneuville.
Verleih: Pilot-Film.
Erstaufführung: 25. 7. 1980.

Schlichter Krimi, in dessen Mittelpunkt ein Karatesportler steht, der die Polizei handfest bei der Zerschlagung eines Rauschgifthändlerrings unterstützt. Mit Amerikas Karate-Star Chuck Norris.

Die Bullen von Dallas

NORTH DALLAS FORTY

USA 1979. **Produktion:** Frank Yablans. **Länge:** 3145 m.
Regie: Ted Kotcheff. **Drehbuch:** Frank Yablans, Ted Kotcheff. **Kamera:** Paul Lohman. **Musik:** John Scott. **Bauten:** Art Parker. **Ausstattung:** Alfred Sweeney. **Kostüme:** Dorothy Jeakins. **Schnit:** Jay Kamen.

Darsteller: Nick Nolte, Mac Davis, Charles Durning, Dayle Haddon, Bo Svenson, John Matuszak, Steve Forrest.
Verleih: CIC.
Erstaufführung: 18. 1. 1980.

Ted Kotcheffs Film zeichnet ein schonungsloses Bild vom Profisport des American Football und seinen Verstrickungen ins Big Business, die dazu führen, daß die Spieler ohne Rücksicht auf ihre Gesundheit ausgebeutet werden, sich der Mannschaft auf Gedeih und Verderb verschreiben müssen. Phil realisiert durch die Begegnung mit Charlotte das wahre Gesicht dieses Sports, er setzt den Anordnungen der Trainer und des Team-Chefs Widerstand entgegen. Die Folge ist, daß er auf die Ersatzbank verwiesen, von der Mannschaft isoliert wird. Während eines Titelkampfes gelingt es ihm zwar, noch einmal seine Leistungen unter Beweis zu stellen, den Kotau vor dem Team-Besitzer aber verweigert er und verläßt die Mannschaft. Regisseur Kotcheff zeichnet den American Football als Brutalzirkus, in dem es nicht mehr um einen sportlichen Wettkampf, sondern einzig und allein um Dollars geht. Insoweit ist sein Film eine Allegorie auf die amerikanische Gesellschaft insgesamt.

Malcolm McDowell in dem Film »Caligula« (Foto: Tobis Filmkunst).

Caligula

CALIGOLA

Italien/USA 1976. **Produktion:** Felix Cinematografica, Rom/Penthouse Films International, New York. **Länge:** 4104 m. **Regie:** Tinto Brass (der den Film jedoch nicht autorisiert hat, weil die Produktion selbständig den Film geschnitten hat). **Drehbuch:** Giancarlo Lui, Bob Guccione, Tinto Brass. **Kamera:** Silvano Ippoliti. **Musik:** Paul Clemente. **Bauten:** Danilo Donati. **Schnitt:** Nino Baragli.
Darsteller: Malcolm McDowell, Peter O'Toole, Teresa Ann Savoy, Helen Mirren, John Gielgud, Guido Mannari, Giancarlo Bardessi, Bruno Brive, Adriana Asti, Leopoldo Trieste, Paolo Bonacelli, John Steiner, Mirella Dangelo, Richard Parets, Anneka di Lorenzo, Lori Wagner.
Verleih: Tobis Filmkunst.
Erstaufführung: 25. 4. 1980.

Was der Verleih noch im Untertitel zum Film als Geschichte vom »Aufstieg und Fall eines Tyrannen« dezent zu kaschieren versucht, entpuppt sich beim Licht der Projektoren besehen als gesellschaftsfähig gemachter harter Porno mit Weltstar-Beteiligung und einem immensen Aufwand an Menschen, Maschinen, Kostümen und Dekorationsmaterial.
Ausgangspunkt sind die sadistischen Orgien, die der römische Kaiser Caligula (37–41 nach Christus) nach dem Tode sei-

nes Großvaters Tiberius (der's auch schon schlimm getrieben hatte) am römischen Hof veranstalten ließ. Der ebenso grausame wie größenwahnsinnige Herrscher ist durch seine erschreckend fanatische Hingabe an das Böse in die Geschichte eingegangen.
Auf der Kinoleinwand wird aus seinem Leben eine unablässige voyeuristische Abfolge von Sex, Sadismus, Masochismus und Inzest in kulinarisch ausgebreiteten Prunkbildern.
Spekulatives Kino ohne psychologische Reflexion oder historische Analyse.

Can't stop the Music

CAN'T STOP THE MUSIC

USA 1979. **Produktion:** Allan Carr, Jacques Morali, Henri Belolo. **Länge:** 2979 m.
Regie: Nancy Walker. **Drehbuch:** Allan Carr, Bronte Woodward. **Kamera:** Bill Butler. **Musik:** Jacques Morali. **Kostüme:** Jane Greenwood.
Darsteller: ›Village People‹ (mit Alexander Briley, David ›Scar‹ Hodo, Glenn Hughes, Randy Jones, Felipe Rose, Ray Simpson), Valerie Perrine, Bruce Jenner, Steve Guttenberg, Paul Sand.
Verleih: Neue Constantin Film.
Erstaufführung: 7. 8. 1980.

Der erste Film der erfolgreichen Pop-Gruppe ›Village People‹, als konventionelles Musik-Kino arrangiert; mit einer dürftigen Story rund um die oft ziemlich gestrig inszenierten Show-Nummern. Retorten-Unterhaltung.

Car-Napping

CAR NAPPING

Bundesrepublik Deutschland 1979. **Produktion:** Terra Filmkunst/Dieter Geißler Filmproduktion. **Länge:** 2432 m.
Regie: Wigbert Wicker. **Drehbuch:** Wigbert Wicker. **Kamera:** Gernot Roll. **Musik:** Sam Spence. **Ausstattung:** Harry Freude, Barbara Schnaase. **Kostüme:** Gerlinde Gies. **Schnitt:** Ursula Eplinius.
Darsteller: Bernd Stephan, Anny Duperey, Ivan Desny, Günter Tabor, Adrian Hoven, Eddie Constantine, Adolfo Celi, Michel Galabru, Peter Kuhnert, Luigi Tortora, Dieter Augustin.

»Car-Napping« (Foto: 20th Century Fox).

Verleih: 20th Century Fox.
Erstaufführung: 17. 4. 1980.
FBW-Prädikat: besonders wertvoll.

Wigbert Wicker hat mit seinem Debütfilm eine lockere Kriminalkomödie inszeniert, die unterhält, ohne in die Klamotte abzurutschen. Der von seinem Chef betrogene Auto-Designer Robert Mehring wird mit Geschick und der Unterstützung einer Reihe von Freunden zum erfolgreichsten europäischen Autodieb. Er »klaut« auf Bestellung. So fallen ihm in Paris vierzig nagelneue Porsche-Wagen in die Hände; er holt in Salzburg die Wagen der Festspielgäste ab und entwischt seinen Verfolgern schließlich nach Süditalien, wo der örtliche Polizeichef ebenfalls sofort die Lieferung eines Luxuswagens in Auftrag gibt.
Hauptdarsteller des Films: fünfzig Mercedes, zehn Rolls-Royce, drei Maserati, drei Jensen, fünf Ferrari, drei Bentley, ein Lamborghini und ein Monteverdi.

Cha Cha

CHA CHA

Niederlande 1979. **Produktion:** Black Tulip. **Länge:** 2736 m.
Regie: Herbert H. A. Curiel. **Drehbuch:** Hermann Brood, Nina Hagen, Lene Lovich, Herbert H. A. Curiel. **Kamera:** Frans Bromet. **Musik:** Hermann Brood, Nina Hagen, Lene Lovich u. a.
Darsteller: Nina Hagen u. v. a.
Verleih: Arsenal/Impuls.
Erstaufführung: 10. 10. 1980.

Ein Rockstar auf der Suche nach dem Glück. Ein Musikfilm aus der Rock- und Punk-Szene von Amsterdam. Subkultur hautnah und manchmal recht komisch.

Das China-Syndrom

THE CHINA SYNDROME

USA 1978. **Produktion:** Michael Douglas/IPC Films Production. **Länge:** 3343 m.
Regie: James Bridges. **Drehbuch:** Mike Gray, T. S. Cook, James Bridges. **Kamera:** James Crabe. **Musik:** Song »Somewhere in Between« von Stephen Bishop. **Bauten:** George Jenkins. **Kostüme:** Donfeld. **Schnitt:** David Rawlins.
Darsteller: Jane Fonda, Jack Lemmon, Michael Douglas, Scott Brady, James Hampton, Peter Donat, Wilford Brimley, Richard Herd, Daniel Valdez, Stan Bohrman, James Karen.
Verleih: Warner-Columbia.
Erstaufführung: 21. 2. 1980.
FBW-Prädikat: wertvoll.

Geradezu gespenstisch, wie der Antinuklear-Film »Das China-Syndrom« die Wirklichkeit vorwegnahm: In diesem Thriller von James Bridges wird nämlich genau das gezeigt, was wenige Wochen nach der Uraufführung im Frühjahr 1979 auf dem Gelände des amerikanischen Atomkraftwerks »Three-Mile-Island« bei Harrisburg (Pennsylvania) tatsächlich passierte – ein nuklearer Betriebsunfall, der nur um Haaresbreite an einer riesigen Katastrophe vorbeiführte. Der obskure Titel deutet die möglichen Folgen spektakulär an. Wenn infolge eines Defekts in einem Reaktor das Kühlsystem ausfällt, können sich die überhitzten Uran-Brennstäbe theoretisch durch die Erdkugel hindurchschmelzen und mit verheerender Wirkung auf der anderen Seite des Globus wieder zum Vorschein kommen – in China.
Die Geschichte des Films ist von den Autoren als harte Actionstory konzipiert worden: Bei einem gefährlichen Reaktor-Zwischenfall ist rein zufällig ein Fernsehteam anwesend. Der Kameramann (gespielt vom Produzenten Michael Douglas) filmt heimlich von der Besuchergalerie aus, was sich unten in der Steuerzentrale an Konfusion, Krise und Chaos im Augenblick des Break-down abspielt. Als einziger behält der PR-Mann des Unternehmens die Nerven. Er versucht dem TV-Trupp einzureden, der Zwischenfall sei harmlos gewesen und die Anlage befinde sich wieder völlig unter Kontrolle.
Daß dies nicht so ganz richtig sein kann, ahnen der Kameramann und die mit ihm zusammenarbeitende Allerweltsreporterin (Jane Fonda), als sie feststellen müs-

sen, daß ihre TV-Station das Filmmaterial sofort unter Verschluß nimmt. Sie beginnen eher zögernd, der Sache weiter nachzugehen. Und nun bekommt der Film allmählich Krimi-Charakter.
Die Direktoren des Kernkraftwerks spielen den Zwischenfall routiniert herunter, lügen die alten Sprüche von der hundertprozentigen Sicherheit und haben nur eins im Sinn: die Anlage so schnell wie möglich wieder in Betrieb zu nehmen, weil jeder Tag Stillstand die Kapitalisten eine Menge Geld kostet. Auch als zutage kommt, daß schom beim Bau des Reaktors Sicherheitskontrollen vernachlässigt worden sind, um Geld zu sparen, bleiben die Atom-Unternehmer offensiv. Sie bedrohen Mitwisser und um Aufklärung bemühte Journalisten mit nackter Gewalt. Die Fonda als inzwischen politisch aktivierte Reporterin läßt jedoch nicht lokker, klemmt sich hinter einem im Reaktor tätigen Techniker (Jack Lemmon), der nicht länger seine Skrupel für sich behalten mag, und bringt die Sache zu einem die Öffentlichkeit aufklärenden Ende. Der Techniker jedoch wird wenig später von den Sicherheitsorganen seiner eigenen Firma auf Befehl niedergeschossen.
Ein derart brisantes Thema auf der Kinoleinwand ist auch dann noch akzeptabel, wenn es filmisch nicht in allen Details befriedigt. Denn die reißerische Actionstory entlarvt nicht nur diejenigen, die von atomaren Gefahren als von Ammenmärchen reden; sie spricht auch deutlich aus, daß Profit im Kapitalismus eines der wichtigsten Kriterien ist; und das gilt natürlich auch bei einem privaten Kommerz-Fernsehsender.
Seine inhaltliche Stimmigkeit erhielt »Das China-Syndrom« wohl nicht zuletzt durch die technischen Berater des Films, drei Ingenieure, die General Electric einige Jahre zuvor entlassen hatte, weil von ihnen öffentlich die mangelhaften Sicherheitsvorkehrungen eines GE-Kraftwerks kritisiert worden waren.
Daß Hollywood jetzt auf engagierte, kritische Filme setzt, sollte freilich niemand glauben. Auch »Das China-Syndrom« ist lediglich ein Show-Produkt, das sich neuer, noch wenig strapazierter Spannungsmomente bedient. Und die Quintessenz ist – bei aller Aggressivität im Detail – dann ja doch wieder beschwichtigend: Überall, wo in den Vereinigten Staaten etwas faul ist, da finden sich auch immer ein paar unerschrockene, unbestechliche Leute, die alle bösen Machenschaften ans Licht des Tages bringen.
Wenn die Hoffnung auf diese immer wieder beschworene Lauterkeit einiger weniger schon der Ausweg aus der Krise sein soll, dann gute Nacht, liebe (Kino-)Welt!

Christus kam nur bis Eboli

CRISTO SI E FERMATO A EBOLI

Italien/Frankreich 1979. **Produktion:** Vides Cinematografica, Rom/RAI TV 2/ Action Films, Gaumont, Paris. **Länge:** 3583 m.
Regie: Francesco Rosi. **Drehbuch:** Raffaela la Capria, Francesco Rosi, Tonino Guerra, nach dem gleichnamigen Roman von Carlo Levi. **Kamera:** Pasqualino de Santis. **Musik:** Piero Piccioni. **Bauten:** Andrea Crisanti. **Kostüme:** Enrico Sabbatini. **Schnitt:** Ruggero Mastroianni.
Darsteller: Gian Maria Volonté, Paolo Bonacelli, Alain Cuny, Lea Massari, Irene Papas, Francois Simon, Luigi Infantino, Accursio di Leo, Francesco Callari, Vincenzo Licata, Antonio Allocca, Vincenzo Vitale, Muzzi Loffredo.
Verleih: Concorde.
Erstaufführung: 26. 5. 1980.

Zu Beginn des Films sagt die Stimme Carlos: »Christus ist nie bis hierher gekommen, und genausowenig die moderne Zeit, die Individualität, die Hoffnung, der Zusammenhang zwischen Ursache und Wirkung, zwischen Verstand und Geschichte.«
Dieser Carlo – ein Schriftsteller, Maler und Arzt Carlo Levi aus Turin – wird 1935 wegen seines militanten Widerstands gegen den Faschismus vom Mussolini-Regime zu drei Jahren Zwangsaufenthalt in einem Bergnest von Lukanien verurteilt. Carlos Reise bis nach Eboli mit dem Zug und dann weiter mit einem alten Auto in das ihm zugewiesene Bergnest Gagliano

nimmt einen breiten Raum ein in der Exposition des Films. Es ist eine fremde Landschaft, eine unbekannte Kultur, in die der piemontesische Intellektuelle vordringt. Eine karge, ärmliche Gegend, eine Welt scheinbar außerhalb der Geschichte, in die Christus nie gekommen zu sein scheint. Eine seltsam isolierte und ausgebeutete Bauerngemeinde. Carlo Levi hat das in seinem 1945 erschienenen Roman einprägsam beschrieben, und Francesco Rosi hat seine Erfahrungen sorgfältig und optisch eindringlich in filmische Szenen umgesetzt.
Er tat es so getreu wie möglich; weniger in bezug auf den Text selbst als vielmehr in bezug auf seine Konstruktion, seine Struktur. Levis Buch hat zwei Seelen: eine dramatische, narrative im Hinblick auf die Begegnung des Autors mit jenem italienischen Süden, der ihm bislang ganz und gar fremd war; und eine andere, analytische, die es mit ihren reflektierenden, handlungslosen Abschnitten dem Autor erlaubt, über das nachzudenken, was seit jeher als das »Problem des Südens« in Italien gilt.
Zugleich erzählt der Film italienische Geschichte des 20. Jahrhunderts – nämlich über den Faschismus, der sich selbst noch im entlegensten Dorf ausdrückt in einer Klasseneinteilung, in einer kleinbürgerlichen Haltung, die immer bestrebt ist, sich auf die Seite der Macht zu schlagen, egal welcher.
Und schließlich ist das auch ein Film über den Antifaschismus, indem er scharfsinnig analysiert, ohne vordergründig zu demonstrieren.
Francesco Rosi, der Regisseur, sieht das alles so: »Levi ist ein problematischer Intellektueller, der ein ihm unbekanntes Milieu beobachtet. Er ist kein eigentlich Fremder, er ist ›anders‹, aber er beobachtet. Und er beweist eine tiefgehende Solidarität mit den Menschen, denen er begegnet. Er beschränkt sich nicht darauf, Erfahrungen zu sammeln, sondern gibt diesen ›Ausgeschlossenen‹ zurück, was er hat, was er gelernt hat: Bücher, Bilder, politische Aktion zu ihrer Verteidigung.«
Am Ende des Films sieht man das Dorf im strömenden Regen und ein Bild, das Levi »Das Tor zum Süden« genannt hat: den anklagenden Blick eines kleinen Mädchens, der die Bitterkeit einer ihrem Schicksal überlassenen Welt ausdrückt.
Mit Gian Maria Volonté in der Hauptrolle und einem Meister wie de Santis hinter der Kamera ist dieser Film zu einem differenzierten Kulturdokument und zugleich zu einem cineastisch in Farbe und Licht, Schatten und Stimmung, Montage und Rhythmus herausragenden Ereignis geworden.

Cirque Gruss

Bundesrepublik Deutschland 1979. **Produktion:** Henrietta Loch Filmproduktion, Berlin. **Länge:** 1010 m (16 mm). Dokumentarfilm.
Regie: Henrietta Loch. **Kamera:** Henrietta Loch. **Musik:** Jürgen Knieper. **Ausstattung:** Arndt Sebastian. **Schnitt:** Henrietta Loch.
Darsteller: Die Artisten des »Cirque Gruss à l'Ancienne«.
Verleih: Henrietta Loch.
Erstaufführung: 20. 6. 1980.

Die 35jährige Berliner Filmemacherin Henrietta Loch sah bei den Berliner Festwochen 1978 das Gastspiel des Zirkus Gruss aus Frankreich. Sie war fasziniert von diesem Familienunternehmen alter Art und überredete die Zirkusleute im folgenden Jahr, einen Film drehen zu dürfen, der ganz anders geworden ist, als Zirkusfilme sich gemeinhin im Kino darbieten.
Ohne ihren Film mit Geschichten von Leidenschaft, Liebe und Intrigen zu verbrämen, erzählt sie vom Alltag der Artisten, hat sie den Charme, die Poesie, aber auch die Härte des Lebens dieser Menschen mit der Kamera festgehalten. Ein kleiner Film, der gleichwohl großen Enthusiasmus zu wecken vermag.

Cluny Brown auf Freiersfüßen

CLUNY BROWN

USA 1946. **Produktion:** 20th Century Fox/Ernst Lubitsch.

Regie: Ernst Lubitsch. **Drehbuch:** Samuel Hoffenstein, Elizabeth Reinhard. **Kamera:** Joseph La Shelle A.S.C. **Musik:** Cyril Mockridge. **Schnitt:** Dorothy Spencer.
Darsteller: Charles Boyer, Jennifer Jones, Peter Lawford, Helen Walker, Reginald Gardiner, Sir C. Aubrey Smith.
Erstaufführung: September 1980, ZDF

London an einem Sonntagnachmittag im Jahr 1939. Der vornehme Hilary Ames bereitet eine Cocktailparty in seiner Wohnung vor, und ausgerechnet an diesem Nachmittag läuft das Spülbecken nicht ab. Nach vielen vergeblichen Telefonanrufen erreicht er schließlich einen Klempner, der Hilfe verspricht. Hilary ist nicht wenig verblüfft, als eine hübsche junge Dame, Cluny Brown, erscheint, um den Schaden zu beheben. Cluny Brown ist die Nichte des Klempners, und seine Arbeit betreibt sie als Hobby. Ein früher Gast Hilarys, der vor den Deutschen emigrierte tschechische Journalist und Schriftsteller Adam Belinski, ist von Clunys gescheiter Redseligkeit, von ihrem Charme und von ihrer Meinung, sie könne eine Dame sein – nur der Onkel versuche, ihr das auszureden –, begeistert.
Onkel Arn verschafft Cluny bei einer vornehmen Familie auf dem Land eine Stellung als Stubenmädchen. Als dort auch Adam als Gast erscheint, läßt Cluny vor der gesamten Familie ein schwerbeladenes Tablett fallen – so verwirrt ist sie. Auch manche andere Arbeit eines Stubenmädchens geht Cluny schlecht von der Hand. Eine mögliche Verlobung mit dem Ortsapotheker platzt, weil Cluny ein verstopftes Rohr wieder in Ordnung bringt. Das ist Adams Chance. Als er abreist, nimmt er Cluny einfach mit. Sie heiraten in Amerika, und Adam schreibt auch dort erfolgreiche Bücher.

Cruising

CRUISING

USA 1979. **Produktion:** Lorimar Production Inc. **Länge:** 2775 m.
Regie: William Friedkin. **Drehbuch:** William Friedkin, nach einer Novelle von Gerald Walker. **Kamera:** James Contner. **Musik:** Jack Nitzsche.
Darsteller: Al Pacino, Paul Sorvino, Karen Allen, Don Scardino, Richard Cox.
Verleih: Neue Constantin Film.
Erstaufführung: Kinostart 25. 8. 1980 (Festival-Premiere bei den Berliner Filmfestspielen 1980).

Das altbekannte Muster: Ein Polizist mischt sich unauffällig unter einen mutmaßlichen Täterkreis, um die Fahndung in einer Mordsache vorantreiben zu helfen. In diesem Fall steigt der Cop in Zivil ein in die New Yorker Szene der sadomasochistischen Schwulen, und auf Kosten dieses Milieus haut Regisseur William Friedkin kräftig auf die Pauke. Tabuisierte Minderheiten werden vor die Kamera gezerrt, doch nicht, um Wirklichkeit zu zeigen, sondern um Effekte mit der Kamera zu erhaschen. So wird die S-M-Szene vor allem filmisch ausgebeutet. Einschließlich der involvierten Ordnungshüter.
Am Ende stellt Al Pacino, der V-Mann, zwar den psychopathischen Cruiser, der nächtens umherschleicht und mordet. Die Frage bleibt offen, ob er selbst den Reizen des Milieus inzwischen erlegen ist. Hat die Umwelt soviel Macht über ihn? Ein ebenso spekulativer wie irrwitziger Film.

Eine Dachkammer für zwei

APARTMENT FOR PEGGY

USA 1948. **Produktion:** 20th Century Fox.
Regie: George Seaton. **Drehbuch:** George Seaton. **Kamera:** Harry Jackson. **Musik:** David Raksin. **Bauten:** Lyle Wheeler, Richard Irvine. **Schnitt:** Robert Simpson.
Darsteller: Jeanne Crain, William Holden, Edmund Gwenn, Gene Lockhart, Griff Barnett, Randy Stuart, Marion Marshall, Henri Letondal, Houseley Stevenson.
Erstaufführung: Januar 1980, ZDF.

»Eine Dachkammer für zwei« ist eine kleine, zu Herzen gehende Geschichte aus einer Zeit, als auch unter amerikanischen Studenten Wohnungsnot herrschte. Jeanne Crain, in den vierziger Jahren als »süßes Mädel« Hollywoods populär, und der jugendliche William Holden verkörpern das Studentenehepaar in konstanten Geldnöten. Der eigentliche Star des Films ist jedoch der heute schon fast vergessene Edmund Gwenn (1875 bis 1959). Er spielt den etwas eigenbrötlerischen, aber überaus liebenswerten Professor Barnes. In England geboren und dort in erster Linie Bühnenschauspieler, wurde Gwenn erst in fortgeschrittenen Jahren zum vielbeschäftigten Charakterdarsteller Hollywoods, der schließlich im hohen Alter noch ganz spezielle komödiantische Eigenschaften entwickelte. In Hitchcocks »Mord« (Foreign Correspondent, 1940) hatte er eine (seltene) Bösewichtrolle inne. Positiver wird man sich an ihn aus früheren »Lassie«-Filmen erinnern, vor allem jedoch aus dem oscar-preisgekrönten Streifen »Das Wunder von Manhattan« (The Miracle on 34th Street, 1947).

Damit ist die Sache für mich erledigt

COUP DE TÊTE

Frankreich 1978. **Produktion:** Gaumont International/S.F.P., Paris. **Länge:** 2426 m.

Regie: Jean-Jacques Annaud. **Drehbuch:** Francis Veber, Jean-Jacques Annaud, nach einer Idee von Alain Godard. **Kamera:** Claude Agostini. **Musik:** Pierre Bachelet.

Darsteller: Patrick Dewaere, France Dougnac, Jean Bouise, Michel Aumont,

Patrick Dewaere in dem Film »Damit ist die Sache für mich erledigt« (Foto: Tobis Filmkunst).

Paul le Person, Michel Fortin, Maurice Barrier, Mario David, Dorothée Jemma, Cathérine Samie, Corinne Marchand.
Verleih: Tobis Filmkunst.
Erstaufführung: 18. 4. 1980.

Der französische Regisseur Jean-Jacques Annaud beschreibt in seinem zweiten Spielfilm (nach »Black and White in Colour«, ausgezeichnet mit dem Auslands-Oscar 1979) die spießige engstirnige, auch zur Korruption neigende Mentalität vermeintlicher Honoratioren in einem französischen Provinznest namens Trincamp. François, der Held des Films, ist ein junger Fußballspieler, der wegen einer Lappalie aus seinem Verein hinausgeworfen wird. Der Präsident des Vereins ist zugleich auch der Arbeitgeber des jungen Mannes, und als François dem Chef couragiert seine Meinung sagt, fliegt er obendrein auch aus seinem Job raus. Und zu guter Letzt wird François auch noch das Opfer einer falschen Anschuldigung wegen Vergewaltigung. Doch der rechtschaffene François hat Charakter. Und mit feinem Sinn für Ironie läßt er die ganze ehrenwerte Gesellschaft von Trincamp samt ihrer Erbärmlichkeit und Niedertracht genau in jene Grube fallen, die man ihm zugedacht hatte. Damit ist die Sache für ihn erledigt. Annaud hat mit dem sympathischen Patrick Dewaere in der Hauptrolle eine Burleske inszeniert, die manchmal zwar etwas grobschlächtig wirkt, aber doch viel Filmvergnügen bietet.

Das ist Amerika, 2. Teil

THIS IS AMERICA, PART II

USA 1979. **Produktion:** Romano Vanderbes. **Länge:** 2537 m. Dokumentarfilm.
Regie: Romano Vanderbes. **Drehbuch:** Romano Vanderbes. **Kamera:** Robert Megginson. **Musik:** Emanuel Vardi, The Dictators.
Verleih: Avis/Filmallianz.
Erstaufführung: 5. 9. 1980.

Dubios präsentierte Abseitigkeiten des US-Alltags, Kuriositäten, Riten und Moden, soziale Perversionen und gesellschaftliche Ungeheuerlichkeiten werden undifferenziert zu einem faden Bilderbrei verrührt. Dokumentarfilm auf Keller-Niveau.

Dealer Connection – Die Straße des Heroins

LA VIA DELLA DROGA

Italien 1977. **Produktion:** Cinemaster, Rom. **Länge:** 2550 m.
Regie: Cenzo Castellari. **Drehbuch:** Cenzo Castellari.
Darsteller: Fabio Testi, David Hemmings.
Verleih: Beka/C.H.-Film/F. A. Graf/Exquisit/Avis.
Erstaufführung: 7. 3. 1980

Rauschgiftprobleme werden zwar angetippt, aber nicht ernsthaft behandelt. Action und Spannung, Klischees und spekulative Arrangements lenken allzu gern vom ernsten Hintergrund ab. Action eliminiert jegliche Substanz.

Death Watch – Der gekaufte Tod

Bundesrepublik Deutschland/Frankreich 1979. **Produktion:** TV 13 Beteiligungs-GmbH/ Corona Film/Selta Films/Little Bear/Sara Films SA, Paris. **Länge:** 3146 m.
Regie: Bertrand Tavernier. **Drehbuch:** David Rayfiel, Bertrand Tavernier, nach dem Roman von David Compton. **Kamera:** Pierre-William Glenn. **Musik:** Antoine Duhamel. **Bauten:** Tony Pratt. **Schnitt:** Armand Prenny, Michael Ellis.
Darsteller: Romy Schneider, Harvey Keitel, Harry Dean Stanton, Therese Liotard, Max von Sydow, William Russel, Carolyn Langrishe, Vadim Glowna, Bernhard Wicki, Eva Maria Meineke, John Sheddon, Peter Kelly, Freddie Boardley, Paul Young.

Verleih: Jugendfilm.
Erstaufführung: 9. 5. 1980.
FBW-Prädikat besonders wertvoll.

Ein melodramatisches Schauerstück mit Science-fiction-Charakter aus einer Zukunft, in der das populärste Fernsehprogramm »Death Watch« heißt und die Zuschauer anderen Menschen live beim Sterben zuschauen können.
Um dieses Programms willen wird einem Reporter operativ ins Auge eine Fernsehkamera und ins Gehirn ein Fernsehsender eingepflanzt. Zur selben Zeit wird einer Frau durch einen korrupten Arzt suggeriert, sie sei unheilbar krank, und um die prophezeiten Symptome zu bewirken, werden der »Todeskandidatin« für das Fernsehen auch noch giftige Medikamente verordnet.
Das auf diese Weise vermarktete Privatleben, die unmoralische Verletzung der persönlichen Sphäre eines Menschen ist einerseits kritischer Ansatzpunkt des Films, zum anderen aber auch integrales Thema: Eine scheinbar Todgeweihte begegnet ahnungslos ihrem Ausbeuter, als sich beide menschlich näher kommen und der Reporter Skrupel empfindet, ist es zu spät für eine Wende. Die Protagonisten sterben. Das große Programm ist freilich auch futsch.
Ein eher zwiespältiger Film mit schauspielerischen Qualitäten, aber viel fehlgelenkter Medienkritik.

Desideria

Bundesrepublik Deutschland/Italien 1980. **Produktion:** Lisa-Film, München/ Corona-Film/Cinemaster, Rom. **Länge:** 2846 m.
Regie: Gianni Barcelloni. **Drehbuch:** Gianni Barcelloni, Enzo Ungari, Günter Ebert, nach einem Roman von Alberto Moravia. **Kamera:** Claudio Cirillo. **Kostüme:** Marina Lante, Della Rovere. **Schnitt:** Daniele Alabiso, Elke Ludwig.
Darsteller: Stefania Sandrelli, Lara Wendel, Klaus Löwitsch, Vittorio Mezzogiorno, Orso Maria Guerrini, Paolo Zambiasi, Guiliano Sestili.
Verleih: Residenz-Film.
Erstaufführung: 24. 10. 1980.

»Desideria«, Alberto Moravias Roman von der schönen Sechzehnjährigen aus wohlhabendem Bürgerhaus, die eines Tages die Stimme der »Revolution« hört, eine Stimme, wie sie einst Jeanne d'Arc gehört hat, und die beschließt, eine Prostituierte zu werden, ist die differenzierte Schilderung eines Innenlebens. Der Film hat es da nicht leicht, die Gedanken und Gefühle in Bilder umzusetzen. Doch Moravia hat das Drehbuch, wie man in einem Interview lesen konnte, akzeptiert, und von seinem Niveau wird auch das Leinwandgeschehen bestimmt.
Desiderias Schicksal wird von Frustration und Neurosen bestimmt. Ihre Probleme sind individualistisch, doch sie möchte sie an eine übergreifende gesellschaftliche Idee anbinden, um so leichter damit zurechtkommen zu können. Das funktioniert nicht. Aber in ihrer Auflehnung gegen die Mutter und dem Haß gegen deren Liebhaber entfaltet sie einen immensen Sexual- und Politterror, der wohl auch der Anlaß war, diesen Stoff zu verfilmen. Doch ihr Versuch, sich für entgangene Liebe zu rächen und dadurch selbst zu befreien, nimmt ein fatales Ende.
Der 38jährige Fernsehregisseur Barcelloni hat einen klaren, direkten Film inszeniert, der keine Perversion des Stoffes ausläßt und doch nie auf das Niveau des vorgestellten angefaulten Milieus sinkt.

Desparate Living

DESPERATE LIVING

USA 1978. **Produktion:** New Line Cinema. **Länge:** 2502 m.
Regie: John Waters. **Drehbuch:** John Waters.
Darsteller: Liz Renay, Mink Stole, Susan Lowe, Edith Massey, Mary Vivian Pearce, Jean Hill.
Verleih: Arsenal/Impuls.
Erstaufführung: 2. 11. 1980.

John Waters, der Regisseur eines US-Kinos jenseits des amerikanischen Traums,

erzählt von Underdogs und Ausgeflippten, von Ausgestoßenen und Transvestiten, von Häßlichen und von Fetten. Sein Film ist die in jeder Weise ungehobelte, ungeschönte und provozierende Inszenierung der alltäglichen Widerwärtigkeiten.
Es geht um zwei Weiber, die kurz und bündig einen gutmütigen Ehemann (einer der beiden Frauen) umbringen, und dann in eine fiktive Stadt der Gesetzlosen und Entrechteten fliehen, eine Alptraum-Kommune mit einer grotesken, fetten Despotin als Herrscherin. Sie fällt zum Schluß einer längst erwarteten Revolte der Untertanen zum Opfer und wird kannibalisch-froh verspeist.
Kino solcher Provenienz ist beileibe nicht jedermanns Sache. Und Waters tut alles, um mit seinen Bildern aus einer elenden Abfallwelt überall anzuecken. Bleibt sozial engagierten Kritikern aber wirklich nur noch dieser Weg über die groteske, übersteigerte Orgie, um sich Gehör zu verschaffen? Und wer hört da überhaupt hin?

Deutschland bleiche Mutter

Bundesrepublik Deutschland 1979. **Produktion:** Helma Sanders Filmproduktion/Literarisches Colloquium/WDR. **Länge:** 3350 m.
Regie: Helma Sanders-Brahms. **Drehbuch:** Helma Sanders-Brahms. **Kamera:** Jürgen Jürges. **Musik:** Jürgen Knieper. **Ausstattung:** Götz Heymann. **Kostüme:** Janken Janssen. **Schnitt:** Elfi Tillack, Uta Periginelli.
Darsteller: Eva Mattes, Ernst Jacobi, Elisabeth Stepanek, Angelika Thomas, Rainer Friedrichsen, Gisela Stein, Fritz Lichtenhahn, Anna Sanders, Sonja Lauer, Miriam Lauer, Heinz Petruo, Hans Rickmann, Jeanine Rickmann, Hermann Rittweger, Roland Schäfer.
Verleih: Basis-Film.
Erstaufführung: 26. 9. 1980 im Kino (Festival-Uraufführung bei den Berliner Filmfestspielen 1980 am 20. 2. 1980).
FBW-Prädikat: wertvoll.

1939, vor dem Hintergrund der Kriegsvorbereitungen Hitlers, lieben sich zwei junge Menschen und heiraten. Unmittelbar danach beginnt der Zweite Weltkrieg, und der Mann muß an die Front. Die Frau, Lene, bleibt allein zurück, bekommt in einer Bombennacht allein ihr Kind, schlägt sich durch den Krieg und entwickelt mit ihrem Kind die Kraft zum Überleben.
Als der Krieg zu Ende ist und der Mann zurückkommt, wird diese Kraft nicht mehr gebraucht. Lene soll in ihre alte Frauenrolle zurückfinden. Aber das schafft sie nicht. Der sogenannte Wiederaufbau und das berühmte Wirtschaftswunder werden ihr ebenso unerträglich wie ihre Kleinfamilie, die wieder funktionieren soll, als wäre nichts geschehen.
1950 ist Lena physisch und psychisch krank und verhärtet. Das Kind rettet sie vor dem Selbstmord.
Helma Sanders erzählt die Geschichte ihrer Eltern, die Geschichte auch ihrer unbewußten und ihrer bewußten Kindheit. Ihr Film »Deutschland bleiche Mutter« beginnt mit einem gleichnamigen Gedicht Bert Brechts. Das von den Nationalsozialisten verursachte Grauen, die Zerschlagung Deutschlands, der Untergang in Blut und Tränen werden in Bezug gesetzt zu einer starken Mutter-Kind-Beziehung. Roheit und Gewalt der Männerwelt – am erzählten Bild der Grimmschen Märchen vom »Räuberbräutigam« festgemacht – verstärken die Spannung. Das Grauen als Ausgeburt männlicher Phantasie, der NS-Staat und seine Folgen blockieren normale Partnerbeziehungen über Jahrzehnte hin. Am Schluß herrscht eine namenlose Leere, eine Vereisung und Verzerrung, eine Verstörung und Zerstörung, die alle Beteiligten voneinander isolieren.
Die Regisseurin versucht, eigene Vergangenheit und das deutsche Verdrängungsthema Nationalsozialismus aufzuarbeiten. Solange sie sich dabei an ihre ungebundene Phantasie halten kann, gelingen ihr literarisch zwar manchmal überfrachtete, doch sehr einleuchtende und schöne Szenen. Sobald aber im Zeitraum nach 1945 allmählich tatsächliche eigene Erinnerung mit ins Spiel kommt, wird die Inszenierung unglaubhaft, zuweilen verkrampft und feministisch einseitig. Das persönliche Bekenntnis der Autorin gerinnt zur starren Subjektivität einer auf banale Zuspitzungen fixierten Rückschau.

Deutschland privat

Bundesrepublik Deutschland 1980. **Produktion:** Robert van Ackeren Filmproduktion. **Länge:** 2350 m (16 mm).
Zusammenstellung: Robert van Ackeren, Erwin Kneihsl.
Verleih: Filmverlag der Autoren.
Erstaufführung: 21. 11. 1980.

Robert van Ackeren, bekannt für oftmals recht manierierte Kinostücke, und sein österreichischer Kollege Erwin Kneihsl animierten per Zeitungsanzeige Deutschlands Amateurfilmer, ihre schönsten Streifen für eine große Heimkinoschau zur Verfügung zu stellen.
Was dabei herauskaum (bzw. von den Filmemachern letztlich kompiliert wurde), ist vorwiegend banal, manchmal amüsant, allemal aber bestürzend. Das also ist des Deutschen liebstes Schmalfilmvergnügen: Ferienposen, sorgsam eingeübt, und dann Muttern beim hausgemachten Porno-Strip?
Man möchte es kaum glauben. Sind das die schönsten Augenblicke, die wichtigsten Erlebnisse, die filmenswerten Ereignisse im Leben des schmalfilmenden Bundesbürger?
Oder was beweist dieser Zusammenschnitt Dutzender von Heimkinostreifen in seiner lähmenden Monotonie?
Die ernste Auseinandersetzung mit dem Amateurfilm jedenfalls stellt dies nicht dar. Ob Perfidie und Hohn oder Verzweiflung und Frust die Mischung bestimmt haben, läßt sich nicht abschätzen.

Dodeskaden

DODES'KA-DEN

Japan 1970. **Produktion:** Yonki no Kai.
Regie: Akira Kurosawa. **Drehbuch:** Akira Kurosawa, Hideo Oguni, Shinobu Hashimoto. **Kamera:** Takao Saito, Yasumichi Fukuzawa. **Musik:** Toru Takemitsu.
Bauten: Yoshiro Muraki, Shinobu Muraki. **Schnitt:** Reiko Keneko.
Darsteller: Yoshitaka Zushi, Kin Sugai, Junzaburo Ban, Kiyoko Tange, Hisashi Igawa, Kunie Tanaka, Noboru Mitani.
Erstaufführung: März 1980, ZDF.

Am Rande einer großen Müllkippe hausen Menschen in elenden Blechhütten. Da gibt es den verkrüppelten Angestellten Shima, der sich von seiner Frau tyrannisieren läßt; die beiden Arbeiter Masuda und Kawaguchi, die sich jeden Abend betrinken und die ihre Frauen tauschen; den alten, gutmütigen Bürstenbinder Ryo, der fünf Kinder großzieht, obwohl er weiß, daß seine Frau ihn betrügt und die Kinder nicht von ihm stammen; den ewig betrunkenen Kyota, der seine Stieftochter ausbeutet und mißbraucht; den Bettler, dessen kleiner Sohn an einer Lebensmittelvergiftung stirbt, weil der Vater keinen Arzt rufen will; und Hei, der sich in die Schweigsamkeit zurückgezogen hat, weil er sich durch seine Frau Ocho verletzt fühlt.
Zusammengehalten werden diese episodenhaft erzählten Schicksale durch Rokkuchan, einen geistig behinderten Jungen, der jeden Tag eine imaginäre Straßenbahn durch das Elendsviertel fährt und dabei lautmalerisch die Fahrgeräusche do-des-ka-den nachmacht.

The Dog

EL PERRO

Spanien 1979. **Produktion:** Deva Cinematografica. **Länge:** 2778 m.
Regie: Antonio Isasi. **Drehbuch:** Juan Antonio Porto, Antonio Isasi. **Kamera:** Juan Gelpi. **Musik:** Anton Garcia Abril.
Darsteller: Jason Miller, Lea Massari, Marisa Paredes, Aldo Sambrell, Juan Antonio Bardem.
Verleih: United Artists.
Erstaufführung: 20. 6. 1980.

Mit den Mitteln des kommerziellen Actionfilms versucht Regisseur Isasi eine politische Botschaft zu transportieren. Ihm geht es um die Anklage von Folter und Unterdrückung in einer nicht näher bezeichneten Militärdiktatur. Einem politi-

»The Dog« (Foto: United Artists).

schen Häftling gelingt die Flucht aus den Folterkammern der Diktatur. Aber er wird von einem Hund gehetzt. Der Häftling kann den Kampf schließlich zu seinen Gunsten entscheiden und den Hund erschlagen. Der Tod des Tieres korrespondiert in einer Parallelmontage mit dem Attentat auf den Diktator. Beide Handlungsebenen des Films verschmelzen in der Schlußeinstellung zu einer Ebene.

Donnerfaust und Tigerkralle

THUNDERING MANTIS

Hongkong 1979. **Produktion:** East Asia Film Company. **Länge:** 2243 m.
Regie: Keine Angaben.
Darsteller: Liang Chia-Yen, Huang I-Lung, Hsia Chun, Chao Tung Shan.
Verleih: Apollo/Diamant.
Erstaufführung: 31. 10. 1980.

Kung-Fu Prügeleien und keine Ende ... Hier wieder eine besonders brutale Inszenierung.

Don Giovanni

DON GIOVANNI

Bundesrepublik Deutschland/Frankreich/ Italien 1979. **Produktion:** Janus-Film, Frankfurt/ Gumont Intern./Camera One, Paris/Opera Film Produzione, Rom. **Länge:** 4804 m.
Regie: Joseph Losey (Konzept: Rolf Liebermann). **Drehbuch:** Patricia und Joseph Losey, Frantz Salieri, nach dem Libretto von Lorenzo da Ponte. **Kamera:** Gerry Fisher. **Musik:** Wolfgang Amadeus Mozart, dirigiert von Lorin Maazel, mit dem Chor und Orchester der Pariser Oper.
Darsteller: Ruggero Raimondi, John Ma-

curdy, Edda Moser, Kiri Te Kanawa, Kenneth Riegel, José Van Dam, Teresa Berganza, Malcolm King, Eric Adjani.
Verleih: Concorde.
Erstaufführung: 16. 3. 1980.
FBW-Prädikat: besonders wertvoll.

Mozarts »Oper aller Opern« wurde von Joseph Losey in Zusammenarbeit mit dem scheidenden Direktor der Pariser Oper, Rolf Liebermann, verfilmt. Nicht als Leinwand-Adaption einer Bühneninszenierung, sondern mit dem Anspruch, die Kunstgattung Operntheater der Kinokunst anzuverwandeln.
Das hat Opernkritiker und Filmrezensenten gleichermaßen auf den Plan gerufen. Weder die einen noch die anderen mochten dem ambitionierten Unternehmen uneingeschränkt zustimmen. »Ein Kinoheld von Mozart« heißt es hier etwas mokant, eine »Abfolge schöner Show-Effekte« wird dort beklagt.
Immerhin: Der Film hat den »Don Giovanni« aus der Bühnengegebenheit in eine wunderschöne Landschaft Venetiens und in schwelgerisch ausgestattete Original-Interieurs entführt; die satirischen Seitenhiebe auf eine sich dem Ende zuneigende feudale Epoche hat Losey komödiantisch herausgearbeitet. Die Faszination der Musik freilich bleibt – zumal durch das Playback-Verfahren – hinter dem optischen Glanz zurück.

Drei Schwedinnen auf der Reeperbahn

Bundesrepublik Deutschland 1980. **Produktion:** Lisa-Film GmbH/Metro-Film, München. **Länge:** 2213 m.
Regie: Walter Boos. **Drehbuch:** George Elmer. **Kamera:** Franco Mazzolini. **Musik:** Gerhard Heinz.
Darsteller: Uta Koepke, Tanja Scholl, Biggi Ludwig, Tobias Meister, Frank Lang, Bea Fiedler, Nick Werup, Paul Edwin Roth, Hertha Worell.
Verleih: Residenz-Film.
Erstaufführung: 8. 8. 1980.

Drei flotte Schülerpärchen machen sich auf den Weg nach Hamburg, um dort »etwas zu erleben«. Und so kommt es dann auch. Schulmädchen-Sex und Reeperbahn-Strich werden mit Gewalt aufeinander losgelassen.

Drei unter'm Dach

DIZENGOFF STREET 99

Israel 1979. **Produktion:** Arnon Milchan & David Shapira, Tel Aviv. **Länge:** 2423 m.
Regie: Avi Nesher. **Drehbuch:** Avi Nesher. **Kamera:** Jean Bofferty. **Musik:** Zahlreiche Pop-Sänger und -Gruppen.
Darsteller: Gidi Gov, Anne Atzmon, Gali Atari, Meir Swissa, Heli Goldenberg.
Verleih: Scotia International.
Erstaufführung: 22. 2. 1980.

Das wohlfeile Lustspielgeschehen mit der hübschen Anne Atzmon aus »Eis am Stiel« und mit Gali Atari, die mit ihrem Lied »Hallelujah« den Grand Prix Eurovision gewann, dreht sich um drei junge Leute, denen ihr Job in einem Versicherungsbüro zu langweilig wird und die sich zur Wohngemeinschaft zusammenschließen. Mit all dem Auf und Ab, das zu einer Musikkomödie dazugehört.

Dreist und gottesfürchtig

IN GOD WE TRUST

USA 1980. **Produktion:** Howard West/George Shapiro. **Länge:** 2450 m.
Regie: Marty Feldman. **Drehbuch:** Marty Feldman/Chris Allen. **Kamera:** Charles Corell. **Musik:** John Morris. **Schnitt:** David Blewitt.
Darsteller: Marty Feldman, Peter Boyle, Louise Lasser, Richard Pryor, Andy Kaufman, Wilfried Hyde-White.
Verleih: CIC.
Erstaufführung: 6. 12. 1980.

Nonsens dominiert in den Streifen von Froschauge Marty Feldman. Mit den Mel-

Brooks-Filmen »Der junge Frankenstein« (1974) und »Silent Movie« (1976) wurde der 1938 in London geborene Schauspieler ein Komiker-Star des Kinos, nachdem seine koboldartige Erscheinung zuvor schon in mehreren britischen Fernsehsendungen aufgefallen war.
Die rührend-heroische Geschichte vom Fremdenlegionär Beau Geste (von Hollywood bereits dreimal verfilmt) erlebte in dem Marty-Feldman-Streifen aus dem Jahre 1977 »Drei Fremdenlegionäre« ihre Klamaukversion. Bei diesem Film fungierte Feldman zum ersten Mal als Hauptdarsteller, Regisseur und Co-Autor zugleich. Auch mit seinem neuen Film »Dreist und gottesfürchtig« behauptet sich Feldman wieder in dieser Dreieinigkeit.
Das Ergebnis freilich ist, im biblischen Sinne des Wortes, ein gotteslästerlicher Leinwandulk. Denn dieses Mal veralbert der Komiker das Glaubensunwesen amerikanischer Wander- und Fernsehprediger, deren einzige Mission es zu sein scheint, mit Hilfe des Geldes frömmelnder Gläubiger möglichst schnell reich zu werden.
Die Trennungslinie zur Blasphemie ist bei diesem Thema natürlich besonders dünn. Marty Feldman überschreitet sie aus purer Freude am Nonsens bedenkenlos.
Bruder Ambrosius (Feldman) soll Geld für sein verschuldetes Kloster auftreiben. Ein gewisser Armageddon T. Thunderbird aus Los Angeles scheint der richtige Mann für den frommen Geldwunsch zu sein. Denn Thunderbird ist ein überaus erfolgreicher Fernsehprediger, der bei seinen Shows Tausende von gespendeten Dollar einsammelt. Schließlich ist er der Begründer der »Kirche des göttlichen Profifes«.
Zunächst jedoch begegnet Bruder Ambrosius einem weitaus ärmeren Vertreter biblischer Scharlatane. Dr. Melmoth, der seine Kirche in einem umgebauten Omnibus mit sich herumkutschiert, nimmt den trampenden Mönch mit nach Los Angeles.
Dort angekommen verabschiedet sich Ambrosius schnell von dem merkwürdigen Kauz, der gerade im Begriff ist, die ihn umringenden Straßenmädchen, Zuhälter und andere finstere Gestalten der Nacht gegen gute Bezahlung von ihren Sünden zu befreien. Leider zu spät muß der Mönch feststellen, daß sein bibelfester Freund ihn um das gesamte Reisegeld betrogen hat.
Aber schon gerät Bruder Ambrosius erneut in hautnahen Kontakt mit der sündigen Welt. Auf der Flucht vor der Polizei sucht das Straßenmädchen Mary Zuflucht unter der Kutte des Mönchs.
Zum Dank für den erwiesenen Liebesdienst lädt Mary die seltsame Gestalt zu einem Kaffee ein. Und da der Mönch an den weltlichen Verlockungen, die ihm nur aus der Bibel bekannt sind, offensichtlich Gefallen gefunden hat, bittet er Mary, ihm diese doch bitteschön etwas detaillierter zu erklären. Anhand der Speisekarte der Imbißstube demonstriert das Mädchen dem mit weitgeöffneten Glubschaugen dasitzenden Mönch, was es mit einer Vorspeise, dem Hauptgericht und was es mit dem Dessert beim zwischenmenschlichen Liebesspiel auf sich hat.
Aber als Mary später in ihrer Wohnung zur praktischen Unterweisung des Gelernten schreiten will, springt Ambrosius lieber unter die Dusche. Schließlich steht in der Bibel geschrieben, daß man fleischlichen Gelüsten standhaft widerstehen soll. Ambrosius gelingt es nur zähneklappernd unter der kalten Dusche.
Aber gegen einen kurzen Blick auf Marys wohlproportionierte Versuchungen dürfte wohl auch der Herrgott nichts einzuwenden haben.
Am folgenden Tag begibt sich Ambrosius auf den Bittgang zu Armageddon T. Thunderbird. Doch bereits an der Eingangstür des gewaltigen Wolkenkratzers wird der Mönch von den Leibwächtern des Fernsehpredigers abgewiesen. Denn der betet gerade zu »G.O.D.«, seinem Computer, der die Spendengelder verwaltet.
Aber Bruder Ambrosius gibt sich noch lange nicht geschlagen. Und er lernt schnell im Los Angeles des totalen geistigen und finanziellen Konsums. Vor allem, wie man mit gotteslästerlichen Tricks und bibelfesten Handgreiflichkeiten selbst einen Mr. Thunderbird samt Computer »G.O.D.« auf's Kreuz leben kann.
Freilich bleibt nach dem erfolgreich durchgeführten Coup immer noch eine Frage unbeantwortet, die Bruder Ambro-

sius etwas irritiert: Wenn Gott möchte, daß alle Menschen gleich sind, warum hat er dann für die etwas Ärmeren die Bibel als Taschenbuchausgabe geschaffen?

Dschungel-Django

IL CACCIATORE DI SQUALI

Italien 1979. **Produktion:** T.R.A.C. Cinematografica, Rom. **Länge:** 2296 m.
Regie: Enzo G. Castellari. **Drehbuch:** Gisella Longo, Alfredo Gianetti. **Kamera:** Raul Perez Cubero. **Musik:** Guido und Maurizio De Angelis.
Darsteller: Franco Nero, Jorge Luke, Mirta Miler, Patrizia Silvera, Mike Forrest, Eduardo Fajardo, Werner Pochath.
Verleih: Residenz-Film.
Erstaufführung: 14. 3. 1980.

Dschungel-Django Franco Nero geht hier vor allem auf der Suche nach einem in der Karibik versunkenen Schatz baden. Ein Abenteuerfilm, der zwar kaum ein Klischee ausläßt, aber doch ganz unterhaltsam ist.

Dschungelolympiade

ANIMALYMPICS

USA 1979. **Produktion:** Steven Lisberger Studios. **Länge:** 2154.
Regie: Steven Lisberger. **Drebuch:** Steven Lisberger, Michael Fremer. **Kamera:** Paul Nevitt. **Musik:** Graham Gouldman.
Verleih: Scotia International.
Erstaufführung: 15. 5. 1980.

Mäßig witziger Zeichentrickfilm über eine Olympiade der Tiere im Stil summierend aneinandergereihter Fernsehberichte. Die Animation ist ebenso durchschnittlich wie der Lacherfolg, den die vermenschlichten Tiere hier finden.

Edouard, der Herzensbrecher oder Übung macht den Meister

LE CAVALEUR

Frankreich 1978. **Produktion:** Les Films Ariane/Mondex Film/FR 3. **Länge:** 2771 m.
Regie: Philippe de Broca. **Drehbuch:** Alexandre Mnouchkine, Michel Audiard, Philippe de Broca. **Kamera:** Jean-Paul Schwartz. **Musik:** Johann Sebastian Bach u. a. **Bauten:** Eric Moulard. **Kostüme:** Cathérine Leterrier. **Schnitt:** Henri Lanoe.
Darsteller: Jean Rochefort, Nicole Garcia, Cathérine Alric, Cathérine Leprince, Annie Girardot, Lila Kedrova, Danielle Darrieux, Carole Lixon, Jean Dessailly, Serge Coursan, Jose Noguero, Yvon de Broca.
Verleih: Concorde-Film.
Erstaufführung: 1. 8. 1980.

Philippe de Broca, heute bereits ein Sechziger, war bei Claude Chabrol Regieassistent, als dieser 1959 mit »Die Enttäuschten« (Le beau Serge) die »Nouvelle Vague«, die Neue Welle des französischen Films, entrierte. Ein Jahr später drehte de Broca mit Chabrols Produktionshilfe seinen ersten eigenen Film »Liebesspiele« (Les jeux de l'amour). Und seitdem ist der Name de Broca immer wieder gut für quicklebendige, sehr geschmackvolle, leicht skurrile und stets mit einem leisen, altmodischen Flair behaftete Kino-Komödien.
So auch bei diesem »Cavaleur«, der in der deutschen Titelversion als »Herzensbrecher« eine etwas irritierende Banalität gewinnt. Freilich, beim ersten Zusehen ist die Geschichte des erfolgreichen Mode-Pianisten Edouard in der Tat ziemlich banal: Zwischen Konzerten und Proben, zwischen Terminen und Verabredungen, zwischen Ehefrau, Familie, Geliebter und Exgattin quirlt ein geistreicher Charmeur mit so unermüdlicher Vitalität Tag und Nacht hin und her, daß dem Betrachter allmählich die Luft wegbleibt.
Doch irgendwie schafft es Edouard immer

wieder, alles unter einen Hut zu bringen, ein Privatleben in einem Allegro-furioso-Stil zu führen und sich dessen nicht einmal wirklich bewußt zu werden. Doch dann trifft er eines Tages Suzanne wieder, die er schon lange Zeit nicht mehr gesehen hat und die inzwischen Großmutter geworden ist. Und er lernt Valentine, ihre Enkeltochter, kennen, die in ihm sofort einen neuen Sturm der Leidenschaft entfesselt; einen endgültigen, wie er meint ...
Im Fluß der Erzählung erkennt man, wie de Brocas guter Geschmack immer wieder ein Abgleiten der Story ins Konventionelle oder gar in die Sentimentalität mit Leichtigkeit verhindert, wie ein herrlich pointierter Rhythmus die stets nur scheinbar hoffnungslose Lage des Protagonisten vorantreibt, die die unausgesprochene Angst eines Mannes vor dem Älterwerden sich in immer wieder neuen, wunderbar harmonischen Sequenzen sublimiert.
Die deutlich erkennbare Sympathie des Regisseurs mit seinem Helden ermöglicht diesem dabei dennoch keinen leichten Kino-Sieg. Im Gegenteil – Edouard, der weniger von der Midlife-Crisis als von den späten Konsequenzen seines unsteten Verhältnisses zu den Frauen gebeutelt wird, muß sich einer schier hoffnungslosen Auseinandersetzung stellen, bei der ihm alle Felle davonzuschwimmen scheinen.
Souverän entfaltet de Broca ein Leporello etwas altmodischer Emotionen, die ihre Gestrigkeit jedoch mit Grazie zelebrieren. Gesellschaftliche Wirklichkeit ist da freilich nicht im Spiel, wenn man einmal von ein paar süffisanten Seitenhieben auf den Kunstbetrieb absieht. Eher wird melancholisch eine überholte Welt des Savoir-vivre abgehandelt. Doch am Schluß fügt sich alles zu einem sanften Gruppenbild der Eintracht.
So geartete Harmoniebestrebungen sind sicher nicht jedermanns Sache. Die eleganten Dialoge, die genau charakterisierten Personen und die herausragenden alten, älteren und jungen Schauspieler (in der Titelrolle souverän Jean Rochefort) bewirken jedoch ein Flair, ein Ambiente, das herrliche Komödienunterhaltung sichert.
Die Überalterung der Welt, in der dies alles spielt, weckt dabei eher Resignation und Trauer. Die spielerische Eleganz täuscht nur scheinbar hinweg über gesellschaftliche Kontroversen. Im Ganzen gesehen ein phantastischer Spaß.

Der eingebildete Kranke

IL MALATO IMAGINARIO

Italien 1979. **Produktion:** Mars Film, Rom/Piero La Mantia. **Länge:** 2905 m.
Regie: Tonino Cervi. **Drehbuch:** Tonino Cervi, Cesare Frugoni, Alberto Sordi. **Kamera:** Armando Nannuzzi. **Musik:** Piero Piccioni. **Bauten:** Luigi Scaccianoce. **Kostüme:** Alberto Verso. **Schnitt:** Nino Baragli.
Darsteller: Alberto Sordi, Laura Antonelli, Giuliana de Sio, Ettore Manni, Carlo Bagno, Stefano Satta Flores, Marina Vlady, Bernard Blier, Veronica Zinny.
Verleih: CIC.
Erstaufführung: 16. 5. 1980.

Molières letzte Komödie wurde 1673 uraufgeführt. Cervi, der 1971 mit »Die heißen Engel« debütierte, bringt das Stück jetzt auf die Leinwand. Cervi verlegte den Schauplatz von Paris nach Rom, wandelte die Dialoge und änderte den Schluß. So zieht sich Cervis Kranker vor Terror und einer profitgierigen Umwelt in sein Bett zurück – eine allzu plakative Anspielung auf innenpolitische Verhältnisse des heutigen Italien. Der Kranke als Anspielung auf diejenigen, die sich aus jeder Verantwortung stehlen wollen. Die Gewalttätigkeiten, vor denen Cervis Kranker die Augen verschließen will, resultieren aus den krassen Klassenunterschieden. Die Bauern werden von ihren Äckern vertrieben, die Großgrundbesitzer wandeln die Äcker in Weideland um. Es gibt mehr Wegelagerer und Straßenräuber als Polizisten. Von 60000 Einwohnern sind rund 11000 im Prostitutionsgewerbe tätig, rund ebensoviele ernähren sich durch Diebstähle. Von diesen Zuständen will der reiche Landbesitzer Argante nichts wissen. Schließlich wird er von seiner Dienerin Tonina »geheilt«.

Alberto Sordi und Laura Antonelli in dem Film »Der eingebildete Kranke« (Foto: Cinema International Corp.).

Obwohl die Darstellung streckenweise theatralisch überzogen ist, bietet der Film gute Unterhaltung, was nicht zuletzt Alberto Sordi in der Rolle des Kranken zu verdanken ist.

1 + 1 = 3

Bundesrepublik Deutschland 1979. **Produktion:** Genée & v. Fürstenberg Filmproduktion. **Länge:** 2322 m.
Regie: Heidi Genée. **Drehbuch:** Heidi Genée. **Kamera:** Gernot Roll. **Musik:** Andreas Köbner.
Darsteller: Adelheid Arndt, Dominik Graf, Christoph Quest, Dietrich Leiding, Helga Stork.
Verleih: Filmwelt.
Erstaufführung: 7. 3. 1980 (Uraufführung bei den Internationalen Filmfestspielen in Montreal 1979).

»1 + 1 = 3« schildert die Probleme einer ledigen Schauspielerin, die nach einer Verhütungspanne schwanger wird und sich entscheidet, das Kind zu bekommen, ohne den Vater, der sie heiraten will, zu akzeptieren. Und mit dieser Entscheidung hat nicht nur der Kindsvater, sondern ihre ganze Umwelt hart zu kämpfen; bei einer Reihe von Menschen löst die junge Frau tiefgreifende Veränderungen aus.
Kein feministischer Film, aber doch eine hinterhältige Emanzipationskomödie. Auch wenn alles ein bißchen zu glatt, zu problemlos, zu leichthin abgehandelt wird; und dazu in einem Kinomilieu, das weit entfernt ist von der Realität.
Heidi Genée wirft eine Menge Fragen auf, geht dann aber mit unterhaltsamer Fröhlichkeit über deren Lösung hinweg und läßt ihre Geschichte von der ledigen Mutter zwischen zwei Männern, die sie beide vor den Kopf stößt, schließlich da enden, wo außerhalb des Kinos die Schwierigkeiten in solchen Fällen erst richtig anfangen.

Der elektrische Reiter

ELECTRIC HORSEMAN

USA 1979. **Produktion:** Ray Stark/Universal-ColumbiaFilm. **Länge:** 3289 m. **Regie:** Sydney Pollack. **Drehbuch:** Robert Garland. **Kamera:** Owen Roizman. **Musik:** Dave Grusin.
Darsteller: Robert Redford, Jane Fonda, John Saxon, Willie Nelson, Nicolas Coster, Timothy Scott, James B. Sikking.
Verleih: CIC.
Erstaufführung: 4. 4. 1980.

Dort wo der Film beginnt, ist die Geschichte eigentlich schon zu Ende. Sonny Steele (Robert Redford), Rodeo-Champion und Reklame-Reiter, hat den Zenit seiner Karriere hinter sich. Vom einstigen Cowboy ist nur noch ein Ritter von der traurigen Gestalt übriggeblieben, der als illuminierter Reiter für Haferflocken Reklame macht. Als die Reklame-Bosse aber das Pferd für eine Aufnahme dopen wollen, ist Steeles Toleranzgrenze überschritten. Er schwingt sich kurzentschlossen in den Sattel und verschwindet aus Las Vegas. Verfolgt wird er von der Fernsehjournalistin Hallie Martin (Jane Fonda), die zwar primär an einer guten Story interessiert ist, letztlich aber dem MachoCharme des ausgeflippten Cowboys unterliegt. Noch einmal feiert der Mythos von der alles »reinigenden« Wildnis, in die der Protagonist sich zurückzieht, fröhliche Urständ. Der Held bleibt bis zum Schluß seinem archaischen Image verpflichtet, es gibt keine Love-Story im Wüstensand.
Zwar tippt Regisseur Pollack Zivilisationsflucht und Neokultur kritisch an, bleibt aber im ganzen gesehen eher dem Konservatismus verhaftet. Diese idealisierte Rückbesinnung auf jungfräuliche Naturlandschaft und ebensolche Beziehungen zwischen Männern und Frauen findet ihren Ausdruck in weiten Panoramaaufnahmen, die eine Idylle vorspiegeln, die nicht existiert. Gleiches gilt für die Beziehung zwischen dem Cowboy und der Reporterin. Sie folgt ihm, wird schwer

Robert Redford und Jane Fonda in dem Film »Der elektrische Reiter« (Foto: Cinema International Corp.)

geprüft, ihre einzige »Belohnung« aber besteht in einem freundlichen Blick des »harten Naturburschen«.
Solcherart plakative und konservative Motive verdecken teilweise die ironischen Momente des Films.

Das Ende der Nacht

L'AMOUR VIOLÉ

Frankreich 1977. **Produktion:** Les Films de l'Equinoxe/Les Films du Dragon/Mk 2 /Multiciné. **Länge:** 2460 m.
Regie: Yannick Bellon. **Drehbuch:** Yannick Bellon. **Kamera:** Georges Barsky, Pierre William Glenn. **Musik:** Aram. **Schnitt:** Janine See.
Darsteller: Nathalie Nell, Alain Foures, Michele Simonnet, Pierre Arditi, Daniel Auteuil, Bernard Granger, Alain Marcel, Gilles Tamiz, Tatian Moukhine, Lucienne Hamon, Guylene Pean, Marianne Epin, Francois Lalande.
Verleih: Concorde.
Erstaufführung: 5. 9. 1980.

Vergewaltigung, ein fast alltägliches Verbrechen, findet jetzt im Kino angemessene Thematisierung und Diskussion. Nach »Der Schrei aus der Stille« ein weiterer Film einer Regisseurin, die sich darin mit diesem Problem und auch mit den traditionellen Rollenbildern von Mann und Frau auseinandersetzt.
Die Vorlage ist direkt und klar: Als sich Nicole nach dem Überfall der vier Männer, die sie wild vergewaltigt haben, verwundet und geschändet wieder aufrichtet, kann sie zuerst nicht mehr klar denken. Sie schämt sich und will sterben. Doch als die erste Verzweiflung vorüber ist, beginnt sie zu recherchieren. Sie will nicht nur die Angreifer wiederfinden, sondern vor allem den tieferen Ursprung dieses Verbrechens, dessen Opfer sie war, verstehen.
Durch das Unverständnis, die Unterordnung oder die Gleichgültigkeit ihrer Mitmenschen wird sich Nicole nach und nach ihrer Lage als Frau in einer gewalttätigen Gesellschaft, in der gewisse Machtverhältnisse bestimmend sind, bewußt. Doch im entscheidenden Augenblick ist sie in der Lage, der öffentlichen Meinung, ihrer Familie und sogar für kurze Zeit dem Mann, den sie liebt, die Stirn zu bieten, um für eine andere Art zu leben plädieren zu können.
Yannick Bellon macht mit ihrem vierten Film zwar handfestes Kino (das zeigt sich in der glatten, manchmal leicht süßlichen Art der Inszenierung), doch zugleich durchbricht sie mit ihm die Mauern der Heuchelei, die immer noch das Thema Vergewaltigung im Zwielicht halten wollen.

Nathalie Nell in dem Film »Das Ende der Nacht« (Foto: Concorde).

Endstation Freiheit

Bundesrepublik Deutschland 1980. **Produktion:** Bioskop-Film/ Planet. **Länge:** 3080 m.
Regie: Reinhard Hauff. **Drehbuch:** Burkhard Driest. **Kamera:** Frank Brühne. **Musik:** Irmin Schmidt. **Ausstattung:** Heidi Lüdi, Toni Lüdi. **Kostüme:** Monika Altmann, Gerlind Gies. **Schnitt:** Peter Przygodda, Barbara von Weitershausen.

Darsteller: Burkhard Driest, Rolf Zacher, Katja Rupé, Carla Egerer, Kurt Raab, Eckehard Ahrens, Joey Buschmann, Veit Relin, Werner Eichhorn, Hans Noever, Hark Bohm, Gabriela Dossi, Marquard Bohm, Peter Genée, Reinhold Olschewski, Michael Gspandl, David Hess.
Verleih: Filmverlag der Autoren.
Erstaufführung: 29. 10. 1980 (bei den Hofer Filmtagen); 31. 10. 1980 (Kinostart).
FBW-Prädikat: wertvoll.

Nik Dellmann wird nach acht Jahren aus dem Zuchthaus entlassen. Seine frühere Freundin Eva hat mittlerweile Mann und Kind. Nik sucht Unterschlupf bei Leila, einer Briefbekanntschaft. Er braucht Ruhe, denn er will sich als Schriftsteller versuchen.
Eines Tages taucht plötzlich Henry, sein früherer Zellengenosse, auf, der getürmt ist. Henry schlägt Nik ein Ding vor. Nik lehnt ab. Er will nichts mehr zu tun haben mit den miesen kleinen Einbrüchen, die ihm möglicherweise nur wieder Knast bringen. Nik denkt, wenn schon, an den ganz großen Coup; aber vorerst schreibt er nur darüber in seinem Roman »Mann ohne Schatten«. Erst als die Hoffnung auf einen Verleger für sein Buch und auf ein neues Zusammenleben mit Eva schwinden, entschließt er sich, dieses große Ding nun doch wirklich zu drehen.
Der Coup, eine Entführung, wird vorbereitet, alles wird wie im Buch exakt durchgezogen. Da kriegt Nik die Nachricht, daß doch ein Verlag sein Buch herausbringen wird. Sofort steigt er aus der Entführungssache aus. Er ahnt nicht, daß Henry nun das Ding auf eigene Kappe weiterbetreibt. Während Nik als neuer Autor mit antibürgerlichem Appeal vor den Fernsehkameras im Studio gefeiert wird und Millionen Zuschauer ihn bewundern, scheitert Henry, alleingelassen. Noch im TV-Studio sieht Nik Reporterbilder von jenem Moment,

Burkhard Driest und Irm Hermann in dem Film »Endstation Freiheit« (Foto: Filmverlag der Autoren).

als Henry von einer Polizeikugel tödlich getroffen wird.
Nik Dellmann, der, in der Terminologie der Juristen, aus einem besonderen Gewaltverhältnis entlassen wurde, als er auf die Straße trat (ihm öffnete sich das Tor zur Freiheit, wie die Anstaltsleiter sagen), grübelt am Ende des Films über den Tod seines Freundes. Er hockt in einem Fernsehsenderaum, eingeschlossen in das allgemeine Gewaltverhältnis des Kulturmarktes, einer Endstation, in der Freiheit nicht mehr die gesellschaftliche Entfaltung des mit Intelligenz und Eros begabten Menschen ist, sondern die Entfaltung von Produktions- und Vermarktungsweisen, die den Menschen Zug um Zug aushöhlen.
Nach einem Buch von Burkhard Driest und mit ihm auch in der Hauptrolle hat Reinhard Hauff diese Aushöhlung eines Menschen in die szenischen Koordinaten einer Unterweltgeschichte gestellt, in der es rauh, kühl und direkt zugeht. Seine kritische Haltung wird dabei trotz einer zuweilen reichlich spekulativen Schock-Dramaturgie deutlich, sein künstlerischer Anspruch freilich kann mit »Wut im Bauch« allein nicht erfüllt werden.

Das Erbe der 18 Bronzekämpfer

THE BEST OF SHAOLIN KUNG FU

Hongkong 1980. **Produktion:** Golding Films, Kowloon. **Länge:** 2207 m.
Regie: Chan Siu Pang. **Drehbuch:** Chu Yun Peng. **Kamera:** Cheng Yung Husan.
Musik: Chow Fu Liang.
Darsteller: Carter Wong, Lung Chum-Ern, Ku Lung, Chin Chi-Min.
Verleih: Filmhansa/Diamant.
Erstaufführung: 29. 8. 1980.

Verwirrspiel mit den Titel-Kämpfern, die einen Shaolin-Tempel bewachen. Solide Hongkong-Action.

Das Erwachen der Sphinx

THE AWAKENING

Großbritannien/USA 1979. **Produktion:** EMI Ltd., London/Orion Pictures Comp., New York. **Länge:** 2850m.
Regie: Mike Newell. **Drehbuch:** Allan Scott, Chris Bryant, nach einem Roman von Bram Stoker. **Kamera:** Jack Cardiff.
Musik: Claude Bolling. **Kostüme:** Phyllis Dalton. **Schnitt:** Rerry Rawlings.
Darsteller: Charlton Heston, Susannah York, Jill Townsend, Stephanie Zimbalist, Patrick Drury, Ian McDiarmid, Leonard Maguire.
Verleih: Neue Constantin Film.
Erstaufführung: 21. 11. 1980.

Ägyptische Mumien sind nicht leicht zu handhaben. Das weiß jeder, der sich in der einschlägigen Krimi- und Grusselliteratur auskennt. Nur der britische Archäologe, den Charlton Heston spielt, scheint davon nichts gehört zu haben. Und darum bringt ihm auch seine Ausgrabung den Fluch der Pharaonen auf den Hals, mit allen einschlägigen Konsequenzen dieser Spezies Horrorfilm. Und der gute Mann ist völlig überrascht.

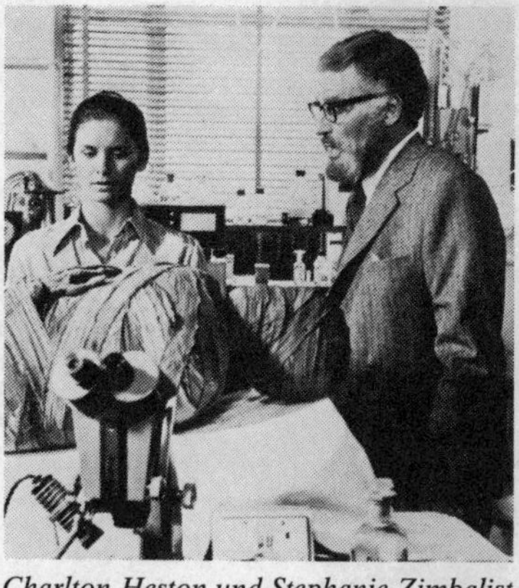

Charlton Heston und Stephanie Zimbalist in dem Film »Das Erwachen der Sphinx« (Foto: Neue Constantin).

Der Zuschauer übrigens auch. Denn was Heston da bietet – in der Inszenierung von Mike Newell – ist wirklich nur mageres Mittelmaß. Die Sphinx grüßt von ganz, ganz weit weg ...

Die Europäer

THE EUROPEANS

USA/Großbritannien 1979.
Regie: James Ivory. **Drehbuch:** Ruth Prawer Jhabvala. **Kamera:** Larry Pizer. **Musik:** Richard Robbins.
Darsteller: Lee Remick, Robin Ellis, Wesley Addy, Tim Choate, Lisa Eichhorn, Tim Woodward, Kristin Griffith.
Erstaufführung: November 1980, ARD.

Im achten Film, den Ivory, Ihabvala und Produzent Ismail Merchant zusammen drehten, geht es um die Konfrontation zweier Kulturen in der Mitte des 19. Jahrhunderts. Zwei Geschwister von amerikanischer Abstammung, der junge Bohemien Felix Young und seine etwas ältere Schwester Eugenia, in morganatischer, brüchig gewordener Ehe mit dem Bruder eines kleinen regierenden deutschen Fürsten verheiratet, kommen in eine Stadt in der Nähe von Boston, um vorher nie gesehene Verwandte zu besuchen. In der Folge entwickelt sich ein Zusammenstoß verschiedener Mentalitäten. Felix' Spontaneität und Eugenias kalkulierte Raffinesse stehen gegen die puritanische Strenge des Onkels, die freundliche Ernsthaftigkeit der weitläufigen Verwandten und neuen Bekannten.

Exit Sunset Boulevard

Bundesrepublik Deutschland 1980. **Produktion:** Bastian Clevé Filmproduktion. **Länge:** 2569 m.
Regie: Bastian Clevé. **Drehbuch:** Bastian Clevé. **Kamera:** Bastian Clevé. **Schnitt:** Bastian Clevé.
Darsteller: Rüdiger Kuhlbrodt, Azizi Johari, Elke Sommer.
Verleih: Cine-Pro Osnabrück.
Erstaufführung: 5. 6. 1980.
FBW-Prädikat: besonders wertvoll.

Ein Experimental-Spielfilm von Bastian Clevé, vorwiegend technisch bearbeitet am optischen Printer, um die Schärfe der Bilder zu verwischen, so daß man meint, in Doppelbelichtungen, Überblendungen, Zeitlupen und Zeitraffern die Handlung aus einer ruhelosen Traumwelt her mitzuerleben. Virtuose Technik wird dabei leicht zum Selbstzweck. Die Geschichte vom jungen Deutschen, der ein Stück kalifornischer Wüste erbt, doch vom ›american way of life‹ derart überwältigt wird, als er in die Staaten kommt, daß er ausflippt und in eine Identitätskrise gerät, kann man ohnehin nur als Ironie akzeptieren.
Formal ein außerordentlich innovatives Stück Kino.

Fabian

Bundesrepublik Deutschland 1979. **Produktion:** Regina Ziegler. **Länge:** 3128 m.
Regie: Wolf Gremm. **Drehbuch:** Hans Borgelt/Wolf Gremm. **Kamera:** Jürgen Wagner. **Musik:** Charles Kalman. **Bauten:** Jan Schublach. **Ausstattung:** Rainer Schaper. **Kostüme:** Siegbert Kammerer. **Schnitt:** Siegrun Jäger.
Darsteller: Hans-Peter Hallwachs, Hermann Lause, Silvia Janisch, Mijanou van Baarzel, Brigitte Mira, Charles Regnier, Ruth Niehaus, Carola Regnier, Roswitha Lippert.
Verleih: United Artists.
Erstaufführung: 25. 4. 1980.
FBW-Prädikat: wertvoll.

Berlin zu Beginn der dreißiger Jahre. Arbeitslosigkeit, Hunger, Elend und Prostitution regieren die Stadt. In dieses Berlin führt Erich Kästner seinen Fabian, der sich seine Brötchen mehr schlecht als recht als Reklametexter verdient. Er, der »zarte Ironiker«, wartet auf den »Sieg des Anstands« – allerdings vergebens. Statt dessen wird er von seinen Mitmenschen immer wieder betrogen. Als ihn seine Ge-

liebte verläßt und sein Freund Labude Selbstmord begeht, zieht Fabian sich völlig in sich selbst zurück. Er geht zurück in die Provinz und ertrinkt beim Versuch, einen kleinen Jungen zu retten.
Kästners »Geschichte eines Moralisten« ist eine der brillantesten Satiren auf deutsche Zustände. Gremms Verfilmung wird Kästners Geschichte dabei vollkommen gerecht, es gelingt dem Regisseur, den poetischen Zauber des »Fabian« auf der Leinwand transparent zu machen.

Fame – Der Weg zum Ruhm

FAME

USA 1979. **Produktion:** David de Silva/ Alan Marshall. **Länge:** 2778 m.
Regie: Alan Parker. **Drehbuch:** Christopher Gore. **Kamera:** Michael Sresin. **Musik:** Michael Gore. **Choreographie:** Louis Falco.
Darsteller: Eddie Barth, Ireen Cara, Lee Curreri, Laura Dean, Antonia Franceschi, Boyd Gaines, Albert Hague.
Verleih: CIC.
Erstaufführung: 14. 11. 1980.

Alan Parkers («Midnight Express«) Film um die New Yorker Schauspielschule ist sicherlich einer der schönsten Filme des Jahres 1980 gewesen. Erzählt wird die Geschichte einer Gruppe junger Studenten, verfolgt wird ihr Werdegang vom ersten Vorsprechen an der High School of the Performing Arts bis zur Abschlußfeier. Parkers Film ist ein grandioser Wirbel aus Tanz, Musik und Schauspiel.

Das fehlende Glied

LE CHAINON MANQUANT

Frankreich/Belgien 1978/79. **Produktion:** Société Nouvelle de Doublage/Pils Films. **Länge:** 2551 m.
Regie: Picha. **Drehbuch:** Picha, Pierre Bartier, unter Mitarbeit von Michel Gast. **Musik:** Roy Budd. **Songs:** Leo Sayer.
Verleih: Alemannia/Arabella.
Erstaufführung: 29. 5. 1980.

Zeichentrick-Historie aus der durch weichen Porno bekannt gewordenen Picha-Werkstatt, hier jedoch ziemlich brav. Pfui über den, der sich beim Titel etwas anderes gedacht hat. Es geht natürlich um das fehlende Glied in der Entstehungsgeschichte der Menschheit. Die prägeschichtliche Exkursion ist oftmals recht originell in Bilder und Situationen umgesetzt, zivilisationskritische Seitenhiebe fehlen nicht, die Musik ist gut akzentuierend eingesetzt, und dennoch gerät das Ganze zu keiner stilistischen Einheit.

Feuern wir den Lehrer

WHY SHOOT THE TEACHER?

Kanada 1976. **Produktion:** Fraser Films/ Lancer Prod./Lawrence Herzog.
Regie: Silvio Narizzano. **Drehbuch:** James DeFelice. **Kamera:** Marc Champion. **Musik:** Ricky Hyslop. **Schnitt:** Max Benedict, Stan Cole C. F. E.
Darsteller: Bud Cort, Samantha Eggar, Chris Wiggins, John Friesen, Gary Reineke, Kenneth Griffith.
Erstaufführung: September 1980, ZDF.

Es ist die Zeit der großen Weltwirtschaftskrise der dreißiger Jahre. Auch in Kanada spürt man die Depression. Max Brown, ein Junglehrer aus der Stadt, ist froh, seinen ersten Job gefunden zu haben. Dafür reist er in den Westen Kanadas, ins ferne Saskatchewan – praktisch »ans Ende der Welt«. Dennoch ist das, was ihn in Willow Green erwartet, ein ziemlicher Schock: Die winzige Ein-Klassen-Schule scheint allein in der weiten Prärie zu stehen.
Max Browns Wohnung ist ein Kellerloch unterhalb des Klassenzimmers, und seine 17 Schüler unterschiedlichen Alters erscheinen ihm wie Ungeheuer. Sie setzen alles daran, Max wieder hinauszugraulen. Noch ablehnender stehen die Eltern dem Lehrer gegenüber. Widerwillig nur versorgen sie ihn mit Naturalien. Geld erhält

er nicht. Die Farmer hier sind arm, engstirnig und einfältig. In diesen schlechten Zeiten halten sie die Schule für einen überflüssigen Luxus.
Max ist zunächst entschlossen, dem allen schleunigst wieder den Rücken zu kehren. Aber dann bekommt er doch Kontakt mit seinen Schülern, beginnt, deren Eltern zu verstehen. Der Lehrer bleibt das ganze Schuljahr in Willow Green. Als er zu Beginn der großen Ferien Abschied nimmt, geschieht das zum Bedauern aller, und er ist entschlossen wiederzukommen.

Feuertanz – Horror Infernal

INFERNO

Italien 1979. **Produktion:** Produzione Intersound Film. **Länge:** 2911 m.
Regie: Dario Argento. **Drehbuch:** Dario Argento. **Kamera:** Romano Albani. **Musik:** Keith Emerson. **Bauten:** Guiseppe Bassan. **Kostüme:** Massimo Lentini. **Schnitt:** Franco Fraticelli.
Darsteller: Leigh McCloskey, Irene Miracle, Sacha Pitoeff, Daria Nicolodi, Eleonora Giorgi, Veronica Lazar, Alida Valli, Feodor Chaliapin, Gianni Macchia.
Verleih: 20th Century Fox.
Erstaufführung: 12. 9. 1980.

Seit »Suspiria« (1977) gilt Dario Argento unter Kennern als Geheimtip für ambitionierte Horror- und Thriller-Kost. Auch in seinem neuen Film werden die Protagonisten gleich reihenweise hingemetzelt, mal von einem unheimlichen Mörder, mal von einer tollwütigen Katzenhorde, mal von einem Heer blutgieriger Killerratten. Dabei fängt die Geschichte wie immer ganz harmlos an:
Die New Yorker Schriftstellerin Rose El-

Irene Miracle in dem Film »Feuertanz – Horror Infernal« (Foto: 20th Century Fox).

liot leiht sich von einem Trödler ein Buch, in dem der Alchimist und Architekt Varelli vom dämonischen Wirken dreier geheimnisvoller Mütter berichtet: der Mutter der Seufzer, der Mutter der Tränen und schließlich der Mutter der Finsternis. Diesen drei geheimnisvollen Frauen hat Varelli in Freiburg, Rom und New York jeweils ein düsteres Haus erbaut. Mit Schrecken entdeckt Rose, daß ihr gotisches Haus für die Mutter der Finsternis bestimmt ist. Sie informiert ihren Bruder Mark in Rom, der ebenfalls in den Strudel fataler Ereignisse gezogen wird. Zwischen ihm und Varelli kommt es schließlich zum Kampf auf Leben und Tod. Bis das Dunkel jedoch besiegt ist, müssen eine ganze Reihe von Köpfen rollen.
Das Ganze ist trotz seiner detailliert inszenierten Greueltaten ein schaurig-schönes Gespinst à la Edgar Allan Poe und Fritz Lang.

Flipper Girls

PINBALL SUMMER

Kanada 1979. **Produktion:** Pinball Summer Inc, Montreal. **Länge:** 2468 m.
Regie: George Mihalka. **Drehbuch:** Richard Zelniker. **Kamera:** Rodney Gibbons. **Musik:** Jay Boivin, Germain Gauthier.
Darsteller: Michael Zelniker, Carl Marotte, Karen Stephen, Helene Udy, Tom Kovacs.
Verleih: Residenz-Film.
Erstaufführung: 27. 6. 1980.

Schulmädchen-Report auf Kanadisch. Das hat uns im Kino noch gefehlt. Geschmackloser High-School-Schwachsinn mit spekulativen Sex-Anspielungen.

Flitterwochen

HONNINGMANE

Dänemark 1978.
Regie: Bille August. **Drehbuch:** Bille August. **Kamera:** Dirk Brüel. **Musik:** Fuzzy.
Darsteller: Claus Strandberg, Kirsten Olesen, Jens Okking, Grethe Holmer, Poul Bundgaard.
Erstaufführung: März 1980, ARD.

Das Regiedebüt des 30jährigen Kameramanns Bille August befaßt sich – eingebettet in eine melodramatische Liebesgeschichte – mit zwischenmenschlichen Problemen, die durch tradierte Gewohnheiten einer bürgerlichen Wohlstandsgesellschaft heraufbeschworen werden. Im Mittelpunkt der Handlung stehen Jens und Kirsten. Er ein netter, naivschüchterner Fabrikarbeiter, sie eine sympathische, wohlbehütete Bibliotheksangestellte aus gutbürgerlichem Elternhaus. Nach kurzem Kennenlernen folgen Hochzeit, Flitterwochen, Hausstandsgründung. Die Idylle scheint vollkommen, bis sich Jens' Arbeitswelt immer stärker ins Bild drängt. Der Tagesablauf wird zur Routine, er sinkt abends müde vor dem Fernseher in den Sessel, sie fühlt sich als Hausfrau nicht ausgelastet und flieht schließlich zurück in ihr Elternhaus.

Flitterwochen

Bundesrepublik Deutschland 1980. **Produktion:** Albatros/Planet-Film/Peter Schamoni Film/Popular Film/ZDF. **Länge:** 2583 m.
Regie: Klaus Lemke. **Drehbuch:** Klaus Lemke. **Kamera:** Rüdiger Meichsner. **Musik:** Lothar Meid. **Ausstattung:** Les Oelvedy. **Kostüme:** Freddy Zimmermann. **Schnitt:** Inez Regnier.
Darsteller: Cleo Kretschmer, Wolfgang Fierek, Dolly Dollar, Anton Zeitler, Guntram Vogl, Michael Cromer, Friedrich Steinhauer, Trille Jörgensen, Renate Langer, Helmut Kirmaier.
Verleih: Scotia International.
Erstaufführung: 28. 8. 1980.

Katti und Wolfgang (Cleo Kretschmer und Wolfgang Fierek) wollen (mit Hilfe von Klaus Lemke als Regisseur) ihr frisches Eheglück mit Flitterwochen in Rio de Janeiro krönen. Doch es kommt alles

Cleo Kretschmer und Dolly Dollar in dem Film »Flitterwochen« (Foto: Scotia International).

anders als geplant, das heißt, bis zur Hochzeitsnacht ist es ein weiter Weg. Auch für den Kino-Zuschauer. Denn Lemkes bekanntes Komiker-Duo bleibt diesmal ohne Ausstrahlung. Das Vergnügen versandet im Klamauk. Die Dialoge sind platt. Der große Aufwand der Dreharbeiten in Lateinamerika wird schmählich vertan. Das Resultat ist – von einzelnen Sequenzen, beispielsweise Rüdiger Meichsners Bildern vom Karneval in Rio, einmal abgesehen – ausgesprochen schwach.

Flotte Bienen auf heißen Maschinen

BRILLANTINA ROCK

Italien 1979. **Produktion:** Devon-Film, Rom. **Länge:** 2474 m.
Regie: Keine Angaben.
Darsteller: Keine Angaben.
Verleih: Apollo-Film/Mondial Film.
Erstaufführung: 4. 7. 1980.

Keine Informationen zum Inhalt.

Flotte Teens in Amerika

SUNSET COVE

USA 1979. **Produktion:** CAL AM Production, Los Angeles. **Länge:** 2269 m.
Regie: Keine Angaben.
Darsteller: Keine Angaben.
Verleih: Exquisit Film/Graf/C. H. Film/BEKA.
Erstaufführung: 9. 5. 1980.

Keine Informationen zum Inhalt.

Flotte Teens und Sex nach Noten

L'INSEGNANTE BALLA ... CON TUTTA LA CLASSE

Italien 1978. **Produktion:** Flora Film/Fulvia Cinematografica, Rom. **Länge:** 2281 m.
Regie: Giuliano Carnimeo, Mariano Laurenti. **Musik:** Gianni Ferrio.
Darsteller: Nadia Cassini, Renzo Montagnani, Alvaro Vitali, Lino Banfi, Niki Gentile.
Verleih: Avis/Apollo/Graf/Exquisit.
Erstaufführung: 1. 2. 1980.

Ungemein einfältige Schüler-Sex-Musik-Klamotte.

Flying Sex – die kessen Stewardessen

DIARIO DI UNA HOSTESS

Italien 1979. **Produktion:** Fulvia Cinematografica, Rom. **Länge:** 2047 m.
Regie: Franco Martinelli (alias Frank Martin).
Darsteller: Evelyne Barnett, Al Cliver, Venantino Venantini, Franz Muller, Brenda Shington.
Verleih: Alemannia.
Erstaufführung: 21. 3. 1980.

Junge Frau ist auf der Erde frigide, entfaltet jedoch in großen Höhen die Fähigkeit zu höchster Lust. Folglich wird sie Flugstewardeß. Einfältige Liebesgeschichte in hübschen Bildern.

The Fog – Nebel des Grauens

THE FOG

USA 1979. **Produktion:** Hilltopper Prod. **Länge:** 2452 m.
Regie: John Carpenter. **Drehbuch:** John Carpenter, Debra Hill. **Kamera:** Dean Cundey. **Musik:** John Carpenter. **Schnitt:** Tommy Wallace, Charles Bornstein.
Darsteller: Adrienne Barbeau, Jamie Lee Curtis, John Houseman, Janet Leigh, Hal Holbrook, Tom Atkins.
Verleih: Tobis Filmkunst.
Erstaufführung: 28. 8. 1980.

Für seinen neuen Horror-Schocker wählt John Carpenter ein Naturphänomen, das jeder kennt, den Nebel, und stilisiert ihn zum Gefahrenmoment, in dem sich allmählich alle Macht des Bösen inkarniert. »The Fog« ist eine klassische Gespenstergeschichte: Ein alter Seemann erzählt seinen Zuhörern von einem unheimlichen Geschehen, das sich vor hundert Jahren in dem kleinen Ort Antonio Bay an der kalifornischen Küste zugetragen haben soll. Damals sank ein mit Schätzen beladenes Schiff, weil es im dichten Nebel durch falsche Blinkfeuer in eine Untiefe gelockt wurde. Der Legende nach werden die dabei ertrunkenen Seeleute eines Tages aus dem Meer zurückkommen, um Rache zu nehmen ...

»The Fog – Nebel des Grauens« (Foto: Tobis Filmkunst).

Carpenter versteht es mit einer raffinierten Trick- und Montagetechnik, die Spannung zu forcieren; suggestive Musik verstärkt das Entsetzen; dem oberflächlichen Grundeinfall psychologische Vertiefung zu geben, ist nicht seine Sache. Er hält sich an sein Gruselkino-Gespenstertreiben. Etwas für Liebhaber des phantastischen Films.

Das Foltercamp der Liebeshexen

ORINOCO PRIGIONIERE DELFESSO

Italien/Spanien 1980. **Produktion:** M. Alabiso, Rom/A. Gonzales, Madrid. **Länge:** 2319 m.
Regie: Eduard Muller. **Drehbuch:** Sergio Chiusi. **Kamera:** Valverde M. Manuel. **Musik:** Marcello Giombini.
Darsteller: Anthony Steffen, Ajita Wilson, Cintia Lodetti, Luciano Pigozzi, Maite Nicott.
Verleih: Filmhansa.
Erstaufführung: 7. 11. 1980.

Brutalität, Sadismus, Sexualität und Mißbrauch revolutionärer Ideen sind die Hauptelemente einer primitiven Filmgeschichte aus einem lateinamerikanischen Arbeitslager weiblicher Strafgefangener.

Frankenstein, wie er wirklich war

FRANKENSTEIN: THE TRUE STORY

Großbritannien 1973. **Produktion:** Universal/Hunt Stromberg jr.
Regie: Jack Smight. **Drehbuch:** Christopher Isherwood, Don Bachardy. **Kamera:** Arthur Ibbetson. **Musik:** Gil Melle. **Schnitt:** Richard Marden.
Darsteller: James Mason, Michael Sarrazin, Leonard Whiting, David McCallum, Agnes Moorehead.
Erstaufführung: Oktober 1980, ZDF.

Seit dem Tod seines geliebten Bruders ist Viktor Frankenstein von der Idee besessen, Leben aus dem Tod zu schaffen. Ein Zufall führt ihn mit Dr. Henry Clerval zusammen, dem einstigen Assistenten des geheimnisvollen Dr. Polidori. In seinem Laboratorium schafft Clerval mit Hilfe von Sonnenenergie Leben. Als sie gemeinsam einen perfekten Menschen schaffen wollen, stirbt Clerval. Viktor stattet die tote Kreatur mit Henrys Gehirn aus und startet einen Versuch, der trotz schwankender Sonnenenergie gelingt. Das Wesen – voller Schönheit und Intelligenz – lebt. Aber schon bald verliert Viktor die Kontrolle über die Kreatur, die ebenfalls Veränderungen an sich feststellt und sich selbst zerstören will.
Die Kreatur, die sich immer mehr zum häßlichen Monster entwickelt, überlebt, trifft im Wald auf einen blinden Einsiedler und verliebt sich in dessen Tochter Agathe. Als diese von einer Kutsche überfahren wird, bringt das Monster Agathes toten Körper zu Dr. Polidori, der nun mit Frankensteins Hilfe das weibliche Wesen Prima erschafft, gleichzeitig aber auch versucht, die alte Kreatur in einem Brand zu vernichten. Vergeblich. Als Prima während eines Balles der Gesellschaft vorgestellt wird, erscheint das Monster und zerstört Prima, um sich an Polidori zu rächen. Als Viktor mit seiner Frau Elisabeth kurz darauf eine Reise unternimmt, treffen sie wiederum mit dem Monster zusammen, das zunächst mit Polidori endgültig abrechnet und schließlich aus Eifersucht auch Frankensteins Frau tötet: »Du bist mein Schöpfer, doch ich bin dein Herr!« Viktor folgt seinem Geschöpf willig ins ewige Eis.

Die Frau vom heißen Fluß

LA DONNA DELLA CALDA TERRA

Italien 1979. **Produktion:** Incir de Paolis, Rom. **Länge:** 2180 m.
Regie: José Maria Forque. **Kamera:** Alejandro Ulloa.
Darsteller: Laura Gemser, Stuart Whitman, Gabriele Tinti.

Verleih: Apollo/Avis/Graf/Exquisit.
Erstaufführung: 2. 5. 1980.

In Südamerika angesiedelte banale Abenteuer-Erzählung mit einem Europäer und einer Einheimischen im Mittelpunkt. Auch humoristische Ansätze und vorsichtige Sozialkritik machen das Ganze nicht genießbarer.

Eine Frau zwischen Hund und Wolf

EEN VROUW TUSSEN HOND EN WOLF

Belgien/Frankreich 1979.
Regie: Andre Delvaux. **Drehbuch:** Ivo Michels, Andre Delvaux. **Kamera:** Charlie van Damme. **Musik:** Etienne Verschneren.
Darsteller: Marie-Christine Barrault, Roger van Hool, Rutger Hauer, Bert Andre, Rolf Reymen, Senne Rouffaer.
Erstaufführung: November 1980, ARD.

Mit Filmen wie »Der Mann, der sich die Haare kurz schneiden ließ«, 1965, »Ein Abend, ein Zug«, 1967, »Rendezvous in Bray«, 1971 ist André Delvaux ein vor allem in Frankreich vielgerühmter Cineast geworden. Der Brüsseler Regisseur eines Kinos, in dem die Grenzen zwischen Realität und Traum zerfließen, einfache Fabeln in symbolträchtige Mysterien münden, galt als Erbe des belgischen Symbolismus, der Frankreichs Literatur und Kunst seit dem vergangenen Jahrhundert entscheidend beeinflußt hat. »Eine Frau zwischen Hund und Wolf« bricht mit diesem etablierten Renommee. Da wird mit spröder Sachlichkeit ein Kapitel bürgerlichen Frauenlebens in Antwerpen in und nach dem Zweiten Weltkrieg zu einem Brennspiegel jüngster flämischer Geschichte konstruiert.
Die Stationen dieser Geschichte: Lieve heiratet 1940, bei Kriegsausbruch, den Musikstudenten Adriaan, einen glühenden flämischen Nationalisten. Adriaan, begeistert von der NS-Propaganda eines germanischen Kreuzzugs gegen den Bolschewismus, zieht in der SS-Uniform deutscher Besatzer nach Osten in den Krieg; Lieve wird die Geliebte des Résistance-Offiziers François, der sich in ihrem Haus versteckt; nach der Befreiung hält sie jedoch aus Pflichtgefühl zu ihrem Mann, dem Kollaborateur und verurteilten Kriegsverbrecher; sie bricht mit François, nun ein erfolgreicher Politiker; doch ihr Mann vergräbt sich in Rechtfertigungsversuche für seine Vergangenheit, während Lieve als Antiquitätenhändlerin die Familie ernährt; sieben Jahre nach Kriegsende verläßt sie mit ihrem Kind den unbelehrbaren Mann und das schöne Haus.

Die Frauen von Stepford

THE STEPFORD WIVES

USA 1975. **Produktion:** Palomar Pictures.
Regie: Bryan Forbes. **Drehbuch:** William Goldman. **Kamera:** Owen Roizman. **Musik:** Michael Small. **Schnitt:** Timothy Gee.
Darsteller: Katharine Ross, Paula Prentiss, Peter Masterson, Nanette Newman, Tina Louise.
Erstaufführung: Oktober 1980, ZDF.

Joanna und Walter Eberhart beschließen eines Tages, mit ihren Kindern aus dem lärmenden New York fort und aufs Land zu ziehen. Ihr neuer Wohnsitz ist das idyllische Stepford. Hier finden sie schnell Kontakt. Die Nachbarn sind äußerst hilfsbereit, und Walter nimmt gern das Angebot an, Mitglied des »Klubs der Männer von Stepford« zu werden.
Aber Joannas Euphorie verfliegt bald. Es stört sie, daß die Frauen von Stepford allesamt ideale Hausmütterchen sind, die sich den Wünschen ihrer Männer bedingungslos unterordnen. Zusammen mit der jungen Bobby Markowe, die ebenfalls erst unlängst nach Stepford gezogen ist, versucht sie, eine Frauengruppe zu bilden, die der Selbstfindung und der Emanzipation ihrer Mitglieder dienen soll.
Aber keine der Frauen von Stepford hat auch nur das mindeste Interesse an Joan-

nas Aktivität. Nach einem Wochenendausflug mit ihrem Ehemann schwenkt auch Bobby Markowe in das Lager der »Hausmütterchen« über. Joanna ist irritiert und verzweifelt. Sie argwöhnt, man habe das Wasser in Stepford mit Drogen vergiftet, um die Frauen willenlos zu machen. Sie protestiert gegen die lähmende Freundlichkeit ihrer Umwelt; sie sucht Hilfe bei Ärzten und Behörden; und sie versucht, ihren Mann zu überreden, nach New York zurückzukehren.
Doch es ist zu spät: Joanna entdeckt, daß Bobby ein Roboter geworden ist, daß alle Männer von Stepford ihre Frauen durch völlig gleich aussehende Roboter »ersetzt« haben und daß sich auch ihr »Doppelgänger« bereits im Gebäude des »Männerklubs« befindet. Joanna revoltiert. Sie will nicht kampflos aufgeben. In der Schlußszene sieht man eine Frau, die ihr aufs Haar gleicht, gelassen durch den Supermarkt gehen und mit roboterhafter Freundlichkeit nach allen Seiten grüßen ...

Frech wie Fairbanks

F. COMME FAIRBANKS

Frankreich 1975. Camera One/Gaumont/ FR 3/Michel Seydoux.
Regie: Maurice Dugowson. **Drehbuch:** Jacques und Maurice Dugowson. **Kamera:** Andre Dioto. **Musik:** Patrick Dewaere, Roland Vincent. **Schnitt:** Jean-Bernard Bonis.
Darsteller: Patrick Dewaere, Miou-Miou, Michel Piccoli, John Berry, Jean-Michel Folon.
Erstaufführung: Dezember 1980, ZDF.

Der 26jährige André Fragman hat gerade seinen Militärdienst hinter sich. Er besitzt ein Diplom als Chemie-Ingenieur, findet jedoch keine Arbeit. Nach Paris zurückgekehrt, wohnt er bei seinem Vater, einem Filmvorführer, der seinen Jugenderinnerungen nachtrauert und den Umstand bedauert, daß es die guten alten Filme nicht mehr gibt. Aus Verehrung für Douglas Fairbanks nennt er seinen Sohn, auf den er alle Hoffnung setzt, ebenfalls Fairbanks.
André lernt die 25 Jahre alte Marie kennen. Sie arbeitet in einem Reisebüro und träumt von einer Karriere als Schauspielerin. Sie erhält eine Chance bei einer Bühne am Rand von Paris, wo sie die Titelrolle in »Alice im Wunderland« spielen soll.
Die jungen Leute verlieben sich leidenschaftlich und verleben eine kurze Zeit des vollkommenen Glücks. Aber schon bald verschlechtert sich ihre Lage. André verliert seine Unbekümmertheit, seinen Witz. Er ist immer noch ohne Arbeit. Auch der reiche Etienne, Chef in einem Konzern, kann für ihn nichts tun.
Um seinen Lebensunterhalt zu verdienen, nimmt André Gelegenheitsarbeiten an, die ihn mehr und mehr von der Chemie wegführen. Er arbeitet auf einer Baustelle, einmal sogar in einem Nachtklub – als Rausschmeißer. Er verliert alle Illusionen, und die Folgen der Arbeitslosigkeit entfremden ihn auch dem geliebten Mädchen.
Marie fiebert der Uraufführung von »Alice im Wunderland« entgegen. Trotz der widrigen Umstände glaubt sie noch an eine gemeinsame Zukunft mit André. Doch während der Theateraufführung dreht André durch, weil er sein Schicksal nicht länger ertragen kann. Er stürzt auf die Bühne, reißt alles nieder und verlangt von Marie, nunmehr wirklich verrückt geworden, sie solle mit ihm auf der Stelle nach Venezuela gehen.
Mühsam wird André gebändigt und in einem Krankenwagen abtransportiert. Auf der Fahrt ins Krankenhaus phantasiert André. Im Traum entführt er Marie aus dem Theater. Auf einem fliegenden Teppich schweben die beiden über Paris einer glücklichen Zukunft entgegen.

Freibeuter des Todes

THE ISLAND

USA 1979. **Produktion:** Richard D. Zanuck/David Brown/ Universal. **Länge:** 3129 m.

Regie: Michael Ritchie. **Drehbuch:** Peter Benchley. **Kamera:** Henri Decae. **Musik:** Ennio Morricone. **Bauten:** Robert de Vestel. **Ausstattung:** Dale Hennesy. **Kostüme:** Ann Roth. **Schnitt:** Richard A. Harris.
Darsteller: Michael Caine, David Warner, Angela Punch McGregor, Frank Middlemass, Don Henderson, Dudley Sutton u. v. a.
Verleih: CIC.
Erstaufführung: 10. 10. 1980.

Nach »Der weiße Hai« und »Die Tiefe« die dritte Verfilmung eines Actionstoffes aus der Feder von Bestseller-Autor Peter Benchley. »The Island« thematisiert das Verschwinden von hunderten kleinerer Schiffe im sogenannten Bermuda-Dreieck. Benchley macht daraus eine moderne Piratengeschichte. Der Film, mit großem technischen Aufwand auf den Antillen realisiert, ist ein handwerklich perfekt gemachter Actionthriller.

Freitag, der 13.

FRIDAY, THE 13TH

USA 1979. **Produktion:** Georgetown Production. **Länge:** 2606 m.
Regie: Sean S. Cunningham. **Drehbuch:** Victor Miller. **Kamera:** Barry Abrams. **Musik:** Henry Manfredini. **Schnitt:** Bill Freda.
Darsteller: Betsy Palmer, Adrienne King, Harry Crosby, Laurie Bartram, Mark Nelson, Jeannine Taylor, Robbi Morgan.
Verleih: Warner-Columbia.
Erstaufführung: 24. 10. 1980.

In einem abgelegenen Jugendferien-Camp ereignet sich in der Freitagnacht ein abstruses Horror-Schlachtfest. Eine dilettantische Story provoziert Angst und Schock ohne auch nur entfernt plausible Motivation. Die Spannung entsteht auf Kosten masochistischer Gefühle. Ein irrer Mörder geht um ...

Der Freund

ARKADAS

Türkei 1974. **Produktion:** Güneyfilmcilik.
Regie: Yilmaz Güney. **Drehbuch:** Yilmaz Güney. **Kamera:** Cetin Tunca. **Musik:** Sanar Yurdatapan, Atila Özdemiroglu.
Darsteller: Yilmaz Güney, Kerim Afsar, Azra Balkan, Melike Demirag, Ahu Tugbay.
Erstaufführung: Juli 1980, ZDF.

Zwei Freunde, Azem und Djemil, treffen sich nach vielen Jahren wieder. Djemil ist reich geworden. Sein Sommerhaus am Bosporus gibt den aufdringlich-eleganten Rahmen für dieses Wiedersehen ab. Azem dagegen ist den gemeinsamen Idealen ihrer Jugend treu geblieben und hat es nur bis zum einfachen Straßenbauingenieur gebracht. Die Freude über das Wiedersehen kann diese Gegensätze nur für kurze Zeit verdecken. Zwar lädt Djemil den Freund spontan ein, den Urlaub in seinem Haus zu verbringen, aber schon bald erweist sich, daß Azem allein durch seine Gegenwart die Familie des Gastgebers und dessen Freunde irritiert. Allzu deutlich wird der reichen Schickeria, daß Azem ihre schalen Vergnügungen mißbilligt. Auch sein freundschaftlicher Umgang mit den Dienstboten schafft Verdruß.
Als die beiden Freunde Djemils Heimatdorf besuchen, wo dessen Bruder mit seiner Frau und fünf Kindern friedlich als Kleinbauer lebt, kommt auch Djemil die Sinnlosigkeit seines Lebens zu Bewußtsein. Verzweifelt schreit er auf freiem Feld seinen Namen in den Wind und schwört, ein neues, besseres Leben zu beginnen. Azem jedoch bleibt skeptisch. In einer kurzen Vision »sieht« er sogar, wie Djemil sich ob seiner Nichtswürdigkeit selbst erschießt. So scheiden die Freunde unversöhnt ...

Fürs Vaterland zu sterben

FRIENDLY FIRE

USA 1979.
Regie: David Greene. **Drehbuch:** Fay Ka-

nin. **Kamera:** Harry May. **Musik:** Leonhard Rosenman.
Darsteller: Carol Burnett, Ned Beatty, Dennis Erdman, Sam Waterston, Timothy Hutton, Fanny Spieß, Sherry Hursey.
Erstaufführung: November 1980, ARD.

Jahre nach Beendigung des Vietnamkriegs und nach Jahren des Schweigens über dieses Thema ist in den USA eine verstärkte Tendenz zur Auseinandersetzung mit dem Krieg und dem Verlust liebgewonnener Werte festzustellen.
Anders als in den spektakulären Vietnam-Filmen wie »The Deer Hunter – Die durch die Hölle gehen«, »Coming Home – Sie kehrten zurück« oder »Apocalypse Now« beschäftigt sich »Fürs Vaterland zu sterben« eher kontemplativ und zurückhaltend mit dem Thema. Im Vordergrund stehen nicht effektvolle Kriegssituationen und sentimentgeladene Heimkehrszenen, sondern die politische und psychologische Situation von Familien, deren Kinder in den Krieg geschickt wurden.
Der Film beruht auf einer Artikelserie des Journalisten. C. D. B. Bryan in dem renommierten Magazin »The New Yorker«, die später auch in Buchform erschien. Bryan hatte seinen Bericht nach Tonband-Interviews mit dem Ehepaar Mullen aus der Kleinstadt La Porte City im amerikanischen Bundesstaat Iowa geschrieben, deren Sohn 1970 in Vietnam getötet worden war. Das Drehbuch bezieht Bryan als Figur der Handlung ein und bemüht sich, ein möglichst authentisches Bild des Falles Mullen zu zeichnen.
Der Film setzt mit dem Abschied des 25jährigen Sergeants Michael Mullen von seiner Familie ein. Er wird als ernster, integrer Junge vorgestellt, der nach Vietnam geht, um seine Aufgabe dort bestmöglich zu erledigen, solange er nun schon dort sein muß. Bald aber schickt er bedrückte Briefe nach Hause, die von ersten Angriffen erzählen. Und dann reißt der Kontakt ganz ab. Es beginnt die eigentliche Geschichte der Eltern von Michael Mullen, die von Carol Burnett und Ned Beatty dargestellt werden. Carol Burnett, in den USA als Tänzerin, Sängerin und Komikerin in ihrer eigenen Fernseh-Unterhaltungsshow berühmt, beweist nach einem Auftritt in Robert Altmans »Eine Hochzeit« ein weiteres Mal Mut zur Häßlichkeit und ihre großen Fähigkeiten im Charakterfach. Ned Beatty, der seit jeher zu den besten Schauspielern Hollywoods in Nebenrollen zählt, zeigt als Gene Mullen in seiner ersten größeren Hauptrolle eine beeindruckende Identität, die dem Film großen Identifikationswert verleiht.
Als sich die schwarze Limousine der US-Army drohend seinem Hof nähert, befindet sich Gene auf einer Leiter, die an das Dach des Hauses gelehnt ist. Gene wendet den Blick nicht von dem Auto, setzt das Hörgerät über sein Ohr, steigt in blinden Bewegungen von der Leiter und wiederholt gegenüber dem Offizier und dem Pfarrer erstarrt die Frage, die er sich selbst längst beantwortet hat: »Ist mein Junge tot?« Er ist aus der Realität ausgetreten, fassungslos, reagiert auf seine Umwelt nicht mehr, öffnet und schließt sinnlos einen Kühlschrank. Dieses überwältigte Gefühl wird ihn für den Rest des Films nicht verlassen, während seine Frau Peg die absurd erscheinende Wirklichkeit annimmt, beherrscht und kühl. Sie will wissen, wie ihr Sohn umgekommen ist.

Das gefährliche Spiel von Ehrgeiz und Liebe

LE PART DU FEU

Frankreich 1977. **Produktion:** Films de la Tour/FR 3/Films 66/Henri Lassa/Adolphe Viezzi.
Regie: Etienne Perier. **Drehbuch:** Dominique Fabre, Etienne Perier. **Kamera:** Jean Charvein. **Musik:** Paul Misraki. **Bauten:** Jean-Jacques Caziot. **Schnitt:** Renée Lichtig.
Darsteller: Michel Piccoli, Claudia Cardinale, Jacques Perrin, Rufus Roland Bertin, Gabriel Cattand.
Erstaufführung: November 1980, ZDF.

Liebe und Ehrgeiz waren im Spiel, als Bob Hansen und Catherine heirateten. Sie verhalf dem aufstrebenden Geschäftsmann mit ihrem Vermögen zu einem glänzenden beruflichen Start. Inzwischen ist Bob ein König im Immobiliengeschäft, doch die

Geschäfte lassen seine Ehe in Gleichgültigkeit versanden. So nimmt sich Catherine Bobs jungen Mitarbeiter Jacques zum Geliebten. Tut der Ehemann in einer eindeutigen Situation nur so selbstverständlich-großzügig, oder weiß er längst von der Beziehung und läßt sie aus wohlweislichen Erwägungen gewähren? Immerhin ist Jacques sein Geschöpf. Er hat ihn engagiert, er überträgt ihm vertrauliche Aufgaben und – er mag ihn. Das Dreiecksverhältnis gleicht fortan einem Katz-und-Maus-Spiel, dessen Fäden Bob in der Hand hält. Doch da droht eine geschäftliche Katastrophe: Zwei von Bobs bisherigen Partnern – ein Bankier und ein Politiker – versuchen, ihn im Wettlauf um ein besonders wichtiges Immobilienprojekt auszuschalten. Wieder zieht Bob einige Fäden – mit direkter oder indirekter Hilfe von Jacques, der sich seinerseits zu eben dieser Zeit von Catherine zurückzuziehen beginnt. Niemand ahnt, das Catherine mit einer heimlichen Geldtransaktion das gefragte Grundstück an sich bringt. Aber sie hat es nicht für Bob gesichert. Vielmehr läßt sie Jacques' Namen notariell eintragen, offensichtlich in der Hoffnung, ihn mit diesem ungeheuren Geschenk zu halten. Dieser nimmt das Geschenk an, allerdings ohne sich von Catherines Großzügigkeit sonderlich beeindruckt zu zeigen. Die Erkenntnis, Jacques endgültig verloren zu haben, ist bitter. Als Catherine mit ihrem Mann allein ist, zieht sie einen Revolver, aber sie erschießt nicht Bob ...

Gefangene Frauen

GEFANGENE FRAUEN

Schweiz 1979. **Produktion:** Elite Film AG, Zürich. **Länge:** 2160 m.
Regie: Michael Thomas. **Drehbuch:** Manfred Gregor. **Kamera:** Peter Baumgartner. **Musik:** Walter Baumgartner.
Darsteller: Keine Angaben.
Verleih: Avis/Ascot.
Erstaufführung: 28. 3. 1980.

Eine Miß-Wahl- und Bordell-Geschichte, die eigentlich nicht mehr bietet als den Vorwand für immer wieder neues Sex-Gerangel auf der Leinwand.

Die Geschichte der Laura M.

LAURA, LES OMBRES DE L'ÉTÉ

Frankreich 1979. **Produktion:** Films de l'Alma, Paris. **Länge:** 2456 m.
Regie: David Hamilton. **Drehbuch:** Joseph Morham, André Szots. **Kamera:** Bernard Daillencourt. **Musik:** Patrick Juvet.
Darsteller: Maud Adams, Dawn Dunlap, James Mitchell, Pierre Londiche.
Verleih: Tobis Filmkunst.
Erstaufführung: 19. 12. 1980.

Etwas für Freunde der gesofteten Bild-Eleganz, die David Hamilton schon als Fotograf gepflegt hat. Eine Märchenprinz-Geschichte von synthetischer Künstlichkeit, eine realitätsferne, sterile Schwärmerei.

Eine Geschichte von Liebe und Ehre

PRIBEH LASKY A CTI

CSSR 1977. **Produktion:** Filmstudio Barrandov.
Regie: Otakar Vavra. **Drehbuch:** Jiri Sotola, Otakar Vavra. **Kamera:** Miroslav Ondricek. **Musik:** Zdenek Liska. **Bauten:** Karel Lier.
Darsteller: Jiri Bartoska, Bozidara Turzonovova, Jiri Pleskot, Ilona Vankova, Jana Rihakova, Jana Smrckova, Jiri Adamira, Josef Langmiler.
Erstaufführung: März 1980, ZDF.

Es ist der Weihnachtsabend 1861. Jan Neruda, mit 28 Jahren schon ein bekannter Journalist und Dichter tschechischer Zunge, sitzt mit Kollegen in einem Prager Gasthaus zusammen. Doch ehe er in die bescheidene, ja ärmliche Wohnung seiner Mutter zurückkehrt, macht er unter einem Vorwand noch einen Besuch im Hau-

se von Professor Mužák, wo bereits Gäste zum Weihnachtsessen versammelt sind. Die Einladung zu bleiben lehnt er ab. Was noch kein Dritter ahnt – er ist nur gekommen, um des Professors Frau Johanna an diesem Abend kurz zu sehen. Neruda liebt die um vier Jahre ältere Frau des anderen, mit der er so viel gemeinsam hat. Denn auch Johanna ist Schriftstellerin. Als solche nennt sie sich Karolína Světlá. Karolína empfindet ebenfalls eine tiefe Zuneigung zu dem jungen Schriftsteller. Aber sie leben in einer Zeit strenger Konventionen. Karolína respektiert dies und weiß, was sie damit auch ihrem viel älteren Ehemann schuldig ist. So muß die Liebesbeziehung zwischen Neruda und ihr sorgfältig vor der Gesellschaft verborgen gehalten werden. Sie können sich nur in Gegenwart Dritter sehen, und selbst die Korrespondenz kann nur durch eine Vertrauensperson heimlich hin- und herbefördert werden.
Als sich Neruda zum Schein um ein junges Mädchen bemüht, mit dem Karolína öfter ausgeht, bleibt das jedoch nicht lange unbemerkt. Zum öffentlichen Skandal kommt es schließlich, als der Professor durch spitze Zungen erfährt, daß seine Frau Neruda sogar fianziell unterstützen wollte. Er findet Briefe und verbrennt sie. Karolína beugt sich dem Diktat der Zeit und bricht alle Verbindungen zum Geliebten ab.

Geständnis einer Nonne

SUOR OMICIDI

Italien 1978. **Produktion:** Cinesud, Rom. **Länge:** 2227 m.
Regie: Giulio Berruti.
Darsteller: Anita Ekberg, Joe Dallesandro, Lou Castel, Alida Valli, Massimo Serato.
Verleih: Ring-Film/Splendid.
Erstaufführung: 18. 4. 1980.

Eine männerhassende Nonne ermordet in einer psychiatrischen Klinik nacheinander mehrere Patienten und lenkt den Verdacht auf eine andere, morphiumsüchtige Klosterschwester. Um einen Skandal zu vermeiden, wird diese im Auftrag der Mutter Oberin vergiftet ...
Eine abstruse Horror-Fabel im klerikalen Umfeld (Verleih-Werbung: »Aus den Geheimakten des Vatikan«) mit einer erstaunlich prominenten Besetzung, die vergeblich gegen den spekulativen Stoff anspielt.

Gibbi Westgermany

Bundesrepublik Deutschland 1979. **Produktion:** Bioskop-Film, München. **Länge:** 2404 m.
Regie: Christel Buschmann. **Drehbuch:** Christel Buschmann. **Kamera:** Frank Brühne. **Musik:** Paul Millns. **Ausstattung:** Winfried Hennig. **Kostüme:** Sigrid Rothe. **Schnitt:** Jane Sperr.
Darsteller: Jörg Pfennigwerth, Eva Maria Hagen, Kiev Stingl, Eric Burdon, Rosalia di Kulessa, Angelika Kulessa, Martin Kippenberger, Soma Weissenseel, Hans Noever, Günter Meissner, Claus-Dieter Rennts, Barbara Ossenkopp, Martha Sievers.
Verleih: Filmverlag der Autoren.
Erstaufführung: 14. 3. 1980.
FBW-Prädikat: wertvoll.

Ein Schiff liegt am Kai, ein Typ rennt die Gangway hinunter: Gibbi. Der Grund, warum er das Schiff fluchtartig verläßt, ist derselbe, weswegen er auf ihm vor einem Jahr fluchtartig angeheuert hatte: seine Mutter.
Hinter dem plakativen Kinotitel steckt die ungewöhnliche Geschichte einer Mutter-Sohn-Beziehung voller Liebe, Erotik und Abhängigkeit, aber ebenso auch Haß, Gewalt und Wahnsinn.
Gibbi, das ist ein junger Mann, der mit seiner Umwelt nicht mehr zurechtkommt – und umgekehrt. Gibbi, das ist einer, der sich nicht mehr einsetzt für die herkömmlichen Vorstellungen vom Leben: fürs Arbeiten, Geldverdienen, Familiegründen, Karrieremachen. Er hat nur einen Fixpunkt, das ist die Liebe zu seiner Mutter. Einmal sagt er so ungefähr: »Sie hat mich geboren, und sie ist mein Tod.«

Gibbi geht an seine Anfänge zurück, um sich neu zu orientieren. Doch das Ende ist in diesem Neubeginn schon vorgezeichnet. Am Schluß des Films ruft Gibbi seiner Mutter zu: »Wenn du noch etwas sagen willst, dann sag, daß du mich liebst.« Dann erschießt er sie. Und anschließend erschießt er sich selbst.
Nach Norbert Kückelmanns »Die letzten Jahre der Kindheit« und Uwe Frießners »Das Ende des Regenbogens« also wiederum eine Geschichte, in der es einem jungen Menschen mißlingt, sich in die Ordnung eines »normalen« bürgerlichen Lebens hineinzufinden.
Es handelt sich um Christel Buschmanns Spielfilm-Debüt. Mit viel Hamburger Milieukenntnis und einem genauen Blick für Kleinigkeiten, die wichtig sind, hat sie weitab vom verbreiteten Argumentationskino ganz der Abbildung von Ereignissen aller Art ihre Aufmerksamkeit geschenkt. Das wirkt zuweilen in seiner optischen Radikalität irritierend, weil man's so im Kino schon lange nicht mehr gewohnt war. Aber was da ohne bedeutsame Dialoge und inhaltsschwangere Kameraeinstellungen geradlinig und dabei – filmisch gesprochen – ellipsenförmig vorgestellt wird, ist eine ästhetische und stilistische Erzählweise, die uns angeht und fesselt. Auch wenn Christel Buschmanns Moral fatalistisch klingt und mancher Zuschauer die Zärtlichkeit, die der Erzählung auch (!) innewohnt, vielleicht auf Anhieb nicht entdeckt.

Girls – Die kleinen Aufreißerinnen

GIRLS

Bundesrepublik Deutschland/Frankreich/Kanada 1979. **Produktion:** TV 13 Fernseh- und Film GmbH/F. F. F./C. O. F. C. I/French Movie, Paris/Caneuram, Montreal. **Länge:** 2579 m.
Regie: Just Jaeckin. **Drehbuch:** Just Jaekkin, Geza von Radvanyi. **Kamera:** Claude Agostini. **Musik:** Eric Stewart, Duncan MacKay, Graham Gouldman.
Darsteller: Isabelle Mejias, Charlotte Walior, Zoe Chauveau, Anne Parillaud, Claus Obalski, Georg Bürki, Eric Caspar.
Verleih: Scotia.
Erstaufführung: 27. 6. 1980.

Mit der »Geschichte der O.« und »Emmanuelle« hat sich der Regisseur Just Jaeckin einen gewissen Namen gemacht. Als passionierter Frauenliebhaber beobachtet er in diesem Film vier junge Mädchen, die der ungewollten Schwangerschaft einer Freundin eine alternative Lösung entgegensetzen möchten. Frivol und fröhlichfrech wird das Problem entwickelt. Die Einfälle der Autoren sind zwar nicht strahlend neu, aber der Film wirkt nett und unterhaltsam.

Glaskäfige

MAIS OU ET DONC ORNICAR

Frankreich 1979.
Regie: Bertrand van Effenterre. **Drehbuch:** Bertrand van Effenterre, Dominique Woldon. **Kamera:** Nurith Avav, Jean-Louis Melun, Thierry Jault. **Musik:** Antoine Duhamel.
Darsteller: Geraldine Chaplin, Brigitte Fossey, Jean Francois Stevenin, Didier Flamand, Jean-Jacques Biraud.
Erstaufführung: September 1980, ARD.

Dieser Film zweier Männer, des Regisseurs Bertrand van Effenterre und des Soziologen Dominique Wolden, setzt sich mit den ersten Folgen der Frauenemanzipation für die Beziehungen zwischen den Geschlechtern auseinander. Er ist allerdings nicht einfach reaktionäres Pamphlet gegen einen rigoristischen Feminismus, sondern erscheint eher als intellektuell und filmisch verspielter Versuch einer Bestandsaufnahme. »Glaskäfige« beschreibt in erster Linie Gefühlsverwirrungen und unerfüllte emotionale Bedürfnisse auf beiden Seiten einer immer noch bestehenden Front zwischen Frauen und Männern. Zur Illustration ihrer detailreichen Analyse haben van Effenterre und Woldon zwei Frauenfiguren erfunden, die, jede auf ihre

Art, in ihrem Versuch der Selbstbestätigung als Frau ideologisch erstickt werden. Anne ist es gelungen, sich in einem Männerberuf durchzusetzen. Sie wird zur Leiterin einer Autowerkstatt ernannt und erfährt Anerkennung ausgerechnet dadurch, daß sie männliche Eigenschaften perfekt exekutiert. Sarkastisch zeigt der Film, daß sie einem ängstlichen Kunden dessen hochgezüchteten Sportwagen so rasant vorführt, wie es einem männlichen Chauvinisten kaum schlimmer gelingen kann.
Isabelle zeichnet in einem Institut für soziale Kommunikation elektronisch Interviews mit Bewohnerinnen eines Mietshausblocks auf und projiziert ihr eigenes Unvermögen der direkten Kommunikation auf die Frauen, die nicht schweigen würden, spräche man nur mit ihnen. Auch hierzu findet der Film pointierte Bilder, etwa wenn sich Isabelles Mann ihr im Institut über einen der zahlreichen Monitore am Arbeitsplatz nähert, von ihr nicht nur durch die gläserne Mattscheibe getrennt. Ironie ist das beherrschende Mittel dieses Films, das aber nie zur Distanzierung von den Figuren benutzt wird, sondern zur Darstellung komisch oder melancholisch getönter Situationen dient, die stets Sympathie erwecken.

Gloria, die Gangsterbraut

GLORIA

USA 1980. **Produktion:** Columbia Pictures Industries Inc. **Länge:** 3325 m.
Regie: John Cassavetes. **Drehbuch:** John Cassavetes. **Kamera:** Fred Schuler. **Musik:** Bill Conti.
Darsteller: Gena Rowlands, Buck Henry, Julie Carmen, John Adames.
Verleih: Warner-Columbia.
Erstaufführung: 19. 9. 1980.
FBW-Prädikat: besonders wertvoll.

Gena Rowlands in dem Film »Gloria« (Foto: Warner-Columbia).

Gena Rowlands in dem Film »Gloria« (Foto: Warner-Columbia).

John Cassavetes zehnter Film, ein Thriller, den er mit seiner Ehefrau Gena Rowlands in der Hauptrolle gemacht hat. Der Film lief während der Biennale in Venedig 1980 und machte Furore. Weniger wohl wegen seiner kinonahen Story als wegen der Art, in der Gena Rowlands eine Gangsterbraut vorstellt, die aus dem Milieu mit allen Mitteln auszubrechen versucht und – logisch – scheitert. Die Kritik verglich Rolle und Leistung gleicherweise mit Humphrey Bogart.
Die Handlung: Ein sechsjähriger Junge entgeht einem Anschlag der Mafia auf seine Familie (der Vater hat die Buchführung des Syndikats gemacht, aber auch Kontakte zum FBI unterhalten) und flüchtet mit einer Nachbarin von Versteck zu Versteck. Was sich erst allmählich herausstellt für den Betrachter: Gloria, die hilfreiche Nachbarin, ist eine ehemalige Gangsterin, die sich jetzt auf einer Flucht auf Leben und Tod durch den Großstadtdschungel New Yorks befindet. Auf der Flucht vor ihren ehemaligen Freunden. Cool und entschlossen handelt sie, behält auch in gefährlichsten Situationen die Nerven. Ihr kleiner Schützling Phil, ziemlich altklug für seine sechs Jahre, befindet sich in einer schwierigen psychischen Situation ihr gegenüber. Patriarchalische Erziehungsprinzipien, Beschützer-Instinkte, Anlehnungsbedürfnis und Sehnsucht nach Geborgenheit liegen im Widerstreit. Gloria aber schießt ihm inmitten der allgegenwärtigen Gewalt des Gangstersyndikats den Weg in ein (vielleicht) normales Leben frei.
Sieht man vom vordergründigen Actiongeschehen einmal ab, ist dies eine Zweipersonen-Geschichte mit psychologisch differenziertem Gefühl, eine Genre-Story voller Widerborstigkeit und überraschender Wendungen. Zupackendes Außenseiterkino mit einem freilich ziemlich schwierig zu goutierenden Traumschluß. Was jedoch den Genuß am cineastischen Gesamterlebnis nur wenig trübt.

Das Grauen aus der Tiefe

HUMANOIDS FROM THE DEEP

USA 1979. **Produktion:** Roger Corman Prod. **Länge:** 2285 m.
Regie: Barbara Peeters. **Drehbuch:** Frederick James. **Kamera:** Daniel Lacambre. **Musik:** James Horner.
Darsteller: Doug McClure, Ann Turkel, Vic Morrow, Cindy Weintraub, Anthony Penya, Denise Galik, Lynn Theel, Meegan King.
Verleih: United Artists.
Erstaufführung: 3. 7. 1980.

Eine Mischung, die so ziemlich alle aktuellen Genres abdeckt: Horror mit Zombies aus dem Wasser, Sex mit jungen Mädchen und schließlich gibt's auch noch einen Beitrag zur Umweltverschmutzung. Alles fügt sich nahtlos ineinander und will doch nicht recht zusammenpassen. Erzählt wird die Geschichte eines kleinen Fischerdorfes, das eines Tages von grauenhaften Mutanten heimgesucht wird, die über die Bevölkerung herfallen. Die blutgierigen Tierchen sind das Ergebnis – wie könnte es anders sein – der Umweltverschmutzung. Held Doug McClure, noch bestens aus der »Shilo-Ranch« bekannt, sorgt allerdings zu Land und zu Wasser wieder für Ordnung.

Das Grauen kommt um zehn

WHEN A STRANGER CALLS

USA 1978. **Produktion:** Simon Film Prod. **Länge:** 2661 m.
Regie: Fred Walton. **Drehbuch:** Steve Feke, Fred Walton. **Kamera:** Don Peterman. **Musik:** Dana Kaproff.
Darsteller: Carol Kane, Rutanya Alda, Carmen Argenziano, Rachel Roberts, Tony Beckley, Colleen Dewhurst, Wally Taylor, Charles Durning, Ron O'Neal.
Verleih: United Artists.
Erstaufführung: 4. 4. 1980.

Anfangs plante er einen zwanzigminütigen Kurzfilm mit dem Titel »The Sitter«. Doch dann weitete sich das Projekt, das auf einer authentischen Begebenheit beruht, zu einem Spielfilm aus. Jill wird vom Ehepaar Mandrakis als Babysitter engagiert. Im Laufe des Abends erhält sie mehrere mysteriöse Anrufe. Die Polizei entdeckt schließlich, daß der Teilnehmer sich im selben Haus aufhält. Im letzten Moment kann Jill fliehen, die beiden Kinder aber werden bestialisch ermordet. Sieben Jahre später schlägt der Täter wieder zu. Nun sind Jills Kinder betroffen. Die Ereignisse scheinen sich auf fatale Art zu wiederholen. Fred Waltons Regiedebüt reicht in den besten Momenten an die Meisterwerke John Carpenters heran.

Groß und Klein

Bundesrepublik Deutschland 1980. **Produktion:** Regina-Ziegler-Film/SFB/HR/WDR. **Länge:** 7370 m.
Regie: Peter Stein. **Drehbuch:** Botho Strauß. **Kamera:** Michael Ballhaus. **Ausstattung:** Fred Berndt. **Kostüme:** Moidele Bickel. **Schnitt:** Clarissa Ambach.
Darsteller: Edith Clever, Tina Engel, Elke Petri, Willem Menne, Johanna Hofer, Gerhard Bienert, Jutta Lampe, Gunter Berger, Hildegard Wensch, Meray Ülgen, Udo Samel, Hans Madin.
Verleih: Skylight-Film.
Erstaufführung: 20. 6. 1980.

Peter Stein hat seine Berliner Schaubühnen-Inszenierung von Botho Strauß' Drama »Groß und Klein« aus dem Jahr 78 mit der Originalbesetzung an Originalschauplätzen vor die Kamera gebracht.
Herausgekommen ist dabei ein viereinhalbstündiges, den Zuschauer schier erschlagendes großes Kino-Theater-Ereignis. Dabei läßt sich natürlich darüber streiten, ob ein solcher Theaterfilm, zumal er ganz bewußt und ungeniert filmische Grundsätze der Aufnahme und Montage ignoriert, um sich seine eigene Dramaturgie zu ertasten, ob ein solches auf die Leinwand transportiertes Theaterstück noch Film ist. Ganz abgesehen von der Binsenweisheit, daß Theater vom gesprochenen Wort seine elementarsten Wirkungen bezieht (zumindest beziehen sollte), der Film aber primär (und in seiner ursprünglichen Form überhaupt) vom Bild, von Ausdruck, Bewegung und Komposition eines bestimmten Bildausschnitts lebt.
Es will so scheinen, als ob die Lotte von Botho Strauß, die so hilflos verloren auf der Suche nach menschlicher Wärme durch die Stationen des Bühnenstücks sich hindurchkämpft, auf der Leinwand nicht neue Dimensionen ihrer Passion hinzugewinnt und auch Edith Clevers Darstellung in der Großaufnahme zwar enervierender, aber letztlich nicht überzeugungskräftiger ist.
Doch muß man diese »Groß-und-Klein«-Verfilmung wohl vor allem als Experiment sehen, als Versuch des Theaterregisseurs Stein, sich im Medium Film mit aller Verve zwischen Realismus und Surrealismus zu neuen, nur erahnbaren künstlerischen Dimensionen vorzutasten. Die Ansätze hierzu sind außerordentlich vielversprechend.

Großangriff der Zombies

NIGHTMARE CITY

Italien/Spanien 1980. **Produktion:** Dialchi Film, Rom/Lotus Films, Madrid. **Länge:** 2730 m.
Regie: Umberto Lenzi.
Darsteller: Hugo Stiglitz, Mel Ferrer, Francisco Rabal, Laura Trotter, Rosaria Omaggio.
Verleih: Jugendfilm.
Erstaufführung: 19. 12. 1980.

Die Zombies haben sich weiterentwikkelt: Diesmal landen sie schon mit Flugzeugen und tyrannisieren eine ganze Stadt. Grauen und Brutalität, Horror und Blutrausch eskalieren weiter. Appetitlicher ist das leider nicht geworden.

Der große Fluß fließt

DA HO BEN LIN

VR China 1978. **Produktion:** Peking Filmstudio.
Regie: Xie Tieli, Chen Waiai. **Drehbuch:** Li Zhun. **Kamera:** Qien Jiang, Li Chengsheng, Zhou Taixiang. **Schnitt:** Su Hongwen, Yang Zhongqi.
Darsteller: Zhang Ruifang, Chen Qiang, Chao Lien, Zhang Zhonglin, Liu Yenli.
Erstaufführung: November 1980, ZDF.

Im Jahr 1938 sprengen die Truppen Tschiang Kai-sheks unter dem Vorwand, den Vormarsch der Japaner aufhalten zu wollen, den Damm des Gelben Flusses in Anhui. Hunderttausende von Bauern ertrinken oder werden obdachlos und fliehen.
Unter denen, die mit dem Leben davonkommen, befindet sich auch Li Mai, eine einfache junge Bäuerin, die sich unter dem Eindruck des schrecklichen Erlebnisses von den Ideen der Kommunisten überzeugen läßt. Sie wird Parteimitglied und arbeitet im Untergrund ebenso gegen die Guomindang (Kuomintang) wie gegen die japanischen Aggressoren.
Nach Beendigung des Krieges gegen Japan kehrt Li Mai mit einigen anderen Flüchtlingen in ihr Dorf zurück und beginnt dort mit dem Wiederaufbau. Als 1949 die Volksrepublik China gegründet wird, avanciert sie zur Kreisvorsitzenden und später zur Parteisekretärin.
In dieser Eigenschaft setzt sich Li Mai vor allem für die Regulierung des Gelben Flusses ein. Aber nach heftigen Regenfällen gerät das ehemalige Katastrophengebiet erneut in Gefahr. Um ein größeres Unheil zu vermeiden, soll die Bevölkerung evakuiert und der Damm abermals gesprengt werden.
Li Mai wendet sich gegen diesen Plan der Zentralregierung und spornt die Bevölkerung an, den Damm im gleichen Maß zu erhöhen und zu befestigen, wie das Wasser steigt. Es gelingt ihr, den Ministerpräsidenten Zhou Enlai (Tschu En-lai), der sich gerade auf einer Inspektionsreise befindet, von ihrem Plan zu überzeugen. Zhou Enlai greift sogar selber zu, und mit Einsatz aller Kräfte werden der Damm gesichert und eine Überschwemmung verhindert.

Die große Horrorshow

THE HORROR SHOW

USA 1979. **Produktion:** Universal Pictures, New York. **Länge:** 2382 m.
Regie: Richard Schickel. **Drehbuch:** Richard Schickel. **Kamera:** Frank Thachery. **Musik:** Fred Prior.
Darsteller: Anthony Perkins, Lon Chaney jr., Bela Lugosi, Boris Karloff, Lon Chaney sen., Christopher Lee, Peter Cushings u. a.
Verleih: Jugendfilm.
Erstaufführung: 12. 9. 1980.

Die vermeintlich besten Szenen aus 52 Filmen der Horror-Produktion seit 1920. Das allein schon ist Geschmackssache. Und wenn dann dieser Verschnitt auch noch ohne jeden analysierenden oder filmgeschichtlich erhellenden Kommentar feilgeboten wird, stellt sich rasch das große Gähnen ein.

Das große Rennen

A DAY AT THE RACES

USA 1937. **Produktion:** MGM Corp. **Länge:** 2986 m.
Regie: Sam Wood. **Drehbuch:** George Seaton, Robert Pirosh, George Oppenheimer. **Kamera:** Joseph Ruttenberg. **Musik:** Bronislav Kaper, Walter Jurman, Frank Waxman.
Darsteller: Groucho Marx, Harpo Marx, Chico Marx, Margaret Dumont, Siegfried Rumann.
Verleih: Filmverlag der Autoren.
Erstaufführung: 15. 2. 1980.

Ein Marx-Brothers-Film aus der MGM-Zeit der berühmten Komiker. Das Studio drängte die Brüder in eine ziemlich romantische Ecke mit etlichen Musiknummern. Das kam zwar dem Zeitgeschmack entgegen, nahm aber der burlesken Komik ihre Schärfe. Die verwirrende Story dreht sich um ein Sanatorium, das bereits mit der Pleite konfrontiert ist, doch durch die turbulenten Aktivitäten eines Rennreiters, eines Eisverkäufers und eines Wunderheilers vor dem Ruin bewahrt wird.
Sketche aus der Theaterwelt des Vaudeville sind die große Stärke der Marx-Brothers in diesem recht gut synchronisierten Film. Dennoch: Daß sich über 40 Jahre lang hierzulande kein Verleiher fand, ist kein Wunder. Hollywoods Rezepte waren für die Komiker-Stars eher hemmend als förderlich.

Der grüne Vogel

Bundesrepublik Deutschland 1979. **Produktion:** Manfred Durniok Film, Berlin. **Länge:** 2450 m.
Regie: István Szabo. **Kamera:** Lajos Koltai. **Musik:** Fréderic Chopin.
Darsteller: Hannelore Elsner, Peter Andorai, Kristina Jande, Johanna Elbauer, Danuta Szaflarska, Rolf von Sydow.
Verleih: Chronos.
Erstaufführung: 18. 4. 1980.

Eine sehr subtile Liebesgeschichte im gesellschaftlichen Spannungsfeld von West und Ost. Tübinger Ärztin und polnischer Kollege, beide Krebsforscher, treffen und lieben sich bei internationalen Treffen sporadisch und nicht problemlos.

Die Hamburger Krankheit

Siehe Film-Almanach 1980
FBW-Prädikat: inzwischen: wertvoll

Die heilige Bestie des Kumas

IL FIUME DEL GRANDE CAIMANO

Italien 1979. **Produktion:** Dania Film, Rom. **Länge:** 2426 m.
Regie: Sergio Martino. **Drehbuch:** Sergio Martino.
Darsteller: Barbara Bach, Mel Ferrer, Claudio Cassinelli.
Verleih: Scotia International.
Erstaufführung: 29. 5. 1980.

Das Titel-Vieh ist ein Riesenkrokodil, das irgendwo im Dschungel nicht nur Ureinwohner, sondern auch Geschäftemacher und Touristen verängstigt. Wo die Bestie zuschnappt, herrscht schaurige Verstümmelung. Handwerklich ordentlich gemachtes Epigonenkino im Sog des »Weißen Hai«.

Heiße Kartoffeln

Bundesrepublik Deutschland 1980. **Produktion:** CCC-Film, Berlin. **Länge:** 2233 m.
Regie: Siggi Götz. **Drehbuch:** Ralf Gregan, Siggi Götz, nach einer Idee von Art Bernd. **Kamera:** Frans X. Lederle. **Musik:** Bernie Paul.
Darsteller: Amadeus August, Stephane

Hillel, Ulla Maris, Zachi Noy, Bea Fiedler, Reinhard Glemnitz.
Verleih: Scotia-Film.
Erstaufführung: 11. 7. 1980.

Deutscher Lustspielfilm mit drastischem Humor: Ein Kunststudent wird mit einem Frauenarzt verwechselt. Konfusionen, Zweideutigkeiten und barbusige Mädchen bestimmen den Tenor des Ganzen. Kinogebrauchsware.

Heiße Schüsse, kalte Füße

HOT LEAD – COLD FEAT

USA 1979. **Produktion:** Walt Disney. **Länge:** 2461 m.
Regie: Robert Butler. **Drehbuch:** Joe McEveety, Arthur Alsberg, Don Nelson. **Kamera:** Frank Phillips. **Musik:** Buddy Baker.
Darsteller: Jim Dale, Karen Valentine, Don Knotts, Jack Elam, Darren McGaven, John Williams, Warren Vanders, Debbie Lytton, Michael Sharrett.
Verleih: 20th Century Fox.
Erstaufführung: 22. 2. 1980.

In einem Zweikampf über fünf Runden läßt der alte Jasper Peacetown (Jim Dale) seine beiden Söhne Jim und Eli (ebenfalls beide von Jim Dale dargestellt) um das väterliche Erbe kämpfen. Es beginnt jedoch kein blutiges Duell, sondern eine Slapstick-Komödie, die sämtliche klassischen Handlungsmuster des Western persifliert.

Heiße Ware

HOT STUFF

USA 1978. **Produktion:** Rastar Films Inc./ Mort Engelberg Prod. **Länge:** 2486 m.
Regie: Dom DeLuise. **Drehbuch:** Michael Kane, Donald E. Westlake. **Kamera:** Patrick Williams.
Darsteller: Dom DeLuise, Jerry Reed, Luis Avalos, Suzanne Pleshette, Ossie Davis.
Verleih: Warner Columbia.
Erstaufführung: 23. 5. 1980.

Dom DeLuise, der schon in einigen Filmen von Mel Brooks in kleineren Rollen zu sehen war, versucht hier als Hauptdarsteller und Regisseur aus einem schwachen Drehbuch komische Funken zu schlagen.
Die angeblich an Tatsachen angelehnte Geschichte handelt von wackeren Polizisten in Florida, die selbst einen gutgehenden Laden für Hehlerware betreiben, um dadurch den Dieben besser auf die Spur zu kommen.
Dieser Einfall reicht jedoch nicht aus. Abgesehen von ein paar burlesken Szenen mit ulkigen Typen kommt die Gaunerkomödie nicht in Schwung. Und Dom DeLuise, der sich im Kreis der Hauptdarsteller sympathisch zurückhält, bleibt als Regisseur dem Spaß einiges schuldig.

Die heißen Nächte des Caligula

LE CALDE NOTTI
DI CALIGOLA

Italien 1977. **Produktion:** The Hundred Years, Rom. **Länge:** 2301 m.
Regie: Roberto Montero. **Kamera:** Gino Santini. **Musik:** Carlo Savina.
Darsteller: Carlo Colombo, Cinzia Romanazzi, Patrizia Webley.
Verleih: Avis/Filmallianz.
Erstaufführung: 11. 9. 1980.

Sex-Therapie in der Freudenmädchen-Abteilung einer römischen Klinik soll den potenzschwachen Kaiser wieder aufbauen. Dümmliches Zotenspiel im Porno-Umfeld.

Ein heißer Eislutscher

LITTLE BLUE BOX

USA 1979. **Produktion:** Variety Films Inc. **Länge:** 2205 m.

Regie: Howard Howard.
Darsteller: Jennifer Welles, Gloria Leonard.
Verleih: A. B. Film.
Erstaufführung: 16. 5. 1980.

Komisch gemeinter Porno-Streifen billiger Machart.

Der Herausforderer

THE CHALLENGER

Hongkong 1979. **Produktion:** Panasia, Hongkong. **Länge:** 2163 m.
Regie: Tsang Che Wai.
Darsteller: David Chiang, Tsui Giu Keung, Ko Fay.
Verleih: Dimo-Film/Avis/Filmallianz.
Erstaufführung: 12. 9. 1980.

Ein Prügel-Eastern nicht ohne Witz und Originalität. Und das ist bekanntlich schon viel in diesem Genre.

Die Herde

SÜRÜ

Türkei 1978/79. **Produktion:** Güney Film. **Regie:** Zeki Ökten. **Drehbuch:** Yilmaz Güney. **Kamera:** Izzet Akay. **Musik:** Zülfü Livaneli. **Schnitt:** Özedemir Aritan.
Darsteller: Melike Demirag, Tarik Akan, Tuncel Kurtiz, Levent Inanir.
Erstaufführung: August 1980, ZDF.

In Ostanatolien leben die Nomadenfamilien der Veysikans und der Halilans in Blutfehde. Hamo ist das Oberhaupt der Veysikans, damit auch Herr über eine Schafherde und Herrscher über seine drei Söhne. Sirvan, der älteste Sohn, ist mit Berivan verheiratet, die einst ungefragt als Friedenspfand vom feindlichen Stamm in sein Zelt gebracht worden war. Nach drei Fehlgeburten ist sie für Hamo und den Stamm »verflucht«. Einzig Sirvan hält zu ihr; er ist bereit, die langsam zerfallende Familie zu verlassen und alles aufzugeben, um Berivan in der Stadt statt von Quacksalbern von einem richtigen Arzt untersuchen zu lassen. Sie aber weigert sich.
Hamo braucht inzwischen jede helfende Hand, um seine Herde zum Verkauf nach Ankara zu bringen. Sirvan nimmt das Angebot unter der Voraussetzung an, daß er dafür 10000 Lira bekommt und Berivan mitnehmen darf, um sie dort zu einem Arzt zu bringen. Der Bahntransport ist der Anfang vom Ende – sowohl der Herde als auch der Familie: Schaffner und Lokomotivführer müssen mit Schafen bestochen werden; Diebe dezimieren die Herde; einige Tiere vergiften sich in den schmutzigen Waggons; und der eine Sohn bleibt bei den toten Schafen zurück. Immer wieder gibt Hamo einzig Berivan die Schuld an allem Unglück.
In Ankara schließlich weigern sich die Händler, den vereinbarten Preis zu zahlen, und lassen Hamo mit seinen beiden Söhnen und der nur noch kleinen Herde eine Woche lang warten. Eine Woche ohne Geld, um Futter für die Schafe zu beschaffen. Inzwischen stirbt Berivan. Verzweifelt und empört über die kaltherzige Reaktion erwürgt Sirvan einen Schafhändler und wird verhaftet. Während eines Spaziergangs läuft auch der letzte Sohn seinem Vater weg. Hamo bleibt allein zurück und geht in der Menschenmenge unter.

Das Herz des Waldes

EL CORAZON DEL BOSQUE

Spanien 1979. **Produktion:** Arandano S. A. **Regie:** Manuel Gutierrez Aragon. **Drehbuch:** Manuel G. Aragon, Luis Megino. **Kamera:** Teo Escamilla. **Schnitt:** José Salcedo.
Darsteller: Norman Briski, Angela Molina, Luis Politti, Victor Valverde, Santiago Ramos.
Erstaufführung: November 1980, ZDF.

Nach dem Sieg Francos im Bürgerkrieg hat sich »El Andarin« in den Wäldern ver-

steckt, um weiter gegen das verhaßte Regime zu kämpfen. Fünfzehn Jahre später lebt er noch immer als Einzelkämpfer. Die Bewohner der umliegenden Dörfer sympathisieren mit ihm; gelegentlich riskiert er kleine Sabotageakte. Als er 1952 in ein Dorf hinabsteigt, um an einem Fest teilzunehmen, beobachtet ihn Amparo, ein kleines Mädchen, mit großen Augen. Jahre danach ist Amparo eine schöne junge Frau geworden, die den sagenumwobenen Partisanen noch immer heimlich liebt, obwohl sie in Kürze einen anderen heiraten wird. »El Andarín« lebt noch in den Bergen; aber längst ist er zu einem lebenden Anachronismus geworden. Ausgerechnet Amparos Bruder Juan soll ihn im Auftrag der illegalen Partei zur Aufgabe überreden. Er soll an einen sicheren Platz gebracht werden, wo er vielleicht den Kampf gegen das Regime mit zeitgemäßeren Mitteln fortsetzen kann.
»El Andarín« jedoch widersetzt sich den Anordnungen der Organisation. Er will nicht aufgeben. Und als Juan dann auch noch die Beziehungen zwischen dem Mann und seiner Schwester entdeckt, da hat er gleichsam einen doppelten Grund, mit ihm abzurechnen …

Hinter dem Rampenlicht

ALL THAT JAZZ

USA 1980. **Produktion:** Robert Alan Aurthur. **Länge:** 3299 m.
Regie: Bob Fosse. **Drehbuch:** Robert Alan Aurthur, Bob Fosse. **Kamera:** Giuseppe Rotunno. **Musik:** Ralph Burns. **Bauten:** Philip Rosenberg. **Ausstattung:** Tony Walton. **Kostüme:** Albert Wolsky. **Schnitt:** Alan Heim.
Darsteller: Roy Scheider, Jessica Lange, An Reinking, Leland Palmer, Cliff Gorman, Ben Vereen, Erzsebet Foldi.

»Hinter dem Rampenlicht« (Foto: Columbia).

Verleih: Warner-Columbia.
Erstaufführung: 12. 9. 1980.
FBW-Prädikat: besonders wertvoll.

Der neue Film aus der Welt des Show-Business des »Cabaret«-Regisseurs Bob Fosse wurde in Cannes 1980 ex aequo mit Akira Kurosawas »Kagemusha« mit der Goldenen Palme des Festivals ausgezeichnet. Und die amerikanische Akademie dekorierte »All that jazz« mit den Oscars für die besten Bauten, den besten Schnitt, die besten Kostüme und die beste Musikbearbeitung.
Der Film berichtet vom Leben und Sterben des ebenso ehrgeizigen wie depressiven, ebenso arroganten wie liebebedürftigen New Yorker Show-Regisseurs und Choreographen Joe Gideon (hervorragend in dieser Rolle: Roy Scheider), der sich zwischen Drogen und Sex, Arbeit und Streß, Unzufriedenheit und Ambition, zwischen Familie und Freundin, besessen von Ehrgeiz, gepeinigt von Zweifeln und frustriert von Ängsten einem Spektakel übereignet, das keine Grenzen mehr kennt zwischen Realität und Phantasie, zwischen Leben und Traum. Als Star-Regisseur zum Erfolg verurteilt, unterwirft sich Gideon einer mörderischen Maschinerie, und wenn es zutrifft, daß dieser Film über weite Strecken Bob Fosses eigene Biographie reflektiert, dann kann man nur den Mut bewundern, mit dem Fosse sich schonungslos einer Selbstanalyse anheimgibt.
Dieser Film brilliert mit erstklassigen Ballettszenen, mit orgiastisch ausgespielten Tanz-Expressionen. Er spiegelt die zermürbende Probenarbeit und die verzweifelte Hektik künstlerischen Erfolgsstrebens in einer kommerzbetonten Unterhaltungs- und Bühnenszenerie wider. Er ist von dem italienischen Kameramann Giuseppe Rotunno faszinierend kühn und suggestiv fotografiert. Und wenn je ein »technischer« Oscar genau den Nerv traf, dann hier bei der Schnitt-Montage von »All that Jazz«, die sich einfach genial dem vorgegebenen Thema anverwandelt. Derartige Bildfolgen und Rhythmen, wie sie in den fiebrigen Todesvisionen des Joe Gideon elektrisierend aufscheinen, sind im Kino selten so perfekt zu sehen. Und Ausstattung und Musik tragen ihr Teil dazu bei, den atemberaubenden Glamour der großen Todesshow zu forcieren.
Ob das zwiespältige Furioso, die kontroverse Show-Philosophie eher der Selbstironie oder der Geschmacklosigkeit zuneigen, muß wohl jeder Betrachter selbst entscheiden. Sicher ist, daß dieses im wahrsten Sinn des Wortes üppige Kino-Prunkstück mit seinen ausschweifenden, Lebensgier und Todesangst gleichermaßen für den Gebrauch in der Funk- und Entertainment-Branche vermarktenden Tendenzen nicht zu den moralisch ernst zu nehmenden Auseinandersetzungen mit den angerissenen Themen Leben, Liebe, Beruf und Erfüllung zu rechnen ist, sondern letztlich nur leere Show-Effekte reflektiert. Bei aller Unterhaltungsqualität, die freilich in ihrer Extravaganz nicht jedermanns Sache sein wird.

Hollywood-Kantine

HOLLYWOOD CANTEEN

USA 1944. **Produktion:** Warner Bros. Picture/Alex Gottlieb.
Regie: Delmer Daves. **Drehbuch:** Delmer Daves. **Kamera:** Bert Glannon. **Musik:** Ray Heindorf. **Schnitt:** Christian Nyby.
Darsteller: Bette Davis, Jack Carson, Roy Rogers, Joan Crawford, Peter Lorre, Barbara Stanwyck.
Erstaufführung: August 1980, ZDF.

Im Zweiten Weltkrieg richten Hollywoodstars in einem riesigen Saal einen Treffpunkt für amerikanische Soldaten ein, den sie »Hollywood Canteen« nennen. Die Stars bieten ohne Gagen ein großes Unterhaltungsprogramm und versorgen die Soldaten mit Speisen und Getränken. Während eines Genesungsurlaubs kommen auch der Soldat Slim und sein Freund in diese Kantine, und Slim begegnet tatsächlich seinem Leinwandschwarm Joan Leslie, einer jungen Filmschauspielerin. Als die großen Hollywoodstars, allen voran Bette Davis, merken, daß Slim sich in Joan verliebt hat, arrangieren sie eine zweite Begegnung, die nicht folgenlos bleibt: Auch Joan verliebt sich in Slim. Die Eltern der jungen Schauspielerin geben der Verbindung ihren Segen, und als Joan sich am Bahnhof von Slim verabschieden muß, ist klar, daß sie auf ihn warten wird.

Horrorsex im Nachtexpress

LA RAGAZZA DEL
VAGONE LETTO

Italien 1979. **Produktion:** Soc. Coop. Rinascita Cinematografica, Rom. **Länge:** 2290 m.
Regie: Ferdinando Balti.
Darsteller: Silvia Dioniso, Frank Torell, Wilhelm Berger, Werner Pochath.
Verleih: Residenz-Film.
Erstaufführung: 9. 5. 1980.

Drei junge Männer terrorisieren einen Schlafwagen. Eine Mischung aus Sex, Spannung und brutaler Gewalt. Ein filmisches Armutszeugnis.

Das Hospital der Verklärung

SZPITAL PRZEMIENIENIA

Polen 1978. **Produktion:** PRF »Zespoly Filmowe«.
Regie: Edward Zebrowski. **Drehbuch:** Michat Komar, Edward Zebrowski. **Kamera:** Witold Sobocinski. **Musik:** Stanislaw Radwan. **Schnitt:** Ursula Sliwinska.
Darsteller: Jerzy Binczycki, Henryk Bista, Ewa Dalkowska, Piotr Dejmek, Gustaw Holoubek.
Erstaufführung: September 1980, ZDF.

Im Herbst 1939 – die deutschen Truppen haben gerade Polen besetzt – tritt der junge Arzt Stefan seine Stelle in einem Hospital für Geisteskranke an. Schon bald wird ihm die besondere Atmosphäre an seiner neuen Arbeitsstelle bewußt. Vermutlich hat die Spaltung dieser Mikrogesellschaft in Entmündigte und ihre Pfleger schon immer spezielle Phänomene geschaffen; aber jetzt, unter den besonderen Bedingungen der Okkupation, nimmt alles noch schärfere Konturen an.
Stefan wird Augenzeuge beunruhigender Vorgänge. Er sieht, wie der Pfleger Jósef den Musiker Jakub quält; er sieht, wie sich ein Ingenieur über Wochen hinweg mit einer Gehirngeschwulst quält, weil der Arzt – einem interessanten Forschungsmaterial zuliebe – die Operation hinauszögert. Stefan hat mehr und mehr das Gefühl, Verantwortung zu tragen für das Böse, das ihn umgibt.
Auch die äußere Wirklichkeit wird immer bedrohlicher. Eines Tages wird das Hospital von den Nazis besetzt: Es soll aufgelöst, die Kranken sollen getötet werden. Die Ärzte reagieren unterschiedlich auf diese Ereignisse: Dr. Kauters besinnt sich auf sein Deutschtum und rettet damit sein Leben; Dr. Rygier lehnt die Chance, die man ihm bietet, ab und entscheidet sich, Opfer zu sein; Frau Dr. Nosilewska bekennt sich zum Judentum und unterschreibt damit ihr Todesurteil. Sie wird sterben – genau wie die Kranken, die man zu einem bereits ausgehobenen Massengrab transportiert.
Stefan entscheidet sich zu handeln. Mit einem verwundeten Patienten auf dem Rükken flieht er in den Wald. Dort entdeckt er, daß der junge Mann, den er retten wollte, bereits tot ist. Obwohl sich die Verfolger nähern, nimmt Stefan den toten Jungen wieder auf und verschwindet im Nebel. Und die Verfolger kommen immer näher ...

Hotel zur Hölle

MOTEL HELL

USA 1979. **Produktion:** Steven-Charles Jaffe, Robert Jaffe. **Länge:** 2766 m.
Regie: Kevin Connor. **Drehbuch:** Robert und Steven-Charles Jaffe. **Kamera:** Thomas del Ruth. **Musik:** Lance Rubin. **Schnitt:** Bernard Gribble.
Darsteller: Rory Calhoun, Paul Linke, Nancy Parsons, Nina Axelrod, Wolfman Jack, Elaine Joyce, Dick Curtis, Michael Melvin.

Verleih: United Artists.
Erstaufführung: 19. 11. 1980.

Reichten dem Horror-Genre früher geheimnisvoll wehende Gardinen und knarrende Türen für den Gruseleffekt, so muß es heute Blut sein – und dies gleich in Strömen. So werden im »Hotel zur Hölle« die Besucher vom Geschwisterpaar Ida und Vincent gleich reihenweise geschlachtet. Vincent bereitet wie ehedem sein deutscher Kollege Haarmann Rauchfleisch aus seinen Opfern. Eines Tages jedoch fliegt diese Metzgerei auf, und es kommt zur letzten großen Schlächterei. Lebend und liebend entkommen schließlich nur Bruce und Terry. Regisseur Kevin Connor zu seinem Werk: »Mein Film soll den Zuschauer einen Monat um seinen Schlaf bringen!« Er bringt ihn zwar nicht um seinen Schlaf, mit Sicherheit aber um zwei Stunden, in denen er wahrscheinlich Sinnvolleres mit sich hätte beginnen können.

Hummer zum Frühstück

ARAGOSTA A COLAZIONE

Italien 1979. **Produktion:** Italian International Film, Rom/U. C. E, Paris. **Länge:** 2520 m.
Regie: Giorgio Capitani. **Drehbuch:** Laura Toscano, Franco Marotta. **Kamera:** Carlo Carlini. **Musik:** Piero Umiliani.
Darsteller: Enrico Montesano, Claude Brasseur, Claudine Auger, Janet Agren, Silvia Dionisio.
Verleih: United Artists.
Erstaufführung: 9. 5. 1980.

Zwei Männer, alte Schulfreunde, führt der Zufall wieder zusammen. Der eine ist unglücklich in der Liebe, der andere unzufrieden im Beruf. Nun soll der eine das Alibi für den Seitensprung des anderen sein. Die Bäumchen-wechsel-dich-Komödie dreht sich endlos, bis die Story zu ihrer Auflösung gelangt. Die guten Slap-Stick-Einlagen können nicht über die allzu dünne Geschichte hinweghelfen.

Hungerjahre

Bundesrepublik Deutschland 1978/79. **Produktion:** Jutta Brückner Filmproduktion/ZDF. **Länge:** 3200 m.
Regie: Jutta Brückner. **Drehbuch:** Jutta Brückner. **Kamera:** Jörg Jeshel, Rainer März. **Musik:** Johannes Schmölling. **Ausstattung:** Edwin Wengoborski. **Kostüme:** Reinhild Paul. **Schnitt:** Anneliese Krigar. **Darsteller:** Britta Pohland, Sylvia Ulrich, Claus Jurichs, Hilla Preuss, Ismail Mahdu, Heidi Joschko, Helga Lehner, Cordula Hubrich, Viola Recklies, Tobias Meister.
Verleih: Pahl-Film, Tübingen.
Erstaufführung: 22. 2. 1980 (beim Internationalen Forum des jungen Films in Berlin); 24. 10. 1980 (Kinostart).

Eine Geschichte aus der Bundesrepublik Deutschland der fünfziger Jahre – ein halbes Land nach einem Krieg. Eine Zeit der Restauration alter Werte und der Hochschätzung neuer Waren, eine Zeit, in der mit dem Wort Freiheit alles zugebrüllt wurde.
Jutta Brückner erzählt – mit autobiographischen Zügen – die Geschichte einer Mutter und einer Tochter und ihrer zerstörerischen Beziehungen von Liebe-Haß-Liebe. Zwei Frauen, die sich weigern, ihre gegenseitigen Erwartungen zu erfüllen, und doch aneinander hängen.
Zugleich ist das die Geschichte eines Mädchens, das erwachsen werden soll und nicht weiß, wie. Der Film zeigt drei Jahre aus ihrem Leben, in denen sie die Welt und sich, sich in der Welt und auch die Welt in sich nicht mehr versteht.
Jutta Brückner nennt das eine Geschichte über kalten Krieg an allen Fronten.
Es ist auch eine Geschichte vom Hunger nach Leben. Und die Regisseurin macht das sehr genau, sehr cineastisch und sehr klug in Bildern, aber auch in der Sprache deutlich. Ein Film voller sympathischer Bescheidenheit im äußeren Anspruch und voller Authentizität in der schwierigen Bloßlegung einer beklemmenden Zeitatmosphäre.

Hurra, die Knochenbrecher sind da

Hongkong 1979. **Produktion:** Shaw Brothers. **Länge:** 2286 m.
Regie: Lo Mar.
Darsteller: Cheng Hisia-tung, Hou Chaoseng, Kwang Tung.
Verleih: Residenz-Film.
Erstaufführung: 1. 2. 1980.

In der nicht endenden Serie der Karate-Filme aus Hongkong sind jetzt die Knochenbrecher-Titel bei den Verleihern beliebt.
Die Shaw-Brothers-Produktion ist immer noch Gewähr für solide Machart.

Hurricane Rosie

Frankreich 1979. **Produktion:** Productions Associes, Paris. **Länge:** 2552 m.
Regie: Mario Monicelli. **Drehbuch:** Age Scarpelli-Monicelli.
Darsteller: Gérard Depardieu, Faith Minton, Roland Bock, Gianrico Tedeschi, Helga Anders, Arnaldo Tagliatti.
Verleih: United Artists.
Erstaufführung: 7. 3. 1980.

Eine Frau und zwei Männer, große Gefühle und harte Muskeln spielen die Hauptrollen in dieser melodramatischen Komödie aus dem Catcher-Milieu. Der Star einer weiblichen Ringer-Truppe verliebt sich in einen Ex-Boxer. Die Leidenschaft schlägt hohe Wellen, das Mobiliar geht zu Bruch. Trotz aller handfesten Auseinandersetzungen rauft sich das Paar schließlich zusammen. Anspruchslos gemachter Unterhaltungsfilm, der Gérard Depardieu in seiner bisher schwächsten Rolle zeigt.

I wie Ikarus

I . . . COMME ICARE

Frankreich 1979. **Produktion:** V-Films/Société Française de Production/Antenne 2. **Länge:** 3500 m.
Regie: Henri Verneuil. **Drehbuch:** Henri Verneuil, Didier Decoin. **Kamera:** Jean-Louis Picavet. **Musik:** Ennio Morricone. **Ausstattung:** Jacques Saulnier. **Kostüme:** Isabelle de Vignon. **Schnitt:** Henri Lanoe.
Darsteller: Ives Montand, Michel Etcheverry, Jacqueline Staup, Jean Obe, Jean Leuvrais, Jean Claude Jay, Robert Paty, Pierre Vernier, Jacques Sereys, Didier Sauvegrain, Jean Negroni, Michel Albertini, Roger Planchon, Jacques Denis, Roland Blance, Erick Desmarestz.
Verleih: Neue Constantin Film.
Erstaufführung: 25. 4. 1980.
FBW-Prädikat: besonders wertvoll.

Irgendwo in einem großen Land wird ein Staatspräsident ermordet. Die tödlichen Schüsse treffen ihn, als er mit großer Eskorte und unter dem Jubel der Bevölkerung im offenen Wagen durch die Stadt fährt. Kurze Zeit später wird im Lift eines nahen Hochhauses ein junger Mann mit einem Kopfschuß tot aufgefunden. Auf dem Dach dieses Hauses wird ein Gewehr mit Zielfernrohr entdeckt, daneben liegen drei leere Patronenhülsen.
Die staatliche Untersuchungskommission, die zur Aufklärung des Präsidentenmordes eingesetzt wird, ist sich bald einig: Ein verrückter Einzelgänger hat auf den Präsidenten geschossen und anschließend Selbstmord begangen.
Nur einer aus der Kommission ist mit dieser all zu simplen Erklärung nicht einverstanden – der Generalstaatsanwalt Henri Volney. Und ihm gelingt es, gegen den Widerstand staatlicher Organe allmählich die Hintergründe des Anschlags aufzuhellen: Keineswegs ein Einzelgänger, sondern eine mächtige internationale Geheimdienst-Verschwörung ist hier am Werk gewesen. Auch Volney fällt ihr schließlich zum Opfer, weil er zu viel weiß . . .
Wenn man davon ausgeht, daß alles, was auf einer Kinoleinwand geschieht, in gewisser Weise auch immer politisch ist, so haben wir es hier mit einem im doppelten Sinn sehr politischen Film zu tun. Denn Henri Verneuil hat sich in »I wie Ikarus« nicht nur auf die Aktion, auf Spannung und Spektakel konzentriert (obschon es davon reichlich zu sehen gibt), sondern er hat auch versucht, der inneren Wahrheit

und Wahrscheinlichkeit seiner Story auf der Spur zu bleiben.
Die oft erstaunlich offen auf der Hand liegenden Parallelen zum Mord an US-Präsident John F. Kennedy sind dabei natürlich durchaus gewollt, werden aber doch immer wieder relativiert, sobald der Verdacht aufkommen könnte, es handele sich hier um eine Schlüssel-Geschichte. Denn dem Regisseur geht es weder um eine historische Rekonstruktion noch um vordergründige Thriller-Effekte, sondern vor allem um eine moralische Abhandlung.
Die zentrale Bedeutung, die Verneuil im Film einer detaillierten Nachstellung des bekannten amerikanischen Milgram-Tests zukommen läßt, zeigt die Zielrichtung. So wie bei diesem Experiment seinerzeit tatsächlich ganz »normale« Bürger sich bereit fanden, gedeckt durch die anerkannte Autorität von Wissenschaftlern, ihren Versuchskontrahenten mehr oder weniger lebensgefährliche Stromstöße als »Bestrafung« zu verpassen, so sieht Verneuil auch Parallelen in der existenten Kriminalität, wenn beliebige Individuen sich einer Autorität – auch wenn sie noch so fragwürdig sein mag – unterwerfen und ihr zu Diensten sind.
Diese breit angelegte Sequenz des Films ist der zentrale Schockpunkt der Inszenierung, weil hier jeder Zuschauer für sich selbst eine Entscheidung treffen muß. Und so erweist sich »I wie Ikarus« in seiner nahezu parabelhaften Geschichte nicht nur als brillanter Actionstreifen, sondern auch als eine Herausforderung für den Betrachter.
Verneuil bietet scharfsichtiges, dramaturgisch perfektes, detailgenaues und optisch hervorragend ins Bild gebrachtes Kino von nie nachlassender Spannung mit einem exzellenten Hauptdarsteller: Yves Montand.

Ich hatte einen Traum

Bundesrepublik Deutschland 1979. **Produktion:** Common Film, Berlin. **Länge:** 2110 m.
Regie: Rainer Boldt. **Drehbuch:** Karlhans Frank, Herbert Günther, Rainer Boldt. **Kamera:** Ingo Hamer. **Musik:** Graziano Mandozzi. **Schnitt:** Heidi Handorf.
Darsteller: Jochen Angerstein, Marion Berndt, Jacob Bilabel, Hans Peter Korff, Hildegard Wensch.
Verleih: Arsenal/Common.
Erstaufführung: 11. 4. 1980.

Liebevoll und verantwortungsbewußt gemachter Kinderfilm aus der ZDF-Reihe »Uhlenbusch« als Kinoversion.

Ich kann's am besten

TILT

USA 1978. **Produktion:** Simon Film Production Inc. **Länge:** 2499 m.
Regie: Rudy Durand. **Drehbuch:** Rudy Durand, Donald Cammell. **Kamera:** Richard Kline. **Musik:** Donald Harris, Lee Holderidge. **Bauten:** Ned Parsons. **Schnitt:** Bob Wyman.
Darsteller: Brooke Shields, Ken Marshall, Charles Durning, John Crawford,

Brooke Shields in dem Film »Ich kann's am besten« (Foto: Residenz Film).

Karen Lamm, Gregory Walcott, Harvey Lewis.
Verleih: Jugend Film.
Erstaufführung: 18. 1. 1980.

Teenager-Story aus der Rock- und Flipper-Szene. Das Mädchen mit dem Spitznamen Tilt ist ein Spielergenie à la »Monarch«, das in der elektronischen Welt der Spielsalons unschlagbar ist. Die Vierzehnjährige (!) ist von Zuhause weggelaufen, um einen nicht minder naiven Rocksänger, der noch Anfänger ist, zu protegieren. Das wird genauso unglaubwürdig präsentiert, wie es klingt. Und über das Frauenbild des Regisseurs ließe sich auch eine Menge Böses sagen.

Ich liebe dich, du kleiner Schwede

SENZA BUCCIA

Italien/Spanien 1979. **Produktion:** Laser Film, Rom/Luz Internacional Films, Madrid. **Länge:** 2580 m.
Regie: Marcello Aliprandi. **Drehbuch:** Ugo Liberatore, Cesare Fernandez Ardavin. **Kamera:** Raul Perez Fogon. **Musik:** Pino Donaggio. **Schnitt:** Giorgio Serrallonga.
Darsteller: Juan Carlos Nava, Lilli Carati, Maurizio Interlandi, Olga Karlatos, Ilona Staller, Miki Vonk, Tadia Urruzola.
Verleih: Residenz-Film.
Erstaufführung: 1. 2. 1980.

FKK-Urlaubsfilmchen mit nackten Schiffbrüchigen und unerfahrenen Landratten, die in einer Luxusvilla Ferien machen. Scheinprobleme und viel Nudismus allerwege.

Ich liebe dich – I love you – Je t'aime

A LITTLE ROMANCE

USA 1979. **Produktion:** Orion Pictures Comp., New York. **Länge:** 3012 m.
Regie: George Roy Hill. **Drehbuch:** Allan Burns, nach einem Roman von Patrick Cauvin. **Kamera:** Pierre William Glenn. **Musik:** Georges Delerue.
Darsteller: Laurence Olivier, Arthur Hill, Sally Kellermann, Diane Lane, Thelonious Bernard, Broderick Crawford, David Dukes.

Diane Lane und Thelonious Bernard in dem Film »Ich liebe Dich – I love you – Je t'aime« (Foto: Tobis Filmkunst).

Verleih: Tobis Filmkunst.
Erstaufführung: 20. 6. 1980.

Die Geschichte von den beiden Wunderkindern, die Computer bedienen können wie andere junge Leute ihres Alters den Fernsehapparat oder Plattenspieler, erzählt der Regisseur mit dem Charme des Märchenonkels und zugleich doch auch mit dem selbstironischen Humor des sein Handwerk beherrschenden gewitzten Kinomachers.
Zwei Dreizehnjährige mit hohem Intelligenzquotienten lernen sich in Paris kennen und erleben eine zärtliche Romanze, die zwischen philosophischen Streitgesprächen und schüchternen Zärtlichkeiten schließlich auch Raum läßt zum scheuen Kuß unter Venedigs Seufzerbrücke.
Charmanter Kintopp, von einem Könner präsentiert, hervorragende Kamerastimmungen, ins Ohr gehende Musik – kurz, ein Liebesfilm mit jungen Leuten, der aber sicher nicht nur jungen Leuten gefällt.

Ich, Tom Horn

TOM HORN

USA 1979. **Produktion:** Fred Weintraub Production/Solar Production. **Länge:** 2667 m.
Regie: William Wiard. **Drehbuch:** Thomas Mc Guane, Bud Shrake, basierend auf der Autobiografie von Tom Horn. **Kamera:** John Alzone. **Musik:** Ernest Gold. **Schnitt:** George Grenville.
Darsteller: Steve McQueen, Linda Evans, Richard Farnsworth, Billy Green Bush, Slim Pickens.
Verleih: Warner-Columbia.
Erstaufführung: 14. 8. 1980.

Die Lebensgeschichte des berühmt-berüchtigten Wildwesthelden Tom Horn, der Kavallerie-Scout, Cowboy, Rodeo-Champion, Pinkerton-Detektiv und erbarmungsloser Menschenjäger war. Im November 1903 wurde er, 43jährig, gehängt – möglicherweise für einen Mord, den er nicht begangen hatte.
In schönen Landschaftsbildern und mit einer melancholischen Grundstimmung wird eine Story aufgerollt, die atmosphärische Dichte und menschliche Tiefe hat. Aber es bleibt halt doch die Lebensgeschichte eines Killers, auch wenn sie mit der Aureole eines Mythos umgeben wird. Und filmisch ist das alles viel zu sehr auf Effekte hin arrangiert, statt daß der soziale Background deutlich wird, der allein einen Tom Horn überhaupt möglich machte.

Im Herzen des Hurricans

Bundesrepublik Deutschland 1979. **Produktion:** Hamburger Kino-Kompanie Hark Bohm Filmproduktion. **Länge:** 2868 m.
Regie: Hark Bohm. **Drehbuch:** Hark Bohm. **Kamera:** Jaroslav Kucera. **Musik:** Irmin Schmidt. **Ausstattung:** Heidi Lüdi. **Kostüme:** Biggy Bürger. **Schnitt:** Susanne Paschen.
Darsteller: Uwe Bohm, Dschingis Bowakow, Brigitte Strohbauer, Jelka Bouwy, Dieter Thomas, Ulrich von Bock, Edgar Bessen, Ute Cremer, Marquard Bohm, Herta Fahrenkrog, Alois Tratter, Hermann Killmeyer, Uwe Dallmeier, Hendrike von Sydow.
Verleih: Filmverlag der Autoren.
Erstaufführung: 28. 3. 1980 im Kino (Festival-Uraufführung bei den Berliner Filmfestspielen 1980).
FBW-Prädikat: wertvoll.

»Im Herzen des Hurrican« erzählt die Geschichte einer Jagd durch die Bundesrepublik. Ein Elch ist über die Elbe nach Westen gekommen und wird von zwei siebzehnjährigen Burschen verfolgt.
Der eine, ein Wilderer, will ihn schießen und verkaufen. Der andere, der aussieht wie ein Mescalero-Indianer, will die Wanderung fotografieren. Langsam, nicht ohne Schwierigkeiten, kommen die beiden sich näher. Der »Indianer« verhindert, daß Chris, der aus der Lehre geflogene Automechaniker, den Elch abschießt. Dafür hilft dann einer dem anderen, als seltsame Jesus-Banden, Polizeistreifen und allerlei

Uwe Bohm und Dschingis Bowakow in dem Film »Im Herzen des Hurrican« (Foto: Filmverlag der Autoren).

Widrigkeiten den beiden Burschen zu schaffen machen. Was den Elch angeht, so erreichen sie beide nicht ihr Ziel, der geht irgendwo zwischen den Autobahnen verloren. Aber vielleicht, so möchte Hark Bohm signalisieren, werden die beiden Jungen künftig gemeinsam weiterkämpfen.

»Im Herzen des Hurrican« ist ein Film sozusagen für die Sache der »Grünen«. Leider kein sehr guter. In den ersten dreißig bis vierzig Minuten, wenn der Drive der Bilder von der Autobahn und von der Jagd vorwärtsdrängt, bietet der Regisseur gelungenes Handwerk, spannende Szenen. Hernach verliert sich die Hatz auf den Elch – immerhin ein origineller Einfall! – in den weitläufigen bundesdeutschen Gefilden allzu locker zwischen Sekten-Wirrwarr, Umweltverschmutzung und vordergründiger Treibjagd.

Vieles, was Bohm in seinem Actionfilm für junge Zuschauer ausdrücken wollte im Hinblick auf gesellschaftliche Fehlentwicklungen, geriet leider zu konstruiert, wirkt plakativ und flach.

Im Paradies der Lüste

LES PETITES COLLEGIENNES

Frankreich 1979. **Produktion:** Cinema 2002, Paris. **Länge:** 2040 m.
Regie: Keine Angaben.
Darsteller: Keine Angaben.
Verleih: Apollo/Aktuell Film/Barberina.
Erstaufführung: 1. 5. 1980.

Keine Informationen zum Inhalt.

Im Würgegriff der gelben Schlange

MISSION OF KISS AND KILL

Hongkong 1979. **Produktion:** First Films Ltd. **Länge:** 2196 m.

Regie: Lee Tso Nan.
Darsteller: Yuan Lung, Lung Fai, Li I Min.
Verleih: Ring-Film/Splendid.
Erstaufführung: 21. 2. 1980.

Verwegene Kung-Fu-Meister schlagen sich so lange auf die Nase, bis sie Freunde werden. Viel Action und schlitzohrige Gags.

Das Imperium schlägt zurück

THE EMPIRE STRIKES BACK

USA 1979. **Produktion:** Lucas-Production/Gary Kurtz. **Länge:** 3412 m (70 mm). Panavision.
Regie: Irvin Kershner. **Drehbuch:** Leigh Brackett, Lawrence Kasdan. **Kamera:** Peter Suschitzky. **Musik:** John Williams. **Bauten:** Leslie Dilley, Harry Lang, Alan Tompkins. **Ausstattung:** Michael Ford. **Kostüme:** John Mollo. **Schnitt:** Paul Hirsch.

»Das Imperium schlägt zurück« (Foto: 20th Century Fox).

Darsteller: Mark Hamill, Harrison Ford, Carrie Fisher, Billy Dee Williams, Anthony Daniels, Frank Oz, David Prowse, Peter Mayhew, Kenny Baker, Alec Guiness, Jeremy Bulloch.
Verleih: 20th Century Fox.
Erstaufführung: 19. 11. 1980.

George Lucas' erster Film hieß »THX-1138« und war ein geschäftliches Fiasko. Der am 14. Mai 1944 in der kalifornischen Kleinstadt Modesto geborene Filmemacher ließ sich jedoch dadurch nicht entmutigen. Schon 1974 gelang ihm mit »American Graffiti«, einer teils autobiografischen, teils nostalgisch gefärbten Kleinstadtstudie über die amerikanische Jugend der frühen sechziger Jahre, eine atmosphärisch dichte Analyse. Neben dem begehrten »Golden Globe« erhielt der Film fünf Oscar-Nominierungen. Bereits während der Dreharbeiten zu »American Graffiti« schrieb Lucas ein Skript über die komplette Entstehungsgeschichte der Galaxis – ein Projekt für fünf abendfüllende Spielfilme und ein zu erwartendes Produktionsbudget von rund 100 Millionen Dollar. Wenige Jahre später war der erste Teil dieser Weltraumsaga »Krieg der Sterne« in den Kinos und entwickelte sich zu einem Kassenerfolg »astronomischen Ausmaßes«. Der zweite Teil »Das Imperium schlägt zurück« führt die Geschichte von Luke Skywalker, Prinzessin Leia, Han Solo, Darth Vader und dem Roboter R2D2 weiter.
Wieder gehen die Rebellen den Truppen des imperialen Systems in die Falle. Luke Skywalker läßt sich auf einen gefährlichen Zweikampf mit Darth Vader ein und verliert dabei eine Hand.
Während »The Empire Strikes Back« noch in der Kinoauswertung war, begannen in den USA und Großbritannien bereits die Vorbereitungen für den dritten Teil der galaktischen Filmsage. Produzent George Lucas selbst schreibt bereits an der sechsten Episode »The Return of the Jedi«.

In den Krallen des roten Phönix

THE RED PHOENIX

Taiwan 1979. **Produktion:** Central Motion Picture Corp.) Taiwan. **Länge:** 2383 m.
Regie: Hsu Tien-Rung.
Darsteller: David Chiang, Lo Lieh, Lee Tao Hung, Shan Kuan.
Verleih: Jugendfilm.
Erstaufführung: 30. 5. 1980.

Karate-Prügelei, einmal nicht made in Hongkong, sondern made in Taiwan. Kung-Fu-Kämpfe in Dutzendfilmen sind freilich hier wie dort kaum voneinander zu unterscheiden.

In der Gewalt der Zombies

LA NOTTE DEGLI ZOMBIES

Italien 1979. **Produktion:** Stefano Films. **Länge:** 2406 m.
Regie: Joe d'Amato. **Drehbuch:** Ennio Michettoni. **Kamera:** Aristide Massacessi. **Musik:** Pluto Kennedy.
Darsteller: Laura Gemser, George Eastman, Dirce Funari, Mark Shannon.
Verleih: Scotia International.
Erstaufführung: 7. 11. 1980.

Die Epigonen ziehen ihre Kolportage-Filmbahn. Mordende Zombies und liebeswütige Emmanuelles mischt der einschlägig bewanderte Italiener d'Amato zu einem flinken Geschäftsfilmchen.

Jackpot

Bundesrepublik Deutschland 1979. **Produktion:** Wieland Schulz-Keil, Matthias Weiss/ WDR. **Länge:** 935 m.
Regie: Renate Sami, Matthias Weiss.
Drehbuch: Renate Sami, Matthias Weiss.
Darsteller: Ed Borrow, Al Hansen, Chitra Neogy.
Verleih: Filmwelt.
Erstaufführung: 11. 4. 1980.

Ein amerikanischer Fotograf trifft auf der Suche nach einer verschwundenen Frau auf die Mythen Südamerikas. Es sind Mythen von Menschen, die sich in Tiere verwandeln und umgekehrt ...
In Kolumbien in englischer Sprache gedreht, ist dieser deutsche Film in seiner poetischen Diktion durchaus fesselnd, auch wenn man sich zunächst an die etwas amateurhaft anmutende Fotografie gewöhnen muß.
Theorien über das kollektive Unbewußte und Bilddokumente eines uns fremden Kulturkreises vermischen sich mit den elektronischen Effekten unserer Zivilisation und der mit magischer Faszination präsentierten Technik eines Glücksspielautomaten zu einer mysteriösen, manchmal im Tempo ungemein überdehnten Horrorfilmgeschichte.

Jäger der Apokalypse

CACCIATORE 2

Italien 1980. **Produktion:** Flora-Film/Gico Cinematografica. **Länge:** 2643 m.
Regie: Anthony M. Dawson.
Darsteller: David Warbeck, Tisa Farrow, Tony King, Bobby Rhodes, Margi E. Newton.
Verleih: Alemannia/Arabella.
Erstaufführung: 23. 10. 1980.

Ideologisch auf Kaltem-Krieger-Kurs steuerndes brutales Kriegsabenteuer, das aus dem Vietnam-Krieg Kino-Kapital schlagen möchte. Vor Coppolas Epigonen muß gewarnt werden!

Jeder Kopf hat seinen Preis

THE HUNTER

USA 1979. **Produktion:** Rastar/Mort Engelberg. **Länge:** 2650 m.
Regie: Buzz Kulik. **Drehbuch:** Roger

Bernet. **Kamera:** Fred J. Koenekam. **Musik:** Michel Legrand.
Darsteller: Steve McQueen, Eli Wallach, Kathryn Harrold, LeVar Burton, Ben Johnson. **Verleih:** CIC.
Erstaufführung: 19. 12. 1980.

Actionthriller um einen modernen Kopfgeldjäger. Kuliks Film ist eine Mischung aus »French Connection« und »Ausgekochtes Schlitzohr«. So bindet der Regisseur härteste Actionszenen mit einer Lover-Story mühelos aneinander, so daß man am Ende nicht mehr zu unterscheiden weiß, welchen Film man eigentlich nun gesehen hat.

Jetzt treibt sie's auch noch mit dem Pauker

LA LICEALE SEDUCE I PROFESSORI

Italien 1978. **Produktion:** Dania Film/Medusa, Rom. **Länge:** 2556 m.
Regie: Mariano Laurenti.
Darsteller: Gloria Guida, Fabrizio Moroni, Alvara Vital, Ninetto Davoli.
Verleih: Jugendfilm.
Erstaufführung: 29. 2. 1980.

Schulmädchen-Report auf italienisch – mit leicht karikierendem Einschlag und flott inszeniert.

Jill – Satan in Blond

JILL

Spanien 1979. **Produktion:** Toro Films S. A., Madrid. **Länge:** 2233 m.
Regie: Enrique Guevana.
Darsteller: Raquel Evans, Maximo Nalvarde, Miraya Ros, Daniel Martin, Emma Cohen.
Verleih: Apollo/Alemannia.
Erstaufführung: 6. 6. 1980.

Mühsam sich voranquälender Strip- und Sex-Film.

Julchen und Jettchen – Die verliebten Apothekerstöchter

Schweiz 1980. **Produktion:** Elite-Film, Zürich. **Länge:** 2043 m.
Regie: Michael Thomas. **Drehbuch:** Manfred Gregor. **Kamera:** Peter Baumgartner. **Musik:** Walter Baumgartner.
Darsteller: Brigitte Lahaie, Ella Rose, Jane Baker.
Verleih: Avis/Ascot.
Erstaufführung: 28. 11. 1980.

Ein Schweizer Schwank, der sich an Schwenks über die nackte Haut netter Mädchen nicht sattsehen kann. Sonst tut sich wenig.

Kagemusha

KAGEMUSHA

Japan 1979. **Produktion:** Akira Kurosawa. **Länge:** 4351 m.
Regie: Akira Kurosawa. **Drehbuch:** Akira Kurosawa, Masato Ide. **Kamera:** Takao Saito, Masaharu Ueda. **Musik:** Shinichiro Ikebe. **Ausstattung:** Yoshiro Muraki. **Kostüme:** Seiichiro Momosawa. **Schnitt:** Keisuke Iwatani.
Darsteller: Tatsuya Nakadai, Kenichi Hagiwara, Kota Yui, Hideji Otaki, Hideo Murata, Takayuki Shiho, Osamu Sugimori.
Verleih: 20th Century Fox.
Erstaufführung: 24. 10. 1980.

Kurosawas in Cannes mit der »Goldenen Palme« ausgezeichneter Film ist mit Sicherheit einer der außergewöhnlichsten und besten Filme des Jahres 1980.
Kagemusha – in deutsch etwa: der Schatten des Kriegers – spielt wie viele Kurosawa-Filme im Japan des 16. Jahrhunderts. Der Regisseur blendet sich ein in die Geschichte bzw. Auseinandersetzungen mehrerer einflußreicher Clans. Einer der

»Kagemusha« (Foto: 20th Century Fox).

Clan-Fürsten ist Shingen Takeda, der im Kampf mit den konkurrierenden Clans mit einer Kriegslist arbeitet. Er läßt sich durch einen Doppelgänger – einen »Kagemusha« – doubeln. Dieser ist ein gewöhnlicher Dieb, der jedoch dem Clan-Fürsten zum Verwechseln ähnelt. Die große Stunde des Kagemusha kommt, als Shingen Takeda in einer Schlacht tödlich verwundet wird. Der Doppelgänger nimmt den Platz des Clan-Fürsten ein und vervollkommnet seine Rolle bis zur Perfektion. Doch das Spiel mit der Macht wird ihm zum Verhängnis, er fällt einer Intrige zum Opfer, wird vom Fürstenhof verjagt. Shingens Sohn Katsuyori ist nun sein eigener Herr. Mit 25000 Soldaten zieht er gegen die Feinde des Clans in die Schlacht. Als die Truppen den Suwa-See erreichen, schließt sich vor ihnen ein riesiger Regenbogen, wie um ihnen den Weg zu versperren – als ob der tote Clan-Führer dem Sohn befehlen wolle, umzukehren. Kasuyori aber ignoriert das Orakel. Die entscheidende Schlacht beginnt. Die Takeda-Generale verabschieden sich voneinander, sie ahnen, sie werden sich nicht mehr wiedersehen. Dreimal gibt Kasuyori das Signal zum Angriff, bis die schwarze Kavallerie des Takeda-Clans vorwärtsprescht. Ein Kugelhagel mäht die Reiter nieder, der »Wind der Takedas« existiert nicht mehr. Auch die Infanterie, der »Wald der Takedas«, fällt unter den Salven der Feinde. Der Clan wird ausgelöscht.
Kurosawa hat dieses filmische Epos um Macht und Niederlage, diese Apokalypse eines feudalen Clans in großartigen Bildern inszeniert, den Krieg gleichsam zum ästhetischen Genuß gemacht.

Kaktus-Jack

CACTUS-JACK/THE VILLAIN

USA 1979. **Produktion:** Rastar Film Inc., Burbank. **Länge:** 2407 m.
Regie: Hal Needham. **Drehbuch:** Robert G. Kane. **Kamera:** Bobby Byrne. **Musik:** Bill Justis.
Darsteller: Kirk Douglas, Ann-Margret, Arnold Schwarzenegger, Foster Brooks, Ruth Buzzi, Jack Elam, Strother Martin, Robert Tessier, Mel Tillis, Paul Lynde.

Verleih: Warner-Columbia.
Erstaufführung: 17. 1. 1980.

Kirk Douglas ist der tolpatschige Held dieser Western-Parodie. Sein »Handwerk« als Bandit und Schurke hat er anhand eines wohlfeilen Schnellkurses sich angeeignet. Und danach ist es auch. Kaktus-Jack, so heißt der Kerl, fällt immer und überall, wo er einen Coup zu landen trachtet, voll auf die Nase. Und das wörtlich. Doch seine Glücklosigkeit erweist sich leider keineswegs als auch nur annähernd interessant genug, um die Komödie vor dem faden Abstieg in die Langeweile zu bewahren.
Regisseur Hal Needham, ehemals erfolgreich als Stuntman, plagt sich im Detail recht wacker. Aber seine Einfälle sind zu wenig originell, um dem Film mehr als einen matten Unterhaltungseffekt zu geben.

Der Kandidat

Bundesrepublik Deutschland 1980. **Produktion:** Pro-ject Filmproduktion, München. **Länge:** 3529 m. Dokumentarfilm.
Regie: Stefan Aust, Alexander von Eschwege, Alexander Kluge, Volker Schlöndorff. **Drehbuch:** Stefan Aust, Alexander Kluge, Alexander von Eschwege, Volker Schlöndorff. **Kamera:** Igor Luther, Werner Lüring, Jörg Schmidt-Reitwein, Thomas Mauch, Bodo Kessler. **Schnitt:** Inge Behrens, Beate Mainka-Jellinghaus, Jane Sperr, Mulle Goetz-Dickopp.
Verleih: Filmverlag der Autoren.
Erstaufführung: 18. 4. 1980.
FBW-Prädikat: besonders wertvoll.

STEFAN AUST, geboren 1946 in Stade. Soziologiestudium.
Beginnt als Journalist bei »konkret« (unter der Chefredaktion von Klaus Rainer Roehl und Ulrike Meinhof), seit 1970 freier Mitarbeiter bei Hörfunk und Fernsehen. Ab 1972 freier Mitarbeiter bei ARD, »Panorama«, ab 1975 festangestellt (unter den Chefredakteuren Merseburger, Bott, Happel, Scharlau). Spezialressort bei »Panorama«: rechtsstaatliche Fragen und Terrorismus.
1979/80 Mitarbeit an dem Film »Der Kandidat« (neben Alexander von Eschwege, Alexander Kluge und Volker Schlöndorff).

ALEXANDER VON ESCHWEGE, geboren 1948 in Eschwege/Hessen. Studium an der Filmhochschule in München, anschließend dort Lehrtätigkeit. Arbeitete als Kameramann, Tonmeister, Schauspieler, Regieassistent (u. a. für Volker Schlöndorff, Margarethe von Trotta, Reinhard Hauff). Erste Regiearbeit (fürs Fernsehen): »Der Tote bin ich« (1979).
Mitarbeit an dem Kollektiv-Film »Der Kandidat« (1979/80).

ALEXANDER KLUGE, Dr. jur., geboren 1932 in Halberstadt, Rechtsanwalt, Leiter des Instituts für Filmgestaltung in Ulm, Filmproduzent (Kairos-Film).

Buchveröffentlichungen: »Lebensläufe« (1962), »Schlachtbeschreibung« (1964), »Öffentlichkeit und Erfahrungen« (zus. mit Oskar Negt) (1972), »Lernprozesse mit tödlichem Ausgang« (1974), »Neue Geschichten – Unheimlichkeit der Zeit« (1978).

Spielfilme: »Abschied von gestern« (1966), »Artisten in der Zirkuskuppel: ratlos« (1968), »Der große Verhau« (1970), »Gelegenheitsarbeiten einer Sklavin« (1973), »In Gefahr und größter Not bringt der Mittelweg den Tod« (1974), »Der starke Ferdinand« (1975), »Zu böser Schlacht schleich' ich heut' Nacht so bang« (1976), (die letzten drei Filme zusammen mit Edgar Reitz). Außerdem 23 Kurzfilme.
Mitarbeit an dem Kollektiv-Film »Deutschland im Herbst« (1977); »Die Patriotin« (1979).
Mitarbeit an dem Kollektiv-Film »Der Kandidat« (1979/80).

Die vier Regisseure des Films »Der Kandidat« (v. l. n. r.): Alexander Kluge, Volker Schlöndorff, Alexander von Eschwege und Stefan Aust (Foto: Filmverlag der Autoren).

VOLKER SCHLÖNDORFF, geboren 1939 in Wiesbaden. 1956 geht er im Schüleraustausch für drei Monate nach Frankreich. Es gefällt ihm dort so gut, daß er bleibt und in einem Internat der Jesuiten das Baccalauréat (Abitur) absolviert und politische Wissenschaften studiert. Er besucht die Pariser Hochschule für Film (IDHEC); dort lernt er

Louis Malle kennen und wird sein Regieassistent (ab »Zazie dans le Métro«). Als Regieassistent arbeitet er auch mit Alain Resnais und Jean-Pierre Melville. Seit 1964 lebt Volker Schlöndorff in München. Filme: »Wen kümmerts« (Kurzfilm, 1960), »Der junge Törless« (1965), »Mord und Totschlag« (1966), »Michael Kohlhaas« (1968), »Baal« (TV, 1969), »Der plötzliche Reichtum der armen Leute von Krombach« (1970), »Die Moral der Ruth Halbfass« (1971), »Strohfeuer« (1972), »Übernachtung in Tirol« (TV, 1973), »Georginas Gründe« (TV, 1974), »Die verlorene Ehre der Katharina Blum« (1975), »Der Fangschuß« (1976), »Nur zum Spaß – nur zum Spiel«, Kaleidoskop Valeska Gert (TV, 1977), Mitarbeit am Kollektiv-Film »Deutschland im Herbst« (1978), »Die Blechtrommel« (1979). Mitarbeit an dem Kollektiv-Film »Der Kandidat« (1979/80).

Zum Inhalt

Mit Blickpunkt auf die Bundestagwahlen im Herbst 1980 setzt sich dieser Film mit deutscher Geschichte und Gegenwart und mit dem Mann auseinander, der sich als CDU/CSUKanzlerkandidat um das wichtigste politische Amt in der Bundesrepublik bewarb: Franz Josef Strauß.
Gemeinschaftlich erarbeiteten die vier Regisseure eine sehr umfangreiche Dokumentation (die freilich noch präziser hätte ausfallen können, wenn die öffentlichrechtlichen Fernsehanstalten der BRD den Filmemachern nicht ihre Archive gesperrt hätten). Aus der Perspektive engagierter Autoren wurden die politische Vergangenheit des CSU-Politikers Strauß untersucht und seine aktuellen Auftritte im Wahljahr analysiert und dokumentiert. Dabei entstand zugleich eine geraffte Rückschau auf die letzten 30 Jahre deutscher Geschichte.
»Der Kandidat« zeichnet nicht chronologisch, sondern eingebunden in größere politische und gesellschaftliche Zusammenhänge die wichtigen Stationen in der Laufbahn von Strauß nach und entwirft ein kritisches, doch faires Bild dieses umstrittenen Mannes. Er zeigt einen Einzelgänger, losgelöst vom Hintergrund seiner Partei. Er bringt nichts grundsätzlich Neues, rekapituliert jedoch noch einmal genüßlich die Highlights einer ungewöhnlichen Karriere: wie Strauß vom Atomminister zum Verteidigungsminister dieser Republik wurde, was es mit dem Schützenpanzer HS 30 auf sich hatte und mit dem Starfighter und wie Strauß dann über die »Spiegel«-Affäre stolperte, sich einige Jahre darauf aber wieder gefangen hatte. Auch nach der Wahl, in der Strauß sein Ziel verfehlte, noch immer ein interessantes filmisches Pamphlet.

Kein Ausweg für Clark

CLARK

Dänemark 1977.
Regie: Poul Martinson. **Drehbuch:** Poul Martinson, Clark Olofsson. **Kamera:** Dan Holmberg, Dirk Brüel, Morten Bruus, Michael Christensen, Jan Weincke. **Musik:** Gunner Möller Pederson.
Darsteller: Mats Norryd, Anja Langre, Anita Hedell, Carina Hedell, Ingemar Lindh, Martin Svendsson, Michael Danielson, Ulf Edelbrandt.
Erstaufführung: August 1980, ARD.

Poul Martinson, ein in Dänemark für seine provokatorisch-kritischen Sozial-Features bekannter Fernsehjournalist, analysiert in seinem halbdokumentarischen Debütfilm den Werdegang des 30jährigen Bankräubers Clark Olofsson, der zu Beginn der 70er Jahre in Skandinavien für Schlagzeilen sorgte. Durch die Mitarbeit des auch heute noch inhaftierten Olofsson und gestützt auf zahlreiche Interviews mit dessen Mutter, Freunden und Bekannten (die im Film immer wieder zu Wort kommen) gelingt Martinson die genaue Rekonstruktion eines dramatischen Jugendschicksals, in dem sich alle ›stereotypen‹ Voraussetzungen für eine Entwicklung in die Kriminalität finden (vom gestörten Elternhaus und eigener Labilität bis hin zu Heimerziehung, Besserungsanstalt und Jugendgefängnis).
Aus der Gefängniszelle heraus erzählt Clark (eindrucksvoll dargestellt von Mats Norryd) Rückschau haltend sein Leben, wobei die wesentlichen Stationen auf seinem Weg zum Verbrecher szenisch nachempfunden sind. Das schafft immer wieder optische Reize und hilft viele von Clarks subjektiven Kommentaren und Anwürfen gegen die Gesellschaft zu relativieren, wie seine anklagend gemeinte Schlußfolgerung: »Der einzige Weg war, durch Verbrechen zu Geld zu kommen; normale Arbeit hab' ich nämlich nicht gekriegt.« Die ernst zu nehmende Frage nach gesellschaftlicher Verantwortlichkeit zieht sich dennoch spürbar durch den Film, klingt zunächst nur fast beiläufig an (durch geschickt einmontierte Originalfernsehberichte über diesen Fall, aus denen sich die seinerzeitige öffentliche Stimmung und die Stilisierung Clarks zum Schwerverbrecher durch die Medien ergibt), kulminiert dann aber zu unverhohlener Kritik, als Olofsson nach jahrelanger Teilhaftverbüßung im sogenannten modernen Strafvollzug seiner Resozialisierung zugeführt werden soll: Clark erhält keine überzeugende Chance zu gesellschaftlicher Integration; seine eigenen Initiativen für eine bessere Zukunft (er will Jura studieren) werden unterbunden, die zahlreichen Gnadengesuche und Eingaben abgeschlagen. Olofsson fühlt sich mehr denn je von der Gesellschaft abgewiesen. Er flüchtet – wie schon so oft in seinem Leben – und begeht einen großangelegten Bankraub, der ihm die finanziellen Möglichkeiten für eine neue Existenz bringen soll. Vorbereitung und Ausführung dieses Überfalls, der im Verlauf des Films bereits bruchstückhaft (durch verfremdendes Schwarzweiß und verzerrte Elektronikmusik besonders herausgehoben) zu sehen war und den dramaturgischen Spannungsbogen bildete, werden minuziös – teilweise unter Zuhilfenahme der Zeitlupentechnik – dargestellt und bilden den Abschluß von Martinsons analytischer Betrachtung.

Keiner hat das Pferd geküßt.

Bundesrepublik Deutschland 1980. **Produktion:** Albatros-Film/Popular-Film/Lisa Film. **Länge:** 2210 m.
Regie: Martin Müller. **Drehbuch:** Martin Müller. **Kamera:** Rüdiger Meichsner. **Musik:** The Continentals.
Darsteller: Wolfgang Fierek, Dolly Dollar, Richard Rigan, Bea Fiedler, Eddie Arendt.
Verleih: Residenz-Film.
Erstaufführung: 31. 10. 1980.

Klaus-Lemke-Mitarbeiter Martin Müller versucht hier mit den Stars der Münchner Lemke-Clique auf den Spuren des »Meisters« zum Erfolg zu tingeln. Manches gelang recht nett. Die Schwierigkeiten heutiger Partnerbeziehungen bieten immer Lustspielstoff. Aber muß das alles so banal präsentiert werden?

Kentucky Fried Movie

KENTUCKY FRIED MOVIE

USA 1977. **Produktion:** Kentucky Fried Theatre Production, New York. **Länge:** 2242 m.
Regie: John Landis. **Drehbuch:** Jerry Zucker, James Abraham, David Zucker. **Kamera:** Stephen M. Katz. **Musik:** Igor Kantor.

Darsteller: The Kentucky Fried Theatre, Donald Sutherland, Henry Gibson, George Lazenby, Bill Bixby.
Verleih: Avis/Ascot.
Erstaufführung: 16. 5. 1980.

Kino-Adaption der Arbeit einer kalifornischen Studententheater-Gruppe. Mit vielen kinospezifischen Zutaten. Satirisches Nummern-Kino, manchmal sarkastisch, manchmal auch obszön. Kabarett-Ramschmarkt, der auf alles und jeden im Medienbereich eine Pointe weiß, mal grob und mal treffend.

Die Kinder aus Nr. 67 oder Heil Hitler, ich hätt' gern 'n paar Pferdeäppel ...

Bundesrepublik Deutschland 1979. **Produktion:** Road Movies Berlin. **Länge:** 2814 m.
Regie: Usch Barthelmeß-Weller, Werner Meyer. **Drehbuch:** Usch Barthelmeß-Weller, Werner Meyer, nach der gleichnamigen Romanfolge von Lisa Tetzner. **Kamera:** Jürgen Jürges, Hans-Günther Bücking. **Musik:** Andi Brauer. **Bauten:** Thomas Irmscher. **Ausstattung:** Maciej Putowski. **Kostüme:** Gisela Storch. **Schnitt:** Helga Borsche.
Darsteller: *Die Kinder:* Bernd Riedel, René Schaaf, May Buschke, Jürgen Frei, Ralf Rackwitz, Andrea v. Lieven, Laila Renz, Dirk Lüerss, Sabine Kolbatz, Martina Weiske, Stefan Bossenberger, Birgit Nauendorf.
Die Erwachsenen: Elfriede Irrall, Tilo Prückner, Marina Krauel, Peter Franke, Thomas Ahrens, Johanna Karl-Lory, Barbara Morawiecz, Claus-Dieter Reents, Udo Samel, Gotthard Kuppel, Rainer-Götz Otto.
Verleih: Basis-Film Verleih.
Erstaufführung: 11. 4. 1980 im Kino (Uraufführung beim Internationalen Forum des jungen Films in Berlin 1980).
FBW-Prädikat: besonders wertvoll.

»Die Kinder aus Nr. 67« erleben den heraufziehenden Faschismus Anfang der

»Die Kinder aus Nr. 67 oder Heil Hitler, ich hätt' gern 'n paar Pferdeäppel ...« (Foto: Basis-Film Verleih).

dreißiger Jahre. Der Film basiert auf Motiven einer Romanfolge der bekannten Kinderbuchautorin Lisa Tetzner, die mit ihrem Mann, dem Arbeiterschriftsteller Kurt Kläber, 1933 in die Schweiz emigrieren mußte und dort 1963 starb.
Berichtet wird vom Leben der Kinder in einem Berliner Hinterhaus in den Jahren 1932/33. Im Mittelpunkt steht die Geschichte von Paul und Erwin, zwei dreizehnjährigen Jungen, und ihrer Freundschaft, die 1933 zerbricht.
Aus einem Mosaik alltäglicher Begebenheiten, die aus dem Blickwinkel der Kinder geschildert werden, entsteht ein lebendiges Bild der Zeit – der Sorgen, kleinen Freuden und großen Konflikte der Menschen sowie der politischen Ereignisse, durch die diese Konflikte ausgelöst werden.
Mit ihrem ersten gemeinsamen Spielfilm knüpfen die beiden Filmemacher Usch Barthelmeß-Weller und Werner Meyer an die proletarischen Traditionen der Literatur und des Films in Deutschland an und arbeiten ein Stück Zeitgeschichte auf, das nicht in Vergessenheit geraten darf. Am Beispiel der Geschichte einer Freundschaft und am Beispiel einer Hausgemeinschaft eines Mietshauses zeigen sie, wie politische Veränderungen sich auf die Menschen auswirken. An den Folgen für das Zusammenleben der Menschen lassen sie deutlich werden, welcher Art die faschistische Herrschaft war.
Ein guter Film – nicht nur für Kinder, sondern gleichermaßen auch für Erwachsene.

Kleine Biester

LITTLE DARLINGS

USA 1979. **Produktion:** Stephen J. Friedman/Paramount. **Länge:** 2593 m.
Regie: Ronald F. Maxwell. **Drehbuch:** Kimi Peck, Dalene Young. **Kamera:** Fred Batka. **Musik:** Charles Fox. **Bauten:** Charles Korian. **Ausstattung:** William Hiney. **Schnitt:** Pembroke J. Herring.
Darsteller: Tatum O'Neal, Kristy McNichol, Armand Assante, Matt Dillon, Maggie Blye, Nicolas Coster, Krista Errickson.
Verleih: CIC.
Erstaufführung: 15. 8. 1980.

Die kettenrauchende Angel aus dem amerikanischen Subproletariat und Ferris aus der High-Society treffen im Ferienlager aufeinander. Die Auseinandersetzung zwischen den beiden Mädchen spitzt sich auf die Frage zu, wer wohl als erster seine Unschuld verliere. Zwar trägt Angel den Sieg davon, allzu glücklich aber ist sie damit nicht. Heiterer Unterhaltungsfilm über amerikanische Teenies.

Der kleine Dicke gibt Zunder

RETURN OF THE SECRET RIVALS

Hongkong 1979. **Produktion:** I.F.D. Film, Hongkong. **Länge:** 2205 m.
Regie: Kam Weng.
Darsteller: Hung Kim Po, Carter Wang.
Verleih: Splendid.
Erstaufführung: 28. 3. 1980.

Wie ein naiver, dicklicher Hirte zum Kung-Fu-Meister wird. Schwer zu sagen, ob das Ganze parodistisch gemeint oder lediglich einfach einfältig ist.

Kleine Fluchten

LES PETITES FUGUES

Schweiz/Frankreich 1979. **Produktion:** Filmkollektiv, Zürich/SSR/FR 3 / Les Films 2001. **Länge:** 3661 m.
Regie: Yves Yersin. **Drehbuch:** Yves Yersin, Claude Muret. **Kamera:** Robert Alazraki.
Darsteller: Michel Robin, Fabienne Barraud, Dore de Rosa, Mista Préchac, Fred Personne.
Verleih: Prokino.
Erstaufführung: 15. 2. 1980 (Vorauspremiere bei den Hofer Filmtagen 1979).

Die Ballade vom erfolgreichen Aufbegehren eines alten Bauernknechts, der sich auf seine Rentnertage noch ein Moped kauft und damit ganz gezielt seinen Ausbruch aus dem jahrzehntelang ertragenen Alltagseinerlei betreibt.
Auch als der »Traum vom Fahren« ausgeträumt ist, läßt sich Pipe, der Knecht, nicht unterkriegen. Als neues Mittel der Selbstverwirklichung entdeckt er das Fotografieren.
Eine filmische Meditation über die Zusammenhänge von Individualität und Freiheit, bei der die Bauernfamilie, in deren Dienst Pipe steht, ein eher deprimierendes Bild abgibt. Um so hinreißender versteht es der Regisseur, Verstand und Gefühl, Traum und Wirklichkeitssinn seines eisgrauen Protagonisten zu verdeutlichen. Die Kamera leistet dabei Hervorragendes. Wie sie Pipes »Gefühl des Fliegens« bei seiner ersten Moped-Ausfahrt ins Bild bringt, ist faszinierend schön.
Bemerkenswert bei diesem Film ist auch die sorgfältige und psychologisch einleuchtende Behandlung aller Nebenfiguren.

Der Kleine mit der großen Schnauze

LA DOTTORESSA SOTTE IL LENZUOLO

Italien 1976. **Produktion:** Flora Film, Rom. **Länge:** 2245 m.
Regie: Keine Angaben.
Darsteller: Keine Angaben.
Verleih: Kora-Film.
Erstaufführung: 16. 5. 1980.

Keine Informationen zum Inhalt.

Der kleine Spinner mit den großen Socken

CHAUSSETTE SURPRISE

Frankreich 1978. **Produktion:** Clap 7., Paris. **Länge:** 2541 m.
Regie: Keine Angaben.
Darsteller: Keine Angaben.
Verleih: Avis Film-Allianz.
Erstaufführung: 6. 6. 1980.

Keine Informationen zum Inhalt.

Der Kleine und der Drunken Master

IRON FIST EAGLES'S CLAW

Hongkong 1979. **Produktion:** Chin Chin Prod., Hongkong. **Länge:** 2231 m.
Regie: Keine Angaben.
Darsteller: Keine Angaben.
Verleih: CFC Contact Film.
Erstaufführung: 27. 3. 1980.

Eastern-Prügel-Film.

Ein kleines Luder

LA DRÔLESSE

Frankreich 1979. **Produktion:** Production de la Guéville/Lola Films, Paris. **Länge:** 2393 m.
Regie: Jacques Doillon. **Drehbuch:** Jacques Doillon. **Kamera:** Philippe Rousselot. **Ausstattung:** Jean-Denis Robert. **Kostüme:** Mic Cheminal. **Schnitt:** Laurent Quaglio.
Darsteller: Madeleine Desdevises, Claude Hebert, Paulette Lahaye, Juliette Le Cauchoix, Fernand Decaen, Janine Huet.
Verleih: Concorde Film/Saarfilm.
Erstaufführung: 6. 6. 1980.

Ein Film ganz auf der Linie der von jungen Franzosen kreierten »neuen Natürlichkeit«; die Inszenierung eines Mittdreißigers, der bislang fünf Spielfilme gemacht hat, darunter auch »Die Frau, die weint«.
Jacques Doillon erzählt von der aufrührerisch-merkwürdigen, zärtlich-scheuen, lakonisch-unspektakulären Beziehung zweier Jugendlicher auf dem Lande; zwei-

er Kinder eigentlich noch, die nach jahrelanger Zurückweisung die Existenz der Liebe entdecken.
François ist 20 Jahre alt. Er wird von seiner Umgebung abgelehnt, sogar von seiner Mutter und erst recht von seinem Stiefvater. Der Junge lebt einsam in einem ärmlichen Verschlag auf dem Dachboden im Haus seiner Mutter. Sein einziger Besitz: ein Moped mit Anhänger. Damit saust er durch die Gegend, um dabei die stumpfe, indolente Welt für kurze Zeit zu vergessen. Gelegentlich sammelt er Pilze oder auch Altpapier, um vom spärlichen Erlös sein Dasein zu fristen.
Mado ist 11 Jahre alt und geht noch zur Schule. Sie führt ein nicht minder einsames, ereignisloses und liebeleeres Leben. Sie lebt mit ihrer Mutter zusammen, von der sie manchmal mißhandelt wird, ohne dabei zu weinen. Mado hat schon früh Enttäuschungen und Ablehnung durch die Erwachsenen erfahren. Und über ihre Zukunft macht sie sich keine Illusionen.
Eines Tages lauert François der kleinen Mado auf dem Heimweg von der Schule auf, bedroht sie, entführt sie im Anhänger seines Mopeds und versteckt sie in seinem Dachbodenverschlag. Er tut ihr nichts, verlangt nichts, bedrängt sie auch nicht. Es entsteht rasch eine seltsame Verbundenheit zwischen dem schüchternen »Bewacher«, der selbst von seiner gewagten Tat überrascht ist, und seiner »Gefangenen«, die sich schnell vom ersten Schrekken erholt hat, das Ganze als interessantes Spiel nimmt und bald ein sehr weibliches Selbstbewußtsein in dem gemeinsamen, improvisierten Zusammenleben entwickelt.
Zwei Außenseiter verbinden sich in ihrer Sehnsucht nach gegenseitiger Zuneigung, nach Liebe und Geborgenheit. Diese psychologische Situation schildert Doillon mit ganz zurückgenommenem Temperament, mit manchmal geradezu entrückter Einfachheit und mit sensiblem Gespür für seelisches Ambiente, mit Sinn für klare, direkte Bilder ohne Effekte und mit viel Ausdruckskraft in den Dialogen.
Dabei ergeben sich die verschiedensten Formen der Beziehung, entwickeln sich die seltsamsten Gefühle zwischen François und Mado. Erst sind ihre Kontakte eher den Unterdrückungsmechanismen der Erwachsenen angeglichen. Dann fühlen sie sich als Bruder-Schwester. Und schließlich schwanken sie zwischen einem Vater-Tochter- und einem Mann-Frau-Verhältnis, ohne daß sie dabei ihre Empfindungen klar artikulieren könnten.
Ein Zwei-Personen-Film von schlichter Direktheit und beachtlicher Intensität. Der deutsche Titel weist ein wenig in die Irre.

Knochenbrecher halt die Ohren steif

THE CRISTAL FIST OF DRUNKEN MASTER

Hongkong 1979. **Produktion:** Eternal Film & Co, Hongkong. **Länge:** 2224 m.
Regie: Hwa I Hung. **Drehbuch:** Li Chan Wai.
Darsteller: Yuen Sin Tin, B. Chong, Chu Tit Wo, Sim Yuen.
Verleih: Avis/Ascot.
Erstaufführung: 15. 2. 1980.

»Ein echter gelber Hammer«, sagt der Verleih. Dem ist kaum etwas hinzuzufügen.

Knochenbrecher schlägt wieder zu

DANCE OF THE DRUNK MANTIS – DRUNKEN MASTER

Hongkong 1979. **Produktion:** Seasonal Film Corp., Kowloon. **Länge:** 2437 m.
Regie: Keine Angaben.
Darsteller: Keine Angaben.
Verleih: Avis/Ascot.
Erstaufführung: 22. 2. 1980.

... und noch ein Hongkong-Film vom Fließband.

König Artus und der Astronaut

THE SPACEMAN
AND KING ARTHUR

USA 1979. **Produktion:** Walt Disney Production/Ron Miller. **Länge:** 2547 m.
Regie: Russ Mayberry. **Drehbuch:** Don Tait (nach dem Roman »Ein Yankee aus Connecticut an König Artus' Hof« von Mark Twain). **Kamera:** Paul Beeson. **Musik:** Ron Goodwin. **Ausstattung:** Albert Witherick. **Kostüme:** Phyllis Dalton.
Darsteller: Dennis Dugan, Jim Dale, Ron Moody, Kenneth More, John le Mesurier, Rodney Mewes, Sheila White, Robert Beatty.
Verleih: 20th Century Fox.
Erstaufführung: 23. 5. 1980.

Sein Film sei kein kulturhistorischer Beitrag zur Artus-Legende, sondern eine spannende bzw. unterhaltsame Filmkomödie, erklärte Regisseur Russ Mayberry. Die spritzigen gesellschaftskritischen Attacken der Twainschen Romanvorlage gehen verloren, statt dessen wird das Schwergewicht auf eine harmlose Märchenerzählung gelegt. Twains Roman war ein satirischer Angriff auf die undemokratischen Zustände Englands im 19. Jahrhundert und auf die industrielle Spekulation in den USA. Die Geschichte lieferte Stoff für mehrere Verfilmungen. 1920 wurde sie stumm mit Harry Myers in der Hauptrolle verfilmt, 1964 sicherte sich Disney den Stoff für »Merlin und Mim«.
Im Gegensatz zur Twainschen Vorlage wird bei Russ Mayberry der Held dank der Ergebnisse der Relativitätstheorie in die Vergangenheit befördert. Als der Raumfahrtingenieur Thomas Trimble (Dennis Dugan) sich in einer Trägerrakete aufhält, wird diese durch einen Blitzschlag gezündet. Trimble landet im England des Jahres 508. Trimble besteht alle Auseinandersetzungen mit Rittern und Zauberern und gewinnt schließlich noch das Herz des Burgfräuleins Alisande (Sheila White). Das Ganze ist eine unverfängliche Ritter- bzw. Science-fiction-Geschichte, die für junges Publikum Spaß und Unterhaltung bietet.

Kramer gegen Kramer

KRAMER VS. KRAMER

USA 1978. **Produktion:** Stanley R. Jaffe Prod. **Länge:** 2856 m.
Regie: Robert Benton. **Drehbuch:** Robert Benton, nach einem Roman von Avery Corman. **Kamera:** Nestor Almendros. **Musik:** Henry Purcell, Antonio Vivaldi. **Kostüme:** Ruth Morley.
Darsteller: Dustin Hoffman, Meryl Streep, Jane Alexander, Justin Henry, Howard Duff, George Coe, Jobeth Williams, Bill Moor, Howland Chamberlain, Jack Ramage, Jess Osuna, Nicholas Horman, Ellen Parker, Shelby Brammer, Carol Nadell.
Verleih: Warner-Columbia.
Erstaufführung: 28. 2. 1980.
FBW-Prädikat: besonders wertvoll.

»Kramer gegen Kramer« ist ein in den USA mit vielen Preisen dekorierter Kassenhit, der als – wie eine bundesdeutsche Kritikerin schrieb – »stein- und beinerweichendes Rührstück« nicht ohne Vorbehalt hierzulande rezipiert worden ist.
Zunächst die Geschichte: Eine Frau verläßt nach siebenjähriger Ehe unerwartet die Familie, weil sie mit ihrer »Rolle« als Gattin und Mutter nicht mehr zurechtkommt. Der bislang vorwiegend auf berufliche Erfolge orientierte Mann sieht sich gezwungen, sich allein um seinen kleinen Sohn Billy zu kümmern, und es gelingt ihm tatsächlich, rasch eine intensive Beziehung zu dem Kind aufzubauen. Im Sorgerechtsprozeß wird der Frau zwar der Sohn zugesprochen, doch verzichtet sie dank »besserer Einsicht« auf ihre Rechte zugunsten des Vaters.
Das ist eine hervorragend von Dustin Hoffman und Meryl Streep gespielte Rührstory, in der nur jene Betrachter einen überzeugenden Realismus erblicken konnten, die die Rolle der Frau und Mutter in der Familie in althergebrachten Bildern sehen: undifferenziert, rollenkonform jedem Terror der Leitbilder ausgesetzt und auf jeden Fall duldsam auf ihrem Posten ausharrend.

Dustin Hoffman mit Meryl Streep (oben) und Justin Henry (unten) in dem Film »Kramer gegen Kramer« (Foto: Columbia).

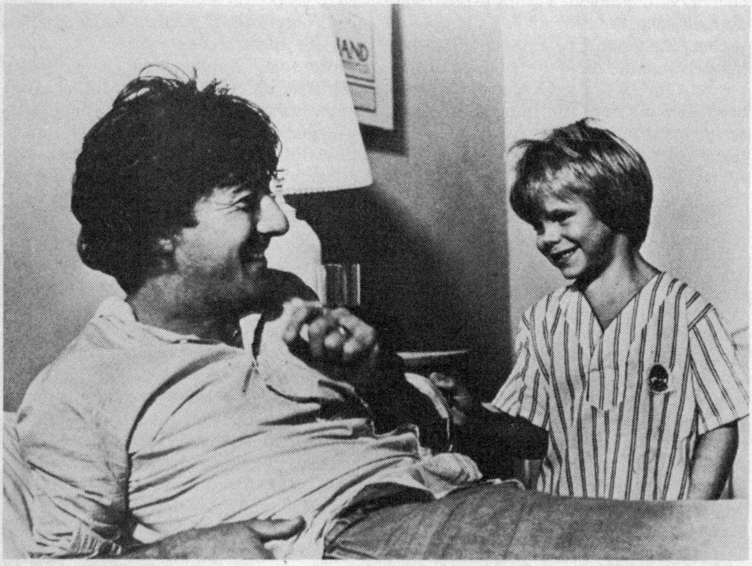

Was bleibt, ist der Streit um lächerlichen Kleinkram, um ein wonnig-süßes Kind und um Prestige. Eine emotionale Liebesgeschichte, die im gesellschaftlichen Kontext nichts bewegt.

Kreuzberger Liebesnächte

Bundesrepublik Deutschland 1979. **Produktion:** CCC-Filmkunst/Telecine Filmproduktion Berlin. **Länge:** 2270 m.
Regie: Claus Tinney. **Drehbuch:** Claus Tinney. **Kamera:** Franz X. Lederle.
Darsteller: Sacha Hehn, Ursula Buchfellner, Eberhard Couhrs, Klaus Dahlen.
Verleih: Residenz-Film.
Erstaufführung: 29. 2. 1980.

Professionell fotografierter Soft-Porno mit Klamauk und Peinlichkeiten.

Kung Fu – Sturmstaffel der Hölle

THE HELL'S WIND STAFF

Hongkong 1979. **Produktion:** Seasonal Film Çorp., Kowloon. **Länge:** 2163 m.
Regie: Keine Angaben.
Darsteller: Keine Angaben.
Verleih: Avis/Ascot.
Erstaufführung: 31. 1. 1980.

Zwei halbstarke Kung-Fu-Jünglinge nehmen Rache an einem gefürchteten Karate-Killer. Dümmliches Kampfspektakel aus Hongkong.

Der Kurpfuscher und seine fixen Töchter

Bundesrepublik Deutschland 1980. **Produktion:** CTV 72, München.
Regie: Franz Marischka. **Kamera:** Ernst W. Kalinke.
Darsteller: Peter Steiner, Rosl Mayr, Ursula Buchfellner, Fred Stillkrauth, Alena Penz.
Verleih: Alemannia/Arabella.
Erstaufführung: 15. 8. 1980.

Franz Marischka, Alt-Regisseur mit immer noch derselben uralten Gag-Masche wie vor 25 Jahren, läßt in einem bayerischen Dorf einen Wunderheiler und drei meist nackerte Mädchen auf die Menschheit los. Als Sex-Klamotte ebenso plump wie einfältig. Opas Kino zieht blank.

L ist nicht nur Liebe

WINDOWS

USA 1979. **Produktion:** Michael Lobell/Gordon Willis. **Länge:** 2552 m.
Regie: Gordon Willis. **Drehbuch:** Barry Siegel. **Kamera:** Gordon Willis. **Musik:** Ennio Morricone.
Darsteller: Talia Shire, Joseph Cortese, Elizabeth Ashley, Kay Medford, Michael Gorrin, Russel Horton, Michael Lipton.
Verleih: United Artists.
Erstaufführung: 30. 5. 1980.

Gordon Willis, Kameramann des »Paten« und einiger Woody-Allen-Filme, gibt mit dieser Mischung aus lesbischer Liebe, Thriller und Sado-Mär sein Regiedebüt. Erzählt wird die Geschichte der Emily Hollander, die von ihrer lesbischen Freundin Andrea Glassen sadistisch mißbraucht wird. Zwei Menschen und eine Katze müssen sterben, bis dem lesbischen Schrecken ein Ende bereitet werden kann. Man kann sich des Eindrucks nicht erwehren, daß Sigmund Freud hier am Drehbuch mitgearbeitet hat.

Das Lachen eines in Schwierigkeiten befindlichen Mannes

KU NAO REN DE YIAO

VR China 1979. **Produktion:** Shanghai Filmstudio.

Regie: Yang Yanjin, Xue Jing. **Drehbuch:** Yang Yanjin, Xue Jing. **Kamera:** Ying Fukang, Zheng Hong. **Musik:** Xu Jingxin. **Schnitt:** Lan Weijie.
Darsteller: Li Zhiyu, Pan Hong, Gong Fei, Shi Jiufeng, Yuan Yue.
Erstaufführung: November 1980, ZDF.

Fu Bin arbeitet während der Kulturrevolution als Journalist in Shanghai. Bald muß er feststellen, daß seine Vorgesetzten ihn zwingen wollen, in seinen Berichten die Wirklichkeit zu entstellen und Lügen zu verbreiten. Zum offenen Konflikt kommt es, als im Zuge des Kampfes der Viererbande gegen die Intellektuellen ein Medizinprofessor zu Fall gebracht werden soll. Der Professor muß sich vor einem Ausschuß rechtfertigen. Fu Bin und ein Fotograf werden als Berichterstatter zu dieser Sitzung entsandt. Hier erleben sie, wie ein würdiger alter Mann auf unmenschliche Weise gequält und gedemütigt wird.
Fu Bin ist fest entschlossen, in seinem Artikel wahrheitsgemäß über die Qualifikationen des Professors zu berichten und sich nicht zum Werkzeug politischer Interessen machen zu lassen. Als seine Frau von diesem Entschluß erfährt, macht sie ihm Vorwürfe und beschwört ihn, Rücksicht auf seine Familie zu nehmen. Auch ein Freund in der Redaktion warnt ihn, gegen den Strom zu schwimmen. Fu Bin wird schwankend und versucht, sich durch eine vorgetäuschte Krankheit vor einer Entscheidung zu drücken.
Als das mißlingt, als Alpträume von Verfolgung und Verhaftung ihn heimsuchen, entschließt sich Fu Bin, den Parteisekretär Song aufzusuchen, der für das Pressewesen und die Meinungsbildung verantwortlich ist. Gerade Song hat sich in vielen Interviews als volksnaher und verständnisvoller Politiker gebärdet.
Tatsächlich hört er Fu Bin leutselig an und ermuntert ihn zu offener Meinungsäußerung. Aber das war nur ein Trick. Noch am gleichen Tag wird Fu Bin in seiner Wohnung verhaftet.

Laß knacken, Schätzchen – Gauner der Liebe

Bundesrepublik Deutschland 1979. **Produktion:** Sandrasynchron Henriette Heintjes /Kora-Film. **Länge:** 2223 m.
Regie: Jürgen Enz.
Darsteller: Margit Rauthe, Herbert Warnke, Christine Joppisch.
Verleih: Kora-Film.
Erstaufführung: 4. 7. 1980.

Sex und Humor nach dem Motto »ein bumsfideles Vergnügen«.

Lastenträger

BAARA

Mali 1978.
Regie: Souleymane Cissé. **Drehbuch:** Souleymane Cissé. **Kamera:** Etienne Carton de Grammont. **Musik:** Lamine Konte.
Darsteller: Baba Niare, Boubacar Keita, Balla Moussa Keita, Oumou Diarra.
Erstaufführung: März 1980, ARD.

Der mehrfach preisgekrönte Film des malinesischen Regisseurs und Drehbuchautors Souleymane Cissé, der mit »Lastenträger« seine vierte Arbeit fertiggestellt hat, beginnt und endet mit Traumbildern, die dem Film einen geschlossenen, magisch anmutenden Rahmen geben. Zu Anfang wird das Gesicht einer der Hauptfiguren, eines Trägers, gezeigt, en face und im Profil, von dem in großen Tropfen der Schweiß rinnt; Dann sind schemenhaft zwei Menschen zu sehen, die im Feuer und durchs Feuer zu schreiten scheinen; erst am Ende des Films, in der Schlußdarstellung, ist zu erkennen, wer die beiden sind: der Lastenträger Balla Diara und der Ingenieur Balla Traoré, die nicht zufällig denselben Vornamen tragen. Es wird deutlich, daß sie solidarisch durch ein metaphorisches Feuer gehen, das sie realiter nicht gehärtet, sondern vernichtet hat. Souleymane Cissé hat jedoch nicht einen pessimistischen Film gemacht, sondern zeigt, was Solidarität be-

wirken kann, ist nur der Wille zu lernen vorhanden.
Das Konzept des Films ist vor allem auf das Aufdecken von Konflikten ausgerichtet und deutet Lösungen nur an. Die Geschichte, die er erzählt, verflicht die Schicksale von Menschen dreier unterschiedlicher Gesellschaftsklassen ineinander. In Bamako, der Hauptstadt Malis, stellt der neue leitende Ingenieur einer Textilfabrik, selbst ein junger Mann, einen der zahlreichen Träger der Stadt von der Straße weg ein und gerät mit dem Leiter der Fabrik aneinander, weil er sich zu sehr für seine Arbeiter einsetzt. Schwierigkeiten mit den jeweiligen unzufriedenen Ehefrauen komplizieren noch die Geschehnisse. Die Frau des Direktors betrügt ihren Mann und wird von ihm umgebracht. Bereits vorher hat dieser skrupellos den Mord an seinem Ingenieur gebilligt. Die ahnungslose Polizei holt den Direktor, um den darauf folgenden Aufruhr in der Fabrik zu bekämpfen, als seine Taten offenbar werden. Nur unter Polizeischutz kann er den wütenden Arbeitern entkommen, eine kopflose, aufgebrachte Menge hinter sich lassend. Und der Träger sinkt in sein Schicksal zurück.
Souleymane Cissé stellt die Ansichten, Ansprüche und Möglichkeiten der proletarischen Arbeiter, des aufstrebenden Bürgertums und der herrschenden Ökonomistenklasse pointiert nebeneinander. Die Kollegen des Lastenträgers lachen höhnisch und bezeichnen es als Lüge, als er erzählt, der Ingenieur habe ihn nach einer Ausweisrazzia der Polizei aus dem Gefängnis geholt. Eine solche Geste erscheint ihnen undenkbar, die soziale Kluft ist zu groß.

Das Leben des Brian

Siehe unter »Monty Pythons – Das Leben des Brian«.

Lebendig gefressen

EATEN ALIVE
FROM THE CANNIBALS

Italien 1979. **Produktion:** Dania Film/National Cinematografica, Rom. **Länge:** 2392 m.
Regie: Humphrey Humbert (alias Umberto Lenzi).
Darsteller: Robert Kerman, Janet Agren, Ivan Rassimov, Paola Senatore, Mel Ferrer.
Verleih: Alemannia/Arabella.
Erstaufführung: 10. 4. 1980.

Ärgerlicher Spekulationsstreifen mit Blick auf das Sekten-Unwesen (Jim Jones in Guayana), einfältig erdacht und plump inszeniert.

Legacy – Das Vermächtnis

LEGACY

USA 1975. **Produktion:** Karen Arthur. **Länge:** 981 m (16 mm).
Regie: Karen Arthur. **Drehbuch:** Joan Hotchkis. **Kamera:** John Bailey. **Musik :** Roger Kellaway.
Darsteller: Joan Hotchkis, George McDaniel, Sean Allen, Dixie Lee, Richard Bradford, Sarah Hotchkis.
Verleih: Chaos-Film, Berlin.
Erstaufführung: Mai 1980.

Ein eindringlicher Frauenfilm zweier amerikanischer Filmemacherinnen, die mit Entschiedenheit in diesem Erstling die Frustrationen und Verformungen im seelischen Befinden einer Nur-Ehefrau nachzeichnen. Daß es sich dabei um die in zahlreichen Rückblenden aufgefächerten Erfahrungen einer Frau aus reichem Mittelstand handelt, reduziert freilich die Verbindlichkeit der Beobachtung. Auch wenn klar wird, daß die Verletzlichkeit der Person auch im luxuriösen Umfeld sich zurückführen läßt auf gesellschaftliche Grundstrukturen von Erziehung, Moral und Lebensgewohnheit.

Leichen muß man feiern, wie sie fallen

GIALLO NAPOLETANO

Italien 1979. **Produktion:** Irrigazione Cinematografica, Rom. **Länge:** 2942 m.
Regie: Sergio Corbucci. **Drehbuch:** Sergio Corbucci, Giuseppe Catalano, Sabatino Ciuffini, Elvio Porta. **Kamera:** Luigi Kuveiller. **Musik:** Riz Ortolani.
Darsteller: Marcello Mastroianni, Michel Piccoli, Ornella Muti, Zeudi Araya, Capucine, Renato Pozetto, Peppino Filippo.
Verleih: Senator-Film.
Erstaufführung: 1. 2. 1980.

Mischung aus Krimi und Klamotte. Erzählt wird die Geschichte des napolitanischen Mandolinenlehrers Rafael Capece, der durch Zufall in ein großangelegtes Mordkomplott verwickelt wird. Zwar hat Corbucci reichlich Stars in seinen Film integriert, die Story aber bleibt wirr. Einzig Mastroianni läßt ahnen, daß der Film einmal als Komödie angelegt war.

Lena Rais

Bundesrepublik Deutschland 1979. **Produktion:** Multimedia Ges. für audiovisuelle Kommunikation, Hamburg/Chr. Rischert Filmproduktion, München. **Länge:** 3322 m.
Regie: Christian Rischert. **Drehbuch:** Manfred Grunert. **Kamera:** Gerard Vandenberg. **Musik:** Eberhard Schoener. **Ausstattung:** Hans Gailling. **Kostüme:** Elfriede Kurz. **Schnitt:** Annette Dorn.
Darsteller: Krista Stadler, Tilo Prückner, Nikolaus Paryla, Kai Fischer, Werner Asam, Manfred Lehmann, Rolf Schimpf, Tana Schanzara, Dan van Husen, Bernd Helfrich.
Verleih: Filmverlag der Autoren.
Erstaufführung: 16. 5. 1980 Kinostart (Uraufführung beim Hamburger Filmfest 1979).
FBW-Prädikat: besonders wertvoll.

Seit fünfzehn Jahren sind sie verheiratet. Der Mann, Maurerpolier, hat der Frau nicht viel zu sagen; was er will, ist seine Ruhe und ab und zu die Frau. Sie – Lena Rais – ist Postarbeiterin, hat drei Kinder geboren und großgezogen, und eines Tages reicht es ihr. Sie hat einfach genug von diesem Leben, und das sagt sie ihm auch. Zum erstenmal rebelliert sie, will heraus aus der Enge und möchte auch ein bißchen von dem haben, was man Glück nennt. Was folgt, ist ein stiller, aber sehr vitaler Aufbruch, provokativ, dramatisch und manchmal auch komisch.
Der Film zeigt die Stationen des Widerstands. Eine kleine, fast spielerische Rebellion am Frühstückstisch, wo Rais seine Kinder gegen die Disziplinlosigkeit seiner Frau mobilisieren will. Eine kleine Flucht mit ihrer Freundin Hella, die gerade ihre Scheidung hinter sich hat, die zu viel trinkt und einen richtigen Gangster zum Freund hat. Dann ein Liebesabenteuer ausgerechnet mit einem Polizisten. Schließlich die Teilnahme an einer Gruppentherapie; dort lernt sie den alkoholkranken Schriftsteller Rohlfs kennen, und der – kurz vor der Abreise in eine

Krista Stadler und Tilo Prückner in dem Film »Lena Rais« (Foto: Filmverlag der Autoren).

Entziehungsanstalt – trägt bei zur endgültigen Trennung Lenas von ihrem Mann. Die Geschichte der »Lena Rais« ist mit diesem Film nicht aus, meint der Drehbuchautor Manfred Grunert. Denn: Viele Frauen, Arbeiterinnen wie Lena, verheiratet und mit Kindern, leben Lenas Filmwirklichkeit in ihrer verdeckten Realität weiter, mit mehr oder weniger Chancen oder auch gar keiner Chance, das zu finden, was sie oft nicht einmal in Worte fassen können ... Angst vor der Resignation, Wut auf alle Zwänge, die bange Frage, verzweifelt: »Das kann doch nicht alles gewesen sein in meinem Leben.«
Rischert hat sich an eine sehr eigenwillige, nicht immer leicht zu rezipierende Geschichte gemacht. Vieles ist ungemein ehrlich, direkt und klar. Dann wieder stimmt sein Umgang mit der Figur eines Kranken, eines Alkoholikers, aus dem er humorvolles Kapital schlägt, moralisch bedenklich. Die selbstbewußte, glaubwürdige Art, in der die beiden Eheleute von Krista Stadler und Tilo Prückner vorgestellt werden, ist indessen so reizvoll, daß diese sehr deutschen Szenen einer Ehe in ihrer burlesken Bösartigkeit und ihrer zugleich lehrhaften Unterhaltsamkeit aus dem realitätsfernen deutschen Kinoalltag angenehm herausragen.

Der letzte Countdown

THE FINAL COUNTDOWN

USA 1979. **Produktion:** The Bryna Company, Beverly Hills. **Länge:** 2812 m.
Regie: Don Taylor. **Drehbuch:** David Ambrose, Gerry Davis, Thomas Hunter, Peter Powell. **Kamera:** Viktor J. Kemper. **Musik:** John Scott. **Special Effects:** Maurice Binder, Pat Elmendorf, Joe Day. **Kostüme:** Ray Summers. **Schnitt:** Robert Lambert.
Darsteller: Kirk Douglas, Martin Sheen, Katherine Ross, James Farentino, Ron O'Neal, Charles Durning, Alvin Ing, Dan Fitzgerald, Soon-Teck Oh.
Verleih: Jugend-Film.
Erstaufführung: 30. 10. 1980.

Ein spekulatives Abenteuer, ein halluzinatorisches Gedankenspiel: Da wird der moderne, atomgetriebene Flugzeugträger »Nimitz« der US-Marine auf einer Routinefahrt plötzlich von einem »grünen Loch« verschlungen, in dem sich die Zeit um Jahrzehnte verschiebt. Das Schiff und seine Besatzung sehen sich mit einem Mal an den Vorabend des japanischen Angriffs auf Pearl Harbor im Dezember 1941 versetzt. Eine raffinierte »Was wäre, wenn ...«-Situation, die sich jedoch auflöst, ehe es zum Krachen kommt.
Die Regie bemüht viel perfekte Kinotechnik, die US-Marine stellt ihr modernstes Kriegsschiff stolz zur Schau, und an rassistischen Vorurteilen ist – wie so oft, wenn es um das amerikanische Desaster von Pearl Harbor geht – auch kein Mangel.

Der Letzte der Indianer

OLD FISH HAWK

Kanada 1979.
Regie: Donald Shebib. **Drehbuch:** Blanche Hanalis. **Kamera:** Rene Verzier. **Musik:** Samuel Matlowsky.
Darsteller: Will Sampson, Charlie Fields, Don Francks.
Erstaufführung: September 1980, ARD.

Anfang 1979 wurden im ARD-Programm die drei ersten Spielfilme des Kanadiers Donal Shebib vorgestellt: »Bis zum Ende der Straße«, »Auf und davon«, »Eine Sache unter Freunden«. Im Gegensatz zu jenen Filmen entstand Shebibs neue Arbeit nicht nach einem Stoff eigener Wahl. Er war kurz vor Drehbeginn für einen anderen Regisseur eingesprungen, konnte nur noch wenig am Drehbuch ändern und mußte einen Hauptdarsteller akzeptieren, der eigentlich nicht seinen Vorstellungen entsprach. Will Sampson, den hünenhaften indianischen Hollywood-Gelegenheitsarbeiter, bekanntgeworden durch »Einer flog über das Kuckucksnest«. Doch Sampson erwies sich als eine glückliche Verkörperung des alten Indianers Old Fish Hawk. Zumal Shebib, der zuvor zweimal mit kommerziellen Zugeständnissen sein Renommee als profi-

liertester Regisseur des heutigen anglokanadischen Kinos aufs Spiel gesetzt hatte, sich nun wieder kompromißlos um eine persönliche Handschrift bemüht – gerade bei diesem »kleinen«, billig produzierten »Jugendfilm«.
Die Altmänner-Stimme eines Off-Erzählers entrückt gleich eingangs die Erzählung vom Jugendfreund Old Fish Hawk in eine »über 60 Jahre« zurückliegende Legende. Ein indianischer Einzelgänger wird in einem abgelegenen Dorf der Jahrhundertwende trotz immer wieder lautwerdender rassistischer Vorurteile (»Ein Wilder bleibt ein Wilder«) als lustiges Original, billige Hilfskraft und nützlicher Jäger geduldet. Nach einem Jagdunfall gibt er seine lärmenden Whiskyorgien auf und überwintert bei einer Farmerfamilie. Sein besonderer Schützling, ein liebenswerter Dorftrottel, wird bei einem Unfall tödlich verletzt; Old Fish Hawk sorgt energisch für ärztliche Betreuung und schließlich für ein aufwendiges Begräbnis. Sein kleiner Freund, der Farmerjunge, schenkt ihm Coopers »Der letzte Mohikaner«, um sich von ihm daraus vorlesen zu lassen. Old Fish Hawk eröffnet ihm eines Tages, daß nun auch für ihn, wie für den letzten Mohikaner des Cooper-Romans, die Zeit des endgültigen Abschieds gekommen sei: Er wolle bei seinen Stammesbrüdern im fernen Reservat sterben. Auf Eisenbahngleisen wandert er der untergehenden Sonne nach.

Letzte Liebe

Festival-Uraufführung am 21. 9. 1979 – Kinopremiere am 11. 4. 1980.
Siehe Film-Almanach 1980.
Verleih inzwischen: Basis-Film.

Liebe auf der Flucht

L'AMOUR EN FUITE

Frankreich 1978.
Regie: François Truffaut. **Drehbuch:** François Truffaut, Marie-France Pisier. **Kamera:** Nestor Almendros. **Musik:** Georges Delerue.
Darsteller: Jean-Pierre Leaud, Marie-France Pisier, Claude Jade, Julien Bertheau, Pierre Dios.
Erstaufführung: Juli 1980, ARD.

Die Beharrlichkeit, mit der Truffaut die Geschichte seines Antoine Doinel, stets verkörpert durch Jean-Pierre Léaud, über Jahre hinweg weitererzählte, ist wohl einmalig in der Filmgeschichte. Dieser Doinel, 1958 eingeführt als mißverstandener und mißhandelter Junge in »Les quatres cents coups« («Sie küßten und sie schlugen ihn«), 1962 eher beiläufig wieder aufgegriffen mit dem Erlebnis seiner ersten Liebe in einem Beitrag für den Episodenfilm »Liebe mit 20«, rückte Ende der 60er Jahre erneut in den Mittelpunkt von Truffauts Arbeit. In »Geraubte Küsse« (1968) suchte er sich im Berufsleben zurechtzufinden und schwankte zwischen zwei Frauen. In »Tisch und Bett« (1970) wurde von Doinels Ehe mit Christine, der jüngeren dieser beiden Frauen, berichtet, von der Geburt eines Sohnes, von ehelicher Untreue, Krach und Versöhnung. Jetzt erfährt man in »Liebe auf der Flucht«, daß sich die beiden scheiden lassen; daß Doinels erster Roman kein Erfolg war, daß er aber dennoch – neben seiner Arbeit als Korrektor – unverdrossen an einem zweiten, wiederum autobiographischen Buch schreibt.
Dieser Doinel, nun über die 30 hinaus, ist immer noch nicht erwachsen geworden, ist immer noch ein verspielter Narziß, immer noch mehr an der Liebe selbst als an den Objekten seiner Verliebtheit interessiert – und folgerichtig weiterhin bemüht, jeder Konsequenz, jeder »Verpflichtung« auszuweichen. Er trifft die Freundinnen aus seinen früheren Filmen wieder (auch Dani, eine seiner Lieben aus der »Amerikanischen Nacht«, 1972, wo Léaud neben Truffaut selbst ebenfalls eine Hauptrolle spielte), und er macht aus seiner neuesten Liebe zu Sabine ein geheimnisvolles Spurensicherungs-Spiel um eine schöne Unbekannte, der er so besessen nachjagt wie »Der Mann, der die Frauen liebte« (1977). Doinel lernt jetzt aber auch die Verpflichtung, der Erinnerung an die Toten Gerechtigkeit widerfahren

zu lassen, wie Truffaut in der Hauptrolle seines »Grünen Zimmers« (1978). Er lernt vom ehemaligen Geliebten seiner Mutter eine neue Sicht der längst Gestorbenen, er wird mit dem Schmerz einer Freundin über den Tod eines Kindes konfrontiert.
Truffaut hat versichert, daß dies sein letzter Doinel-Film sei. Dieser nicht mehr junge Doinel ist nun auch von Erinnerungen seines filmgewordenen Vorlebens bis zur Aussichtslosigkeit umstellt: Insgesamt 18 Minuten lang, so hat ein französischer Kritiker nachgemessen, werden die früheren Truffaut/Doinel-Filme zitiert, und die Zitate, die Doinel aus seinem Roman vorliest, liefern weitere Details aus seinem Vorleben.

Der liebe Nachbar

A KEDVES SZOMSZED

Ungarn 1979.
Regie: Zsold Kézdi Kovács. **Drehbuch:** Geza Beremenyi, Zsold Kézdi Kovács. **Kamera:** Janos Zsobolyai. **Musik:** Mozart, Bach, Chopin.
Darsteller: Lszlo Szabo, Lajos Szabo, Margit Dayka, Agi Margittay, Gyöngyi Vigh, Bertalan Solti.
Erstaufführung: Februar 1980, ARD.

Zsold Kézdi Kovács beginnt seinen Film sehr effektvoll mit einer ironisch-bösen Pointe: Der zweifelhafte Held der Geschichte wird eingeführt als Fremdenführer, der im modernen Aussichtsbus perfekt mehrsprachig den Touristen Schönheit, Großzügigkeit und Weltläufigkeit der ungarischen Hauptstadt und zumal ihrer Architektur eloquent erläutert. Nach getaner Arbeit jedoch verschwindet derselbe Mann, jetzt ein völlig anderer, bedrückt aber eifrig in den finsteren Gängen eines brüchigen alten Mietshauses, wo viel zu viele Menschen elend in winzigen Räumen gleichsam aufeinanderhocken. Berufsausübung und private Existenz finden für Dibusz, so heißt unser Held, also in zwei grotesk gegensätzlichen Welten statt, deren eine, vollmundig mit Weltstadtflair versehene alsbald von der primitiven Enge der anderen dementiert wird.
Das Thema der deprimierenden und längst über Ungarns Grenzen hinaus bekannt gewordenen Budapester Wohnungsmisere verlängert der Film nun zur fesselnden Untersuchung der psychischen und mentalen Folgen menschenunwürdiger Unterbringung. Sehr plastisch wird vorgeführt, wie das Milieu Anpassung erzwingt oder auch: wie Verhältnisse Verhalten prägen.
Dibusz, der Fremdenführer, kommt zu Beginn als frisch Geschiedener auf Wohnungssuche in das Abbruchhaus, das ehedem als Bordell diente und nun in einer der engen Kammern seinen alten Vater beherbergt. Ohne viele Skrupel wird der Alte in ein Altersheim verfrachtet, und der Sohn macht sich unverzüglich daran, das Haus in seine Gewalt zu bringen. Denn er ist der geborene »liebe Nachbar«, einer, der überall mitredet, sich ungefragt einmischt, jederzeit hilfsbereit ist, den einmal etablierten Kontakt aber auch völlig hemmungslos zum eigenen Vorteil ausbeutet. Hingebungsvoll intrigiert Dibusz, gewinnt Vertrauen durch Anteilnahme, appelliert an Instinkte, und seien es die niedrigsten, spielt schließlich mit den Schwächen seiner Mitbewohner, als seien es die Register eines Instruments, das er virtuos zu handhaben weiß.
Bemerkenswert ist die differenzierte, dabei realistisch-pralle Darstellung der Menschen, die einander hier allesamt näher sind, als sie sich das wünschen. Da wird nichts beschönigt, derb geht es zu und drastisch, und ganz primitiv werden Haß- und Eifersuchtsgefühle ausgelebt, hinter denen sich hilflose Verzweiflung oft nur mühsam verbirgt. Und die Leute sind oft genauso häßlich und boshaft, wie eine solche Situation Menschen zu machen pflegt.

Die Liebeshexen vom Rio Cannibale

L'INFERNO DELLE DONNE

Italien 1979. **Produktion:** Mario Alabiso. **Länge:** 2182 m.

Regie: Eduard Muller. **Drehbuch:** Sergio Chiusi. **Musik:** Marcello Giombini.
Darsteller: Ajita Wison, Anthony Steffen, Cintia Lodetti, Luciano Pigozzi, Serafino Profumo, Yale Forti, Adelaide Cendra, Gilberto Galimberti.
Verleih: Filmhansa/Diamant.
Erstaufführung: 27. 3. 1980.

Ausbruch einer Frauengruppe aus einem amerikanischen Straflager im Amazonasgebiet. Reißerischer Sexfilm – unappetitlich und natürlich ohne Motivation.

Liebling, du beißt so gut

DRACULA SUCKS

USA 1979. **Produktion:** First international Pictures/MR Productions, Los Angeles. **Länge:** 2110 m.
Regie: Philip Marshak. **Drehbuch:** David J. Kern, Darryl A. Marashak. **Kamera:** Hanania Baer. **Musik:** Lionel Thomas. **Schnitt:** Nettie Pena.
Darsteller: Annete Haven, Jamie Gillis, John Holmes, John Leslie, Serena.
Verleih: Scotia.
Erstaufführung: 11. 4. 1980.

Amerikanischer Sex-Streifen, der sich an Motive des Vampirfilms anlehnt. Draculas Treiben verkommt zum primitiven Horror- und Porno-Trip.

Der Löwe zeigt die Krallen

ROUGH CUT

USA 1979. **Produktion:** David Merrick/ Paramount. **Länge:** 3050 m.
Regie: Donald Siegel. **Drehbuch:** Francis Burns. **Kamera:** Freddie Young. **Musik:** Nelson Riddle. **Ausstattung:** Ted Haworth. **Schnitt:** Doug Stewart.
Darsteller: Burt Reynolds, Lesley-Ann Down, David Niven, Timothy West, Al Matthews, Patrick McGee, Susan Littler, Joss Achland.

Lesley-Anne Down in dem Film »Der Löwe zeigt die Krallen« (Foto: Cinema International Corp.).

Verleih: CIC.
Erstaufführung: 31. 10. 1980.

Don Siegels 34. Film ist eine Komödie, die man im Amerikanischen als »caper« – also Kapriole – bezeichnet. Der Film spielt im Londoner Society-Milieu, mit Burt Reynolds als amerikanischem Glücksjäger und Gentleman-Dieb. Er wird zu den exklusiven Partys eingeladen, fährt einen Rolls-Royce und besitzt ein Nobelrestaurant. Sein Geld aber verdient er sich mit Diamantendiebstählen. Desgleichen Lesley-Anne Down in der Rolle der Society-Tochter. Sie ist eine hemmungslose Kleptomanin. David Niven in der Rolle des Polizeikommissars erpreßt die schöne Diebin, um den amerikanischen Nobelgangster zu fassen. Doch wie in der Komödie üblich, siegt am Ende »die Kraft der Liebe«. Die beiden Diebe vereinigen ihr Talent beruflich und privat. Unterhaltsame Gesellschaftskomödie in teuren Dekors.

Long Riders

LONG RIDERS

USA 1979. **Produktion:** Tim Zinnemann. **Länge:** 2722 m.
Regie: Walter Hill. **Drehbuch:** James und Stacy Keach, Steven Philip Smith. **Kamera:** Ric Waite. **Musik:** Ry Cooder. **Schnitt:** David Holden.
Darsteller: David Carradine, Keith Carradine, Robert Carradine, James Keach, Stacy Keach, Dennis Quaid, Randy Quaid, Kevin Brophy, Harry Carey, Christopher Guest.
Verleih: United Artists.
Erstaufführung: 1. 8. 1980.

Mit dem Begriff »Long Rider« bezeichnete man im alten Westen Outlaws, die nach Überfällen Tag und Nacht ritten um etwaigen Verfolgern zu entkommen. Walter Hill hat mit seinem jüngsten Film eine solche Outlaw-Legende, die Geschichte der James-Younger-Gang, in Szene gesetzt. Die Überfälle dieser Gruppe konzentrierten sich auf Eisenbahngesellschaften und Großbanken, die Sympathie der armen Landbevölkerung war ihnen sicher. Die geschädigten Bankiers aber engagierten Pinkerton-Detektive und ließen die Mitglieder der Bande gnadenlos jagen. Wer nicht erschossen werden wollte, mußte fliehen. Die Bande war nach knapp zweijähriger Jagd zerschlagen. Die Geschichte der James-Younger-Gang wurde rund ein Dutzend mal verfilmt. Hills Adaption fügt dem Genre durch seine perfekten Actionaufnahmen jedoch einige neue Dimensionen zu. Neben der darstellerischen Leistung ist besonders die hervorragende Filmmusik erwähnenswert.

Louis, der Geizkragen

L'AVARE

Frankreich 1979. **Produktion:** Films Christian Fechner, Paris. **Länge:** 2084 m.

David, Keith und Robert Carradine, Nicholas und Christopher Guest, Dennis und Randy Quaid, Stacy und James Keach (v. l. n. r.) in dem Film »Long Riders« (Foto: United Artists).

Regie: Louis de Funès, Jean Girault. **Drehbuch:** Louis de Funès, Jean Girault nach Molière. **Kamera:** Edmond Richard. **Musik:** Jean Bizet. **Bauten:** Sydney Bettex. **Schnitt:** Michel Lewin.
Darsteller: Louis de Funès, Frank David, Claire Dupray, Hervé Bellon, Michel Galabru, Claude Gensac, Bernard Menez, Anne Caudry, Georges Audoubert.
Verleih: Neue Constantin Film.
Erstaufführung: 27. 3. 1980.

Molières Charakterkomödie »Der Geizige« in einer klamaukfreudigen Kino-Adaption mit dem populären Leinwandkomiker Louis de Funès als Titelfigur Harpagon. .
Der Kostümfilm-Spaß hält sich hier wahrlich in Grenzen. Der Hauptdarsteller grimassiert auf verlorenem Posten. Denn die deutsche Synchronisation gibt dem Klamottier mit ihrer naßforschen Dümmlichkeit keine Chance, auch nur von ferne die Kunst der Komödie ahnen zu lassen, die Molière seinerzeit so hervorragend beherrschte.

Louis de Funès in dem Film »Louis, der Geizkragen« (Foto: Neue Constantin).

Luftschlacht über der Sutjeska

PARTIZANSKA ESKADILA

Jugoslawien 1978. **Produktion:** Jugoslavia Film. **Länge:** 2364 m.
Regie: Hajrudin Krvavac. **Drehbuch:** Dorde Lebović, Miljenko Smoje. **Kamera:** Dragan Resner. **Musik:** Bojan Adamic.
Darsteller: Peter Carsten, Bekim Fehmiu, Velimir Zivojiović, Ljubisca Samadzić, Rados Bajić, Radko Poliĉ.
Verleih: Apollo/Avis.
Erstaufführung: 4. 4. 1980.

Der Film ist ein Beispiel für die offenbar noch immer andauernde Partisanenfilm-Welle in Jugoslawien. Ein nationales Ereignis wird von allen Seiten her behandelt.
Hier geht es um die Angriffe der Tito-Streitkräfte während des Zweiten Weltkriegs auf einen deutschen Luftwaffenstützpunkt, bei dem ein kleines, verwegenes Häuflein jugoslawischer Partisanen-Flieger sich besonders bewährt.
Als Heldenepos konzipiert, hat der Film durchaus seinen Stellenwert in der jugoslawischen Produktion, stößt aber hierzulande auf Unverständnis.

Lulu

Bundesrepublik Deutschland/Frankreich/Italien 1979. **Produktion:** TV 13/Elephant Prod./Capital Film/Medusa Distribuzione. **Länge:** 2342 m.
Regie: Walerian Borowczyk. **Drehbuch:** Walerian Borowczyk und Geza von Radvanyi, nach Bühnenwerken von Frank Wedekind. **Kamera:** Michael Steinke, Ulli Meier. **Musik:** G. Chiaranello, Ingrid Caven. **Ausstattung:** Roland Mabille. **Kostüme:** Elisabeth Schewe.
Darsteller: Anne Bennent, Michele Placido, Jean-Jacques Delbo, Hans-Jürgen Schatz, Bruno Hübner, Carlo Enrici, Beate Kopp, Pierre Saintons, Udo Kier, Heinz Bennent.
Verleih: Cinefrance Filmkunst.
Erstaufführung: 7. 11. 1980.

Anne Bennent mit Michele Placido, Jean-Jacques Delbo, Heinz Bennent und H.-J. Schatz (v. l. n. r.) in dem Film »Lulu« (Foto: Cinefrance-Filmkunst).

Frank Wedekinds Tragödien »Der Erdgeist« (auch unter dem Titel »Lulu« aufgeführt) und »Die Büchse der Pandora« hat der »Unmoralische-Geschichten«-Regisseur Borowczyk hier zu einem Erotomanenschwulst verarbeitet, der gelegentlich zwar noch ironische Ansätze ahnen läßt, aber weitgehend doch uninspiriert bleibt.

Seine Lulu ist ein narzißhaftes Kindweib, das wohlproportioniert und unbekleidet durch die Dekorationen huscht, dabei hemmungslos eine Schar tölpelhaft-erregter Herren nacheinander in den Tod treibt und am Ende selbst einem abartigen Mörder zum Opfer fällt. Während Wedekind die Verfallserscheinungen der fin-de-siècle-Gesellschaft und ihre heuchlerische Scheinmoral provozierend anklagt, geht die Sozialkritik am symbolträchtigen Bildgehabe Borowczyks zugrunde. Was bleibt, sind breit ausgespielte, handwerklich leider ungemein dürre Filmsequenzen mit einer durch nichts in ihrer Ausstrahlung zu beeinträchtigenden 16jährigen Hauptdarstellerin: Anne Bennent. Ihrer zu erwartenden Karriere als hervorragende Schauspielerin wird auch diese Lulu nichts anhaben können.

La Luna

LA LUNA

Italien 1979. **Produktion:** Fiction Cinematografica/Giovanni Bertolucci. **Länge:** 3686 m.
Regie: Bernardo Bertolucci. **Drehbuch:** Bernardo Bertolucci, Clare Peploe, Giuseppe Bertolucci. **Kamera:** Vittorio Storaro. **Musik:** Ennio Morricone. **Ausstattung:** Gianni Silvetri. **Kostüme:** Lina Taviani. **Schnitt:** Gabriella Christiani.
Darsteller: Jill Clayburgh, Matthew Barry, Fred Gwynne, Shara di Nepi, Veronica Lazar, Elisabetta Campeti, Julian Adamoli, Peter Eyre, Enzo Siciliano, Jole Silvani.
Verleih: 20th Century Fox.
Erstaufführung: 4. 4. 1980.

Jill Clayburgh in dem Film »La Luna« (Foto: 20th Century Fox).

Die früheste Erinnerung an seine Mutter sei der Blick auf ihr Gesicht aus einem kleinen Korb vor der Lenkstange ihres Fahrrades gewesen; am Himmel leuchtete dabei der Mond. So Regisseur Bernardo Bertolucci in einem Interview der britischen Filmzeitschrift »Sight and Sound«, in dem er über seinen Film befragt wurde. Und dieses Bild stellt er denn auch an das Ende des filmischen Prologs von »La Luna«, der voller Anspielungen auf Freuds Theorie der Psychoanalyse ist.
Schon das erste Bild des Films verweist auf die spätere inzestuöse Beziehung zwischen Mutter und Sohn: Der kleine Joe (Matthew Barry) sitzt auf der Terrasse und saugt an dem mit Honig bestrichenen Finger der Mutter. Doch bei diesem Verweis auf Freudsche Theorien bleibt es nicht. Der Junge verheddert sich in einem Wollknäuel: ein Hinweis auf die nicht zerschnittene Nabelschnur.
Als ihr Sohn seinen fünfzehnten Geburtstag feiert, entdeckt die berühmte Operndiva (Jill Clayburgh) zufällig, daß ihr Sohn heroinsüchtig ist, realisiert plötzlich die Entfremdung zu ihrem Kind. Als der Junge, vom Heroin gezeichnet, zusammenbricht, besorgt sie ihm das Rauschgift, leckt das Blut von der Einstichwunde ab.
Als sie ihn während einer anschließenden Reise zum Inzest verführen will, stößt er sie jedoch zurück. Um sich zu rächen, erzählt sie ihm von seinem tatsächlichen Vater, der als Lehrer in Rom lebt. Joe geht später zu ihm, es kommt zu einem scheinbaren Happy-End.
Bertoluccis Film ist überfrachtet mit autobiografischen Momenten und psychoanalytischen Anspielungen. Formal überzeugend, bleibt er inhaltlich weit hinter früheren Werken Bertoluccis zurück.

Macht die Revolution ohne mich

START THE REVOLUTION WITHOUT ME

USA 1971. **Produktion:** Bud Yorkin-Norman Lear-Production. **Länge:** 2462 m.
Regie: Bud Yorkin. **Drehbuch:** Fed Freeman, Lawrence J. Cohen. **Kamera:** Jean Tournier. **Musik:** John Addison. **Ausstattung:** Gabriel Bechir. **Kostüme:** Alan Barrett. **Schnitt:** Ferris Webster.
Darsteller: Gene Wilder, Donald Sutherland, Hugh Griffith, Jack Mac Gowran, Billie Whitelaw, Victor Spienetti, Orson Welles, Ewa Aulin.

Donald Sutherland (links) in der Hauptrolle des Films »Macht die Revolution ohne mich« (Foto: Kinofilm).

Verleih: Kinofilm.
Erstaufführung: 10. 10. 1980.

Der Film spielt im Sommer 1789, kurz bevor die Französische Revolution ihren Höhepunkt erreicht. Noch läuft in Versailles das höfische Intrigenspiel auf vollen Touren. Es dreht sich um Zwillingsbrüder, die im Zentrum eines wollüstig-frechen Verwechslungsspiels stehen. Und die Verwirrung erreicht ihren lustvollen, witzigen Höhepunkt, als zwei Doppelgänger das Komplott stören.
Paraderollen für Gene Wilder und Donald Sutherland.

Mad Max

MAD MAX

Großbritannien 1978. **Produktion:** Mad Max Pty. Ltd., Victoria. **Länge:** 2539 m.
Regie: George Miller. **Drehbuch:** James McCausland, George Miller. **Kamera:** David Eggby. **Musik:** Brian May. **Schnitt:** Tony Paterson.
Darsteller: Mel Gibson, Joanne Samuel, Hugh Keays-Byrne, Steve Bisley, Tim Burns, Roger Ward, Vince Gil, Geoff Parry, David Bracks, Paul Johnstone.
Verleih: Warner-Columbia.
Erstaufführung: 29. 2. 1980.

Stuntman-Bravour ist das einzig Beeindruckende an dieser in Australien spielenden Motorrad-Raserei. Die Gewaltvisionen des Regie-Debütanten George Miller sind von bedingungsloser Brutalität, entbehren jedoch in ihrer anarchistischen Schamlosigkeit der gesellschaftlichen Motivation. Auch wenn Western-Dramaturgie benutzt wird, bekommt der Alptraum vom alles vernichtenden Bandenterror moralisch kaum Boden unter die Füße. Kino-Destruktion zur Feierabendentspannung – in der Tat ein verrückter Max.

Der Mafu Käfig

THE MAFU CAGE

USA 1977. **Produktion:** Clouds Film Karen Arthur. **Länge:** 2954 m. Original mit Untertiteln.
Regie: Karen Arthur. **Drehbuch:** Don Chastain, nach einem Stück von Eric Westphal. **Kamera:** John Bailey. **Musik:** Roger Kellaway.
Darsteller: Lee Grant, Carol Kane, Will Geer, James Olson und Budor als Mafu.
Verleih: Fantasia.
Erstaufführung: 12. 9. 1980.

Exotische Kino-Visionen aus den USA: Ein ehemaliger Afrikaforscher, der in einer bizarren Villa Menschenaffen aufzieht, und seine beiden Töchter sind die Exponenten des Geschehens. Als der Vater stirbt, beginnt für Cissy, das eine der beiden Mädchen, eine psychische Horrorreise. Besessen von der Idee, das Werk des Vaters fortsetzen zu müssen, arbeitet sie mit den Tieren weiter, verfällt aber dazwischen immer wieder in Zustände geistiger Umnachtung, in denen sie dann Affen auf rituelle Weise tötet. Die Fürsorge ihrer Schwester Ellen bewahrt Cissy vor einer Pflegeanstalt. Doch ihre geistesverwirrten Anfälle werden immer rasender.

Nach den Affen tötet Cissy erst den Freund der Schwester und dann diese selbst.
Karen Arthur, der Regisseur, ist weniger auf das Psychogramm einer Krankheitsgeschichte aus als auf die optisch und akustisch subtile, auf afrikanische Riten anspielende, Schrecken und Mitleid weckende Inszenierung einer Wahnsinnsgeschichte. Eindrucksvoll die emotional ungemein starke Ausstrahlung der Hauptdarstellerin Carol Kane.

Der Magier

THE MAGICIAN OF LUBLIN

Bundesrepublik Deutschland/Israel 1979 (offiziell ohne Ursprungsnachweis). **Produktion:** NF Geria III Filmgesellschaft, München. **Länge:** 3120 m.
Regie: Menahem Golan. **Drehbuch:** Irving S. White, Menahem Golan. **Kamera:** Adam Greenberg. **Musik:** Maurice Jarre.
Darsteller: Alan Arkin, Louise Fletcher, Shelley Winters, Warren Berliner, Lou Jacobi, Valérie Perrine, Shai K. Ophir, Zachi Noy, Lisa Whelchel, Mara Danzinger, Linda Bernstein.
Verleih: Scotia International.
Erstaufführung: 9. 5. 1980.

Ein jüdischer Magier voller brennendem Ehrgeiz wird (um 1900) nicht nur wegen seiner phantastischen Zauberkunst, sondern auch wegen seiner faszinierenden Wirkung auf die Damenwelt bewundert und verehrt. Schließlich scheitert er, als er auch noch die Kunst des Fliegens demonstrieren will. Enttäuscht zieht er sich aus der Welt zurück, wird Einsiedler, führt ein Gott wohlgefälliges Leben und kann am Schluß – wie durch ein Wunder – doch noch fliegen.
Die in die Nähe der Legende gerückte Geschichte ist aufwendig und stimmungsvoll inszeniert. Doch von der Bedeutung des Stoffes (nach einem Roman des Literatur-Nobelpreisträgers 1978 Isaac Bashevis Singer) für die Erhellung der jüdischen Ghettokultur in Polen um die Jahrhundertwende ist wenig zu spüren.

Mama wird 100 Jahre alt

MAMA CUMPLE 100 ANOS

Spanien/Frankreich 1979. **Regie:** Carlos Saura. **Drehbuch:** Carlos Saura. **Kamera:** Teo Escamilla. **Musik:** Franz Schubert, F. Chueca.
Darsteller: Geraldine Chaplin, Amparo Munoz, Fernando Fernan Gomez, Rafaela Aparicio, Norman Brinsky, Charo Soriano, Jose Vivo, Angeles Torres.
Erstaufführung: Mai 1980, ARD.

Zu den Klängen eines Paso Doble schwenkt die Kamera ruhig über eine Hochebene und verharrt schließlich bei einem Grabmal unterhalb einer majestätischen alleinstehenden Villa, die von Kennern der Arbeiten Carlos Sauras selbstverständlich als Schauplatz seines Films »Anna und die Wölfe« wiedererkannt wird, noch bevor auch die Personen von damals sich nach und nach wieder einstellen. Sieben Jahre später also kehrt Saura an den Ort düsterbeklemmender Rituale zurück, wo in Gestalt der drei erwachsenen Söhne einer halbgelähmten, herrschsüchtigen alten Frau psychologische Elemente des damals regierenden spanischen Faschismus gleichsam personifiziert in Erscheinung traten, respektive in der Konfrontation mit der jungen englischen Hauslehrerin Anna sich zu erkennen geben mußten.
Anna, die damals für ihre Unbefangenheit und Aufrichtigkeit am Ende entsetzlich hatte büßen müssen, kommt jetzt in Begleitung ihres Ehemanns Antonio zu Besuch am Vorabend des hundertsten Geburtstags der unverändert herrschsüchtigen und gelähmten Mama. Annas angesichts wiedererkannter Details mehrfach gerührt ausgerufenes »Alles ist noch so wie früher!« klingt durchaus ambivalent: Kann denn heute, nach dem Tod Francos im heutigen Spanien überhaupt noch etwas »Wie früher« sein, kann Carlos Saura noch Filme machen »wie früher«? Gewiß nicht, jedenfalls nicht vollständig. Auf die Tatsache, daß der politischen Veränderung ein langer Prozeß der Bewußtseinsveränderung folgt, der sich graduell fortsetzt und Zeit braucht, rea-

giert Saura mit einer aus seiner bisherigen Arbeit ungewohnten Perspektive auf seine Figuren: »Mama wird 100 Jahre alt« hat die Züge einer oft sarkastischen Komödie, die ehedem bedrohliches in Komik aufzulösen versucht. Schon die »Wölfe« haben sich verändert: Fernando, der verklemmte Fetischist und religiöse Heuchler, übt sich nun statt dessen in Sturzhelm und Overall im Drachenfliegen, Juan, der Sex-Besessene, ist mit der kleinen Köchin durchgebrannt und würdigt Frau und Kinder keiner Nachricht; José, der Anbeter alles Militärischen schließlich, ist gestorben: Es ist sein Grab, an dem man sich zu Beginn des Films versammelt. (Daß ausgerechnet der Vertreter des Militärs verschieden ist, kann freilich auch einfach damit zu tun haben, daß der Schauspieler José Maria Prada, der ihn verkörperte, als einziger der früheren Darsteller nicht mehr am Leben ist.)

Verändert sind auch die Kinder, die Anna einst betreute. Sie sind zu attraktiven jungen Damen herangewachsen, deren eine Haschisch raucht und umgehend Annas Ehemann umgarnt und verführt. Hier besonders gelingen Saura sehr komische Szenen, wenn er, beispielhaft für die ungezwungenere Haltung gegenüber Sexuellem im heutigen Spanien, die Älteren fassungslos ob der Frivolität der Kinder zeigt und immer wieder leitmotivisch das Duett erklingen läßt: »Nur wer die Sehnsucht kennt, weiß, was ich leide!«

Doch die heiter-amüsierte Grundstimmung, auf deren Höhepunkt die Hundertjährige geschmückt auf goldenem Sessel von der Decke in den Saal abgeseilt wird, soll und kann über weiterbestehende Bedrohungen nicht hinwegtäuschen. Schließlich wird zwar das Gelände rund um die Villa zum Zeichen kommenden Umschwungs vermessen, doch es steckt auch immer noch voller Fallen, die nicht entfernt werden, obwohl jeder weiß, wo sie liegen. Man feiert in gelöster Stimmung die Mama, hat aber längst beschlossen, sie bei dieser Gelegenheit umzubringen, damit endlich das Erbe angetreten werden kann.

Man muß ja leben

MAN MASTE JU LEVA ...

Schweden 1978.

Regie: Margarete Vinterheden. **Drehbuch:** Alf Israelsson, Margarete Vinterheden. **Kamera:** Odd Geir Saether. **Musik:** Piirpauke.

Darsteller: Stig Engström, Marja Packalen, Lena Granhagen, Ulf Johanson, Thomas Hellberg, Björn Gedda, Thomas Bolme.

Erstaufführung: Juli 1980, ARD.

Nils, ein einfacher Arbeiter aus Nordschweden, hat sich über wirtschaftliche Zusammenhänge nie ernsthaft Gedanken gemacht, selbst dann nicht, als er Opfer einer Betriebsschließung wird. Ein neuer, vielversprechender Job ist ihm nämlich bereits, wenn auch fern von zu Hause, angeboten worden. Doch in der Stockholmer Fabrik folgt schon bald die Ernüchterung. Von den verlockenden Versprechungen bei seiner Anwerbung ist keine Rede mehr. Ständig wachsenden Akkordforderungen (als Folge kontinuierlicher Arbeitsplatzeinsparungen) stehen gleichbleibend niedrige Löhne gegenüber. Dem Begehren nach sozialer Gerechtigkeit wird das Schreckgespenst wirtschaftlicher Konkurrenzfähigkeit entgegengestellt, um derentwillen auch der Mann am Band Opfer bringen müsse. Ein ausgeklügeltes Gruppenakkordsystem sorgt zudem schon unter den Arbeitnehmern für Zersplitterung und Separation. Aufkeimendes Engagement wird von den eigenen Kollegen mit dem Hinweis »Machen wir denen da oben das Leben sauer, so machen die es uns auch« gebremst. Der Gewerkschaftsfunktionär schließlich, in fataler Personalunion als Vorstandsmitglied und Arbeitnehmervertreter längst aktionsunfähig geworden und ohne Kontakt zur Basis, spricht unablässig von wirtschaftlichen Realitäten, die man akzeptieren müsse, und hält die Arbeiter hin, statt sich für ihre Interessen einzusetzen. Doch angesichts tiefgreifender, existenzbedrohender Betriebsrationalisierung bei gleichzeitiger Expansion des Unternehmens im Ausland regt sich bei

Nils und seinen Kollegen der Widerstand. Es entwickelt sich das Bewußtsein für Solidarität und Eigeninitiative als wirksames Gegengewicht zu einer – wie sie meinen – rigoristischen Unternehmerpolitik.

Maniac

MANIAC

USA 1980. **Produktion:** Magnum Motion Pictures Inc. **Länge:** 2398 m.
Regie: William Lustig. **Drehbuch:** Joe Spinell. **Kamera:** Robert Lindsay. **Musik:** Jay Chattaway. **Special Effects:** Tom Savini. **Schnitt:** Lorenzo Marinelli.
Darsteller: Joe Spinell, Caroline Munroe, Gail Lawrence, Kelly Piper, Rita Montone, Tom Savini.
Verleih: Fuchs Filmtheater-Betriebs-GmbH.
Erstaufführung: 14. 11. 1980.

B-Picture-Horror im Exzeß: Ein Mann ist von der Mutter in Kintertagen tief verletzt worden und rächt sich nun am weiblichen Geschlecht durch brutale Frauenmorde.
Die Stadt New York zittert vor diesem Maniac – dem wahnsinnigen Mörder –, der scheinbar ohne Motiv junge Frauen ermordet und anschließend skalpiert. Mit den Trophäen seiner Opfer schmückt er Schaufensterpuppen. William Lustigs Thriller erinnert stellenweise an Carpenters »Halloween«, geht jedoch was Grausamkeit und Brutalität betrifft, weit über Carpenter hinaus. Die Geschichte des psychisch schwer gestörten Frank Zito ist psychologisch geschickt aufgebaut. Der Zuschauer begreift, daß der Täter krank ist, entwikkelt Verständnis für den Tötungszwang des Maniac. Wie bei Carpenter ist der bestialische Mörder am Ende nicht tot. Der Zuschauer wird mit der Sicherheit entlassen, daß das Grauen kein Ende haben wird.

Ein Mann auf den Knien

UN UOMO IN GINOCCHIO

Italien 1979.
Regie: Damiano Damiani. **Drehbuch:** Nicola Badalucco, Damiano Damiani. **Kamera:** Ennio Guarnieri. **Musik:** Franco Mannino.
Darsteller: Giuliano Gemma, Michele Placido, Eleonora Giorgi, Tano Cimarosa, Ettore Mani.
Erstaufführung: Juni 1980, ARD.

»Ein Mann auf den Knien«, Damianis fünfter in Sizilien spielender Film, verzichtet radikaler als seine Vorgänger auf alle Lyrismen atmosphärischer Beschreibungen, auf das opernhafte Ausbaden tragischer Situationen. Statt dessen wird mit äußerster Ökonomie der erzählerischen Mittel, mit knappen Milieu- und Situationsbeschreibungen eine komplizierte Kriminalgeschichte vorangetrieben. Und zwar ganz aus der Sicht von zwei »kleinen Fischen«, die so gehetzt sind in ihren Versuchen bloßen Überlebens, daß kein Raum bleibt für die kulinarische Beschwörung pittoresker sizilianischer Dekadenz und theatralischer Mafia-Riten.
Erzählt wird die klassische Geschichte vom vorbestraften kleinen Kriminellen, dem mächtige Unterwelt-Bosse den Versuch vereiteln, fortan ein rechtschaffenes Leben zu führen. Nino ist zufriedener Besitzer eines Getränke-Kiosks im Zentrum von Palermo, bis sich herausstellt, daß unter seinen Kaffeetrinkern zwei Männer waren, die sich an der Entführung der Gattin eines Mafia-Bosses beteiligt hatten. Der Frau ist weiter nichts geschehen, die Polizei tappt im Dunkeln, doch die Rache des gekränkten »Don« ist unerbittlich. Und so gerät auch Nino auf »die Liste«. Das macht ihm Platamone klar, auch er ein armer Kleinkrimineller, doch mit dem Auftrag, Nino zu töten – gegen ein so geringes Honorar freilich, daß er lieber versucht, Nino zu erpressen, anstatt ihn umzubringen.

Ein Mann für gewisse Stunden

AMERICAN GIGOLO

USA 1979. **Produktion:** Freddie Fields Prod./Jerry Bruckheimer. **Länge:** 3194 m. **Regie:** Paul Schrader. **Drehbuch:** Paul Schrader. **Kamera:** John Bailey. **Musik:** Giorgio Moroder. **Ausstattung:** Ed Richardson. **Schnitt:** Richard Halsey.
Darsteller: Richard Gere, Lauren Hutton, Hector Elizondo, Nina von Pallandt, Bill Duke, Brian Davies, Robert Wightman.
Verleih: CIC.
Erstaufführung: 25. 4. 1980.

Richard Gere in dem Film »Ein Mann für gewisse Stunden«
(Foto: Cinema International Corp.).

Paul Schrader schrieb das Drehbuch zu »Taxi Driver«, inszenierte »Blue Collar« und »Hardcore«, dann faßte er den Plan, mit John Travolta einen Film über einen amerikanischen Gigolo zu produzieren. Zwar zerschlug sich der Plan, Travolta für die Hauptrolle einzusetzen, das Projekt selbst aber wurde realisiert. Richard Gere übernahm den Part des smarten Playboys, der älteren Damen die »gewissen Stunden« für harte Dollars versüßt. Die Beziehungen des Gigolos Julian Kay zu Frauen, die er – Spielzeugen gleich – mit der richtigen Technik im Griff hat, spielen sich ausschließlich auf körperlicher Ebene ab.
Die oberflächliche Zeichnung der Personen – entweder impotente Geschäftsleute oder reiche unbefriedigte Damen – wird immer wieder unterbrochen durch die Präsentation dessen, was nach Meinung Schraders in Beverly Hills wohl gut und teuer ist: Die Boutiquen des Rodeo Drive werden ebenso abgelichtet wie das legendäre Beverly Wilshire Hotel und ähnliche teure Lokalitäten – der potentielle Zuschauer aus der Provinz erlebt also einmal, was Welt ist. Inmitten dieser mondänen Welt trifft Gigolo Kay eines Tages auf die frustrierte Senatorengattin Michelle – für diese Rolle wählte man Laura Hutton. Zwischen den beiden entwickelt sich eine schwer durchschaubare Liebesbeziehung, die sogar bestehenbleibt, als Kay unter Mordverdacht steht. Das treue Senatorenfrauchen liefert ihrem Liebhaber zu guter Letzt sogar ein falsches Alibi, das Happy-End zeichnet sich also ab. Paul Schrader hat so gut wie alle Möglichkeiten dieses Themas verschenkt. Keine der handelnden Personen wird ausgelotet, die Handlungen der Protagonisten wirken aufgesetzt. Das Produkt verkommt in der Kulisse.

Der Mann in der Todeszelle

KILL ME IF YOU CAN

USA 1977.
Regie: Buzz Kulik. **Drehbuch:** John Gay.

Kamera: Jerry Finnerman. **Musik:** Bill Conti.
Darsteller: Alan Alda, Talia Shire, John Hillerman, Barnard Hughes, Virginia Kiser, Edward Mallory, Walter McGinn, Ben Piazza, John Randolph.
Erstaufführung: Dezember 1980, ARD.

In 37 Staaten der USA kann zur Zeit die Todesstrafe ausgesprochen werden, und die Tendenz zur Verschärfung der vorhandenen Gesetze hat sich verstärkt. Seit 1972 wird immer wieder über die Verfassungsmäßigkeit der Todesstrafe verhandelt, aber einzelne US-Staaten haben relativierende Entscheidungen des Obersten Gerichtshofs unterlaufen, haben, wie Kalifornien, den Katalog todeswürdiger Verbrechen erweitert, oder ihre Hinrichtungsmethoden mit der Injektion tödlicher Gifte »verfeinert«, wie Texas, Idaho und Oklahoma. Immerhin war seit 1967 in keinem Staat der USA ein Todesurteil vollstreckt worden, bis Gary Gilmore im Januar 1977 in Utah auf seiner Hinrichtung bestand, nicht zuletzt bekannt gemacht durch den Bericht des Autors Norman Mailer.
Die Todesstrafe ist seitdem wieder kontrovers diskutiert worden, ähnlich wie nach dem Fall des Amerikaners Caryl Chessman, der 1948 von einem kalifornischen Gericht zum Tode verurteilt worden war. In zwölf Jahren Aufenthalt in der Todeszelle war Chessman, einem hochintelligenten Mann, der sich in der Haft umfassende juristische Kenntnisse angeeignet hatte, mit Hilfe seiner Anwälte ein neunmaliger Aufschub des Urteils gelungen, indem er sich im Kampf gegen Verfahrensfehler und Voreingenommenheit der Justiz beharrlich durchsetzte. Er hatte mit seinem Schicksal internationales Aufsehen erregt und auch in Deutschland die verschiedensten Stellungnahmen herausgefordert, die von wütender Ablehnung seiner Person bis zur wohlabgewogenen Reflexion des Sinns oder der Sinnlosigkeit der Todesstrafe reichten.
Der Film »Der Mann in der Todeszelle« behandelt, formal ganz auf das Thema konzentriert, die Problematik der Todesstrafe am Beispiel dieses Caryl Chessman, einer schillernden Figur, die offenbar keinen Beobachter unbeteiligt ließ.
Caryl Chessman war gerade einen Monat aus der Haft entlassen, die ihm frühere Delikte eingebracht hatten, als man ihn nach einer Autoverfolgungsjagd festnahm und als »Rotlicht-Bandit« anklagte, dem eine Reihe innerhalb von vier Januartagen des Jahres 1948 begangener Verbrechen zur Last gelegt wurde, ausgeführt unter Benutzung eines roten Suchscheinwerfers. Die Anklage lautete im wesentlichen auf Entführung mit räuberischer Absicht und Körperverletzung, dies im Zusammenhang mit sexuellen Verbrechen, wenn auch ohne Todesfolge.
Aufgrund – angefochtener – Identifizierungen wurde Chessman für schuldig befunden, nachdem er versucht hatte, sich selbst zu verteidigen.

Der Mann mit der Stahlkralle

ROLLING THUNDER

USA 1977. **Produktion:** American International Pictures. **Länge:** 2450 m.
Regie: John Flynn. **Drehbuch:** Paul Schrader, Heywood Gould. **Kamera:** Jordan Cronenweth. **Musik:** Barry Devorzon.
Darsteller: William Devane, Tommy Lee Jones, Linda Haynes, James Best, Lisa Richards.
Verleih: Avis/Ascot.
Erstaufführung: 30. 5. 1980.

Die Geschichte dieses Films beutet das amerikanische Vietnam-Trauma aus, um die Selbstjustiz spekulativ zu propagieren. Übles Kinostück, bei dem bemerkenswert bleibt, daß Paul Schrader («Blue Collar«) einer der beiden Buchautoren ist.

Ein Mann namens Herbstblume

UN HOMBRE LLAMADO 'FLOR DE OTONO'

Spanien 1977.
Regie: Pedro Olea. **Drehbuch:** Pedro

Olea, Rafael Azcona. **Kamera:** Fernando Arribas. **Musik:** Carmelo Bernaolo.
Darsteller: José Sacristan, Paco Algora, Carmen Carbonell, Roberto Camardiel, Antonio Corencia, Jose Franco.
Erstaufführung: März 1980, ARD.

Barcelona, 20er Jahre: Der junge Rechtsanwalt Lluis, Sohn eines großbürgerlichen Hauses, wagt, sich im Unterwelt-Milieu als Homosexueller zu zeigen. Mehr noch: nachts tritt er in einem Kabarett als der Transvestit »Herbstblume« auf. Tagsüber, im Kreise seiner konservativen Onkel, streitet er mit rationalen politischen Argumenten um Sympathie für die Ziele der Gewerkschafter und Anarchisten Kataloniens, die vom Diktator Primo de Rivera verfolgt und von Lluis' Anwaltskanzlei verteidigt werden. In seiner schäbigen Zweitwohnung, zwischen lärmenden Kaschemmen, spricht er vor seinen Halbwelt-Freunden über die Qual seines Doppellebens und über seinen großen Traum: eine Revolution als Weg in eine freie Gesellschaft, in der auch Homosexuelle »24 Stunden lang« sie selbst sein dürfen. Eine blutige Unterwelt-Intrige gefährdet seine Doppelexistenz, treibt ihn an den Rand des psychischen Zusammenbruchs. Um so entschlossener ergreift er die gleichzeitig gebotene Chance zu offener politischer Rebellion: Von einem verhafteten anarchistischen Klienten übernimmt er den Plan eines Attentats auf den Diktator und setzt ihn kaltblütig in die Tat um.
Pedro Olea, der sich in den letzten Jahren des Franco-Regimes an zaghaft kritische Reminiszenzen aus Spaniens Bürgerkriegsjahren gewagt hatte, nutzte die neue Freiheit zum Griff nach einem ungewöhnlichen Stoff, sicherte sich mit José Sacristan einen virtuosen Schauspieler und brachte seine Erfahrung in der Inszenierung nostalgischen Dekors in einen der mitreißendsten Filme des nach–franquistischen Spanien ein.
Ein homosexueller Transvestit als Jeanne d'Arc einer Rebellion gegen eine etablierte Diktatur: Die Geschichte verknüpft gleich mehrere Motive, die ein ordnungsliebendes bürgerliches Publikum verschrecken können. Doch Olea und sein Hauptdarsteller Sacristan legen es nicht einfach auf einen Schockeffekt an. Sie porträtieren diese Figur so überzeugend, beschreiben ihre Umwelt-Zwänge so exakt, daß die Motive und Handlungen in jeder Phase einleuchten, aus einer zweideutigen Existenz eine bezwingend tragische Person machen. Das gelingt u. a. durch den lakonischen Stil, mit dem Olea in das soziale und politische Ambiente einführt, die Geschichte vorantreibt mit knappen Szenen, deren aufwendig zeitgerechter Dekor erst auf den zweiten Blick auffällt.

Master der Shaolin

SHAOLIN ABBOT

Hongkong 1979. **Produktion:** Shaw Brothers Ltd., Kowloon. **Länge:** 2163 m.
Regie: Keine Angaben.
Darsteller: Keine Angaben.
Verleih: Avis/Apollo.
Erstaufführung: 11. 4. 1980.

Keine Informationen zum Inhalt.

Meine brillante Karriere

MY BRILLIANT CAREER

Australien 1978.
Regie: Gilian Armstrong. **Drehbuch:** Eleanor Witcombe. **Kamera:** Don McAlpine. **Musik:** Nathan Waks.
Darsteller: Judy Davis, Sam Neill, Wendy Hughes, Robert Grubb, Pat Kennedy, Aileen Britton, Peter Withford.
Erstaufführung: November 1980, ARD.

Der Film folgt dem autobiografischen Roman einer Frau, die als 16jährige beschlossen hatte, den beengten Lebensumständen auf der elterlichen Farm zu entfliehen und ein Leben als Künstlerin zu führen. Die Autorin Miles Franklin hat sich nach Überwindung der in ihrem Buch beschriebenen Schwierigkeiten tatsächlich durchgesetzt und sich einen Namen als Schriftstellerin gemacht. Nach ihrem

Vorbild schildert Gilian Armstrong den Weg einer Frau im Australien der Jahrhundertwende, das von der kolonialen Situation, gesellschaftlichen Gegensätzen, dem strengen viktorianischen Sittenkodex und einer entschieden erstarrten Vorstellung von der Rolle der Frau geprägt ist. Die von ihr treffsicher gezeichneten Situationen, in die sie ihre Heldin geraten läßt, weisen über den historischen Zusammenhang hinaus und bezeichnen soziale und psychologische Bedingungen, die heute nicht weniger aktuell sind.

Meine drei Cousinen

CUGINE MIE

Italien 1978. **Produktion:** Costellazione Film, Rom. **Länge:** 2250 m.
Regie: Keine Angaben.
Darsteller: Franca Gonella, Christiana Borghi, Carlo Marini.
Verleih: Avis/Allianz.
Erstaufführung: 1. 2. 1980.

Freizügige Mädchen in einer Kleinstadt, Sex-Geschichte.

Messalina

MESSALINA

Italien 1979. **Produktion:** Irrigazione, Rom. **Länge:** 2778 m.
Regie: Bruno Corbucci. **Drehbuch:** Mario Amendola, Bruno Corbucci. **Kamera:** Marcello Mastiocci. **Musik:** Guido und Maurizio De Angelis.
Darsteller: Anneka di Lorenza, Lory Kay Wagner, Thomas Milian.
Verleih: United Artists.
Erstaufführung: 31. 10. 1980.

Toll trieben es die alten Römer, das weiß man spätestens seit der Blutorgie »Caligula«. In deren Kulissen wurde denn auch wenige Wochen später »Messalina« gedreht. Regisseur Corbucci hat kein weiteres Anliegen, als seine Hauptdarsteller möglichst oft auf der Leinwand kopulieren zu lassen.

Meteor

METEOR

USA 1977. **Produktion:** American International Pictures/Meteor Prod. **Länge:** 2923 m.
Regie: Ronald Neame. **Drehbuch:** Stanley Mann, Edmund H. North. **Kamera:** Paul Lohmann. **Musik:** Leonard Rosenthal. **Spezial-Effekte:** Glen Robinson, Robert Staples. **Schnitt:** Carl Kress.
Darsteller: Sean Connery, Natalie Wood, Karl Malden, Brian Keith, Martin Landau, Trevor Howard, Richard Dysart, Henry Fonda, Joseph Campanella, Katherine DeHetre.
Verleih: Warner-Columbia.
Erstaufführung: 21. 2. 1980.

Ein Meteor mit über acht Kilometer Durchmesser, dem ein riesiger Meteoritenschleier vorauseilt, ist nach einem kosmischen Zusammenstoß auf Kollisionskurs zur Erde gegangen. Nur sechs Tage bleiben Zeit, um eine unvorstellbare Katastrophe zu verhindern. Angesichts dieses Zeitdruckes entschließen sich die Großmächte USA und UdSSR, ihre mit Atomraketen bestückten Erdsatelliten in einer gemeinsamen Aktion gegen den Meteor einzusetzen. Zumal schon die ersten Meteoriten gewaltige Zerstörungen anrichten.
Und das wiederum gibt dem Regisseur die Gelegenheit, mit beiden Händen in die Trickkiste der Katastrophenfilme zu greifen. Ein Desaster jagt das andere. Die astrophysikalischen Fakten, die wohl den Anstoß für die Drehbuchautoren gaben, werden sehr bald einer zappeligen Science-fiction-Dramaturgie geopfert. Oberflächlichkeit dominiert, und der ungute Verdacht drängt sich auf, die atomare Hochrüstung soll hier ein wenig ins positive Licht gerückt werden.
Die internationale Zusammenarbeit der Großmächte läuft so ab, wie es sich der

kleine Moritz wohl vorstellt. Trotz einer interessanten Besetzung mit Henry Fonda als US-Präsident, Karl Malden als NASA-Chef, Brian Keith als maßgeblichem sowjetischem Astrophysiker und Natalie Wood als dessen Dolmetscherin (!). Inhaltlich stimmt da so manches nicht, und tricktechnisch bleibt »Meteor« hinter manchem Vorläufer (und Vorbild) zurück.

Midi – Reise ohne Abschied

DÉMONS DE MIDI

Frankreich/Belgien/Spanien 1979. **Produktion:** C.P. Production, Paris/2000 Production,, Brüssel/Imago international, Barcelona. **Länge:** 2867 m.
Regie: Christian Paureilhe. **Drehbuch:** Sylvia Coste, Christian Paureilhe. **Kamera:** Georges Barsky, Lionel Legros. **Musik:** Michel Bernohle.
Darsteller: Pierre Mondy, Micheline Presle, Sylvia Coste.
Verleih: Abaton.
Erstaufführung: 21. 3. 1980.

Bemerkenswertes Regie-Debüt eines Experimentalfilmers. Die Story: Ein Fünfzigjähriger steigt aus dem gewohnten Alltag aus und rebelliert. Dramatik und Action, Witz und Emotion – die turbulente Suche nach dem eigenen Ich.

Mikey und Nicky

MIKEY AND NICKY

USA 1973/76. **Produktion:** Paramount Pictures/Michael Hausman.
Regie: Elaine May. **Drehbuch:** Elaine May. **Kamera:** Victor J. Kemper, Lucien Ballard, Jerry File, Jack Cooperman. **Musik:** John Stauss. **Schnitt:** John Carter.
Darsteller: Peter Falk, John Cassavetes, Ned Beatty, Rose Arrick, Carol Grace.
Erstaufführung: April 1980, ZDF.

Nicky ist ein kleiner Gauner, der eine große Dummheit gemacht hat: Er hat auf eigene Rechnung gearbeitet und die Syndikatsbosse um Geld betrogen. Jetzt versteckt sich Nicky in einem schäbigen Hotelzimmer und sucht fieberhaft nach einer Möglichkeit, seine Haut zu retten. Er ist überzeugt, daß nur einer ihm helfen kann und wird: sein alter Freund Mikey. Ihn ruft er an, und Mikey kommt auch sofort.
Mikey redet Nicky gut zu, beruhigt ihn, erörtert mit ihm Fluchtpläne und sorgt vor allem dafür, daß Nicky etwa ißt und wieder zu Kräften kommt. Dann verlassen beide heimlich das Hotelzimmer, um zunächst einmal im Dunkel der nächtlichen Großstadt unterzutauchen. Mikey schleppt Nicky durch verschiedene Bars. Um ihn abzulenken? Um die Spuren zu verwischen? Mikey hat andere Motive, denn er hat einen Auftrag! Der Boß des Syndikats mag es nämlich nicht, wenn seine Autorität mißachtet wird. Er hat aus einer anderen Stadt einen Killer herbeordert, der Nicky unauffällig »erledigen« soll. Mikey soll dem Killer das »Wild« vor die Flinte treiben.
Aber der ahnungslose Nicky macht es den Jägern schwer. Er ist unruhig, hektisch, ändert seine Pläne dauernd, provoziert Auseinandersetzungen in Bars und Autobussen, aus denen er hinausgeworfen wird. So kann er, ohne es zu wollen und zu wissen, dem Killer, der von Mikey telefonisch auf dem laufenden gehalten wird, immer wieder entkommen.
Er besucht im Lauf dieser Nacht seine Freundin Nell und seine Frau; er klettert in einem Anfall verzweifelter Sentimentalität über eine Friedhofsmauer, um das Grab seiner Mutter zu sehen. Als der Morgen graut, lebt er noch immer.
Aber inzwischen hat er sich mit Mikey gestritten und geprügelt. Mikey hat dem Boß Bericht erstattet und ist dann nach Haus gegangen. Wieder kann Nicky die Einsamkeit nicht ertragen. Er will zu Mikey gehen, will sich entschuldigen und alles wieder in Ordnung bringen, aber Mikey weigert sich, ihm die Haustür zu öffnen. Diesmal kommt der Killer zur rechten Zeit ...

Mit einem Bein im Kittchen

USED CARS

USA 1979. **Produktion:** Columbia Pictures Industries Inc. **Länge:** 3082 m.
Regie: Robert Zemeckis. **Drehbuch:** Robert Zemeckis, Bob Gale. **Kamera:** Donald M. Morgan. **Musik:** Patrick Williams.
Darsteller: Kurt Russel, Gerrit Graham, Frank McRae, Deborah Harmon, Jack Wardon.
Verleih: Warner-Columbia.
Erstaufführung: 31. 10. 1980.

Kino-Komödie um rabiate Praktiken im Gebrauchtwagenhandel, die sich zeitweise zu einer bitteren Satire auf amerikanische Geschäftsgepflogenheiten in einer »freien Marktwirtschaft« entwickelt. Kritische Aspekte wechseln mit spektakulären Stunt-Szenen, und eine unkonventionelle Liebesgeschichte durchzieht das Ganze.

Moments

MOMENTS

Frankreich/Israel 1979. **Produktion:** Rosa Productions, Paris/Mica Films/Ben Hashurot, Tel Aviv. **Länge:** 2523 m.
Regie: Michal Bat-Adam. **Drehbuch:** Michal Bat-Adam. **Kamera:** Yves Lafaye. **Musik:** Hubert Rostaing (nach einem Thema von Beethoven). **Ausstattung:** Eytan Levi. **Kostüme:** Sarah Wiener.
Darsteller: Michal Bat-Adam, Brigitte Catillon, Assaf Dayan, Avi Pnini.
Verleih: Filmverlag der Autoren.
Erstaufführung: 25. 1. 1980.
FBW-Prädikat: besonders wertvoll.

Ein Film, der Gefühle, Augenblicke der Zärtlichkeit, Sehnsucht und flüchtiges Glück in seinen Bildern festzuhalten versucht; ein Film, dessen Personen gegen die Endlichkeit eines schönen Moments, einer harmonischen Zweisamkeit, eines verliebten Lächelns aufzubegehren suchen, indem sie sich anheischig machen, über Jahre hinweg das längst vorübergeglittene Fluidum eines Augenblicks, eines momentanen Empfindens als Kontinuum zu fixieren.
Daß sie bei aller (und trotz aller) Phantasie und Sensibilität scheitern (müssen), ist begreiflich. Daß die Schauspielerin und Regie-Debütantin Michal Bat-Adam sich mit sehr persönlichem Engagement dennoch darauf eingelassen hat, die Flüchtigkeit der Gefühle in die Sinnlichkeit fließender Kinobilder zu übertragen, macht den anmutigen Charme dieser »Moments« aus.
Im Zug von Tel-Aviv nach Jerusalem lernen sie sich kennen: Anne, eine junge Französin, die als Touristin unterwegs ist, und Yola, eine junge Israelin, die für einen literarischen Wettbewerb noch rechtzeitig eine Novelle zu Ende schreiben möchte und dazu an einen vertrauten Ort reist. Zwei Menschen, die, soziologisch betrachtet, keinerlei repräsentative Relevanz haben, Kinofiguren also, die denn auch alsbald mit verträumten Schick durch ein ganz und gar unwirkliches, zeitlos-unpolitisches Jerusalem flanieren.
Was ihre Zweisamkeit für den Zuschauer interessant macht, ist allein das erotische Spannungsverhältnis, das zwischen den beiden Frauen sich aufbaut und auch dann nicht abklingt, als der feste Freund der Israelin in Jerusalem auftaucht. Die sexuelle Kommunikation der jungen Frauen freilich bedarf sogar dieses Mannes, verwirklicht sich erst zu dritt im Bett und wird dabei zugleich schon zu einem Moment der Vergangenheit, der nicht leicht zu erinnern ist.
Solcherart problematische, verquere und sehr individuelle Beziehungen möchten die Frauen fünf Jahre später auf die Probe stellen. Der Augenblick der Zärtlichkeit wird jedoch zu einem ungreifbaren Moment des Unwiederbringlichen.
Michal Bat-Adam hat dies alles mit viel persönlichem Engagement auf die Leinwand gebracht. Sie stellt Situationen im Leben von Frauen vor, die in ihrem Netzwerk der Gefühle durchaus anrühren. Doch fehlt der Innenwelt der Protagonistinnen eine realistische Beziehung zur Außenwelt. Und dadurch bleiben die »Moments« letztlich eher frustrierende

Ausblicke ins Wunschtraumland einer feministischen Selbstverwirklichungssuche abseits gesellschaftlicher Tatsachen.

Monarch

Bundesrepublik Deutschland 1979. **Produktion:** Regina Ziegler Filmproduktion/WDR. **Länge:** 2293 m. Dokumentarfilm. **Regie:** Johannes Flütsch, Manfred Stelzer. **Drehbuch:** Johannes Flütsch, Manfred Stelzer. **Kamera:** Johannes Flütsch, Manfred Stelzer. **Schnitt:** Elisabeth Förster. **Darsteller:** Diethard W. ist Monarch. **Verleih:** Filmverlag der Autoren. **Erstaufführung:** 29. 2. 1980 (Festival-Uraufführung in Hof am 26. 10. 1979). **FBW-Prädikat:** besonders wertvoll.

Monarch ist keine erfundene Figur, es gibt ihn wirklich. Er heißt Diethard W., ist 39 Jahre alt und war vormals kaufmännischer Angestellter.
Monarch hat einen Trick herausgefunden, mit dem man einen bestimmten Typ von Spielautomaten, wie sie in Gaststätten aufgehängt sind, überlisten kann. Der erste Automat, an dem er spielte und gewann, hatte die Bezeichnung Monarch, gab Diethard seinen »Künstlernamen«.
Der Film der beiden Berliner Dokumentaristen Johannes Flütsch und Manfred Stelzer beschreibt in authentischen Szenen die »Arbeit« des Monarchen, sein alltägliches Geschäft in Kneipen, Imbißstuben und Hotels, läßt ihn auch selbst zu Wort kommen, erzählt von seinem Werdegang, seinem »Berufsethos«, seinen Zukunftsperspektiven, seinen Träumen. Außerdem werden in einigen (halbdokumentarischen) Szenen dramatische Ereignisse aus der bisherigen Laufbahn des »Automatenschrecks« nachgespielt.
Die Freizeitlandschaft einer Konsumgesellschaft wird dabei so nebenbei erschreckend sichtbar. Die Sozialkritik der beiden Filmemacher kommt ganz beiläu-

Diethard W. in dem Film »Monarch« (Foto: Filmverlag der Autoren).

fig aus den Bildern daher. Komische und fast tragische Szenen wechseln einander ab. Monarchs Reise durch Deutschland – ein kleiner Alptraum.
Diethard W. hat mit drei Groschen Einsatz auf seine Weise sehr viel Geld gemacht. Aber hat er wirklich gewonnen?

Mondo Cannibale, 3. Teil – Die blonde Göttin der Kannibalen

CANNIBALS

Italien 1980. **Produktion:** Sirius Cinematografica, Rom. **Länge:** 2468 m.
Regie: Sam Gardner. **Kamera:** Leo Ficole. **Musik:** C. Sudarto.
Darsteller: Michael Kelly, Gordon Maragan.
Verleih: Scotia International.
Erstaufführung: 28. 11. 1980.

So eine Serie wird selten besser in ihren Fortsetzungen. Hier sinkt das ohnehin schon niedrige Niveau der Vorläufer ins Nichts. Schamloser geht's nicht, wenn man primitive Völker »vermarktet«.

Monty Pythons – Das Leben des Brian

MONTY PYTHONS LIFE OF BRIAN

Großbritannien 1979. **Produktion:** John Glodstone. **Länge:** 2573 m.
Regie: Terry Jones. **Drehbuch:** Graham Chapman/John Cleese/Terry Gilli/Eric Idle/Terry Jones/Michael Palin. **Kamera:** Peter Biziou. **Musik:** Geoffrey Burgon. **Ausstattung:** Roger Christian. **Kostüme:** Hazel Pethig/Charles Knode. **Schnitt:** Julian Dyle.
Darsteller: Terry Jones, Graham Chapman, Michael Palin, John Cleese, Gwen Taylor, Ken Colley, Eric Idle, Terrence Bayler, Sue Jones-Davies, John Young, Terry Gilliam.
Verleih: CIC.
Erstaufführung: 15. 8. 1980.

Man bezeichnet sie abwechselnd als Gipfel der Geschmacklosigkeit oder als humoristische Wunderwaffe. Gemeint ist Monty Python, jene sechsköpfige englische Komikertruppe, die bereits mit »Die Ritter der Kokosnuß« von sich reden machte. Widmete sich die Gruppe bei ihrer ersten Filmproduktion der König-Artus-Legende, so nimmt sie sich nun mit der gleichen beißenden Ironie der pathetischen Bibelfilme italienischer bzw. amerikanischer Provenienz an. Das Ergebnis ist eine Parodie, die zwischen Blasphemie und typisch englischem Witz angesiedelt ist. Erzählt wird eine Passionsgeschichte plebejischer Art, jedes falschen Pathos entkleidet, ausgestattet mit jener exzentrischen Komik, die vornehmlich von Absolventen der britischen Eliteschule Oxford kreiert wurde.
Die Idee zu ihrem jüngsten Leinwandgag kam der Truppe 1976. Terry Jones und Terry Gilliam stießen bei einer Reise durch Nordafrika in Monastir (Tunesien) auf die zurückgelassenen Kulissen aus Franco Zefirellis »Jesus von Nazareth«. Die Erinnerung an jenen pathetischen Bibel-Schinken förderte den Gedanken an eine eigene, populäre Passionsgeschichte. Im Mittelpunkt des Films sollte jedoch nicht Jesus Christus, sondern seine Zeit stehen, die gesellschaftlichen Fragen – römische Besatzung und jüdischer Widerstand – sollten primär behandelt werden. Mit ihrer Respektlosigkeit entmythologisieren sie die Bibelgeschichte, der fälschlich für den Messias gehaltene Brian ist ein Opfer des Glaubenswahns seiner Umgebung, die römischen Besatzungstruppen wiederum werden als lächerliche imperiale Clowns vorgeführt, die jüdischen Widerstandskämpfer sind heillose Wirrköpfe.
Von ungebildeten Bauern für den Messias gehalten, ist Brian schließlich den Römern eine Kreuzigung wert. Er wird nach Golgatha geführt und gekreuzigt. Gemeinsam mit seinen beiden Leidensgenossen singt er zum Abschied: »Always Look On the Bright Side of Life ...«

Muppet Movie

THE MUPPET MOVIE

Großbritannien 1978. **Produktion:** ITC Films Ltd., London. **Länge:** 2671 m. Puppentrickfilm.
Regie: James Frawley. **Drehbuch:** Jerry Juhl, Jack Burns. **Kamera:** Isidore Mankofsky. **Musik:** Paul Williams, Kenny Ascher. **Animation:** Frank Oz, Jim Henson, Jerry Nelson, Richard Hunt, Dave Goelz, Carroll Spinney. **Bauten:** Joel Schiller. **Kostüme:** Calista Hendrickson. **Schnitt:** Chris Greenbury. **Special Effects:** Robbie Knott.
Verleih: Jugendfilm.
Erstaufführung: 12. 6. 1980.

Die Plüsch- und Schaumstoffviecher der Fernseh-Kinderserie The Muppets sind längst auch auf bundesdeutschen Bildschirmen kein ausschließliches Vergnügen mehr für die Kleinen, sondern zunehmend ein entspannender

Miss Piggy von den Muppets in dem Film »Muppet Movie« (Foto: Jugendfilm).

Die Muppets in dem Film »Muppet Movie« (Foto: Jugendfilm).

Feierabend-Ulk auch für die Erwachsenen.
Auf der Kinoleinwand tun sich Kermit, Miss Piggy, Crazy Harry, Fozzie, der Bär, Dr. Goldzahn und all die anderen bekannten Freunde der Serie manchmal etwas schwer, das Spektakel so flott und pfiffig zu präsentieren wie sonst in ihren knapp halbstündigen kurzweiligen TV-Episoden. Das Arrangement fürs Filmtheater läuft schon etwas mühsam an mit Kermit, dem Frosch, der irgendwo in einem Sumpfgebiet sein Banjo spielt und singt, bis ihm ein Hollywood-Mann rät, doch in den Filmstudios sein Glück zu suchen. Das tut Kermit denn auch – immer im Kampf mit einem Froschschenkel-Händler, der unseren Freund von der hehren Kinokunst weg ins Werbefernsehen abdrängen möchte.
Der Film ist kein Zusammenschnitt aus alten Fernsehfolgen, sondern eine originäre Kreation fürs Kino. Zwei weitere Filme sollen folgen.

Don Adams in dem Film »Die nackte Bombe«
(Foto: Cinema International Corp.).

Die nackte Bombe

THE NUDE BOMB

USA 1979. **Produktion:** Jennings Lang/ Universal/Time-Life-Films. **Länge:** 2570 m.
Regie: Clive Donner. **Drehbuch:** Arne Sultan, Bill Dana, Leornard B. Stern. **Kamera:** Harry L. Wolf. **Musik:** Lalo Schifrin. **Bauten:** Marc E. Meyer. **Ausstattung:** William Tuntke. **Schnitt:** Walter Hannemann.
Darsteller: Don Adams, Sylvia Kristel, Rhonda Fleming, Dana Elcar, Pamela Hensley, Andrea Howard, Norman Lloyd, Bill Dana, Vittorio Gassman.
Verleih: CIC.
Erstaufführung: 8. 8. 1980.

In den sechziger Jahren schlug Maxwell Smart regelmäßig zu. Mel Brooks und Buck Henry hatten mit dieser Figur eine Parodie auf Agentenfilme schlechthin entwickelt. Clive Donner versuchte, den Erfolg der Fernsehserie nun ins Kino zu übertragen, und ging damit baden.

Donners Film ist eine eher müde Geschichte: Maxwell bekämpft mit seinen Agentinnen die Bösewichter-Organisation »KAOS«, deren Chef ein Mittel entwickelt hat, um alle Menschen mittels Knopfdruck von Textilien zu befreien. Trotz seiner Dummheit kann Maxwell schließlich doch alle gegnerischen Agenten ausschalten und sich nun endlich ganz seinen Assistentinnen widmen.
Zwar versucht der Hauptdarsteller ständig Grimassen zu schneiden, gibt sich redliche Mühe, auf jede nur erdenkliche Art und Weise Treppen hinunterzupurzeln, Spaß aber will sich bei der Geschichte trotz allem nicht einstellen.

Die Nackte von Sados

EMANUELLE – QUEEN OF SADOS

Griechenland 1979. **Produktion:** P. F. Andromeda Films, Athen. **Länge:** 2182 m.
Regie: Ilias Mylonakos. **Drehbuch:** Ilias Mylonakos, Giovanni Ullu.
Darsteller: Lauro Gemser, Gabriele Tinti, Livia Russo, Harry Stevens, Nadia Neri, Gordon Mitchell.
Verleih: Kora.
Erstaufführung: 25. 7. 1980.

Italienische Sexfilm-Darsteller unterstützten hier die griechischen Kollegen bei dem Bemühen, einen einigermaßen verständlichen Softporno zu produzieren. Doch das Niveau bleibt tief drunten im Keller. Der Dilettantismus triumphiert.

1941 – Wo, bitte geht's nach Hollywood?

1941

USA 1978. **Produktion:** Universal Pictures Inc. **Länge:** 3046 m.
Regie: Steven Spielberg. **Drehbuch:** Robert Zemeckis, Bob Gale. **Kamera:** William A. Fraker. **Musik:** John Williams.
Darsteller: Dan Aykroyd, Ned Beatty, John Belushi, Lorraine Gary, Christopher Lee, Warren Oates, Treat Williams, Toshiro Mifune, Murray Hamilton, Tim Matheson, Robert Stack.
Verleih: Warner Columbia.
Erstaufführung: 28. 3. 1980.

Nach »Der weiße Hai« und »Unheimliche Begegnung der dritten Art« hat Steven Spielberg hier für weit über 30 Millionen Dollar eine wilde Hollywood-Kriegs-Comic-Komödie arrangiert, in der er buchstäblich das Unterste nach oben kehrt.
Eine angeblich wahre Begebenheit nimmt Spielberg zum Ausgangspunkt seines ausufernden Happenings: Ein japanisches U-Boot, das beim Angriff auf Pearl Harbor vom rechten Kurs abkam, wird einige Zeit später an der amerikanischen Westküste gesichtet. Und der Schock von Pearl Harbor wirkt in Kalifornien noch so stark weiter, daß die Bevölkerung panisch aus dem Häuschen gerät.
Das ist alles recht lustig anzusehen, und die Einfälle des Regisseurs überschlagen sich vor Freude am großen, alles zerdeppernden Spaß. Gags und Spezialeffekte, ironische Ausfälle und klamottenhafte Situationen, eine Menge Filmzitate und viel alberner Slapstick brechen über den armen Zuschauer herein.
Der weiß gar nicht recht, wie ihm geschieht. Denn die Material- und Stuntmen-Schlachten sind von solch aggressivem Irrwitz, daß einem nicht nur Hören und Sehen vergeht, sondern, wenn man nicht aufpaßt, ganz leicht auch das Denken. Was hier Parodie, was Kritik und was lediglich Spaß am Klamauk ist, hat Spielberg nicht zu trennen vermocht. Die Hybris des eigenen Metiers, die er unterlaufen wollte, holt ihn prompt wieder ein.

Nicht mit uns

Bundesrepublik Deutschland 1980. Neue Schnittfassung des Hark-Bohm-Films »Im Herzen des Hurricans« (siehe dort). **Länge:** 2868 m.
Verleih: Filmverlag der Autoren.
Erstaufführung: 15. 8. 1980.

Die Nichten der Frau Oberst

DIE NICHTEN DER FRAU OBERST

Schweiz 1979. **Produktion:** Elite Film AG, Zürich. **Länge:** 2401 m.
Regie: Michael Thomas. **Drehbuch:** Manfred Gregor, frei nach Guy de Maupassant. **Kamera:** Peter Baumgartner. **Musik:** Walter Baumgartner.
Darsteller: Keine Angaben.
Verleih: Avis/Ascot.
Erstaufführung: 18. 1. 1980.

Vordergründige erotische und sexuelle Szenen, sehr frei nach Maupassant.

Nijinsky

NIJINSKY

USA 1979. **Produktion:** Paramount Pictures. **Länge:** 3414 m.
Regie: Herbert Ross. **Drehbuch:** Hugh Wheeler. **Kamera:** Douglas Slocombe. **Musik:** Debussy, Strawinsky.
Darsteller: Alan Bates, George de la Pena, Leslie Browne, Alan Badel, Carla Fracci, Ronald Pickup.
Verleih: CIC.
Erstaufführung: 22. 8. 1980.

»Nijinsky« ist nicht sein erster Ballettfilm. Bereits vor einigen Jahren hatte Herbert Ross »Am Wendepunkt« inszeniert und war damit bei Kritik und Publikum auf Beifall gestoßen. Der neue Stoff nun ist ungleich schwieriger.
Die Beziehungen zwischen dem Direktor des berühmten Balletts Russes und dem genialen Tänzer Nijinsky waren homoerotisch. Es konnte im Film also nicht nur um Choreographie, sondern mußte auch um die komplizierte Beziehung der beiden Künstler gehen.
Die Beziehung zwischen Diaghilew und Nijinsky endete tragisch. Der Ballettdirektor verstieß den Tänzer, dieser endete daraufhin in völliger geistiger Umnachtung. Zumindest diese persönliche Seite der Geschichte hat der Film zufriedenstellend aufgelöst. Anders jedoch, wenn es um den Tanz selbst geht. George de la Pena ist eben kein Nijinsky. Trotzdem ist der Film in seiner Milieuschilderung glaubwürdig.

George de la Pena in dem Film »Nijinsky« (Foto: Cinema International Corp.).

Nimm's leicht Mama

VAS–Y MAMAN

Frankreich 1978. **Produktion:** Les Films Montfort/Les Films 21/S.F.P./Renn Prod.
Regie: Nicole de Buron. **Drehbuch:** Nicole de Buron, Pierre Sisser, Mathilde Pean. **Kamera:** Etienne Becker. **Musik:** Marie-Paule Belle. **Schnitt:** Jacques Vitta.
Darsteller: Annie Girardot, Pierre Mondy, Eleonore Klarwein, Richard Constantini, Henri Garcin, Claude Pieplu.
Erstaufführung: Dezember 1980, ZDF.

Annie ist eine glückliche Ehefrau und Mutter. Ihr Mann verdient gut, die beiden Kinder sind wohlgeraten, und die Familie fühlt sich in ihrem hübschen Eigenheim wohl. Eines Tages jedoch stellen sich bei Annie Depressionen ein. Die Hausarbeit füllt sie nicht mehr aus, aber auch der Psychiater kann nicht helfen. So beschließt sie, berufstätig zu werden.
Bald arbeitet Annie in der Aufnahme einer Entbindungsklinik. Arbeit und Kontakt mit neuen Menschen machen Spaß,

aber Haushalt und Familie kommen zu kurz. Bevor es zu einer Tragödie kommt, beendet Annie deshalb ihre Tätigkeit im Krankenhaus wieder. Sie kehrt jedoch nicht ausschließlich an ihre Kochtöpfe zurück. Vielmehr beginnt sie, ihre eigene Geschichte aufzuschreiben.
Zur großen Überraschung aller wird das Buch ein Bestseller. Annie wird sogar als Autorin dekoriert und zu internationalen Kongressen eingeladen. Der Ehemann steht jetzt dem Problem gegenüber, eine berühmte Frau zu haben. Frustriert und ein wenig von Neid gepackt, zieht er aus. Aber die kluge »Mama« tut auch hier das Richtige, so daß das Familienglück gesichert ist.

Die Nelson-Affaire

THE NELSON AFFAIR

USA 1973. **Produktion:** Hal B. Wallis.
Regie: James Cellan Jones. **Drehbuch:** Terence Rattigan. **Kamera:** Gerry Fisher B.S.C. **Musik:** Michel Legrand. **Schnitt:** Anne V. Coates.
Darsteller: Glenda Jackson, Peter Finch, Michael Jayston, Anthony Quayle, Margaret Leighton.
Erstaufführung: August 1980, ZDF.

Nach zweijährigem Seekrieg gegen Frankreich kehrt Lord Nelson am 19. August 1805 mit seinem Flaggschiff »Victory« nach England zurück. Von der Admiralität bedingt er sich einige Monate Urlaub aus. Er wird sie jedoch nicht bei seiner Frau, Lady Nelson, verbringen, von der er seit Jahren getrennt lebt, sondern bei Lady Hamilton.
In Lady Hamiltons Haus finden rauschende Feste zu Ehren Nelsons statt, bei denen die Hausherrin zuweilen allerdings aus der Rolle fällt. Lady Hamilton, ein »Vollblutweib«, trinkt leicht über den Durst und sagt in solchen Situationen ihre Meinung frei von der Leber weg. Den Alkohol sieht sie als Gegenmittel gegen die Angst an, Angst um ihren geliebten Nelson.
Ihre Angst ist nicht unbegründet. Denn trotz des zugesicherten Urlaubs muß Admiral Nelson schon bald wieder auf See, um mit der englischen Flotte gegen die Schiffe des französischen Admirals Villeneuve zu kämpfen. Kurz vor der Schlacht läßt er sein Testament aufsetzen und auch beglaubigen, in dem er König und England verpflichtet, im Falle seines Todes so für Lady Hamilton zu sorgen, daß sie »standesgemäß« weiterleben kann. Die Seeschlacht wird für England zum überwältigenden Sieg, aber Admiral Nelson wird von einer Kugel getroffen. Er stirbt am 21. Oktober 1805. König und Land halten ihre Zusage nicht ein. Lady Hamilton wird von Gläubigern gehetzt und zweimal ins Schuldgefängnis geworfen, bis sie schließlich England verläßt. Sie stirbt am 15. Januar 1815 in Calais in völliger Armut.

Noch ein Käfig voller Narren

LA CAGE AUX FOLLES

Italien 1980. **Produktion:** Marcello Danon. **Länge:** 2778 m.
Regie: Edouard Molinaro. **Drehbuch:** Francis Veber, Marcello Danon, Jean Poiret. **Kamera:** Armando Nanuzzi. **Musik:** Ennio Morricone. **Ausstattung:** Luigi Scaccianoce. **Kostüme:** Ambra Danon. **Schnitt:** Robert Isnardon.
Darsteller: Ugo Tognazzi, Michel Serrault, Mark Bodin, Bennie Luke, Gianrico Tondinelli, Marcel Bozzuffi, Michel Galabru, Giovanni Vettorazzo.
Verleih: United Artists.
Erstaufführung: 19. 12. 1980.

Bereits der erste Teil dieser Transvestiten-Komödie brach alle Kassen-Rekorde. Offenbar aus diesem Grund macht man nun eine ganze Serie daraus. Bekommen ist es den beiden Protagonisten Renato (Ugo Tognazzi) und Albin (Michel Serrault) allerdings nicht. Konnten sie im ersten Film den Zuschauer durch gekonnte Gags und Slapstick-Einlagen überraschen, so quälen sie sich jetzt von Pointe zu Pointe, torkeln von Kalauer zu Kalauer. Die Rahmenhandlung bildet eine

Agentengeschichte, in die der vom Pech verfolgte Albin mehr oder weniger zufällig verwickelt wird. Wechselseitig machen die Geheimdienste Jagd auf ihn bzw. den Mikrofilm, von dem sie vermuten, er befinde sich in seinem Besitz. Albin muß schließlich gemeinsam mit Renato in die italienischen Berge flüchten und sich die Tracht einer italienischen Bäuerin anlegen. Doch auch hier werden die beiden aufgespürt. Es kommt zum Show-Down der rivalisierenden Agentengruppen, Albin und Renato jedoch kehren – zwar etwas lädiert, jedoch glücklich – als Retter des Vaterlandes nach Nizza zurück.

Noch mehr Rauch um überhaupt Nichts

CHEECH AND CHONGS NEXT MOVIE

USA 1979. **Produktion:** C & C Brown Prod. **Länge:** 2778 m.
Regie: Thomas Chong. **Drehbuch:** Thomas Chong. **Kamera:** King Baggot. **Musik:** Mark Davis.
Darsteller: Richard Marin, Thomas Chong, Evelyn Guerrero, Betty Kennedy.
Verleih: CIC.
Erstaufführung: 19. 11. 1980.

Fortsetzung von »Viel Rauch um Nichts«. Cheech und Chong, das rockende und kiffende kalifornische Komikerpaar, erlebt wieder einmal böse Überraschungen mit dem Rauschgiftdezernat. Unterhaltsame Slapstick-Komödie mit viel Musik und Gags um die amerikanische Marihuana-Szenerie.

Die Nummer, bitte?

NUMBER, PLEASE?

USA 1920. **Produktion:** Hal Roach.
Regie: Hal Roach, Fred Newmeyer. **Drehbuch:** Hal Roach. **Kamera:** Walter Lundin. **Musik:** Joachim Ludwig.
Darsteller: Harrold Lloyd, Mildred Davis, Wallace Howe, Roy Brooks.
Erstaufführung: April 1980, ZDF.

Harold kommt bei Mildred nicht recht zum Zug. Die Gelegenheit einer Ballonfahrt zu zweit macht sie nicht nur für ihn, sondern auch für den aufgeblasenen Rivalen Roy von der Erlaubnis ihrer Mutter abhängig. Während Roy mit dem Auto davoneilt, versucht es Harold telefonisch. Als er schließlich sehr umständlich eine Verbindung bekommt, hat Roy längst die Einwilligung. Unterdessen schnappt sich ein Dieb Mildreds Handtasche, die jener auf der Flucht Roy zusteckt. Geschickt kann dieser den »Schwarzen Peter« Harold zuschieben und damit die Polizei auf ihn hetzen. Harold hat alle Mühe, das lästige Stück loszuwerden. Und als ihm dies unvermutet mit Hilfe einer Ziege doch noch gelingt, die die Tasche kurzerhand auffrißt, ist Mildred darüber höchst ungehalten und geht mit Roy davon.

Nur dem Namen nach

IN NAME ONLY

USA 1937. **Produktion:** RKO Radio Pictures/Georges Haight.
Regie: John Cronwell. **Drehbuch:** Richard Sherman. **Kamera:** J. Roy Hunt. **Musik:** Archivmusik/Roy Webb. **Schnitt:** William Hamilton.
Darsteller: Cary Grant, Carole Lombard, Charles Coburn, Kay Francis, Helen Vinson, Nella Walker.
Erstaufführung: Dezember 1980, ZDF.

Am idyllischen Ufer eines kleinen Flusses lernt der kontaktfreudige Millionär Alec Walker die verwitwete Julie Eden und ihre kleine Tochter kennen. Beim nächsten Rendezvous erzählt Alec der schönen Julie, daß er verheiratet sei, sich jedoch nicht als Ehemann fühle, weil seine Frau ihn betrogen und nur des Geldes wegen geheiratet habe.
Als die Gefühle, die Julie und Alec füreinander empfinden, tiefer werden, erneuert der Millionär frühere Versuche, von sei-

ner Frau die Einwilligung zur Scheidung zu bekommen. Sie geht scheinbar darauf ein und tritt eine mehrmonatige Europareise an. Indessen richtet der unbekümmerte Alec eine Wohnung für sich und Julie ein, aber die Scheidung läßt auf sich warten. Am Weihnachtsabend ist Alecs Frau überraschend wieder zurück und denkt gar nicht daran, sich scheiden zu lassen. Nun verliert Alec die Nerven. Er betrinkt sich in einer Absteige und erkrankt auf Leben und Tod. Am Krankenbett erkennen schließlich auch Alecs Eltern die Herzlosigkeit seiner Frau und erlauben Julie, Alec gesundzupflegen.

Die Öl-Piraten

DOCTEUR JUSTICE

Frankreich 1975. **Produktion:** Belles Rives, Paris/Hidalgo Cinematograficas, Madrid. **Länge:** 2937 m.

Regie: Christian Jacque. **Drehbuch:** Jacques Robert. **Kamera:** Daniel Lacambre. **Musik:** Pierre Porte.
Darsteller: Gert Fröbe, John Phillip Law, Nathalie Delon, Roger Paschy, Lionel Vitrant.
Verleih: United Artists.
Erstaufführung: 29. 8. 1980.

Zu Beginn seiner Karriere galt Christian Jacque als ernstzunehmender Regisseur. Mit Filmen wie »Die Kartause von Parma« und »Fanfan, der Husar« machte er sich bei Kritik wie Publikum einen guten Namen. Seit einigen Jahren jedoch bedient Jacque ein absolut belangloses Kommerzkino und hat offenbar auch seine handwerklichen Fähigkeiten verlernt – diesen Eindruck hat man zumindest bei seinem Film »Die Ölpiraten«.
Zum Inhalt: Im Hafen von Antwerpen läuft ein Riesentanker ein. Statt der erwarteten 80000 Tonnen Rohöl befindet sich in den Tanks jedoch nur Meerwasser. Besatzung und Polizei stehen vor einem Rätsel, einzig Schiffskoch Max (Gert Frö-

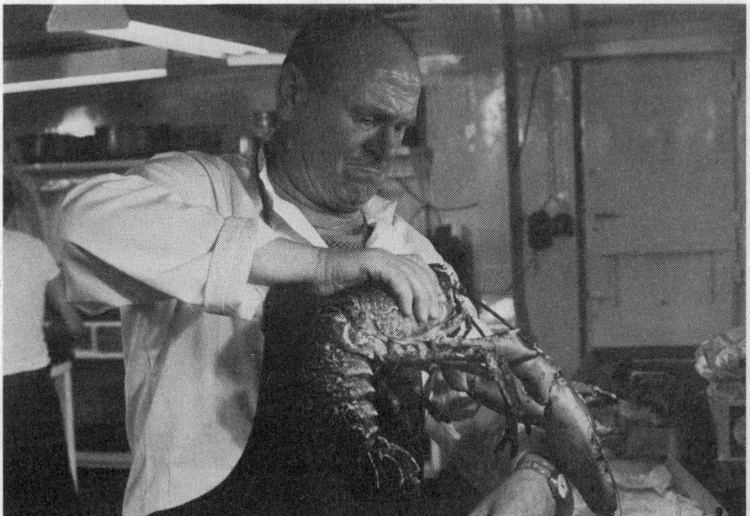

Gert Fröbe in dem Film »Die Ölpiraten« (Foto: United Artists).

be) weiß Bescheid. Er arbeitet für eine Organisation, die sich auf Ölpiraterie spezialisiert hat und die wertvolle Ladung in Tiefseereservoirs abfüllt. Der zweite große Coup aber wird durch einen couragierten Wissenschaftler und seine Assistentin verhindert.

Ohne Betäubung

BEZ ZNIECZULENIA

Polen 1978. **Produktion:** Film Polski. **Länge:** 3276 m.
Regie: Andrzej Wajda. **Drehbuch:** Agnieszka Holland, Andrzej Wajda. **Kamera:** Edward Klosinski. **Musik:** Piotr Derfel.
Darsteller: Zbigniew Zapasiewicz, Ewa Dalkowska, Andrzej Sewaryn.
Verleih: AG KINO.
Erstaufführung: 12. 9. 1980.

Jerzy Michalowski, etwa 40 Jahre alt, ist angesehener Fernsehjounalist – ausgestattet mit Privilegien, einem überdurchschnittlichen Gehalt und einer Familie. Völlig unvorbereitet trifft ihn deshalb die Nachricht, seine Frau habe ihn verlassen. Es folgt die schrittweise Vernichtung des Protagonisten. Parallel zum Scheitern seiner Ehe kommt der berufliche Abstieg. Gründe kann Michalowski für all dies nicht ausmachen. Der Film endet mit dem Tod des Protagonisten, wobei es offenbleibt, ob es Selbstmord oder ein Unfall war. Wajdas Film ist voll beunruhigender Brillanz, die Demontage eines Menschen ohne jede Erklärung.

Operation Ganymed

Bundesrepublik Deutschland 1977. **Produktion:** Pentagramma. **Länge:** 3050 m.
Regie: Rainer Erler. **Drehbuch:** Rainer Erler. **Kamera:** Wolfgang Grasshoff. **Musik:** Eugen Thomas. **Bauten:** Michael Pilz. **Kostüme:** Stasi Kurz.
Darsteller: Horst Frank, Dieter Laser, Uwe Friedrichsen, Jürgen Prochnow, Claus Theo Gärtner, Wolf Mittler, Vicky Roskilly.
Verleih: Fantasia.
Erstaufführung: 6. 6. 1980.

Kino-Einsatz des im Dezember 1977 im ZDF gesendeten Films von Rainer Erler über ein ehrgeiziges, aber nicht nach Plan laufendes Raumfahrtunternehmen zum Jupiter. Als die Astronauten nach Jahren schließlich doch zur Erde zurückkehren, hat man sie dort längst abgeschrieben. Ein auch technisch hervorragend gemachter utopischer Thriller mit intellektuellem Anspruch.

Palermo oder Wolfsburg

Bundesrepublik Deutschland 1980. **Produktion:** Thomas Mauch Produktion/Eric Franck. **Länge:** 4850 m.
Regie: Werner Schroeter. **Drehbuch:** Werner Schroeter, Guiseppe Fava. **Kamera:** Thomas Mauch. **Musik:** Alban Berg und Originalfolklore. **Bauten:** Edwin Wengobowski. **Ausstattung:** Alberte Barsaq. **Kostüme:** Magdalena Montezuma, Roberto Lagana. **Schnitt:** Ursula West, Werner Schroeter.
Darsteller: Nicola Zarbo, Calogero Arancio, Padre Pace, Cavaliere Comparato, Brigitte Tilg, Gisela Hahn, Antonio Orlando, Ida di Benedetto, Magdalena Montezuma, Otto Sander, Johannes Akker, Ula Stöckl, Tamara Kafka, Harry Baer.
Verleih: prokino.
Erstaufführung: 14. 3. 1980 (im Kino; Uraufführung bei den Internationalen Filmfestspielen Berlin 1980).

Nach seinen »Neapolitanischen Geschwistern« erzählt Werner Schroeter hier die Geschichte eines jungen Sizilianers, der seine Heimat Palermo verläßt, um in Wolfsburg zu arbeiten. Der Film wurde in Berlin mit einem »Goldenen Bären« ausgezeichnet.
Schroeters Drei-Stunden-Drama vom

Scheitern eines Menschen verknüpft privates Leben mit der Beschreibung zweier Kulturen zu einem kaum lösbaren Widerspruch. Besonders im zweiten Teil des Films, als der junge Sizilianer des Mordes angeklagt wird, steigert der Regisseur das Prozeßgeschehen bis hin zur Groteske.
Man muß als Zuschauer dabei eine Menge Geduld aufbringen, um die weit ausgreifende Schilderung des Regisseurs zu goutieren: seine durchaus parteiische Kontrastmalerei zwischen dem sonnigen, archaisch stolzen, würdevollen und heitergelassenen Süden und dem kalten, abweisenden grauen Norden, für den eine ungemein triste Bahnfahrt bereits die Zeichen setzt. Dann in Wolfsburg wartet Ausbeutung, Verletzung menschlicher Würde auf den jungen Sizilianer, ein Gastarbeiter-Dasein ohne Liebe.
Bis er eine Siebzehnjährige kennenlernt und – seiner Tradition entsprechend – ihren Flirt sehr ernst nimmt. Als er dann erfährt, daß das Mädchen ihn nur benutzt hat, um ihre beiden deutschen Freunde eifersüchtig zu machen, sticht er nachts die zwei jungen Männer nieder. Er wird verhaftet. Und was folgt, ist die pathetisch-opernhafte Inszenierung einer Gerichtsverhandlung, bei der freilich Schroeter schwer zu folgen ist.
Sensible Stimmungszeichnung schlägt hier um in absurdes Theater. Das Melodrama wird zur expressiven Schablone. Aber Schroeters Abhandlung über sizilianische Würde ist auch in solchen schwierigen Passagen noch immer hervorragend gemachtes Kino und herausforderndes Spektakel, jedoch immer hübsch an der Oberfläche.

Panische Zeiten

Bundesrepublik Deutschland 1979. **Produktion:** Amazonas Film/Roba Music, Hamburg/Regina Ziegler, Berlin. **Länge:** 2756 m.
Regie: Udo Lindenberg, Peter Fratzscher. **Drehbuch:** Udo Lindenberg, Kalle Freynik. **Kamera:** Bernd Heinl. **Musik:** Udo Lindenberg, Dave King. **Ausstattung:** Toni Lüdi. **Schnitt:** Helga Borsche, Barbara von Weitershausen.
Darsteller: Udo Lindenberg, Leata Galloway, Walter Kohut, Vera Tschechova, Felix Scholz, Klaus Kauroff, Otto Wanz, Hark Bohm, Beate Jensen, Eddie Constantin, Rudolf Beiswanger, Peter Ahrweiler, Fritz Rau, Renate Schubert, Heinz Domez, Werner Böhm, Willi Hermann.
Verleih: Filmverlag der Autoren.
Erstaufführung: 17. 4. 1980.
FBW-Prädikat: wertvoll.

Rock-Star Udo Lindenberg in seinem ersten Film in einer Doppelrolle und als Co-Regisseur – ein bißchen viel für den Anfang (auch wenn man mal Drehbuch und Musik außer acht läßt). Aber mit souveräner Lässigkeit zieht sich der Hamburger Panik-Musiker aus der Affäre. Von der effektvollen Selbstdarstellung versteht der Junge etwas!
Zunächst die Story: Udo Lindenberg wird nach einem Konzert während der ausgelassenen Premierenparty entführt. Sein Impressario Fritz Rau heuert daraufhin den Detektiv Carl Coolman (Lindenberg

Udo Lindenberg in dem Film »Panische Zeiten« (Foto: Filmverlag der Autoren).

in Rolle Nummer 2) an, um die Sache aufzuklären. Rasch wird deutlich, daß die Entführung des singenden Idols politische Hintergründe hat. Coolman sichert zwar erste Spuren. Doch die ominöse Gegenseite bringt Lindenberg außer Landes. Ein waghalsiger Befreiungsversuch gelingt. Über ein Frühwarnsystem in einem alten Leuchtturm verbalisiert Udo seine spontanen politischen Ideen und erreicht unerwartet breite Bevölkerungskreise. Das wiederum ebnet ihm den Weg nach Bonn. Udo wird Bundeskanzler, und seine Panik-Partei macht sich für eine Reihe sehr realer, überfälliger Reformen stark. Das ist zwar sehr utopisch und unrealistisch, Udo Lindenbergs Faible für Lemmy Caution, James Bond und andere Fiction-Figuren macht die Geschichte über weite Strecken zum phantasievollen Kintopp. Doch die Hintergründe der Aktionen sind durchaus konkret und werden real ausgeleuchtet. Was da über Bespitzelung und Korruption, über Verfassungsschutz-Schnüffelei und Gesetzesmanipulation aufscheint, ist dem Alltag in der BRD abgeschaut. In seiner ersten Erklärung als Kanzler sagt Udo drum auch: Ab sofort wird das Grundgesetz verwirklicht. Filmisch ist in Bild und Ton, in Licht und Montage nicht alles bei diesen »Panischen Zeiten« vollkommen geglückt. Aber immerhin ist Intelligenz bei dieser satirischen Actionkomödie im Spiel. Und viel politischer Witz. Die Unterhaltung, die geboten wird, lenkt nicht ab von der Realität, sondern hin zu ihr. Das ist schon viel im Kinoalltag. Und der eine oder andere Lindenberg-Song ist einfach Klasse. Beispielsweise der Detektiv-Song in Bogart-Attitüde.

Paris intim, 2. Teil

LE GRANDE EXTASE

Frankreich 1977. **Produktion:** ABC Films, Paris. **Länge:** 1892 m.
Regie: Alain Nauroy.
Darsteller: Monique Fabre, Angela Doreno, Jacques Bernhard, Elise Hardford.
Verleih: Apollo-Film.
Erstaufführung: 22. 2. 1980.

Französische Intimspiele herkömmlicher Machart.

The Party is Over – Noch mehr American Graffiti

THE PARTY IS OVER – MORE AMERICAN GRAFFITI

USA 1979. **Produktion:** Howard Kazanjian. **Länge:** 3032 m.
Regie: B. W. L. Norton. **Drehbuch:** B. W. L. Norton. **Kamera:** Caleb Deschanel.
Musik: Steppenwolf, Bob Dylan, Doors.
Ausstattung: Ray Storey.
Darsteller: Candy Clark, Bo Hopkins, Ron Howard, Paul Le Mat, Mackenzie Phillips, Charles Martin Smith, Cindy William.
Verleih: CIC.
Erstaufführung: 11. 1. 1980.

»American Graffiti« – das waren die Erlebnisse einer Gruppe junger Leute in einer Sommernacht des Jahres 1962. Inzwischen sind einige Jahre vergangen, die Typen sind älter geworden, haben sich getrennt, aus den Augen verloren.
Die Silvesterabende der Jahre 64 bis 67 sind die Ausgangspunkte der neuen Geschichte, bei der George Lucas den Executive-Producing-Part übernahm. Das vielbeschworene »Feeling der 60er Jah-

Charles Martin Smith (links) in dem Film »The party is over – Noch mehr American Graffiti«
(Foto: Cinema International Corp.).

re«, das in »American Graffiti« in jedem Bild spürbar war, fehlt bei Nortons Film. Die Personen und ihre Geschichten sind ihm allzu beliebig geraten. Die vorgeführten Protagonisten haben mit ihrer Zeit nur wenig zu tun, ihre Geschichte könnte ebensogut im Jahre 1954 spielen. Diese Party ist wirklich ein für allemal vorbei.

Patience – ein Kartenspiel bei Nacht

PASIANS

CSSR 1977. **Produktion:** Filmstudio Barrandov.
Regie: Vladimír Čech. **Drehbuch:** Pavel Hajný. **Kamera:** Josef Pavek. **Musik:** Lubos Fiser. **Schnitt:** Jan Chaloupek.
Darsteller: Jana Bouskova, Vladimir Brabec, Rudolf Hrušínský.
Erstaufführung: Februar 1980, ZDF.

Eva, das Mädchen aus intaktem und wohlsituiertem Elternhaus, begegnet zufällig einem Jungen, der im Leben bisher zu kurz gekommen ist. Zwei Welten treffen aufeinander, eine Geschichte, die schon vielen Autoren eingefallen ist – *wie* sie gestaltet ist, macht sie interessant. Der Anfang des sehr menschlichen Films weist darauf hin, daß Regisseur Vladimír Čech (Jahrgang 1914) sich hauptsächlich auf Kriminalfilme spezialisiert hat. Während Dušan in das ehemalige Bauernhaus eindringt, weiß der Betrachter, daß Eva zurückkehren wird, und als die Fernsehfahndung läuft, muß man Schlimmes für das Mädchen befürchten. Das Verhalten des Jungen deutet auf ein Geheimnis um ihn hin, das den Behörden nicht bekannt ist. Durch die Erinnerungen des Kriminalbeamten, den die Sache eigentlich gar nichts mehr angeht, und durch die zögernden Erzählungen des Jungen kommt immer mehr Licht in die traurige Vergangenheit des Jungen, so daß die Anteilnahme am Fortgang der Geschichte ständig wächst. Bald weiß der Betrachter, der am Geschehen im Bauernhaus und an der Fahndung beteiligt ist, mehr als die Protagonisten. Den Förster und den Jungen Dušan spielen übrigens Rudolf und Jan Hrušínský, Vater und Sohn.

Patrick

PATRICK

Australien 1978. **Produktion:** Antony I. Ginanne/Richard Franklin. **Länge:** 2457 m.
Regie: Richard Franklin. **Drehbuch:** Everett de Roche. **Kamera:** Don McAlpine. **Musik:** Brian Mason.
Darsteller: Susan Penhaligon, Robert Helpman, Rod Mullinar, Bruce Barry, Julia Blake, Richard Thompson.
Verleih: FiFiGe/AG Kino.
Erstaufführung: 29. 11. 1979.

In Franklins Film geht es um das Phänomen der Psychokinese. Der seit drei Jahren im Koma liegende Patrick greift durch seine übersinnlichen Kräfte ins Leben seiner unmittelbaren Umgebung ein. Er stört die Beziehung seiner Nachtschwester zu ihrem Verehrer nachhaltig und hindert den behandelnden Oberarzt, ihn mit einer überdimensionalen Injektionsspritze umzubringen. Der Film ist auf grobe Horroreffekte konzipiert, unterläuft dabei aber gleichzeitig das Genre mit Ironie.

Die Patriotin

Festival-Uraufführung am 20. 9. 1979
Kinopremiere am 7. 12. 1979.
Siehe Film-Almanach 1980.
FBW-Prädikat inzwischen: wertvoll.

Ein Pauker zum Verlieben

LE PION

Frankreich 1978. **Produktion:** Films 21. **Länge:** 2615 m.
Regie: Christian Gion. **Drehbuch:** Chri-

stian Gion. **Kamera:** Lionel Legros. **Musik:** Jean-Michel Caradec.
Darsteller: Henri Guybet, Claude Pieplu, Michel Galabru, Claude Jade, Claude Dauphin.
Verleih: Neue Constantin.
Erstaufführung: 21. 3. 1980.

Läppischer und einfallsloser Pauker- und Lümmelfilm aus der französischen Provinz. Auch filmisch absolutes Mittelmaß.

Paul Jacobs und die Atombande

PAUL JACOBS AND THE NUCLEAR GANG

USA 1978. **Produktion:** Center for Documentary Media/New Time Films. **Länge:** 640 m (16 mm). Dokumentarfilm.
Regie: Jack Willis, Saul Landau. **Drehbuch:** Jack Willis, Saul Landau. **Kamera:** Zack Kreiger, Haskell Wexler. **Schnitt:** Barbara Jarvis, Jay Freund.
Verleih: Verleihgenossenschaft der Filmemacher.
Erstaufführung: 20. 2. 1980.

In den 50er Jahren unternahmen die USA eine Reihe von Atom-Tests in der Wüste von Nevada. Militär wurde in die Gegend der Versuche geschickt, um sich innerhalb eines Trainingsprogramms mit den Konditionen eines echten Atomkrieges auseinanderzusetzen. Die US-Army maß diesen Erfahrungen aus erster Hand große Bedeutung bei.
Der Film dokumentiert als Kontrast zu dieser zynischen Haltung der Militärs die tödliche Beharrlichkeit des Journalisten Paul Jacobs, dessen Recherchen über die Folgen radioaktiver Strahlung im Versuchsgebiet ihn selbst das Leben kosteten. Mehrmals suchte Jacobs zwischen 1957 und 1958 in der Wüste von Nevada Menschen auf, die über mehrere Jahre dem »Fall-out« der radioaktiven Wolken der damaligen Atomtests ausgesetzt waren. Er stellt eine auffällig hohe Zahl von Krebs- und Leukämie-Fällen bei Soldaten und bei Bewohnern der Stadt St. Georges fest. Jacobs Interviews mit zahlreichen Betroffenen und die Ergebnisse seiner Recherchen in einer Nuclear-Versuchsstation in Nevada und einer Marine-Basis in Portsmouth vertiefen die Gewißheit, daß hier mit unvorstellbarer Menschenverachtung nukleare Experimente auf Kosten unwissender Beteiligter durchgeführt worden sind.
Paul Jacobs starb an den Folgen der nuklearen Verseuchung, noch ehe er die Arbeit an seinem Film beenden konnte. Eine ebenso nüchterne wie aufwühlende Filmreportage.

Ein perfektes Paar

A PERFECT COUPLE

USA 1979. **Produktion:** Robert Altmann.
Länge: 3058 m.
Regie: Robert Altmann. **Drehbuch:** Robert Altmann, Allan Nichols. **Kamera:** Edmond Koons. **Musik:** Allan Nichols.
Ausstattung: Steve Altman. **Kostüme:** Beth Alexander.
Darsteller: Paul Dooley, Marta Heflin, Titos Vendis, Belita Moreno, Henry Gibson, Dimitra Arliss.
Verleih: 20th Century Fox.
Erstaufführung: 18. 1. 1980.
FBW-Prädikat: wertvoll.

Robert Altmann läßt in diesem Film die Koventionen des Großbürgertums mit seinen tradierten Wert- und Moralvorstellungen mit der scheinbar alternativen Lebensform jugendlicher Aussteiger zusammenstoßen. Dem scheinbar Gegensätzlichen, Unverwandten erwächst jedoch sehr schnell Gemeinsames. Die alternative Wohngemeinschaft der Musikgruppe erweist sich bei näherem Hinsehen als ebenso zwanghaft strukturiert wie der autoritäre griechische Familienclan der Theodopoulos'. Der Ausbruch aus solcherart Strukturen führt zu gravierenden Konflikten in beiden Haushalten. Die Romanze zwischen Alex (40) und der 25jährigen Rock-Sängerin Sheila wird durch Mißverständnisse, Konventionen und Intrigen permanent gefährdet. Das Happy-

Paul Dooley und Marta Heflin in dem Film »Ein perfektes Paar« (Foto: 20th Century Fox).

End kommt jedoch zustande, wobei Altman auch hier – in einer eher banalen Liebesgeschichte – nicht auf die gewohnte Schärfe und Subtilität verzichtet. Die Handlung ist gespickt mit satirischen Spitzen, gleitet nie ab auf das Niveau konventioneller Hollywood-Komödien. Gekonnt zerstört Altman den Mythos des familiären Perfektionismus, von dem am Ende nur ein Scherbenhaufen übrigbleibt.

Plattfuß am Nil

PIEDONE D'EGITTO

Italien 1979. **Produktion:** Merope Film, Rom. **Länge:** 3025 m.
Regie: Steno. **Drehbuch:** Keine Angaben. **Kamera:** Luigi Kuveiller. **Musik:** Guido und Maurizio de Angelis.
Darsteller: Bud Spencer, Baldwyn Dakile, Vincenzo Cannavale, Cinzia Monrea-

Bud Spencer in dem Film »Plattfuß am Nil« (Foto: Tobis Filmkunst).

le, Robert Loggia, Karl-Otto Alberty, Leopoldo Trieste.
Verleih: Tobis Filmkunst.
Erstaufführung: 19. 6. 1980.

Diesmal hatte Bud Spencer Lust, einen Film in Ägypten zu drehen, und prompt schrieb ihm ein ungenannt bleibender Autor eine Story, in deren Verlauf Bud sich als Saubermann-Prügler ausgiebig am schönen blauen (?) Nil tummeln darf. Das ist's dann auch schon. Keine Spur von Einfällen, weder vom Buch her noch von der Regie.

Der Preis fürs Überleben

Bundesrepublik Deutschland 1979. **Produktion:** DNS-Film/Popular-Film/Les Films 66/Bayr. Rundfunk. **Länge:** 2925 m. **Regie:** Hans Noever. **Drehbuch:** Hans Noever. **Kamera:** Walter Lassally. **Musik:** Joe Haider. **Bauten:** Toni Lüdi. **Ausstattung:** Toni Lüdi. **Schnitt:** Christa Wernicke.
Darsteller: Michel Piccoli, Martin West, Marilyn Clark, Suzie Galler, Daniel Rosen, Ben Dova, Kurt Weinzierl, Michael Stumm, Roger Burget, Al Christy, William Kuhlke.
Verleih: Impuls Film.
Erstaufführung: 29. 8. 1980.
FBW-Prädikat: wertvoll.

Joseph C. Randolph, 47 Jahre, leitender Angestellter eines US-amerikanischen Electronic-Werkes, wird aufgrund eines mechanistischen Rationalisierungsprogramms aus seinem Job gefeuert. Seine Reaktion ist Aktion. Er kauft im Supermarkt ein Gewehr und erschießt kaltblütig die fünf Manager der Firma. Dann stellt er sich der Polizei.
Ein Prozeß findet jedoch nicht statt, denn die Firma hat triftige Gründe, einen öffentlichen Prozeß zu vermeiden. Durch massiven Druck auf die zuständigen Ju-

Michel Piccoli in dem Film »Der Preis fürs Überleben« (Foto: Impuls Film).

stizbehörden wird erreicht, daß Randolph in eine psychiatrische Anstalt abgeschoben wird.
Die Erklärungen des Staatsanwalts für diesen Vorgang können den Schweizer Reporter René Winterhalter (Michel Piccoli), der angereist ist, um für eine europäische Nachrichtenagentur zu berichten, keineswegs befriedigen. Er versucht, auf eigene Faust und gegen den kompakten Widerstand der Behörden, der Einwohner der Stadt und auch der Familie Randolph zu recherchieren. Und am Ende findet er heraus, daß Joseph C. Randolph der Mitwisser eines tödlichen Umweltskandals ist, den seine Firma bislang erfolgreich vertuscht hat.
Noever hat das Drehbuch nach zwei unabhängig voneinander geschehenen authentischen Fällen geschrieben. Gedreht wurde ausschließlich an den Originalschauplätzen in den USA. Und ihm ist es gelungen, als deutscher Regisseur in den Staaten einen trotz kleiner dramaturgischer Unsicherheiten überzeugenden, spannenden und engagierten Film mit sparsamem Etat zu realisieren.

Profis

Bundesrepublik Deutschland 1978/79. **Produktion:** Nanuk-Film, München. **Länge:** 1052 m (16 mm). Dokumentarfilm. **Regie:** Chistian Weisenborn, Michael Wulfes. **Drehbuch:** Christian Weisenborn, Michael Wulfes. **Kamera:** Dieter Matzka, Kurt Lorenz, Jörg Schifferer, Wedigo Schulzendorf. **Schnitt:** Benno Borgward.
Verleih: Filmwelt.
Erstaufführung: 1. 2. 1980 (Kinostart); Uraufführung bei den Hofer Filmtagen 1979.
FBW-Prädikat: wertvoll.

Eine intelligent und sportlich fachkundig gestaltete Fußball-Dokumentation mit den beiden Star-Kickern Paul Breitner und Ulli Hoeness im Mittelpunkt. Ein Jahr lang beobachtete das Team Weisenborn/Wulfes die Profis Breitner und Hoeness, und dabei ist fast auch ein Beitrag zur (Sub-)Kulturgeschichte der BRD entstanden.

Prom Night – Die Nacht des Schlächters

PROM NIGHT

USA 1979. **Produktion:** Simcon Production. **Länge:** 2554 m.
Regie: Paul Lynch. **Drehbuch:** William Gray. **Kamera:** Robert New. **Musik:** Carl Zittrer & Paul Zara.
Darsteller: Leslie Nielsen, Jamie Lee Curtis, Casey Stevens, Eddie Benton, Antoinette Bower, Michael Tough.
Verleih: Neue Constantin.
Erstaufführung: 18. 12. 1980.

Die Horrorflut in den Kinos hat auch zum Jahresende 1980 hohe Wellen geschlagen. Und ein Film ist blutrünstiger und brutaler als der andere. Das Geschäft mit der Angst blüht. Auch wenn Lynch zu den talentierten Schocker-Regisseuren gehört, bleibt »Prom Night« nur ein fader Nervenkitzel.

Prost Neujahr!

BUEK!

Ungarn 1979.
Regie: Rezsö Szöreny. **Drehbuch:** Peter Modos, Reszö Szöreny. **Kamera:** Janos Zsombolyai. **Musik:** Zdenko Tamassy.
Darsteller: Istvan Bujtor, Erika Bodnar, Andras Balint, Cecilia Esztergalyos, Judit Mezleri, Erika Horineczki.
Erstaufführung: Januar 1980, ARD.

Vorgestellt werden zwei Männer und eine Frau zwischen Ende zwanzig und Ende dreißig, die nach durchzechter Nacht am Morgen des 31. Dezember eine weitere Kneipe suchen. Alle drei, so stellt sich heraus, sind Chemie-Ingenieure in einer großen Fabrik und haben just die Fertigstellung einer anderthalbjährigen Arbeit gefeiert. Laci, der Älteste unter ihnen, gibt großzügig Geld aus, mietet eine Dreimann-Kapelle, die er bei Freunden durch die Sprechanlage spielen läßt, und die sogar in das zur Ernüchterung aufgesuchte öffentliche Bad mitkommen muß. Dieser abwechslungsreich und amüsant inszenierte Einstieg in die Geschichte deutet in der eher studentisch anmutenden unbedingten Entschlossenheit zum Feiern und Herumalbern schon eine kompensatorische Funktion an, die sich beim Wiedersehen in der Firma am selben Tag dann auch als nur zu nötig erweist. Denn die gemeinsame Arbeit hat offensichtlich auch ihre größeren Schwierigkeiten mit sich gebracht, und unverhofft und kommentarlos ist plötzlich der Direktor fort und ein Neuer an seiner Stelle, der das ganze Projekt anders beurteilt, so daß die drei sich schon um die Früchte ihrer Arbeit gebracht sehen.
Dem Film gelingt es eindrucksvoll, zeitlich begrenzt auf eine Jahreswende, verschiedene Stadien der Desillusionierung vorzuführen, ohne der Gefahr schematischen Vorbuchstabierens zu erliegen. Schritt für Schritt wird das zu Beginn so studentisch wirkende Lebensgefühl, als sei noch alles möglich und eher Spiel denn Ernst, als inzwischen längst bewußte Selbsttäuschung entlarvt. Denn selbstverständlich hat jeder für sich schon über den Fortgang der eigenen Karriere nachdenken müssen, hat sich Gedanken gemacht, wer wohl für die Leitung des Teams infrage komme.

Provinzschauspieler

AKTORZY PROWINCJONALNI

Polen 1978.
Regie: Agnieszka Holland. **Drehbuch:** Agnieszka Holland, Witold Zagorsky. **Kamera:** Jacek Petrycki. **Musik:** Andrezey Zarycki.
Darsteller: Tadeusz Huk, Halina Labornarska, Jan Ciecierski, Slawa Kwasniewska, Kazimiera Nogajowna.
Erstaufführung: Oktober 1980, ARD.

Lauter Nah- und Großaufnahmen, vollgepfercht mit Gruppen und Gesichtern hektisch redender Menschen, eingeengt von Möbel- und Türkanten, von betonierten rechten Winkeln der Neubau-Räume: Schauspieler eines Provinztheaters, die mit fieberhafter Betriebsamkeit den Titel eines vorgenommenen Bühnenklassikers beim Wort nehmen als Verheißung für die eigene Existenz, als »Die Befreiung«. Sie werden schon als Scheiternde vorgestellt, ehe der Zuschauer begreift, daß sie bereits ihre ersten Niederlagen im neuen Aufbruchversuch besprechen. Denn der freudig erwartete, berühmte Avantgarde-Regisseur aus Warschau erweist sich als denkfauler Routinier, der keine Diskussionen liebt und Hinweise auf konfliktträchtige Textstellen mit einem Patentrezept pariert: »Wir streichen das!«
Dem nicht-polnischen Zuschauer wird erst allmählich klar, daß es sich um einen politisch brisanten Klassiker handeln muß bei diesem Stück voller großer Worte wie Vaterland, Pflicht, Heimat, das man »doch nicht spielen kann, ohne das Wort Polen zu erwähnen«: »Die Befreiung« von Stanislaw Wyspianski, geschrieben um 1910 als Aufruf gegen die Tyrannei des russischen Zarenreichs in (Ost-)Polen. Doch das hoffnungslose Zappeln der Schauspieler im Netz eines leeren Kultur-

betriebs, der vor allem nirgends Anstoß erregen soll, wird zum Sinnbild einer ganzen sozialen und nationalen Verfassung verdichtet. Die betrunkene Souffleuse, in sentimentale Jugenderinnerungen versunken, fühlt sich angestarrt »wie eine Wanze«, und die weibliche Hauptdarstellerin nennt »Demokratie« und »Sozialismus« leere Worte für die Feiertags-Kultur. Krysztof, der nicht mehr junge Nachwuchs-Star der Provinztruppe, muß bis zur Premiere nicht nur die letzten Hoffnungen auf eine Karriere begraben, sondern durchlebt mit seiner Frau Anka auch die Zerstörung ihres Zusammenlebens bis zu wilden Haß-Bekundungen, Mord- und Selbstmordabsichten. Bei einem Besuch in Warschau betreibt Anka vor einer zu dubiosem Wohlstand gekommenen Schulfreundin das Spiel des Lügens und des Verschweigens eines gescheiterten Lebens so verzweifelt, daß ihr Körper mit Brechreiz und Schwindelgefühlen rebelliert.

Der Puppenspieler

LE GUIGNOLO

Frankreich/Italien 1979. **Produktion:** Cerito Films/Gaumont, Paris/Opera Films Produzione, Rom. **Länge:** 2472 m. **Regie:** Georges Lautner. **Drehbuch:** Jean Herman, Michel Audiard. **Kamera:** Henri Decae. **Musik:** Philippe Sarde. **Darsteller:** Jean-Paul Belmondo, Michel Galabru, Georges Geret, Pierre Vernier, Carla Romanelli, Mirella D'Angelo. **Verleih:** Tobis Filmkunst. **Erstaufführung:** 24. 7. 1980.

Belmondo als Puppenspieler – den Titel darf man nicht zu wörtlich nehmen. Unter der Regie von Georges Lautner spielt Bébel den talentierten kleinen Ganoven Alexandre Boroni, dem – gerade aus dem Gefängnis entlassen – der Sinn nach Großen steht. Ein Mann, dem keine Verklei-

Jean-Paul Belmondo in dem Film »Der Puppenspieler« (Foto: Tobis Filmkunst).

dung fremd und jeder Beruf vertraut ist. Ob als Maharadscha oder als Kunsthändler, stets ist Alexandre ein Mann von Welt. Und die Frauen liegen ihm dabei zu Füßen. Bis auf diejenigen, die ihm auf der Tasche liegen. Ein Puppenspieler besonderer Art ...
Als der wendige Hochstapler ins große internationale Spiel der Geheimdienste sich verirrt, wird die Sache, die anfangs so amüsant und ironisch verlief, plötzlich ernst und unwitzig. Die Spionageaffäre verwirrt sich zum heillosen Durcheinander.
Trotzdem: Belmondo und die Szenerie von Venedig sind nett anzusehen. Kino-Unterhaltung mit dem charmanten Kriminalklamotten-Helden hat ihren eigenen Charme.

Jack Nicholson in dem Film »Der Rabe« (Foto: Filmwelt).

Der Rabe

THE RAVEN

USA 1963. **Produktion:** Alta Vista Prod., Hollywood. **Länge:** 2349 m.
Regie: Roger Corman. **Drehbuch:** Richard Matheson (nach einem Gedicht von Edgar Allen Poe). **Kamera:** Floyd Crosby. **Musik:** Les Baxter. **Bauten:** Daniel Haller. **Ausstattung:** Harry Reif. **Kostüme:** Majorie Corso. **Schnitt:** Ronald Sinclair.
Darsteller: Vincent Price, Peter Lorre, Boris Karloff, Olive Sturgess, Jack Nicholson, Hazel Court.
Verleih: Filmwelt.
Erstaufführung: 4. 7. 1980.

Eine »Ausgrabung« aus dem Jahr 1963 – herrliches, handfestes Kino, für das man offenbar seinerzeit hierzulande nicht den rechten Nerv hatte. Roger Corman, der längst in die Filmgeschichte eingegangene Producer-Regisseur aus Hollywood, macht sich den Spaß, mit ernsthafter Attitude das ja von ihm selbst mitgeprägte Gruselfilm-Genre gründlich auf den Arm zu nehmen. Wobei er mit den Mitteln und Möglichkeiten des Mediums virtuoser und manchmal spielerischer umgeht als in seinen vorausgegangenen seriösen Poe-Verfilmungen.

In »Der Rabe« erscheint der mystische Vogel in seiner alten, märchenhaften Rolle: als Vorbote von Unheil und Verwirrung, als Symbol der magischen Kraft und als verwandelter Mensch. Und im Zusammenklang der schwarzen Romantik eines Edgar Allen Poe mit dem Horrorfilm-Witz von Roger Corman flattert der Rabe in zauberhafte Gefilde des magischen Zauber-Zelluloids.
Die Geschichte spielt in England im 16. Jahrhundert. Es ist die große Zeit der Magier und Zaubermeister. Der mächtige Dr. Erasmus Craven, der durch den Tod seiner heißgeliebten Gemahlin zum melancholischen Träumer geworden ist, wird nachts durch einen Raben vor seinem Fenster aufgeschreckt, der sich alsbald als der Zauberkollege Dr. Bedlo entpuppt, den wiederum der Obermagier und finstere Spukschloßherr Dr. Scarabus in diese mißliche Gestalt verwandelt hat. Bedlo behauptet, im Schloß von Skarabus die totgeglaubte Leonore Craven gesehen zu haben. Und alsbald schwingt sich Craven zusammen mit Bedlo und dessen Sohn in eine Höllenkutsche und rast in nächtlichem Karacho zum verhexten Schloß des Dr. Skarabus. Der Zaubermeister begrüßt sie charmant. Aber das unheimliche Schloß erweist sich alsbald als Falle. Zwischen den Meisterzauberern Craven und Scarabus entspinnt sich ein magisches Duell auf Leben und Tod, bei dem die ganze Trick- und Effektkiste des Gruselkinos virtuos und witzig ausgepackt wird. Und selbst dort, wo die Gags kindisch und ver-

staubt sind, provoziert die Ernsthaftigkeit, mit der sie präsentiert werden, amüsiertes Lachen.
Ein Glücksfall ist bei diesem souverän die Klischees des Genres persiflierenden Feuerwerks auch die Besetzung. Da ist Boris Karloff, einer der wenigen klassischen Darsteller des Horrorfilms über Jahrzehnte hin. Dann Vincent Price, der die dämonische Boshaftigkeit hinter feinsinniger Distinguiertheit verbirgt. Dazu als dritter Magier der große Peter Lorre, der Komik und Wahnsinn überzeugend im Gleichgewicht halten kann. Und schließlich ein damals noch weithin unbekannter Schauspieler, der heute zu den Weltstars zählt: Jack Nicholson.

Radio on

Bundesrepublik Deutschland/Großbritannien 1979. **Produktion:** Road Movies Filmproduktion, Berlin/The British Film Institute Production Board, London. **Länge:** 2857 m. Schwarz-weiß-Film.
Regie: Christopher Petit. **Drehbuch:** Christopher Petit. **Kamera:** Martin Schäfer. **Musik:** David Bowie, Kraftwerk, Ian Dury, Wreckless Eric, The Rumour, Robert Fripp, Lene Lovich. **Schnitt:** Anthony Sloman, Stefan Smal.
Darsteller: David Beames, Lisa Kreuzer, Sandy Ratcliff, Andrew Byatt, Sue Jones-Davies.
Verleih: Prokino.
Erstaufführung: 4. 7. 1980.

Kino on the road. Mit dem Musikgefühl der Jugend. Radio on! New-Wave-Klänge aus jeder Musikbox, jedem Autoradio, jeder Kassette. Emotional hinreißend mit Bildern unterbaut gleich der erste große Song: David Bowies »We could be heroes just for one day«.
Der Erstlingsversuch des britischen Filmkritikers Chris Petit ist ein Kinotrip eigener Art. Da versucht ein junger Mann, der an seiner Einsamkeit fast zu ersticken meint, Näheres über die Todesumstände seines Bruders zu erfahren. Aber die Absicht scheitert an der Kontaktlosigkeit des jungen Mannes. Um dies optisch zu verdeutlichen, werden lange Kameraeinstellungen, in denen nichts geschieht, aufeinandergehäuft, bis jede Aussage sich in Nichts aufgelöst hat. Wim Wenders, der Mitproduzent, und andere Film-Idole, denen Chris Petit huldigen möchte, werden noch und noch zitiert. Eine Autofahrt von London nach Bristol bietet dazu jede Menge Gelegenheit. Martin Schäfers schwarzweiße Bilderfolgen und die dazu gespielte Musik sind das einzige, woran der Betrachter sich halten kann. Die Prosa der Geschichte zerfließt ins Leere. Die Kinder von Karl Marx und Coca Cola sind zu Enkeln von Fritz Lang und Wernher von Braun geworden. Wo immer nur eine Maschine steht, mit der man Musikkultur reproduzieren kann, werden die lethargischen Jungs dieser faulen Generation wach und betätigen den Einschaltknopf. Ansonsten beherrscht sie der Überdruß, das Phlegma, ein Gefühl der Fremdheit in dieser Welt.

Ratataplan

Italien 1979. **Produktion:** Vides Cinematografica, Rom. **Länge:** 2519 m.
Regie: Maurizio Nichetti. **Drehbuch:** Maurizio Nichetti. **Kamera:** Mario Battistoni. **Musik:** Detto Mariano.
Darsteller: Maurizio Nichetti, Angela Finocchiaro, Edy Angelillo, Roland Topor, Umberto Gallone, Enrico Grazioli.
Verleih: Senator-Film.
Erstaufführung: 25. 4. 1980.
FBW-Prädikat: besonders wertvoll.

Schon der gezeichnete Vorspann suggeriert Optimismus: Vom lautmalerisch mit »Ratataplan« umschriebenen Trommelwirbel begleitet, wächst da ein phantastischer Baum auf der Leinwand. Überquellend vor Kreativität und Fruchtbarkeit verwandelt er sich in jedem Moment, entläßt Blumen, Vögel und Frauen aus seinem Geäst. Zur Erklärung sei hier eingefügt, daß Maurizio Nichetti – Drehbuchautor, Regisseur und Hauptdarsteller des Films – vor seinem Spielfilmdebüt als Animationsfilmer arbeitete.
Seine Hauptperson – der arbeitslose Inge-

nieur Colombo – ist eine ideale Identifikationsfigur für Aussteiger. Alle seine Bemühungen, ans Getriebe des Big Business Anschluß zu finden, enden im Fiasko. Colombo hat für all seine Jobs zuviel Kreativität und zu wenig Geschäftssinn.
Nichettis Film kommt fast völlig ohne Dialoge aus, die lockeren Episoden werden einzig durch die perfekte Slapstick-Kunst des Hauptdarstellers verbunden. Maurizio Nichetti hat mit »Ratataplan« einen Film geschaffen, der mit seinem heiteren Charme die aktuelle Gesellschaftskritik unterhaltsam präsentiert.

Der Regenschirmmörder

LE COUP DU PARAPLUI

Frankreich 1980. **Produktion:** Gaumont International. **Länge:** 2599 m.
Regie: Gérard Dury. **Drehbuch:** Gérard Oury, Daniele Thompson. **Kamera:** Henry Decae. **Musik:** Vladimir Cosma. **Ausstattung:** Jean Andre. **Schnitt:** Albert Jurgenson.
Darsteller: Pierre Richard, Gert Fröbe, Valerie Mairesse, Gerard Jugnot, Christine Murillo, Gordon Mitchell, Vittorio Caprioli, Axelle Abbadie, Roger Carel, Maurice Risch, Dominique Lavanant.
Verleih: Neue Constantin Film.
Erstaufführung: 14. 11. 1980.

Was geschieht, wenn ein zweitklassiger Schauspieler, überglücklich, daß man ihn für einen Film engagiert hat, sich in der Tür zum Produzentenbüro irrt und bei der Mafia landet? Er wird als Killer mit einem vergifteten Regenschirm zum Objekt einer auf Verwechslungskomik bauenden Kinounterhaltung, deren Mechanismen schon von vornherein allzu gut bekannt sind. Da gibt es keinerlei Überraschungen. Es fehlen Originalität und Innovation. Paris als Kulisse gibt auch nicht mehr so viel her wie früher. Der quirlige Spaß-

Pierre Richard in dem Film »Der Regenschirmmörder« (Foto: Neue Constantin).

Mime Pierre Richard hat es schwer, seine Nonsens-Einfälle und Slapstick-Einlagen noch richtig an das Publikum zu bringen.

Reichtum ist keine Schande

THE JERK

USA 1979. **Produktion:** David V. Picker/ William E. McEuen/Universal. **Länge:** 2573 m.
Regie: Carl Reiner. **Drehbuch:** Steve Martin, Carl Gottlieb, Michael Elias. **Kamera:** Victor J. Kemper. **Musik:** Jack Elliott. **Ausstattung:** Jack Collis. **Kostüme:** Theadora van Runkle. **Schnitt:** Bud Molin.
Darsteller: Steve Martin, Bernadette Peters, Catlin Adams, Mable King, Richard Ward, Dick A. Williams, Bill Macy.
Verleih: CIC.
Erstaufführung: 20. 6. 1980.

Mit Steve Martin scheint Amerikas neuer Slapstick-Star geboren. Steve Martin alias Navin Johnson ist der weiße Adoptivsohn einer schwarzen Farmersfamilie, der sich eines Tages aufmacht, die große Welt zu erobern. Er entwickelt einen neuen Brillenhalter und wird über Nacht zum Millionär, nicht ohne vorher noch die Kosmetikerin Marie geehelicht zu haben. Doch das Glück ist nicht von langer Dauer. Die Erfindung hat einen Fehler, Navin muß hohe Schadenersatzsummen zahlen und Konkurs anmelden, Marie verläßt ihn. Navin landet schließlich bei den Pennern in den Slums. Eines Tages jedoch parkt ein riesiger chromblitzender Straßenkreuzer vor Navins Absteige. Seine Pflegeeltern haben einen Teil seines Geldes in gewinnbringenden Aktien angelegt und sind nun ihrerseits Millionäre. Sie holen den verlorenen Sohn nach Hause, dorthin, wo die Geschichte begonnen hat.
Carl Reiners Film ist eine witzig-amüsante Mischung aus Situationskomik und Gesellschaftskritik, mit satirischen Seitenhieben auf den american way of life.

Steve Martin in dem Film »Reichtum ist keine Schande«
(Foto: Cinema International Corp.).

Die Reinheit des Herzens

Bundesrepublik Deutschland 1979. **Produktion:** Bavaria Atelier GmbH/Pro-ject Filmproduktion/WDR. **Länge:** 2845 m.
Regie: Robert van Ackeren. **Drehbuch:** Robert van Ackeren. **Kamera:** Dietrich Lohmann. **Musik:** Peer Raben. **Ausstattung:** O. Jochen Schmidt. **Kostüme:** Janken Janssen. **Schnitt:** Hannes Nikel, Eva Seyfried.
Darsteller: Elisabeth Trissenaar, Matthias Habich, Heinrich Giskes, Marie Colbin, Herb Andress, Isolde Barth, Reinald Nohal, Roland von Schulze.
Verleih: Filmverlag der Autoren.
Erstaufführung: 30. 5. 1980.
FBW-Prädikat: besonders wertvoll.

Robert van Ackerens sechster Spielfilm, der beim Internationalen Filmfestival von Cannes 1980 in der Sektion ›Quinzaine des Réalisateurs‹ sehr beachtet wurde, ist vom Autor selbst als ein »wütender Liebesfilm« apostrophiert worden. Dabei fängt alles so harmlos an.
Jean und Lisa leben als materiell nicht eben schlecht gestelltes Paar mit allen At-

tributen bundesdeutscher Wohlstands-Schickeria einschließlich Dachterrasse auf Hochhausbeton und einer Wochenend-Bleibe im aufgemotzten bäuerlichen Austragshäusel eher nebeneinander als miteinander. Er ist Übersetzer mit literarischen Ambitionen, sie arbeitet als Buchhändlerin; beide stammen aus der Generation, die 1968 noch politisch aktiv war, inzwischen aber (zumeist) längst ihren Frieden mit den herrschenden Verhältnissen gemacht hat. Weil alles so glatt und abgeschlafft dahinläuft, kommt Jean auf die zynische Idee, seiner Lebensgefährtin Lisa dringend einen Seitensprung, eine Affäre mit einem dritten anzuraten. Im Vollgefühl von Selbstsicherheit, Besitzanspruch und Großzügigkeit meint er, einer solchen Nebenbeziehung der Frau gewisse amüsante Reize abgewinnen zu können. Doch es kommt ganz anders.

Unversehens verliebt sich Lisa tatsächlich in einen dümmlichen, vom Bücherklauen lebenden Muskelprotz mit Guru-Vorlieben. Das unerwartete Gegenbild läßt Jean an seiner Männlichkeit zweifeln. Seine Toleranz erweist sich als bloße Fassade, er beginnt, Amok zu laufen, als Lisa ihn in der gemeinsamen Penthouse-Wohnung allein zurückläßt.

Van Ackeren trifft hier zentral einen wunden Nerv unserer Zeit: Immer häufiger verlassen heutzutage Frauen ihre Männer. Generationen lang ist es umgekehrt gewesen. Doch während die Frauen all die Jahrzehnte hindurch duldsam und »tapfer« dieses Schicksal ertragen haben, sind heute die Männer in den wenigsten Fällen in der Lage, sich mit einer solchen Situation abzufinden. Sie versinken in Wehleidigkeit, Larmoyanz und Verzweiflung. Van Ackeren macht das meisterhaft sichtbar, mit schonungsloser gesellschaftskritischer Wut, mit schwarzem Humor und mit erschreckenden Bloßstellungen. Am Ende steht die totale Katastrophe. Und wenn nur noch durch Mord und Totschlag die Einhelligkeit des Zusammenlebens der alten Partner wiederhergestellt werden kann, dann ist das nicht nur

Elisabeth Trissenar und Matthias Habich in dem Film »Die Reinheit des Herzens« (Foto: Filmverlag der Autoren).

als melodramatischer Effekt, sondern als Entlarvung verquer laufender Gefühle zu sehen.
Gnadenlos und ohne direkte eigene moralische Stellungnahme seziert der Regisseur in diesem Film die Gefühle und Attitüden seiner Protagonisten. In der Dreiecksbeziehung voller kinohafter Bezüge geht es ihm dabei nicht nur um die Austauschbarkeit von Empfindungen, sondern um die – manchmal überspitzte – Darstellung ihrer Pervertierung. Er läßt die physische Drangsalierung von Menschen als völlig normalen Vorgang erscheinen, doch die Zerstörung teurer materieller Werte wird für die Personen auf der Leinwand und nicht minder für viele Zuschauer zur psychischen Qual.
Die Sicht der Dinge hat dabei eine ironische Überhöhung. Doch bewegt sich die Inszenierung zielstrebig auf einem schmalen Grat zwischen Kunst und Kitsch, zwischen Tragödie und Melodram. Bis zum Surrealismus hin strapaziert van Ackeren die Skala seiner Ausdrucksmöglichkeiten. Die Stilisierung des Dramas gerät ihm zur Alltagsironie. Das Gegenbild zur Wirklichkeit entwickelt er zum Abbild einer gestörten, chaotisch eskalierenden Gegenwart, die von lauter entwurzelten Typen belebt wird. Makabre Realität und ausschweifende Phantasie vermischen sich – von Kameramann Dietrich Lohmann mit modischem Touch ins Bild gebracht – zu einer Genre-Skizze zeitgenössischer Deformation.

Ein reizender Fratz

LITTLE MISS MARKER

USA 1979. **Produktion:** Jennings Lang/ Universal. **Länge:** 2810 m.
Regie: Walter Bernstein. **Drehbuch:** Walter Bernstein. **Kamera:** Phillip Lathrop. **Musik:** Henri Mancini. **Bauten:** Hal Gausman. **Ausstattung:** Edward C. Carfagno. **Schnitt:** Eve Newman.
Darsteller: Walter Matthau, Julie Andrews, Tony Curtis, Bob Newhart, Lee Grant, Sara Stimson, Brian Dennehy.
Verleih: CIC.
Erstaufführung: 25. 7. 1980.

Walter Matthau, Julie Andrews und Sara Stimson in dem Film »Ein reizender Fratz«
(Foto: Cinema International Corp.).

Der Film ist ein Remake, wurde bereits dreimal erfolgreich verfilmt. Unter dem Titel »Der Geizkragen« mit Red Skelton in der Hauptrolle, unter dem Titel »Ein Rucksack voller Ärger« mit Tony Curtis und schließlich 1934 mit Shirley Temple als »Little Miss Marker«.
Walter Bernsteins Verfilmung dürfte eine der besten dieser Geschichte sein. Walter Matthau kommt dem Urbild dieser Figur, dem geizigen Menschenfeind Scrooge aus einer Geschichte von Charles Dickens, am nächsten. Matthau wandelt durch die Szene, als trüge er auf seinen Schultern die Last der ganzen Welt, Damon Runyons Geschichte wurde von Bernstein bis in die Details getroffen, ob in Sorrowfuls Buchmacherlokal oder auf der Rennbahn.

Die Rentner-Gang

GOING IN STYLE

USA 1979. **Produktion:** Warner Bros Inc., New York. **Länge:** 2810 m.

George Burns, Art Craney und Lee Strasberg in dem Film »Die Rentner-Gang« (Foto: Warner-Columbia).

Regie: Martin Brest. **Drehbuch:** Martin Brest, nach einer Geschichte von Edward Cannon. **Kamera:** Billy Williams. **Musik:** Michael Small. **Schnitt:** Robert Swink, C. Thimothy O'Meara.
Darsteller: George Burns, Art Carney, Lee Strasberg, Charles Hallahan, Pamela Payton Wright. Siobhan Keegan, Brian Neville, Constantine Hartofolis, Mary Testa, Jean Shevlin.
Verleih: Warner-Columbia.
Erstaufführung: 10. 10. 1980.

Drei alte Freunde (dargestellt von drei der berühmtesten Senioren unter den amerikanischen Schauspielern, von George Burns, Art Carney und Lee Strasberg) verbringen einen gleichförmig-tristen Lebensabend auf den Parkbänken der Stadt beim Taubenfüttern. Bis Joe, dem unternehmungslustigsten der drei Greise, die Idee kommt, sie sollten ihre karge Rente etwas aufbessern. Durch einen Banküberfall.

Dem 29jährigen Amerikaner Martin Brest gelang mit seiner zweiten Spielfilm-Inszenierung (nach »Hot Tomorrows«, 1977) eine kunstvoll zwischen den kinotypischen Szenen des Bankraub-Genres und den psychologisch entscheidenden Aspekten seiner realitätsbezogenen soziologischen Beobachtungen ausbalancierte Gaunerkomödie, die eigentlich eine Tragödie offenbart.
Den drei Alten gelingt zunächst der sorgsam geplante Coup. Doch einer von ihnen übersteht die Aufregungen des Abenteuers nicht lange; er stirbt an Herzversagen. Die beiden anderen fliegen mit der Beute nach Las Vegas; aber auch hier wird wieder einer nach einer tollen Nacht im Spielcasino vom Tod ereilt. Und der dritte schließlich kann sich seines Gewinns auch nicht mehr lange freuen; er wandert hinter Gitter.
Das ist sicherlich ein konsequent realistischer Ausgang der Filmgeschichte. Doch stört bei Brests humorvoll-menschlicher

Darstellung der liebenswert weisen und zugleich störrischen Alten das Glättende des tragischen Filmschlusses, der dem Zuschauer deutlich vorhält, daß es im Alter keine Utopien mehr zu erwarten gibt, keine großen Gefühle und keine Veränderungen. Das unterstreicht übrigens auch der Bild- und Montagestil des Films, der nie den anfangs angeschlagenen Rhythmus des behäbigen Lebens im Rentner-Milieu aufgibt.

Der Rikschamann

MY KUNG FU 12 KICKS

Hongkong 1979. **Produktion:** Shin Shin Enterprise Prod. **Länge:** 2279 m.
Regie: Tu Lu Po.
Darsteller: Liang Hsiao Lung, Ku Feng, Han Kuo Tsai, Li Tung Ming.
Verleih: United Artists.
Erstaufführung: 25. 1. 1980.

Kao, ein pfiffiger Taschendieb, gerät unversehens in Schwierigkeiten, als er im Revier einer organisierten Bande wildert, Er bekommt eine Abfuhr und sinnt auf Rache. Vom alten Kung-Fu-Meister Wu ausgebildet, gibt er eine standesgemäße Revanche.
Karatefilm, der aus der gewöhnlichen Eastern-Produktion durch seine zurückhaltende Art wohltuend hervorsticht.

Rivalen um die Macht

A FEVER IN THE BLOOD

USA 1960. **Produktion:** Warner Bros. Pictures/Roy Huggins.
Regie: Vincent Sherman. **Drehbuch:** Roy Huggins, Harry Kleiner. **Kamera:** J. Peverell Marley. **Musik:** Ernest Gold. **Schnitt:** William Ziegler.
Darsteller: Efrem Zimbalist, Angie Dikkinson, Jack Kelly, Don Ameche, Ray Danton, Herbert Marshall.
Erstaufführung: Juli 1980, ZDF.

Die großen Parteien rüsten sich für die Gouverneurswahlen. Staatsanwalt Callahan, ein Parteifreund des Exgouverneurs Thornwall, rechnet sich gute Chancen aus, von seiner Partei als Kandidat nominiert zu werden. Es fehlt ihm nur an Popularität. Eine ungeahnte Chance zu überregionaler Publicity eröffnet sich ihm durch einen spektakulären Prozeß, in dem Walter Thornwall, ein Neffe des ehemaligen Gouverneurs, des Gattenmordes beschuldigt wird.
Callahan selbst übernimmt die durchaus nicht stichhaltige Anklage und setzt alles daran, die Verurteilung des Angeklagten, der immer wieder seine Unschuld beteuert, herbeizuführen. Der Staatsanwalt will seine Unabhängigkeit gegenüber der Partei beweisen und spekuliert auf eine öffentliche Kampagne zu seinen Gunsten. Als er mit fragwürdigen Mitteln den Beschuldigten schwer belastet, greift Richter Hoffman, auch ein Parteifreund Callahans, ein und vertagt den Prozeß.
Ein weiterer Parteifreund Callahans, Senator Simon, bewirbt sich ebenfalls um den Gouverneurssitz. Er bietet Hoffman einen hohen Richterposten in Washington an, falls eine Verurteilung im Mordprozeß Thornwall unterbliebe und somit Callahans Erfolgsaussichten als Wahlkämpfer sinken würden. Aber Hoffman, der auf diese Weise nicht Bundesrichter werden will, lehnt Simons Bestechungsversuch ab.
Es kommt zur Verurteilung, und Callahan läßt sich überall als strahlender Sieger feiern. Betroffen von der Nachricht, daß Walter Thornwall durch die Schuld des Richters keine Aussicht auf eine Wiederaufnahme des Verfahrens hat, wendet sich Hoffman an die Öffentlichkeit. Und provoziert von der Skrupellosigkeit, mit der Callahan auch diesen Skandal für seine Zwecke ausschlachten will, beschließt Richter Hoffman, sich seinerseits um das Gouverneursamt zu bewerben.
Hoffman kann Callahan illegale Praktiken und unsaubere Prozeßführung nachweisen und erreicht sogar neue Ermittlungen im Mordfall Thornwall. Als der wahre Mörder sich schließlich stellt, ist Richter Hoffman der neue Volksheld. Begeistert empfängt ihn der Parteikonvent, der sich bisher auf keinen anderen Kandidaten einigen konnte.

Roadie

ROADIE

USA 1979. **Produktion:** Carolyn Pfeiffer/ United Artists. **Länge:** 2866 m.
Regie: Alan Rudolph. **Drehbuch:** Big Roy Medlin, Michael Ventura. **Kamera:** David Myers. **Musik:** Craig Hundley.
Darsteller: Meat Loaf, Kaki Hunter, Art Carney, Gailard Sartain, Don Cornelius, Rhonda Bates, Joe Spano, Roy Orbison, Alice Cooper, Blondie mit Deborah Harry.
Verleih: United Artists.
Erstaufführung: 1. 8. 1980.

Den Fans der »Rocky Horror Picture Show« ist der schwergewichtige Meat Loaf sicher noch in Erinnerung: Dort lieferte er einen kurzen aber eindrucksvollen Auftritt als motorradfahrender Rocksänger. In »Roadie« hat er die Hauptrolle des Travis W. Redfish übernommen, jenes netten, sympathischen Typen aus Texas, der mit einer Bierkutsche unterwegs ist und einzig auf Country-and-Western-Music steht. Dieses texanische Riesenbaby gerät nun – weil er dem attraktiven Groupie Lola helfen möchte – in die turbulente Maschinerie der Rockwelt. Innerhalb weniger Wochen avanciert Redfish zum besten amerikanischen Roadie, und selbstverständlich verliebt sich die erst 16jährige Lola in den musikalischen Superman. Andererseits möchte sie ihre Liebe dem Idol Alice Cooper reservieren, was nicht ohne Auswirkungen auf das Verhältnis zu Redfish bleibt. Es kommt zum Streit, man trennt sich. Lola geht zu Alice Cooper, Redfish kehrt zurück nach Texas. Kaum aber ist er angekommen, kündigt auch Lola schon ihre Heimkehr in die Arme des Geliebten an.
Dem Happy-End steht nichts mehr im Wege. Rudolphs Film ist schnell und mit sehr viel Witz in Szene gesetzt. Nicht zuletzt durch das schauspielerische Talent von Meat Loaf wird das Ganze zu einem unterhaltsamen und musikalischen Filmspaß.

Meat Loaf in dem Film »Roadie« (Foto: United Artists).

Rocky II

ROCKY II

USA 1978. **Produktion:** Robert Chartoff/ Irwin Winkler Prod. **Länge:** 3199 m.
Regie: Sylvester Stallone. **Drehbuch:** Sylvester Stallone. **Kamera:** Bill Butler. **Musik:** Bill Conti. **Schnitt:** Danford B. Greene.
Darsteller: Sylvester Stallone, Talia Shire, Burt Young, Burgess Meredith, Carl Weathers, Tony Burton, Joe Spinell.
Verleih: United Artists.
Erstaufführung: 28. 2. 1980.

Fortsetzung des Boxer-Melodrams um den italienischen Sportler Rocky Balboa. Die Fortsetzung ist eher ein frühes Remake, mit dem einzigen Unterschied, daß Rocky heiratet. Ansonsten bietet der Film gekonnte Box-Szenen und eine bereits bekannte Milieuschilderung, mit viel Sentiment und Rührseligkeit in Szene gesetzt.

Sylvester Stallone und Burgess Meredith in dem Film »Rocky II« (Foto: United Artists).

Roller Boogie

ROLLER BOOGIE

USA 1979. **Produktion:** Compass Intern. Pictures, Los Angeles. **Länge:** 2851 m.
Regie: Mark L. Lester. **Drehbuch:** Barry Schneider, nach einer Geschichte von Irwin Yablans. **Kamera:** Dean Cundey.
Musik: Bob Esty.
Darsteller: Linda Blair, Jim Bray, Beverly Garland, Roger Perry.
Verleih: Neue Constantin.
Erstaufführung: 13. 6. 1980.

Was früher Rollschuhlaufen hieß und heute amerikanisch-modisch Roller-Skating genannt wird, macht den ganzen (folglich dünnen) Inhalt des Films aus. Ein Jugendtraum auf Rollen, zwischen College und Disco, mit leichter Krimi-Einlage.

The Rose

THE ROSE

USA 1979. **Produktion:** Marvin Worth/ Aaron Russo. **Länge:** 2457 m.
Regie: Mark Rydell. **Drehbuch:** Bo Goldmann und Michael Cimino, basierend auf einem Entwurf von William Kerby. **Kamera:** Vilmos Zsigmond. **Musik:** Jerry Ragovoy. **Schnitt:** Robert Wolfe.
Darsteller: Bette Midler, Alan Bates, Frederic Forrest, Barry Primus, David Keith, Sandra McCabe, Harry Dean Stanton, Jack Starrett, Dennis Erdman, Michael Greer, Butch Ellis, Michael St. Laurent, Pearl Heart, Claude Sacha, Sylvester James, Marc Vananian.
Verleih: 20th Century Fox.
Erstaufführung: 22. 2. 1980.
FBW-Prädikat: wertvoll.

Die Rock-Sängerin Rose – der Name wurde

Bette Midler in dem Film »The Rose« (Foto: 20th Century Fox).

in Amerika zu Janis Joplins Kosenamen »Pearl« gewählt – flüchtet sich aufgrund des Widerspruchs zwischen Image und Wirklichkeit, zwischen Kommerz und persönlichen Bedürfnissen in Alkohol und Drogen. Die flüchtige Beziehung zwischen ihr und dem Angestellten Dyer kann zwar ihre Probleme für Momente verschleiern, aber nicht lösen. Die perfekt organisierte Kommerz-Maschinerie des Show-Business siegt schließlich über das Individuum: Rose stirbt während eines Konzerts auf der Bühne.
Hinreißend geglückter Musikfilm durch Bette Midlers Showtalent.

Rust never sleeps

RUST NEVER SLEEPS

USA 1979. **Produktion:** Shakey Pictures. **Länge:** 2810 m.
Regie: Bernard Shakey. **Kamera:** Paul Goldsmith.
Darsteller: Neil Young, Frank Sampedro, Billy Talbot, Ralph Molina.
Verleih: Arsenal/Impuls.
Erstaufführung: 26. 5. 1980.

Mit dokumentarisch geführter Kamera gefilmtes Konzert des Rockmusikers Neil Young und seiner Gruppe ›Crazy Horse‹ im Cow Palace von San Francisco. In Dolby-Stereoton ein musikalisch herausragendes Kino-Ereignis.

Sado – Stoß das Tor zur Hölle auf

BUIDO OMEGA

Italien 1977. **Produktion:** Marco-Rossetti. **Länge:** 2539 m.
Regie: Joe D'Amato. **Drehbuch:** Joe D'Amato. **Musik:** Efraim Monti.
Darsteller: Keiran Carten, Cinzia Monariale.
Verleih: cfc-Contact.
Erstaufführung: 14. 11. 1980.

Übles Machwerk aus der brutalen Sado-Ecke.

Sador – Herrscher im Weltraum

BATTLE BEYOND THE STARS

USA 1979. **Produktion:** Orion Pictures Inc. **Länge:** 2805 m.
Regie: Jimmy T. Murakami. **Drehbuch:** John Sayles, Anne Dyer. **Musik:** James Horner.
Darsteller: Richard Thomas, Robert Vaughn, John Saxon, George Peppard, Darlanne Fluegel, Sybill Danning.
Verleih: Warner-Columbia.
Erstaufführung: 13. 11. 1980.

Hollywoods Science-fiction-Weltraumfilme überschwemmen die Kinos der Erde. Bis zum Jahr 2000 werden wir auf der Leinwand noch eine Menge erleben ... Doch die guten Ideen für zugkräftige Stoffe sind zumeist schon in festen Serienfilmer-Händen. Die Phantasie des Menschen reicht kaum viel weiter als über seine Vorstellungswelt des Gegenwärtigen. Da liegt es nahe, erfolgserprobte Stoffe zu adaptieren, und die »Sieben Samurai« aus Japan, die sich schon als »Glorreiche Sieben« im Western-Genre bewährt haben, machen sich in der Tat auch in der Galaxie ganz gut.
Dennoch: Der Regisseur Murakami hat auch mit Hilfe des wieselflinken und filmgeschickten Roger Corman als ausführendem Produzenten nur einen Durchschnittsfilm mit ziemlich zäher Szenenfolge aus der »klassischen« Vorlage gemacht. Seine Zukunftsvisionen sind zudem schamlos bei anderen Filmen abgeschaut.

Saint Jack

SAINT JACK

USA 1979. **Produktion:** New World Pictures, Los Angeles. **Länge:** 3136 m.
Regie: Peter Bogdanovich. **Drehbuch:** Howard Sackler, Paul Theroux, Peter Bogdanovich. **Kamera:** Robby Müller.
Darsteller: Ben Gazzara, Denholm Elliot, James Villiers, Joss Ackland, Rodney Bewes, Lisa Lu, Judy Lim, Monika Subramaniam.
Verleih: Concorde.
Erstaufführung: 9. 5. 1980.

Hauptdarsteller Ben Gazzara ist hier als Saint Jack eine ähnliche Figur wie in John Cassavetes' Film »Tod eines chinesischen Buchmachers« – er steckt lediglich nicht ganz so tief im Dreck. Er spielt einen Amerikaner, der nach dem Ende des Koreakrieges in Singapur hängengeblieben ist und sich dort als Zuhälter und kleiner Gauner durchs Leben schlägt. Mit Galgenhumor und immer auch ein wenig Moral.
Ein kleiner Film, offensichtlich mit niedrigem Budget gedreht. Doch der »Wunder knabe« Bogdanovich zeichnet das Porträt des Glücksritters Saint Jack mit viel Sorgfalt und Interesse für eine Person. Zwar bewegt er sich dabei nicht auf Kinokassen-Erfolgslinie, aber sein auf verschiedenen Ebenen sich der Titelfigur näherndes Arrangement ist präzis und kritisch.
Dazu erwähnenswert die Fotografie des holländischen Wim-Wenders-Kameramanns Robby Müller, der wirklich schöne, klare, unprätentiös attraktive Bilder festhielt.

Saufbold und Raufbold

THE DRUNKEN ARTS AND CRIPPLED FIST

Hongkong 1979. **Produktion:** Youngs International Films Ltd. **Länge:** 2252 m.
Regie: Tong Dick. **Kamera:** Pan Tai-Wai.
Musik: Chow-Fook-Lung.
Darsteller: Yuan Hsiao-Tien, Li-Yi Ming, Lung Tien Shiang.
Verleih: Filmhansa/Diamant.
Erstaufführung: 1. 8. 1980.

Ein lustig gemeinter Eastern, bei dem nicht nur die Faustkämpfer sehr munter sind, sondern auch die Sprücheklopfer.

Die Schildkröte auf dem Rücken

LA TORTUE SUR LE DOS

Frankreich 1978. **Produktion:** Filmoblic. **Regie:** Luc Béraud. **Drehbuch:** Luc Béraud, Claude Miller. **Kamera:** Bruno Nuytten. **Schnitt:** Joele Van Effenterre. **Darsteller:** Bernadette Lafont, Jean-François Stevenin, Virginie Thevenet, Claude Miller, Veronique Silver. **Erstaufführung:** Februar 1980, ZDF.

Luc Béraud hat einen Film über die Schwierigkeiten eines Schriftstellers beim Schreiben gedreht. Dieses Thema ist nicht eben neu; man hat es als Drama und Melodrama oft gesehen. Neu aber und überraschend sind die Mittel, mit denen Béraud an die Sache herangeht.
Sein Film beginnt als Komödie, in der man amüsiert verfolgt, wie der Egozentriker Paul um seine Selbstverwirklichung und um seine literarische Reputation kämpft. Er sucht Inspiration im Kino oder in einer Liebesaffäre und setzt am Ende gar verzweifelte Hoffnung auf die Reparatur seines Schreibtischsessels. Bei alledem lebt er konsequent an der Realität vorbei und vorbei auch an seiner Lebensgefährtin Camille, die ihrer Rolle als duldende Muse allmählich überdrüssig wird. Eines Tages hat sie die Nase voll und wirft das Ekel Paul kurzerhand aus dem Haus.
An diesem Punkt nun riskiert es Béraud, den Stil seines Films radikal zu verändern. Aus der Komödie wird ein Drama, Ironie und Witz schlagen um in düstere Absurdität. Paul, der jahrelang wie unter einer Glasglocke gelebt hatte, wird unvermittelt in die Realität gestoßen. Es ist kein Wunder, daß sie ihm wie ein Alptraum erscheint.

Schilten

Schweiz 1978/79. **Produktion:** Beat Kuert, Barbara Riesen/Filmkollektiv, Zürich. **Länge:** 2500 m.
Regie: Beat Kuert. **Drehbuch:** Beat Kuert, Michael Maassen, nach dem gleichnamigen Roman von H. Burger. **Kamera:** Hansueli Schenkel. **Musik:** Cornelius Wernle. **Schnitt:** Beat Kuert.
Darsteller: Michael Maassen, Gudrun Geier, Norbert Schwientek, Kaarina Schenk, Rudolf Ruf, Peter Schweiger, Ferdinand Mattmann.
Verleih: Skylight.
Erstaufführung: 25. 4. 1980.

Schilten, ein kleiner, lieblicher Ort in der Schweiz, etwas abgelegen vielleicht, aber friedlich. Dorthin kommt ein neuer Lehrer. Voller Ideen, Hoffnung und Phantasie tritt er seine erste Stelle an. Ihn erwartet die dörfliche Zwergschule.
Mit Elan fängt er an; einer der auszieht, das Fürchten zu lernen. Die Dorfkinder sind für ihn gleichberechtigte Partner im Unterricht. Aber sie reagieren schüchtern auf diesen ungewohnten pädagogischen Stil. Denn der Vorgänger des neuen Lehrers, ein alter Veteran, hat doch alles so ganz anders gemacht. Die ausgestopften Vögel überall sind Zeugen einer unausrottbar erscheinenden Schulvergangenheit. Einer Vergangenheit, die lebt.
Mitten im Unterricht werden die Kinder zur Beerdigungsfeier in die Turnhalle beordert. Einer der nicht seltenen Todesfälle im Dorf. Der Hausmeister der Schule und Totengräber in einer Person übernimmt das Kommando. Lehrer Schildknecht muß Harmonium spielen. So hat es der Vorgänger gehalten, so muß es auch weitergehen. Jeder im Dorf findet das so richtig.
Der Vorgänger hat auch immer zwei Teller Suppe zu Mittag gegessen, sagt die Haushälterin. Auf dem Dachboden hat er sich erhängt, sagt sie.
Der junge Lehrer wird krank. Er träumt den Fiebertraum von der Befreiung. Als er wieder gesund ist, holt er aus zum entscheidenden Schlag gegen das verkrustete System. Er stülpt den Unterricht völlig um. Macht die Nacht zum Tag. Unterrichtet im Winter im Freien. Aber Lehrer Schildknecht ist zu weit gegangen – oder auch vielleicht nicht weit genug, wer weiß.
Die Eltern jedenfalls behalten ihre Kinder zu Hause. Einsam hockt Schildknecht im verwaisten Schulhaus. Es steht unmittelbar neben dem Friedhof. Eine Fried-

hofsschule ... Schildknecht hat das Fürchten gelernt.
Beat Kuert macht seit fünfzehn Jahren Filme, vor allem dokumentarische Arbeiten. Seine Kritik an der geistigen Enge seines Heimatlandes ist bitter. Mit formal schlichten, manchmal dokumentarisch wirkenden Mitteln geht er die Komplexität der Figur des Schildknecht an, für den eine scheinbare ländliche Idylle zum Ort des Wahnsinns wird. Ein ruhiger, schöner, sehr bestürzender, unheimlich trauriger Film.

Die Schläger von Brooklyn

DEFIANCE

USA 1978. **Produktion:** American International Pictures, Beverly Hills. **Länge:** 2806 m.
Regie: John Flynn. **Drehbuch:** Thomas Michael Donnelly, Mark Tulin. **Kamera:** Ric Waite. **Musik:** Basil Poledouris.
Darsteller: Jean Michael Vincent, Theresa Saldana, Fernando Lopez, Art Carney, Danny Aiello.
Verleih: Neue Constantin.
Erstaufführung: 18. 7. 1980.

Klassische Western-Motive werden in die Lower East Side von New York transponiert. Eine Bande terrorisiert die Gegend. Die Polizisten sind machtlos. Da kommt ein fremder Einzelgänger, setzt sich ein für Recht und Ordnung, mobilisiert die braven Mitbürger zur Selbsthilfe und hat Erfolg. Der sich sozialkritisch gebende Streifen propagiert bedenkenlos die Selbstjustiz, ist zudem nicht frei von Rassismus und bekennt sich offen reaktionär zur Einrichtung von Bürgerwehren mit polizeiähnlicher Gewalt.

Die Schlafmütze

BÊTE MAIS DISCIPLINE

Frankreich 1979. **Produktion:** Films Christian Fechner, Paris. **Länge:** 2493 m.
Regie: Claude Zidi. **Drehbuch:** Claude Zidi, Michel Fabre. **Kamera:** Jean-Paul Schwartz. **Musik:** Oliver Dassault. **Bauten:** Jacques Bufnoir. **Schnitt:** Georges Klotz.
Darsteller: Jacques Villeret, Michel Aumont, Kelvine Dumour, Cathérine Lachens, Michel Robbe, Céleste Bollack, Roger Mirmont, Dimitri Rafalsky.
Verleih: Neue Constantin Film.
Erstaufführung: 23. 5. 1980.

Ein harmloser kleiner Komödien-Titel von Claude Zidi mit einem symphatischen und begabten, rundlichen Dickerchen (Jacques Villeret) im Mittelpunkt.
Als tolpatschiger Wehrpflichtiger wird der liebe kleine Dicke zum unfreiwilligen Helden einer grotesken Geheimdienst-Verwicklung. Aber den Autoren geht all zu bald die Puste aus, und nur mit den verstaubten Versatzstücken der Militärklamotte allein läßt sich die Story – die durchaus den Ansatz zu einer Charakterkomödie hat – nicht am Leben halten.

Das Schlitzohr mit den tödlichen Fingern

THE CONSPIRACY OF THIEVES

Hongkong 1978. **Produktion:** Tu Shong Xun Prod., Hongkong. **Länge:** 2606 m.
Regie: Keine Angaben. **Darsteller:** Keine Angaben.
Verleih: Cineall-Film, Bensheim.
Erstaufführung: 28. 3. 1980.

Keine Informationen zum Inhalt.

Das Schlitzohr mit der Affentechnik

MAD MONKEY KUNG FU

Hongkong 1979. **Produktion:** Shaw Brothers Ltd. **Länge:** 2364 m.
Regie: Lin Chia Liang.
Darsteller: Liu Chia Liang, Hsiao Ho, Lo Lieh.

Verleih: Avis/Apollo.
Erstaufführung: 7. 3. 1980.

Eastern-Film jener Art, die im Dutzend billiger ist.

Schnapsnase und Schlappohr

MAD MAD KUNG FU

Hongkong 1979. **Produktion:** Pak Sup lin Toy Film Co., Hongkong. **Länge:** 2303 m. **Regie:** Hon Meng Hwa, Yu Cheng Chun. **Kamera:** Li Yue Fong. **Musik:** Chow Fook Leng. **Ausstattung:** Chen Yiet San. **Darsteller:** Yuan Hsiao-Tien, Ching Tung, Kong Tao, Cheng Lung.
Verleih: Filmhansa.
Erstaufführung: 22. 2. 1980.

Wie in so vielen Hongkong-Filmen des Jahres im Mittelpunkt der »Drunken Master« als Klamauk-Held. Der komische Alte bestimmt den Tenor des Streifens und dessen grobschlächtigen Humor.

Die schönen Wilden von Ibiza

Bundesrepublik Deutschland 1980. **Produktion:** Lisa-Film/Geiselgasteig Film. **Länge:** 2385 m.
Regie: Siggi Götz. **Drehbuch:** Florian Burg. **Kamera:** Heinz Hölscher. **Musik:** Gerhard Heinz.
Darsteller: Regis Porte, Tanja Spiess, Michael Gspandl, Beate Gränitz, Margit Geissler.
Verleih: Residenzfilm.
Erstaufführung: 17. 10. 1980.

Kriminal-Jux in einem »Ferienparadies«. Spekulative Jugendunterhaltung fernab jeglicher Realität. Schöne Fremdenverkehrswerbung mit leisen Vorbehalten.

Der Schrei aus der Stille

MOURIR À TUE-TÊTE

Kanada 1978/79. **Produktion:** National Film Board of Canada. **Länge:** 2624 m.
Regie: Anne Claire Poirier. **Drehbuch:** Marthe Blackburn, Anne Claire Poirier nach einer Vorlage von Andrée Major. **Kamera:** Michel Brault. **Musik:** Maurice Blackburn. **Schnitt:** Andre Corriveau.
Darsteller: Julie Vincent, Germain Moude, Paul Savoie, Monique Miller, Micheline Lanctot, Luce Guibeault, Christiane Raymond, Louise Portal, Murielle Dutil, Julie Morand, Léo Munger, Pierre Gobeil, André Pagé, Michele Mercure.
Verleih: Skylight Filmverleih.
Erstaufführung: 29. 2. 1980.

Die Männer haben die Frauen immer vergewaltigt. Doch Vergewaltigung ist nichts anderes als ein politisches Herrschaftsverbrechen, das den Umweg über das Sexualverbrechen nimmt. Und die Frauen sind dessen Opfer.
Das ist das Hauptthema des Films »Mourir à Tue-Tête« von Anne Claire Poirier, der beim Internationalen Forum des jungen Films in Berlin 1980 zum erstenmal in Deutschland gezeigt wurde. Der schwer übersetzbare Titel des Films ist übrigens ein Wortspiel, das auf den Ausdruck »rire à tue-tête« (sich totlachen) Bezug nimmt.
Die Krankenschwester Suzanne wird auf ihrem Heimweg vom Krankenhaus von einem Mann überfallen, auf einen Lastwagen verschleppt und brutal vergewaltigt. Drei Stunden später ist sie, zusammen mit ihrem Freund, einem Arzt, bei der Polizei und erstattet Anzeige. Viele Wochen später, als die äußeren Verletzungen verheilt sind, ist Suzanne noch immer nicht imstande, ihr Leben wieder in den Griff zu bekommen. Sie leidet unter Angstzuständen als Folge des an ihr begangenen Verbrechens. Und sie ist nicht mehr zu einem normalen Sexualleben fähig. Mit einer Überdosis Schlaftabletten bringt sie sich um.
Vor der Kamera diskutieren die Regisseurin und die Cutterin des Films die einzelnen Stadien des authentischen Fal-

Julie Vincent in dem Film »Der Schrei aus der Stille« (Foto: Skylight Filmverleih).

les der Suzanne. Ihre Analyse einer Vergewaltigung erweitert sich zu einem Panorama des Verbrechens, als sich vor einem imaginären Tribunal eine Reihe von Frauen und Kindern versammeln und Anklage gegen ihre Vergewaltiger erheben. Von individuellen Fällen geht die Darstellung über zu rituellen Beispielen von der Klitorisbeschneidung bis zu Massenvergewaltigungen während des Vietnam-Krieges.
Anne Claire Poirier hat einen sehr aggressiven, bewußt provozierenden Film gemacht. Realismus und Abstraktion wechselweise nutzend, zeigt sie die Scham, die Verletzlichkeit, die Entwürdigung vergewaltigter Frauen. Was auch sie nicht in Bilder setzen kann, sind die seelischen Veränderungen, die in den Frauen beim Angriff auf ihren Körper vorgehen.

Schüler lieben hübsche Hasen

GRAZIE NONNA

Italien 1975. **Produktion:** C. P. M. Cinematografice, Rom. **Länge:** 2557 m.
Regie: Keine Angaben.
Darsteller: Keine Angaben.
Verleih: Avis/Peiper/BEKA/C. H. Film.
Erstaufführung: 11. 4. 1980.

Keine Informationen zum Inhalt.

Der schwarze Hengst

BLACK STALLION

USA 1979. **Produktion:** Francis Coppola/Fred Roos/Tom Sternberg. **Länge:** 3194 m.
Regie: Carroll Ballard. **Drehbuch:** Melis-

sa Mathison, Jeanne Rosenberg, William Wattliff, nach dem Roman von Walter Farley. **Kamera:** Caleb Deschanel. **Musik:** Carmine Coppola. **Schnitt:** Robert Dalva.
Darsteller: Kelly Reno, Mickey Rooney, Terri Garr, Hoyt Axton.
Verleih: United Artists.
Erstaufführung: 4. 7. 1980.
FBW-Prädikat: besonders wertvoll.

Die Verfilmung von Farleys Jugendbuchklassiker kann zweifellos zu den »schönsten« Filmen des Jahres 1980 gerechnet werden. Erzählt wird die Geschichte des kleinen Alec, der sich nach einem Schiffsuntergang allein mit einem wilden Hengst auf eine einsame Insel retten kann. Für beide beginnt eine abenteuerliche Robinsonade, in deren Verlauf sich zwischen Mensch und Tier eine ungewöhnliche Freundschaft entwickelt. Nach der Rettung trägt der »schwarze Hengst« den kleinen Alec in einem Rennen zum Sieg. Dieser Schlußteil des Films ist ungleich schwächer als die Schilderung des Inseldaseins. Die Geschichte wird zu einer affirmativen Schilderung des »american way of life«.

Das schwarze Loch

BLACK HOLE

USA 1979. **Produktion:** Walt Disney Production/Ron Miller. **Länge:** 2624 m.
Regie: Gary Nelson. **Drehbuch:** Job Rosebrook, Gerry Day. **Kamera:** Frank Phillips. **Musik:** John Barry. **Ausstattung:** Frank McKelvy, Roger M. Shook. **Kostüme:** Bill Thomas. **Schnitt:** Gregg McLaughlin.
Darsteller: Maximilian Schell, Anthony Perkins, Robert Forster, Joseph Bottoms, Yvette Mimieux, Ernest Borgnine, Tommy McLoughlin.
Verleih: 20th Century Fox.
Erstaufführung: 19. 9. 1980.

Science-fiction-Superproduktion aus den Disney-Studios. Das Raumschiff »Palomino« ist seit 18 Monaten im All unterwegs. Kurz bevor seine Besatzung wieder

»Das schwarze Loch« (Foto: 20th Century Fox).

Kurs auf die Erde nehmen kann, wird sie auf ein »schwarzes Loch« in unmittelbarer Nähe des Schiffes aufmerksam. Bevor jedoch der Kurs korrigiert werden kann, erscheint auf den Radarschirmen ein mysteriöses Flugobjekt, das sich als das vor 20 Jahren verschollene Raumschiff »Cygnus« entpuppt. Die »Palomino« nimmt Kurs auf das Geisterschiff, findet an Bord den Kommandanten Dr. Hans Reinhardt. Er will die »Palomino« für eine Forschungsexpedition ins Innere des »schwarzen Lochs« benutzen. Zwischen der Crew des Forschungsschiffes und den Robotern der Cygnus kommt es nun zum Kampf. Mit dem Wrack der Cygnus retten sich die Überlebenden in Richtung Erde.

Die Schweizer Affäre

L'AFFAIRE SUISSE

Schweiz/Italien 1978. **Produktion:** Ammann Production/SSR/Saba Cinematografica/Cromix.
Regie: Peter Ammann. **Drehbuch:** Fabio de Agostini, John L. Huxley, Bernard Bengloan, Peter Ammann. **Kamera:** Aldo di Marcantonio. **Musik:** Giancarlo Chiamarello.

Darsteller: Jean Sorel, Brigitte Fossey, Franco Fabrizi, Guido Alberti, Silvano Tranquilli.
Erstaufführung: Juni 1980, ZDF.

Der Genfer Journalist Georges Wabre wird in der Nähe von Mailand bei einem Verkehrsunfall getötet. Routinemäßig befaßt sich der Schweizer Polizeiinspektor Suter mit dem Fall. Er besucht die Frau und die Kollegen Wabres und erfährt: Sie alle glauben nicht an einen Unfall; sie glauben, daß Wabre ermordet worden ist, weil er einer Affäre auf der Spur war.
Gestützt auf Notizen Wabres beginnt Suter jetzt, energisch zu ermitteln. Er fährt nach Italien, wo er auf den zwielichtigen Geschäftsmann Posetti trifft, der einmal in einen Bankkrach verwickelt war. Er spricht mit Zurlini, der als Habenichts in die Schweiz gekommen ist und jetzt dort ein riesiges Bauprojekt finanziert. Und seine Nachforschungen führen ihn immer wieder zu dem angesehenen Rechtsanwalt Buhler.
Bald weiß Suter, daß er einem ausgewachsenen Finanzskandal auf der Spur ist, in den angesehene Geschäftsleute in Italien und der Schweiz verwickelt sind. Er läßt nicht locker und konzentriert sich zunächst auf Zurlini. Zu spät merkt er, daß er damit gerade den Hintermännern in die Hand gespielt hat. Sie lancieren Berichte über seine Ermittlungen, zerstören damit die Kreditwürdigkeit Zurlinis und drängen ihn aus seinem waghalsig finanzierten Projekt. Und merkwürdig: Auch Zurlini verunglückt tödlich, ehe er sich an die Öffentlichkeit wenden kann. Suter aber wird auf Betreiben »höchster Stellen« beurlaubt.
Seine Recherchen haben jedoch die Gegenseite hinreichend beunruhigt. Posetti will aus einem Geschäft aussteigen, das nunmehr mit zwei Toten belastet ist. Er sucht Schutz und Rat bei Suter und wird auf offener Straße erschossen.
Jetzt endlich ist auch Suters Vorgesetzter überzeugt, daß man handeln müsse. Er fordert Suter auf, seinen Dienst und die Ermittlungen wieder aufzunehmen. Aber Suter lehnt ab. Er glaubt nicht mehr an den Sinn seiner Arbeit.

Die Schwestern Brontë

LES SOEURS BRONTË

Frankreich 1978.
Regie: André Téchiné. **Drehbuch:** André Téchiné, Pascal Bonitzer, Jean Gruault. **Kamera:** Bruno Nuytten. **Musik:** Phillipe Sarde.
Darsteller: Isabelle Adjani, Marie-France Pisier, Isabelle Huppert, Pascal Greggory, Patrick Magee, Hélène Surgere.
Erstaufführung: Juni 1980, ARD.

Noch heute, 125 Jahre nach dem Tod von Charlotte, der letzten der Brontë-Schwestern, beschäftigt das längst zur Legende gewordene, für ihre Zeit so exemplarisch kurze und ärmliche Leben der drei Autorinnen Wissenschaftler wie einfach erschütterte Leser ihrer Romane. Mehr als 400 Bücher sind über sie geschrieben worden, und Jahr für Jahr besuchen 100000 Touristen das abgelegene kleine Pfarrhaus von Haworth in Yorkshire, wo die Brontës inmitten einer düsteren, sturmdurchwehten Landschaft gelebt haben.
Ihre immer noch ungebrochene Popularität bei den Lesern von »Stürmische Höhen« und »Jane Eyre« trägt unbezweifelbar romantisierende und mythisierende Züge, die sich aus dem Kontrast zwischen künstlerischer Sensibilität und der für das viktorianische England charakteristischen Hungerleider-Existenz der Besitzlosen wie selbstverständlich ergeben. Zumal, da zwei Schwestern und der Bruder Branwell sehr früh an Schwindsucht und Auszehrung starben und auch Charlotte, die letzte Überlebende, nur 39 Jahre alt wurde.
Dies vorauszuschicken ist deshalb nicht ganz unwichtig, weil der Regisseur André Téchiné gerade nicht das große rührende Melodram aus diesem Stoff gemacht hat, das sich kinowirksam daraus hätte gewinnen lassen, sondern eher eine herbe, streng konzipierte optische Reflexion, ein Experiment über Wesen und Geheimnis schöpferischer Begabung und Berufung.
In erlesen schönen, verschatteten Bildern, deren gebrochene Farben besonders in den stilisierten Landschafts-Ausschnitten geheimnisvoll Bedrohung zu si-

gnalisieren scheinen, vermittelt sich von Beginn an eine Stimmung, die Heiterkeit und Lebensfreude gar nicht erst zuläßt. Kargheit der umgebenden Natur, strenge Lebensauffassungen des Pfarrers Brontë und die Armut der Familie bestimmen das Klima, in dem die Geschwister aufwachsen. Besonders einprägsam stellt der Film Branwell, den einzigen Sohn des Pfarrers vor, einen offenbar hochbegabten jungen Mann, der gut malt und der Zeit entsprechend, allein wegen seines Geschlechts bevorzugt wird und alle Hoffnungen der Familie trägt. Doch Branwell ist labil und willensschwach, wird erst zum Alkoholiker, später auch opiumsüchtig und gibt sich nach einer unglücklichen Liebe ganz der Selbstzerstörung hin.

Sechs Schwedinnen von der Tankstelle

Schweiz 1980. **Produktion:** Elite-Film. **Länge:** 2496 m.
Regie: Michael Thomas. **Drehbuch:** Manfred Gregor. **Kamera:** Peter Baumgartner. **Musik:** Walter Baumgartner.
Darsteller: Brigitte Lahaie, Jane Baker.
Verleih: Avis/Ascot.
Erstaufführung: 19. 9. 1980.

Das Serienprodukt eines fleißigen Schweizer Sexfilmer-Teams, langweilig und öde.

Die Seewölfe kommen

THE SEA WOLVES

Großbritannien 1979. **Produktion:** Richmond Light Horse Production. **Länge:** 3227 m.
Regie: Andrew V. McLaglen. **Drehbuch:** Reginald Rose nach einem Roman von James Leasor. **Kamera:** Tony Imi. **Musik:** Roy Budd.
Darsteller: Gregory Peck, Roger Moore, David Niven, Trevor Howard, Barbara Kellermann.
Verleih: Avis/Ascot.
Erstaufführung: 21. 8. 1980.

Mit einem beachtlichen Weltstar-Ensemble drehte Andrew V. McLaglen einen »Wildgänse«Nachfolger auf den Spuren von James Bond; nur alles ein paar Takte bombastischer musikalisch aufgemotzt und um einiges spekulativer und noch übler.
Die Story, mit angeblich, möglicherweise auch tatsächlich historischem Hintergrund ist ein Agenten-Thriller aus dem Zweiten Weltkrieg und dreht sich um einen deutschen Sender im Hafen von Goa, der den »Seewölfe« genannten deutschen U-Booten im Indischen Ozean geheime Informationen über alliierte Schiffsbewegungen zukommen läßt. Ein geheimes Kommando-Unternehmen der Briten legt diesem Sender das Handwerk. Und die zivil daherkommenden Sprengspezialisten und Agenten sind in diesem dreckigen Krieg immer ungemein englisch, korrekt und männlich. Auch eine deutsche Spionin ist mit von der Partie und wird schließlich von ihrem Liebhaber ungemein effektvoll erdolcht.
Ein skrupellos und zugleich konventionell inszeniertes Abenteuer.

Die Sekte

BRIGADE MONDAINE, LA SECTE DE MARRAKECH

Frankreich 1979. **Produktion:** Francos Films, Paris. **Länge:** 2528 m.
Regie: Eddy Matalon. **Drehbuch:** Paul Gegauff, Henryk Mrozowski, Pierre Germont, Yves Josso. **Kamera:** Jean-Jacques Tarbes. **Musik:** Cerrone.
Darsteller: Carole Chauvet, Patrice Valota, Jacques Bouanich, Christian Marquand, Sady Rebbot, Robert Hoffmann.
Verleih: Kora-Film.
Erstaufführung: 2. 5. 1980.

Eine junge Frau gerät in den Sog einer religiösen Sekte und wird in Marrakesch zur Prostitution gezwungen. Oberflächliche Abhandlung zum Thema Sektenunwesen mit viel spektakulären und spekulativen Details.

Septemberweizen

Bundesrepublik Deutschland 1980. **Produktion:** Teldok/ZDF. **Länge:** 990 m, (16 mm). Dokumentarfilm.
Regie: Peter Krieg. **Drehbuch:** Peter Krieg. **Kamera:** Peter Krieg. **Musik:** Rolf Riehm. **Schnitt:** Peter Krieg.
Verleih: Verleihgenossenschaft der Filmemacher.
Erstaufführung: 17. 10. 1980.
FBW-Prädikat: besonders wertvoll.

»Septemberweizen« ist ein Begriff aus der Warenterminspekulation und bezeichnet einen im September fälligen Weizenkontrakt – also »Papierweizen«. Vor allem um diesen Weizen, der so gar nichts mehr von einem Lebensmittel hat, geht es in diesem Film.
In seiner kommentarlosen Dokumentation zeigt Peter Krieg in collageartiger Montage, wie Farmer, Händler und Spekulanten, Verarbeiter, Wissenschaftler und Politiker mit dem Weizen umgehen und was dabei übrigbleibt für die Hungrigen und die Hungernden in der Welt. Brechts Wort von den Hungersnöten, die nicht etwa »ausbrechen«, sondern vom Weizenhandel veranstaltet werden, erweist sich dabei am Beispiel des amerikanischen Weizens eher als Untertreibung; denn auch Wissenschaftler, Spekulanten, Konzerne und Politiker backen am Hunger mit.
Peter Krieg dokumentiert nicht nur die Mechanismen des internationalen Getreidemarktes, sondern zugleich die dubiose Moral des Kapitalismus. Dieses Gesellschaftssystems, das sich so nachhaltig immer wieder als Bewahrer der humanitären und humanistischen Welt aufspielt und sich doch nur bis zur Unmenschlichkeit pervertiert.
»Septemberweizen« ist ein ungewöhnlicher Film. Am Beispiel eines Nahrungsmittels wird nach den Ursachen des Hungers in einer Zeit des Überflusses gesucht, wird nach den Motiven gefragt, die den Weizen zur Ware und zugleich zur Waffe machen, die Menschen zu Opfern des Wohlstands und die Natur zum Feind des Menschen werden lassen.
Ein Dokumentarfilm, der neue dokumentarische Methoden erprobt, in der Zitierung ungeprüfter Quellen zwar zuweilen sich Blößen gibt, aber in der Summierung der Fakten genügend Spielraum bietet, um beim Betrachter die Phantasie zu mobilisieren in Richtung auf eigene Erkenntnisse.

Shaolin – Bruderschaft der schwarzen Spinne

SHAOLIN IRON FINGER

Hongkong 1979. **Produktion:** Shaw Brothers, Kowloon. **Länge:** 2548 m.
Regie: Ting Chung.
Darsteller: Huang Chia Daa, King Kong, Tung Wai, Chea Kwn Chun.
Verleih: CH/Graf/Exquisit/Beka-Film.
Erstaufführung: 26. 9. 1980.

Hongkong-Filme mit Shaolin-Kämpfen und blutigen Rachefeldzügen aus dem chinesischen Mittelalter sind in ihrer Vielzahl allmählich kaum noch zu unterscheiden. Und das ist vielleicht auch gut so.

Shaolin Kung Fu – Vollstrecker der Gerechtigkeit

SHAOLIN KUNG FU MASTER

Hongkong 1979. **Produktion:** Hongkong Shaw Pictures. **Länge:** 2483 m.
Regie: Keine Angaben.
Darsteller: Wong Dao, Chi Kwan Shaoing, Chi Kwan Chin, Chung Le.
Verleih: Avis/Beka/Graf/Exquisit.
Erstaufführung: 14. 11. 1980.

Einmal mehr Hongkongs Eastern-Ware als Dutzend-Produkt. Handwerklich relativ solide.

Shaolin – Warteliste des Todes

THE MARS VILLA

Hongkong 1979. **Produktion:** Hong Kong Alpha Motion Pictures Co. **Länge:** 2538 m.
Regie: Joseph Kong, Godfrey Ho.
Darsteller: Lin Chung, Tung Wai, Chia Kai, Kao Tei, Ming Shang.
Verleih: Avis/Graf/Beka.
Erstaufführung: 1. 8. 1980.

Genüßlich auf Prügelszenen konzentrierter Eastern aus der Rache- und Brutal-Szenerie des Genres.

S.H.E.

S.H.E.

Keine Angaben über Herstellungsland (vermutlich USA), 1979. **Produktion:** A. E. C. Film Production. **Länge:** 2474 m.
Regie: Robert Lewis. **Drehbuch:** Richard Maibaum.
Darsteller: Omar Sharif, Cornelia Sharpe, Robert Lansing, William Taylor, Anita Ekberg, Fabio Testi.
Verleih: Chronos.
Erstaufführung: 5. 6. 1980.

Skrupellose Banditen attackieren mit seltsamen Mikroben die Erdöllager der Welt. Die amerikanischeSuperagentin S.H.E. setzt die Gangster matt. Viel ungereimte Handlungsstränge, eine recht ansehnliche Titeldarstellerin. Ob das Ganze als Bond-Parodie oder als ernster Actionstreifen gedacht ist, wird nicht recht deutlich.

Shining

THE SHINING

Großbritannien 1979. **Produktion:** Hawks Film Ltd., London. **Länge:** 3268 m.
Regie: Stanley Kubrick. **Drehbuch:** Stanley Kubrick, Diane Johnson, nach einem Roman von Stephen King. **Kamera:** John Alcott. **Musik:** Bela Bartok, Wendy Carlos, Rachel Elkind, Gyorgy Ligeti. **Ausstattung:** Roy Walker. **Schnitt:** Ray Lovejoy.
Darsteller: Jack Nicholson, Shelly Duvall, Danny Lloyd, Scatman Crothers, Barry Nelson, Philip Stone, Joe Turkel.
Verleih: Warner-Columbia.
Erstaufführung: 16. 10. 1980.
FBW-Prädikat: besonders wertvoll.

Stanley Kubricks zweistündiges Horror-Crescendo ist perfekt instrumentiert, klingt aber in der Darbietung reichlich schrill.
Die Geschichte: Ein Schriftsteller übernimmt zusammen mit Frau und Sohn in einem abgelegenen Luxushotel in den Bergen Colorados während der Winterschließung des Hauses den Job des Verwalters, um in der Einsamkeit an einem Roman weiterzuarbeiten. Der Hotelmanager erzählt ihm von dem vor Jahren passierten grausigen Vorfall, als der damalige Hausmeister – wahrscheinlich unter dem Druck der Isolation und Einsamkeit – seine zwei kleinen Töchter mit der Axt erschlug, seine Frau erschoß und sich dann selbst umbrachte.

Jack Nicholson in dem Film »Shining« (Foto: Warner-Columbia).

Daß also ist der Haken an dem feinen Winterjob! Doch Jack Nicholson in der Rolle des Schriftstellers lächelt – keine Sorge, bei ihm kommt so etwas nicht vor. Und schon sind wir mitten drin in der hinterhältig entrierten und böse weitergeführten Horror-Story: Die im Schnee gefangene nette Durchschnittsfamilie zerfällt alsbald. Der Mann verfällt zusehends dem Wahnsinn und trachtet seiner Frau nach dem Leben. Und ganz besonders heftig verfolgt er seinen fünfjährigen Sohn, der mit der Gabe des zweiten Gesichts (daher der Titel »The Shining«) belastet ist und das Grauen des menschenleeren Hotels durch immer aufs neue eingeblendete Schreckensvisionen unheilschwanger steigert.
Stanley Kubrick inszeniert dieses wahnwitzige, von amoklaufender Gewalt und quälerischem Okkultismus gleicherweise geprägte Schauerstück mit der gewohnten Perfektion. Er läßt die Kamera tanzen und fahren, verfolgen und schwenken, um so die Suggestion seiner Bilder zu vertiefen. Die subjektiven Einstellungen und Steadicam-Verfolgungen haben dabei schon einen fast choreografisch zu nennenden Horror-Reiz. Doch den formalen filmischen Leistungen vermag der intellektuelle Inhalt nicht die Waage zu halten. Anders als bei »2001 – Odyssee im Weltraum« oder »Clockwork Orange« beispielsweise wirkt hier die Mystifikation flach und manieristisch, die Idee, die Quellen der Destruktion in der Gesellschaft zu erklären, bleibt in verschwommenem Okkultismus und dämonischem Nebel stecken.
Gewiß nicht Kubricks bester Film.

Die siegreichen 10 der Shaolin

TEN BROTHERS OF SHAOLIN

Hongkong 1978. **Produktion:** Great China Film, Hongkong. **Länge:** 2452 m.
Regie: Ting Chun. **Kamera:** Chung San.
Darsteller: Hia Ling, Wang Tao, Chang Yi.
Verleih: A. B. Film.
Erstaufführung: 11. 4. 1980.

Der letzte lebende Sproß der uralten Ming-Dynastie, der sich lange Zeit versteckt hielt vor den grausamen Mandschus, kämpft um sein Erbe. Das ist so abwechslungsreich wie grausam ins Bild gesetzt. Die zehn Shaolin-Kämpfer, die den Prinzen beschützen, leisten ganze Arbeit.

Die Silberfaust der Shaolin

DRAGON FROM SHAOLIN

Hongkong 1980. **Produktion:** Asia Pictures Ltd./Young's International Films Ltd. **Länge:** 2236 m.
Regie: Tommy Kim. **Kamera:** Jimmy Yu.
Musik: Michael Fung.
Darsteller: Richard Kong, Bruce Chueng, Li Ying-Ying.
Verleih: Filmhansa.
Erstaufführung: 19. 9. 1980.

Karate-Meister und Karate-Amazone rächen auf brutale Weise die Ermordung ihrer Väter. Kung-Fu-Demonstrationen inbegriffen.

Skandal bei Hofe

A ROYAL SCANDAL

USA 1944. **Produktion:** 20th Century Fox/Ernst Lubitsch.
Regie: Otto Preminger. **Drehbuch:** Edwin Justus Mayer. **Kamera:** Arthur Miller. **Musik:** Afred Newman. **Schnitt:** Dorothy Spencer.
Darsteller: Tallulah Benkhead, Charles Coburn, Anne Baxter, William Eythe, Vinicent Price.
Erstaufführung: September 1980, ZDF.

Die Unzufriedenheit im zaristischen Rußland ist groß, zudem droht der Staatsbankrott. Am Hofe der Zarin ist von den Turbulenzen noch wenig zu spüren. Katharina die Große gibt rauschende Feste und verschleißt einen Liebhaber nach dem anderen. Die Staatsgeschäfte überläßt sie weitgehend ihrem persönlichen Vertrauten und Kanzler. Dieser ist zwar

liebenswürdig und im höfischen Ränkespiel auch nicht gerade ungeschickt, doch wenn es um die harte Tagespolitik geht, zeigen sich seine Grenzen.
Eines Tages begegnet Katharina der junge Offizier Alexej. Die liebeshungrige Zarin ist von dem angenehmen Äußeren und der schwärmerischen Art des jungen Mannes sofort begeistert. Er muß ihr Liebhaber werden. Doch die Dinge gestalten sich schwieriger, als die in Liebesangelegenheiten bewanderte Zarin erwartet. Alexej ist nämlich voller Respekt für seine Kaiserin, sein Denken und Fühlen jedoch gilt dem Schicksal der armen Bauern.
Um den Klatsch bei Hofe einigermaßen im Zaum zu halten und um Alexej glauben zu machen, sein sozialschwärmerischer Plan zur Befreiung der Bauern habe Aussicht auf Verwirklichung, befördert Katharina den jungen Mann zum General. Nun beginnen die Komplikationen erst richtig. Obwohl Alexej seiner Zarin zu Willen ist, liebt er deren Kammerfrau. Die Ereignisse überstürzen sich, als der naive Alexej auf Betreiben unzufriedener Generäle einer Palastrevolution Vorschub leistet. Dank der Dummheit der Putschisten und der Schlitzohrigkeit der Zarin kommt es jedoch nach zahlreichen Verwicklungen zum Happy-End.

Sklavenmarkt der weißen Mädchen.

VIA DELLA PROSTITUTIONE

Italien 1979. **Produktion:** Cinemaster S. r. I., Rom. **Länge:** 2376 m.
Regie: Joe D'Amato. **Musik:** Nico Fidenco.
Darsteller: Laura Gemser, Gabriele Tinti, Ely Galleani, Pierre Marfurt, Venantino Venantini, Bryan Rostron.
Verleih: Apollo/Graf/Exquisit/Avis.
Erstaufführung: 10. 10. 1980.

Mädchenhandel in Afrika. Eine afrikanische Reporterin auf den Spuren weißer Sklavinnen. Viel Sex und spekulative Bildmontagen zeigen den schwarzen Kontinent, wie er nun wirklich nicht ist.

Solo für zwei Superkiller

Bundesrepublik Deutschland 1979. **Produktion:** Jack White Produktion. **Länge:** 2477 m.
Regie: Chuck Workman. **Drehbuch:** Robin Swicord, Chuck Workman. **Kamera:** Robert Carras. **Musik:** Jack White.
Darsteller: Robert Vaughn, Stuart Whitman, Caren Kaye, Woody Strode, Michael Gazzo, Sibyl Danning, Marie-Louise Gassen.
Verleih: Residenz-Film.
Erstaufführung: 18. 4. 1980.

Agentenfilm, der vorgibt, die CIA-Arbeitsweise zu zeigen, in Wirklichkeit aber voll auf die Ideologie des Kalten Krieges abfährt. Das Ganze wird exemplifiziert am Fall eines versuchten Mordanschlags auf Fidel Castro. Ebenso dubios wie lahm.

Solo Sunny

SOLO SUNNY

DDR 1979. **Produktion:** DEFA. **Länge:** 2838 m.
Regie: Konrad Wolf. **Drehbuch:** Wolfgang Wolf. **Kamera:** Eberhard Geick. **Musik:** Günther Fischer. **Ausstattung:** Alfred Hirschmeier. **Kostüme:** Rita Bieler. **Schnitt:** Evelyn Carow.
Darsteller: Renate Krössner, Alexander Lang, Dieter Montag, Klaus Brasch, Heide Kipp.
Verleih: CIC.
Erstaufführung: 23. 2. 1980.

Sie ist selbstbewußt, schlagfertig und nicht zuletzt musikalisch: die kesse Berlinerin Sunny, die mit der Band »Tornados« durch die DDR-Provinz tingelt. Doch Sunnys kesse Art ist lediglich Selbstschutz, sie ist einsam, ihre Sehnsüchte bewegen sich zwischen Erfolgsstreben und dem Wunsch nach Geborgenheit und Wärme.
Die Bekanntschaft mit Taxi-Kleinunternehmer Harry ist nicht von langer Dauer. Zwar bemüht sich Harry rührend um die

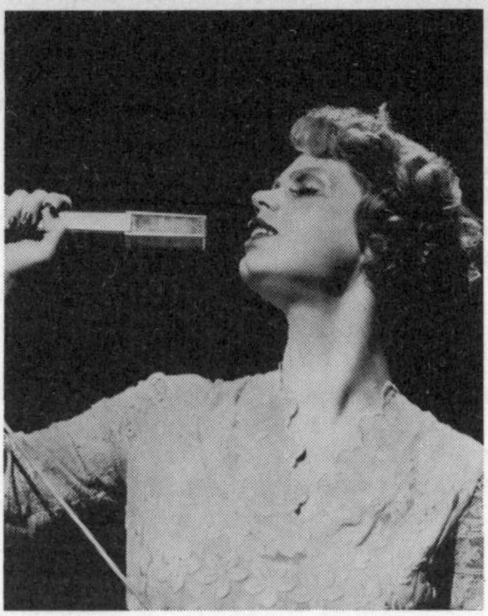

Renate Krössner in dem Film »Solo Sunny« (Foto: Cinema International Corp.).

25jährige Schlagersängerin, doch die gemeinsame Nacht im Hotelbett endet eher kläglich: Wohlstandsdenken und allzu starke männliche Fürsorge sind nicht nach Sunnys Geschmack. Den trifft schon eher der stellungslose Diplom-Philosoph Ralph, der die Band aushilfsweise mit dem Saxophon begleitet, dicke Bücher liest und indische Musik favorisiert. Während Sunny jedoch immer zukunftsorientiert lebt, ist Ralph ganz dem Gestern verschrieben, reflektiert über Tod und Untergang. Zwischen den beiden kommt es zum Konflikt und schließlich zum Bruch, als Ralph mit einer anderen Frau schläft. Auch in der Band hat Sunny Probleme. Die Konflikte kulminieren in einem Selbstmordversuch. Christine, eine Freundin aus der gemeinsamen Zeit als Schichtarbeiterin, holt die verzweifelte Sunny ins Leben zurück. Zwar kehrt Sunny für kurze Zeit noch einmal in die alte Fabrik zurück, doch dann wagt sie einen neuen Anfang, schließt sich einer Gruppe junger Rock-Musiker an.
Konrad Wolf zeichnet mit Sunny eine vielschichtige Figur, verfällt dabei nie in Schwarzweiß-Malerei, zeigt den Talmiglanz auf der Bühne ebenso wie die menschlichen Schwächen hinter den Kulissen.

Sommerstürme

SUMMER STORM

USA 1944.
Regie: Douglas Sirk. **Drehbuch:** Douglas Sirk, Rowland Leigh. **Kamera:** Archie Stout. **Musik:** Karl Hajos.
Darsteller: George Sanders, Linda Darnell, Anna Lee, Edward Everett Horton.
Erstaufführung: Mai 1980, ARD.

Douglas Sirk hatte die Verfilmung dieses Stoffes nach Tschechow noch in Deutschland geplant. In der Ufa-Produktion war Willy Birgel für die Hauptrolle des russischen Provinzrichters Fjodor Petrow vorgesehen. Realisiert wurde »Sommerstürme« viele Jahre später in Hollywood, und Sirk erreichte damit seinen Durchbruch in den USA. Die Produktionsbedingungen beeinflußten deutlich die Ästhetik des Films – so mußten Außenschauplätze weitgehend im Atelier gedreht werden –, beeinträchtigten aber nicht den Gesamteindruck.
Sirk versah die ursprüngliche Geschichte aus dem zaristischen Rußland mit einer zeitlichen Brücke in die nachrevolutionäre Ära, so daß die Erzählebene, von der aus in die Vergangenheit zurückgeblendet wird, in den ersten Jahren des Kommunismus liegt. Ihn interessierte der dramaturgische Kontrast der verschiedenen sozialen Situationen, der seinen Figuren entsprechende neue Farben gab.
Der Richter Petrow, der sich in das nach Reichtum und Ansehen gierige Bauernmädchen Olga verliebt, wird von George Sanders dargestellt, einem der Lieblingsschauspieler Sirks. Der Regisseur fand in ihm, wie er sagt, dieselben Qualitäten für die Rolle wie in Willy Birgel, dieselbe gebrochene Identität. Wegen seiner Herkunft schien George Sanders – er wurde als Sohn russischer Eltern noch in St. Petersburg geboren – zudem besonders geeignet. Sanders' mürbe Ironie und

Blasiertheit illustrieren die Dekadenz des Zarismus; seine Darstellung des mühsam kontrollierten Gefühls, eines Überschwangs, der plötzlich ins Gegenteil umschlagen kann, entspricht der Vorstellung vom typisch russischen Naturell.
Ihm zur Seite stehen die Darsteller seiner Rivalen in der Gunst Olgas, einmal Edward Everett Horton, einer der meistbeschäftigten, virtuosesten Chargenspieler vor allem der 30er Jahre, als Graf Wolskij, zum anderen Hugo Haas, der bedeutende tschechische Regisseur, der Olgas Mann, Wolskijs Gutsverwalter, spielt. Besonders Horton, der dem Grafen eine naive Färbung gibt, bringt komische Elemente ins Spiel, aber Sig Ruman als Olgas vertrottelter Vater spielt noch darüber hinausgehend die Karikatur der »russischen Seele«.

Sonicman

SUPERSONICMAN

Spanien 1978. **Produktion:** Almena Films. **Länge:** 2413 m.
Regie: J. P. Simon. **Drehbuch:** Sebastian Moi, Juan Piquer. **Kamera:** Juan Marine. **Musik:** Juan Luis Izaguirre, Carlos Attias. **Darsteller:** Michael Coby, Cameron Mitchell, Diana Polakov, Richard Yesteran.
Verleih: Scotia International.
Erstaufführung: 6. 2. 1980.

Michael Coby als Titelheld ist ein rechter Superman, ein Tausendsassa im Weltall, ein Spitzendetektiv des 21. Jahrhunderts. Die Spanier haben das lieb und harmlos in Szene gesetzt. Aber mehr auch nicht.

Sonntagskinder

Bundesrepublik Deutschland 1979. **Produktion:** Sentana-Film/Michael Verhoeven GmbH/HR. **Länge:** 2718 m, Schwarzweiß-Film.
Regie: Michael Verhoeven. **Drehbuch:** Michael Verhoeven nach einer Vorlage von Gerlind Reinshagen. **Kamera:** Gero Erhardt.
Darsteller: Erika Pluhar, Nora Barner, Pola Kinski, Gerd Seid, Mario Fischel, Elisabeth Schwarz, Ruth Maria Kubitschek.
Verleih: Pahl-Film.
Erstaufführung: 4. 12. 1980.
FBW-Prädikat: wertvoll.

Aus der persönlichen Perspektive eines jungen Mädchens werden sech Jahre deutscher Geschichte von 1939 bis 1945 mit bürgerlichen Marginalien versehen, ohne daß dabei die große historische Dimension ganz ins Hinterteffen kommt. Ein hervorragend besetzter und engagiert inszenierter Fernsehfilm, der es durchaus wert ist, auch im Kino noch zu laufen.

Soweit das Auge reicht

Bundesrepublik Deutschland 1979. **Produktion:** Prokino Filmproduktion, München/Films du Solange, Paris. **Länge:** 3773 m.
Regie: Erwin Keusch. **Drehbuch:** Erwin Keusch. **Kamera:** Dietrich Lohmann. **Musik:** Improved Sound Ltd. **Ausstattung:** Winfried Hennig. **Kostüme:** Claudia Bobsin. **Schnitt:** Bettina Lewertoff.
Darsteller: Bernd Tauber, Aurore Clément, Jürgen Prochnow, Antonia Reininghaus, Hans-Michael Rehberg, Claus Fuchs, Claus-Dietrich Reents, Werner Kreindel, Angelika Kraml.
Verleih: Prokino.
Erstaufführung: 22. 8. 1980.
FBW-Prädikat: Wertvoll.

Der Regisseur Erwin Keusch sagt: »... in diesem Film geht es um die Frage, was Lüge und was Wahrheit ist; wie echt die gezeigten Gefühle sind; ob es nur Betrug und Betrüger gibt, soweit das Auge reicht.« Ein gehörgeschädigter junger Mann steht im Mittelpunkt des Films. Bernd Tauber, der schon in Keuschs Kino-Debüt »Das Brot des Bäckers« eine Hauptrolle spielte, stellt diesen ungewöhnlichen Protagonisten dar. Er heißt Robert Lueg, arbeitet als Masseur, lebt recht zurückgezogen

Jürgen Prochnow in dem Film »Soweit das Auge reicht« (Foto: prokino Filmverleih).

und wird eines Tages in eine Geschichte auf Leben und Tod hineingezogen, als er unerwartet eine Millionenerbschaft macht, von der andere viel früher etwas wissen als er selbst.
Zwei Frauen – Antonia Reininghaus und Aurore Clément – wollen Robert übers Ohr hauen und bändeln mit ihm an. Beide möchten zunächst dasselbe, nämlich Geld. Aber da sind auch noch Gefühle mit im Spiel. Materialistische und idealistische Interessen geraten in Widerspruch. Und Lueg heiratet in Las Vegas in einer Wedding-Chappel in aller Eile – wie sollte es auch anders sein – die »falsche« Frau. Zweifel und Enttäuschung lassen schließlich alle Betroffenen sich mehr oder weniger als Betrogene fühlen. Der Krimi-Plot entwickelt eine eigene Folgerichtigkeit innerhalb des psychologischen Dramas, in dem es u. a. auch um die Frage geht, wie jemand die Welt begreifen kann, den kein Geräusch veranlaßt, den Kopf zu wenden; der gewohnt ist, nur so weit zu schauen, wie der Blick geradeaus reicht.
Keuschs Inszenierung steht unter dem Druck eines hohen, selbstgewählten Ausspruchs. Eine ungewöhnliche Kriminalgeschichte mit interessanten Reflexionen über Sprache und Zeichenverständigung zu einem psychologischen Drama zu verbinden, ist nicht immer gelungen.

Spetters – knallhart und romantisch
SPETTERS

Holland 1979. **Produktion:** VSE-Film b. v. **Länge:** 3333 m.
Regie: Paul Verhoeven. **Drehbuch:** Gerard Soeteman. **Kamera:** Jost Vacano. **Musik:** Ton Scherpenzeel, Kayak. **Bauten:** Dick Schillemans, Peter Jasnai. **Schnitt:** Ineke Schenkkan.
Darsteller: Hans van Tongeren, Renée Soutendijk, Toon Agterberg, Marten Spanjer, Marianne Boyer, Rutger Hauer, Jeroen Krabbé, Peter Tuinman, Saskia

Maarten Spanjer, Toon Agterberg, Hans van Tongeren und Renée Soutendijk (v. l. n. r.) in dem Film »Spetters« (Foto: Residenz-Film).

ten Batenburg, Yvonne Valkenburg, Hugo Metsers.
Verleih: Residenz-Film.
Erstaufführung: 3. 10. 1980.

»Spetters« nennt man in Holland nette, durchschnittliche, ein bißchen draufgängerische junge Leute. Der holländische Regisseur Paul Verhoeven (bekannt geworden durch seinen Kino-Hit »Türkische Früchte«) erzählt hier aus dem drastischen und auch manchmal romantischen Alltag solcher Jugendlichen. Es geht dabei um die beruflichen Probleme, um die Selbstfindung und um die alltäglichen Partner-Auseinandersetzungen, es geht um Freundschaft und Liebe, um Unglück und Verzweiflung junger Leute.
Eine knallige Mischung, manchmal nicht ohne spekulative Szenen, aber immer hart an der gesellschaftlichen Realität, oft überbordend in optischer und akustischer Direktheit, aber stets wirklichkeitsnah. Mal grob und zupackend, mal sensibel und nachdenklich, mal kritisch und provozierend und mal unverkrampft fröhlich und spontan. Das Ganze in einem Milieu angesiedelt, mit dem sich die große Mehrheit der jungen Kinogänger identifizieren kann. Keine Traumfabrik, sondern soziale Realität. Arbeiter, Handwerker, Kleinbürger in ihrer Welt, schön und schrecklich, hoffnungsvoll und fad, nüchtern und manchmal sehr brutal.
Junges Kino, das unter die Haut geht – auch wenn es nur Symptome bewußt macht und nicht nach den Ursachen fragt.

Sprengkommando Atlantik

NORTH SEA HIJACK

Großbritannien 1979. **Produktion:** Elliot Kastner/Cinema Seven Prod./Universal. **Länge:** 2730 m.

Regie: Andrew McLaglen. **Drehbuch:** Jack Davies. **Kamera:** Tony Imi. **Musik:** Michael J. Lewis. **Bauten:** Maurice Carter. **Ausstattung:** Bert Davey. **Schnitt:** Alan Strachan.
Darsteller: Roger Moore, James Mason, Anthony Perkins, Michael Parks, David Hedison, Jack Watson, George Baker.
Verleih: CIC.
Erstaufführung: 23. 5. 1980.

Action-Regisseur McLaglen erzählt die Geschichte einer Erpressung: Die britische Regierung wird von einer Handvoll Männer (deren Motive allerdings in völliger Dunkelheit bleiben) gezwungen, ein umfangreiches Lösegeld zu zahlen. Die Erpresser haben eine der Nordsee-Erdölinseln in ihre Gewalt gebracht. Daß die Erpresser nicht zu ihrem Lösegeld kommen, dafür wiederum sorgt Rufus Excalibur Ffolkes alias Roger Moore mit seiner Agententruppe. Bis diese allerdings zum Einsatz kommt, ist das Kino leer. McLaglens Film quält sich über die ersten sechzig Minuten. Selbst als der Film etwas mehr Motorik gewinnt, will sich keine Spannung einstellen, was sicherlich an der allzu naiven Geschichte liegt.

Die Stadt der Frauen

LA CITTA DELLE DONNE

Italien/Frankreich/Schweiz 1979. **Produktion:** Opera/Gaumont/Action/Citel. **Länge:** 3800 m.
Regie: Federico Fellini. **Drehbuch:** Federico Fellini, Bernardino Zapponi, Brunello Rondi. **Kamera:** Guiseppe Rotunno. **Musik:** Luis Bacalov. **Bauten:** Dante Ferretti. **Ausstattung:** Bruno Cesari, Carlo Gervasi. **Kostüme:** Gabriella Pescucci. **Schnitt:** Ruggero Mastoianni.
Darsteller: Marcello Mastroianni, Ettore Manni, Anna Prucnal, Bernice Stegers, Donatella Daminai, Iole Silvani, Fiametta Baralla, Helene Calzarelli, Catherine Carrel, Marcello di Falco, Silvana Fusacchia.
Verleih: Concorde.
Erstaufführung: 23. 10. 1980.
FBW-Prädikat: besonders wertvoll.

Fellini selbst hat über diesen Film geäußert, daß es ein Werk »über Frauen mit all der Vielfalt, der Fremdartigkeit« sei, die eine Frau aufweisen könne; er hat auch betont, daß es kein Film über den Feminismus sei (gewiß nicht!), sondern über das Frau-Sein, über Weiblichkeit. »Aber was ist denn die Weiblichkeit?« fragt er dann gleich selbst. Und er meint: »Sie ist alles – nicht weil es sich auf Frauen bezieht, sondern weil es der unsichtbare Teil des Eisbergs ist, jener Teil des Selbst, der uns unbekannt ist und der zu Religion, Ethik, Kunst, Elite wird.«
Das klingt verquollener, unklarer, als es der Film selbst ist. Aber soll man solch einen Film, der im Grunde von einem Mann handelt, der die Frauen nie und nimmer versteht, nicht einfach als Bilderbuch nehmen? Sicher nicht. Denn dieses vorgezeigte Traumwandler-Chaos – auch wenn es vor allem italo-männlichem Unterbewußtsein entspringt – zeigt eines deutlich, nämlich daß hier die Frauen als Partner nicht ernst genommen werden.
Die Geschichte beginnt und endet in einem Eisenbahnabteil. Dazwischen erlebt Marcello Mastroianni, der Schürzenjäger, eine Traumreise, einen Alptraum, der ihn – der voll Unverständnis bleibt – mit einer sich verändernden Frauenszene konfrontiert. Das nimmt sich in seiner deftigen, prallen und ungemein spektakulären Szenenfolge zunächst recht realistisch aus, wird dann aber zusehends schwülstiger und verläuft sich schließlich in surrealistischen Phantasien, die in einem schwarzen Tunnelloch ein beziehungsvolles Ende finden.
Formal besehen, ist das von ungeheurem Einfallsreichtum in der Szenen- und Trickmontage. Rastlos werden immer neue prunkvolle und üppige Arrangements präsentiert, in denen Mastroianni als geleimter Gockel umherstolziert. Die Kamera stürzt sich mit Wollust in dieses sexbesessene Zirkusmilieu der Verführung. Symbole und Metaphern werden auf der Leinwand zu üppigen Sinnengenüssen.
Doch inhaltlich wird leider nur wenig transportiert. Das bedrängte Unterbewußtsein Fellinis anhand seines alter ego Mastroianni vermag sich der Frau nur auf böse verschlungenen, mit Frust und Fre-

vel, Mutterkomplexen und Chauvy-Gefühlen gezierten Wegen zu nähern.
Ein gänzlich unangemessener Versuch, auf diese Weise das Bild der Frau ernsthaft aufzeigen zu wollen.

Ein Stall voll süßer Bubis

THE GAY DECEIVERS

USA 1969. **Produktion:** Fanfare Film Prod., Hollywood. **Länge:** 2495 m.
Regie: Bruce Kessler. **Drehbuch:** Jerome Wish, nach einer Idee von Abe Polsky und Gil Lasky. **Kamera:** Dick Glouner.
Musik: Stu Phillips.
Darsteller: Kevin Coughlin, Larry Casey, Brooke Bundy, Michael Greer, Jo Ann Harris, Jack Starret.
Verleih: Residenz-Film.
Erstaufführung: 25. 4. 1980.

Eine ziemlich miese Studenten- und Wehrdienst-Satire, die sowohl mit den Protesten der Jugend gegen den US-Krieg in Vietnam Schindluder treibt als auch sich auf unzulässige und geschmacklose Weise über die sozialen und menschlichen Probleme Homosexueller lustig macht.
Die Geschichte dreht sich um zwei junge Amerikaner, die bei der Musterung bewußt den falschen Eindruck erwecken, homosexuell zu sein, um damit dem Wehrdienst zu entgehen. Ihr Plan gelingt, aber es gibt in der Folge noch viele Verwicklungen. Meist spielen sie sich auf Kneipenwitz-Niveau ab.

Star Trek – Der Film

STAR TREK – THE MOVIE

USA 1979. **Produktion:** Gene Roddenberry. **Länge:** 3576 m.
Regie: Robert Wise. **Drehbuch:** Harold Livingston. **Kamera:** Richard H. Kline.
Musik: Jerry Goldsmith. **Ausstattung:** Harold Michelson. **Schnitt:** Todd Ramsay.

Persis Khambatta in dem Film »Star Trek – Der Film«
(Foto: Cinema International Corp.).

Darsteller: William Shatner, Leonard Nimoy, DeForest Kelley, James Doohan, George Takei, Persis Khambatta, Walter Koenig, Michelle Nichols.
Verleih: CIC.
Erstaufführung: 28. 3. 1980.

Die Fernsehserie »Enterprise« erzwang sozusagen aufgrund ihrer hohen Einschaltquoten von selbst eine Kinofassung. Im Kinoabenteuer der Crew geht es um die Vereinigung mit einem genialen Computer, der auf eine Vereinigung mit seinem Schöpfer, dem Menschen, drängt.
Robert Wise hat mit »Star Trek« einen technisch sauberen Film gedreht, der zwar thematisch nicht allzu anspruchsvoll ist, aber für Freunde des SF-Genres gute Unterhaltung bietet.

Stau

Bundesrepublik Deutschland/Italien/Frankreich/Spanien 1978. **Produktion:** Albatros-Film Michael Fengler/Clesi

Cinematografica/Greenwich Film/Filmedis, Paris/Gaumont International/S. A. José Frade Prod. Cinematograficas. **Länge:** 3095 m.
Regie: Luigi Comencini. **Drehbuch:** Luigi Comencini, Ruggero Maccari, Bernardino Zapponi, Peter Berling. **Kamera:** Ennio Guarnieri. **Musik:** Fiorenzo Carpi.
Darsteller: Alberto Sordi, Annie Girardot, Fernando Rey, Marcello Mastroianni, Patrick Dewaere, Angela Molina, Harry Bär, Ugo Tognazzi, Miou-Miou, Gerard Depardieu.
Verleih: Jugendfilm.
Erstaufführung: 29. 8. 1980.

Eine boshafte Allegorie auf die italienische Gesellschaft wird als Katastrophen-Komödie präsentiert. In einem nicht endenwollenden Stau auf einer Autobahn bei Rom treffen – Auto an Auto – Menschen unterschiedlicher Herkunft aufeinander und offenbaren unter der dünnen Haut der Wohlerzogenheit und Contenance psychische Abgründe. Comencini entwickelt diese Eskalation in grotesken Sketchen, die sich allerdings ziemlich beziehungslos aneinanderreihen. Die Vielzahl berühmter Schauspieler, mitten im Stau in ihren Blechkisten, setzt in diesem Zivilisationsdschungel die Aha-Effekte für den auf Kino-Vergnügen bedachten Zuschauer.

Stingray

STINGRAY

USA 1979. **Produktion:** Avco Ambassy Pictures, Los Angeles. **Länge:** 2482 m.
Regie: Richard Taylor. **Drehbuch:** Richard Taylor. **Kamera:** Frank Miller. **Musik:** Murray McLeod.
Darsteller: Christopher Mitchum, Sherry Jackson, William Watson, Les Lannom, Bert Hinchman.
Verleih: Avis/Ascot.
Erstaufführung: 11. 7. 1980.

Zwei betrügerische Dealer werden nachts von zwei Gangstern erschossen. Das Rauschgift verstecken die Mörder in einer Corvette Stingray, einem Autotyp, der noch in der gleichen Nacht von zwei Jugendlichen für eine Spritztour geklaut wird. Und aus der Jagd nach den arglosen Autodieben entwickelt sich die simple, wenn auch manchmal parodistisch belebte Story des Films.

Strahlende Zukunft

Bundesrepublik Deutschland 1980. **Produktion:** DFFB, Berlin. **Länge:** 1380 m (16 mm). Dokumentarfilm.
Regie: Susanne Beyeler, Andreas Soschynski. **Kamera:** Susanne Beyeler, Andreas Soschynski. **Musik:** Manfred Rürup. **Schnitt:** Susanne Beyeler, Andreas Soschynski.
Verleih: Basis-Film.
Erstaufführung: 26. 9. 1980 (Kinostart); Festival-Premiere bei den Grenzland-Filmtagen Alexandersbad im April 1980.
FBW-Prädikat: besonders wertvoll.

Der Titel ist zweideutig gemeint und signalisiert das Thema: die ungewisse Atomenergie-Perspektive. Vorwiegend in Form von Interviews versuchen die beiden Dokumentaristen die Problematik in ihrer ganzen Komplexität zu erfassen; von den politischen und wirtschaftlichen Aspekten über die sozialen und medizinischen Fragen bis zu philosophischen Erörterungen; das schließt die umstrittene Haltung des DGB zur Atomenergie ebenso ein wie den Export von Atomkraftwerken in Länder der Dritten Welt, die Sicherheitsfragen im Reaktorbereich ebenso wie die schwierige Lösung der Atommüllfrage.
Die Qualität des Dokumentarfilms liegt dabei vor allem in dem Umstand begründet, daß die Interviews so menschlich interessant arrangiert sind, daß auch nach zwei Stunden Spieldauer der Zuschauer nicht ermüdet ist. Andererseits bedingt die Pro- und Contra-Methode der Befragung, daß man sich auch mit einer Menge unpräziser Argumente befassen muß.
Alles in allem aber ein wichtiger, ernst zu nehmender Beitrag zur Diskussion in einer Frage, die von Mißtrauen und vor allem berechtigter Sorge in der Bevölkerung bestimmt wird.

Sufferloh – Von heiliger Lieb und Trutz

Festival-Uraufführung am 22. 9. 1979 – Kinopremiere am 25. 1. 1980.
Siehe Film-Almanach 1980.
FBW-Prädikat inzwischen: besonders wertvoll.

Der Supercop

SUPER SNOOPER

USA 1980. **Produktion:** Transcinema/TV Inc., Miami. **Länge:** 2588 m.
Regie: Sergio Corbucci. **Drehbuch:** Sergio Corbucçi, Sabatino Ciuffini. **Kamera:** Silvano Ippoliti. **Musik:** Fratelli La Bionda. **Kostüme:** Franco Carretti. **Schnitt:** Eugenio Alabiso.
Darsteller: Terence Hill, Ernest Borgnine, Joanne Dru, Marc Lawrence, Julie Gordon, Lee Sandman, Herb Goldstein.

Terence Hill in dem Film »Supercop« (Foto: Columbia).

Verleih: Warner – Columbia.
Erstaufführung: 18. 9. 1980.

Einem Cop in Florida wachsen nach einer Plutonium-Explosion eine Menge übernatürlicher Kräfte zu. Und aus einer solchen Bombenrolle im doppelten Sinn des Wortes schlägt Terence Hill natürlich sein schauspielerisches Kapital.
Unglaubliche Abenteuer werden von ihm mit einem Lächeln bewältigt – und Regisseur Sergio Corbucci strapaziert sich nicht zusätzlich, sondern begnügt sich mit der Illustrierung dieser Szenen in simpler Comic-Heft-Manier.
Harmlos-munteres Kinovergnügen für Kinder und Erwachsene mit kindlich-frohem Gemüt. Bemerkenswert, wie weit sich Corbucci von seinen knallharten Italo-Western-Inszenierungen abgesetzt hat.

Sylvia Kristel – Erster Klasse

AMORE IN PRIMA CLASSE

Italien 1979. **Produktion:** Italian International Film, Rom. **Länge:** 2588 m.
Regie: Salvatore Samperi. **Kamera:** Camillo Bazzoni.
Darsteller: Sylvia Kristel, Enrico Montesano, Lorenzo Aiello, Franco Valeri, Felice Andriasi.
Verleih: Jugendfilm.
Erstaufführung: 12. 9. 1980.

In einem italienischen D-Zug können die seltsamsten Dinge geschehen. Hier zum Beispiel trampelt ein Dreijähriger auf den Nerven der Mitreisenden herum und auf denen seines Vaters, der so gern einer netten Studentin nähertreten möchte, aber vom Filius immer wieder in seinem Tun gestört wird. Das alles wirkt zunächst recht komisch, um so mehr, als der Zug vollbesetzt zu sein scheint von allerlei skurrilen Leuten. Doch statt sich nun auf die reichlich anstehende Situationskomik zu stützen, ist der Regisseur (wie sein ungenannter Autor) darauf aus, plumpe Zoten, vordergründige Sex-Elemente und denunzierende Klischeevorstellungen zu präsentieren.

Symphonie der Sinnlichkeit

LES PETITES GARCES

Frankreich 1979. **Produktion:** Cinema 2002, Paris. **Länge:** 2251 m.
Regie: Keine Angaben.
Darsteller: Keine Angaben.
Verleih: Apollo/Aktuell/Barbarina-Film.
Erstaufführung: 25. 4. 1980.

Keine Informationen zum Inhalt.

Der Tänzer auf den Stufen

STORMY WEATHER

USA 1943. **Produktion:** 20th Century Fox.
Regie: Andrew L. Stone. **Drehbuch:** Frederick Jackson, Ted Koehler, H. S. Kraft. **Kamera:** Leon Shamroy A.S.C. **Musik:** Emil Newman. **Schnitt:** James B. Clark.
Darsteller: Bill Robinson, Cab Calloway, Dooley Wilson, Katherine Dunham, Fats Waller, Babe Wallace.
Erstaufführung: Oktober 1980, ZDF.

»Stormy Weather«, der Titel des berühmten Liedes, setzt Bezüge zur Entstehungszeit des Films. Am Anfang und gegen Ende läuft die Show für Soldaten: ein Beitrag Hollywoods wie »Hollywood Canteen«. Der Zweite Weltkrieg war in vollem Gange. Dazwischen läuft ein Film mit glanzvollen Revue- und Jazzauftritten farbiger Stars. Dem späteren Action-Regisseur Andrew L. Stone, der in dieser Periode auf Musikfilme eingeschworen war, gelang mit dieser Inszenierung eine elektrisierende, musikalisch wie tänzerisch brillante Musikfilmproduktion.
Der Film »Stormy Weather« ist auch eine Ehrung des großen Tänzers Bill »Bojangles« Robinson (1878 bis 1949), der hier noch im Alter von 65 Jahren seine Tanzkunst ahnen läßt. In Europa ist Robinson aus zahlreichen Filmen bekannt, auch mit Shirley Temple (»Der kleinste Rebell«). Seine Karriere begann am Broadway, wo er in den größten Shows auftrat, 1921 seinen Steptanz auf den Stufen weiträumiger Treppen kreierte und auf eine Wochengage von 2000 Dollars kam. Seine Erben sind die Tänzer Nicholas Brothers, die mit halsbrecherischer Akrobatik die große Show in »Stormy Weather« beenden.

Der Tag, an dem die Welt unterging

WHEN TIME RAN OUT

USA 1979. **Produktion:** Warner Bros. Inc., New York. **Länge:** 2984 m. Panavision.
Regie: James Goldstone. **Drehbuch:** Carl Foreman, Stirling Silliphant, nach dem »The Day The World Ended« von Gordon Thomas und Max Morgan Witts. **Kamera:** Fred J. Koenekamp. **Musik:** Lalo Schifrin. **Schnitt:** Edward Biery, Freeman A. Davies.
Darsteller: Paul Newman, Jacqueline Bisset, William Holden, Edward Albert, Red Buttons, Barbara Carrera, Valentina Cortesa, Veronica Hamel, Alex Karras, Burgess Meredith, Ernest Borgnine, James Franciscus.
Verleih: Warner-Columbia.
Erstaufführung: 12. 9. 1980.

Katastrophenfilm über einen Vulkanausbruch auf der Südseeinsel Kalaleu, die als Touristenattraktion von den seltsamsten

Paul Newman und Jacqueline Bisset in dem Film »Der Tag, an dem die Welt unterging« (Foto: Warner-Columbia).

Glitzervögeln des Globetrotter-Jet-Sets bevölkert wird. Unterhaltung für den, der es liebt, wenn mit Entsetzen Scherz getrieben wird.

Theo gegen den Rest der Welt

Bundesrepublik Deutschland 1980. **Produktion:** Trio-Film/Tura-Film/WDR. **Länge:** 2888 m.
Regie: Peter F. Bringmann. **Drehbuch:** Matthias Seelig. **Kamera:** Helge Weindler. **Musik:** Lothar Meid. **Ausstattung:** Götz Heymann. **Kostüme:** Gerlinde Gies. **Schnitt:** Annette Dorn.
Darsteller: Marius Müller-Westernhagen, Guido Gagliardi, Claudia Demarmels, Peter Berling, Carlheinz Heitmann, Horst Bergmann, Ursula Strätz, Anette Woll, Trudi Roth, Inigo Gallo, Elmar Brunner, Oskar Hoby, Udo Weinberger.
Verleih: Filmverlag der Autoren.
Erstaufführung: 25. 9. 1980.

»Theo gegen den Rest der Welt« handelt von einem Lastwagen. Einem Lastwagen, den es nicht mehr gibt. Der irgendwo verschwunden ist zwischen Lüttich und Mailand. Geklaut. Nur in Theos Kopf, da gibt es ihn noch. Weil er zu lange von ihm geträumt hat, bis er ihn kaufen konnte. Weil der Laster das ist, was er zum Leben braucht. Weil er einfach nicht glauben kann, daß die Welt groß genug ist, um darin einen 40-Tonner Diesel verschwinden zu lassen. Und überhaupt – weil man auch dann antreten muß, wenn man keine Chance hat.
Konkret gesprochen: Vier Uhr früh. Autobahnraststätte Stuckebusch im Ruhrgebiet. Theo ist hundsgemein müde, und er hat fürchterlichen Druck auf der Blase. Er macht Pinkelpause. Und als er vom Klo zurückkommt, ist sein LKW weg. Gestohlen. Einfach so. Da muß Theo natürlich sofort hinterher. Egal wie und was es kostet – das war schon immer seine Devise. Sein italienischer Kompagnon Enno ist da ganz anderer Ansicht. Und Ines, die hüb-

Marius Müller-Westernhagen und Claudia Demarmels in dem Film »Theo gegen den Rest der Welt« (Foto: Filmverlag der Autoren).

Marius Müller-Westernhagen in dem Film »Theo gegen den Rest der Welt« (Foto: Filmverlag der Autoren).

sche Schweizer Medizinstudentin, mit einem verpatzten Physikum auf dem Weg nach Hause, auch. Nicht im Traum denken sie daran, mit Theo nach Aachen zu fahren, wo angeblich sein LKW über die Grenze geschafft wird. Und schon gar nicht nach Lüttich, wo angeblich die Ladung verhökert wird. Und erst recht nicht nach Marseille. Oder Mailand. Aber allein lassen können sie Theo auch nicht auf seiner Irrfahrt quer durch Europa. Denn er tritt gegen alles und jeden an mit seinem LKW im Kopf und den geplatzten Wechseln des Kredithais im Rükken. Das kann man nur zu dritt überleben. Denn der Rest der Welt ist gegen Theo.

Das ist ein flotter, angenehm frischer Reise- und Abenteuerfilm geworden. Mit einem anspruchslosen Drehbuch, doch mit frechen, oft sehr komischen Dialogen. Und in einer temporeichen Erzählweise, wie sie der deutsche Film nicht allzu häufig aufweist. Leicht und locker, einfallsreich und amüsant. Und hinreißend dynamisch fotografiert.

Der Clou freilich ist der Titeldarsteller Marius Müller-Westernhagen, ein wirklich populärer Kinotyp, der den Theo so vielschichtig und überzeugend anlegt, daß man ihm jede Regung, jeden Spruch und jeden Wahnsinn abnimmt. Da ist ein Vollblutschauspieler am Werk.

Tod an Bord

KILLER ON BORD

USA 1977. **Produktion:** Lorimar Prod./ Sandor Stern.

Regie: Philip Leacock. **Drehbuch:** Sandor Stern. **Kamera:** William H. Cronjager A. S. C. **Musik:** Earle Hagen, Carl Friberg. **Schnitt:** Bill Mosher.

Darsteller: Claude Akins, Patty Duke

Astin, Frank Converse, George Hamilton, Susan Howard, Jane Seymour.
Erstaufführung: August 1980, ZDF.

500 Menschen befinden sich auf einer Kreuzfahrt mitten im Pazifik – vier Tage von Manila entfernt und drei von Honolulu. Es ist eine angenehme Reise. Doch plötzlich schleichen sich Angst und Schrekken ein. Ein Besatzungsmitglied fühlt sich nicht wohl, wird krank, dann ein zweites, schließlich auch Passagiere; mehrere sterben, aber niemand weiß woran. Der Schiffsarzt steht der Epidemie hilflos gegenüber.
Mit Hilfe eines mitreisenden Arztes, der Mannschaft und der Schiffshosteß läßt der Kapitän eine Quarantänestation einrichten. Solange die Seuche nicht erkannt ist und ein Gegenserum gegeben werden kann, darf das Schiff keinen Hafen anlaufen, dürfen auch die noch gesunden Passagiere von keinem Boot oder Hubschrauber übernommen werden.
In dieser prekären Situation werden zwischenmenschliche Beziehungen auf einmal wesentlich, Einzelschicksale offenkundig. Währenddessen haben zwei schwarze Passagiere im Schiffsrumpf dahinvegetiert. Der eine, Miguel, hatte sehr bald hohes Fieber und meinte, sterben zu müssen. Aber dann ging es ihm besser. Als das Schiff in der Bucht von San Francisco vor Anker geht, gelingt es Miguel trotz schärfster Bewachung, in der Nacht heimlich von Bord zu springen und an Land zu schwimmen. Sein Kamerad jedoch, jetzt krank, wird auf dem Schiff entdeckt.
Der Geflüchtete muß unbedingt gefunden werden, nicht nur, weil er die Quarantäne durchbrach, sondern weil er als bisher einziger die Krankheit überstanden hat und die Antikörper, die sich in seinem Blut gebildet haben, die Rettung für alle übrigen Passagiere bedeuten würden.

Der Tod des alten Zirkuslöwen

CHAD HANNA

USA 1940. **Produktion:** 20th Century Fox/Film Corp. Nunally Johnson.
Regie: Henry King. **Drehbuch:** Nunally Johnson. **Kamera:** Ernest Palmer, Ray Rennahan. **Musik:** David Buttoplh. **Bauten:** Richard Day. **Schnitt:** Barbara McLean.
Darsteller: Henry Fonda, Dorothy Lamour, Linda Darnell, Guy Kibbee, Jane Darwell, John Carradine.
Erstaufführung: Juni 1980, ZDF.

Um 1840 zieht ein kleiner Zirkus im Staat New York übers Land. Einzige Attraktionen sind die schöne Kunstreiterin Albany Yates, genannt Lillian, und ein sehr alter Löwe. Der Landarbeiter Chad Hanna, ein ebenso naiver, pfiffiger wie grundehrlicher Bursche, ist von der Schönheit Albanys geblendet. Weil er kein Geld für einen Zirkusbesuch hat, verrät er für fünf Dollar das Versteck eines entlaufenen Negersklaven, verhilft ihm dann aber eilends zur Flucht. Leidtragende dieses Schachzuges ist Caroline, die Tochter des Sklavenjägers. Sie und Chad suchen Schutz bei den Zirkusleuten. Während sich das Mädchen zur Kunstreiterin ausbilden läßt, macht sich Chad bei der Versorgung der Tiere nützlich.
Vor der Stadt Syracuse kommt es zu einem großen Krach mit dem Zirkusdirektor Burke. Er wirbt Albany ab und warnt seinen Konkurrenten Huguenine vor einem Auftreten in der Stadt. Aber der dikke Huguenine läßt sich nicht einschüchtern und erpressen. So kommt es zu einer großen Schlägerei zwischen den Zirkusleuten. Während Caroline Chads Beulen kühlt, stellt der junge Mann fest, daß er in die angehende Kunstreiterin verliebt ist. Bei der nächsten Vorstellung muß er gar den erkrankten Zirkusdirektor Huguenine in der Manege vertreten, was nicht so ganz klappt. Als aber Carolines wütender Vater auftaucht, um seine Tochter mit Gewalt nach Hause zurückzuholen, behauptet der gute Chad schlagfertig, Caroline sei seine Frau, und er würde nur ungern seinen Schwiegervater verprügeln. Caroline bleibt also beim Zirkus, und weil sie Chads Liebe erwidert, gibt es eine fröhliche Hochzeit.
Schon einige Wochen später kommt es zu einer menschlichen Katastrophe: Während Mr. Huguenine seine Krankheit mit Heilwasser auskurieren läßt und Chad ihn gut vertritt, stirbt der Löwe, die letzte At-

traktion des Zirkus, an Altersschwäche. Huguenine ist so betroffen, daß er wider besseres Wissen Chad alle Schuld am Tod des Tieres zuschiebt, so daß der junge Mann wütend den Zirkus und seine Frau Caroline verläßt. Mit sich und der Welt unzufrieden reist Chad der Kunstreiterin Albany Yates nach. In einer langen Regennacht mit ihr wird ihm aber klar, daß er zu Caroline gehört. Auf dem Weg zu seiner Frau schwatzt er einem Farmer, der einen Elefanten geerbt hat, das Tier ab, das zur Sensation des Zirkus Huguenine werden wird.

Das Todescamp der Shaolin

INCREDIBLE KUNG FU MISSION

Hongkong 1979. **Produktion:** Panasia Films Ltd. **Länge:** 2266 m.
Regie: Chang Hsin Yi.
Darsteller: Chang Lung, Lin Chung Kiang.
Verleih: Avis/Filmallianz/Dimo-Film.
Erstaufführung: 7. 11. 1980.

Kung-Fu-Schinken, im Dutzend billiger. Das Genre in der Sackgasse.

Die Todeshand des gelben Adlers

KUNG FU INSTRUCTOR

Hongkong 1979. **Produktion:** Shaw Brothers, Kowloon. **Länge:** 2387 m.
Regie: Sun Chung.
Darsteller: Ti Lung, Wang Yu.
Verleih: Avis/Apollo.
Erstaufführung: 18. 4. 1980.

Abenteuerlicher Kung-Fu-Streifen mit Western-Dramaturgie – soweit man bei dieser naiven Szenenaneinanderreihung überhaupt von Dramaturgie sprechen darf.

Der Todesschlag der Stahlfinger

THE MAGIC BLADE

Hongkong 1979. **Produktion:** Shaw Brothers Ltd., Kowloon. **Länge:** 2226 m.
Regie: Keine Angaben.
Darsteller: Keine Angaben.
Verleih: Residenz-Film
Erstaufführung: 4. 4. 1980.

Keine Informationen zum Inhalt.

Der Todesschrei der Kannibalen

PRIMITIF

Italien 1979. **Produktion:** P. T. Rapi Film. **Länge:** 2488 m.
Regie: Ben Tako.
Darsteller: Berry Prima, John Mardon, Anny York.
Verleih: Apollo/Avis.
Erstaufführung: 7. 3. 1980.

Spekulativ gemachter Abenteuerfilm im Kannibalenmilieu. Ziemlich langweilig und unappetitlich.

Das tödliche Erbe des Shaolin

MAGNIFICENT RUFFIANS

Hongkong 1979. **Produktion:** Shaw Brothers Ltd., Kowloon. **Länge:** 2238 m.
Regie: Chang Che.
Darsteller: Lo Feng, Lo Meng, Sun Chien, Wang Li, Chiang Seng.
Verleih: Avis/Apollo.
Erstaufführung: 13. 6. 1980.

Blutrünstiges Intrigenspiel, entfernt angelehnt an den »Taxi Driver«. Und dadurch auch ideologisch bedenklich.

Der tödliche Kreis

CIRCUITO CHIUSO

Italien 1978. **Produktion:** Filmalpha.
Regie: Giuliano Montaldo. **Drehbuch:** Nicola Badalucco, Mario Gallo, Giuliano Montaldo. **Kamera:** Giuseppe Pinori. **Musik:** Egisto Macchi. **Schnitt:** Olga Pedrini.
Darsteller: Flavio Bucci, Aurore Clement, Ettore Manni, Brizio Montinaro, Giuliano Gemma, William Berger.
Erstaufführung: August 1980, ZDF.

Nachmittagsvorstellung in einem Kino. Etwa fünfzig Leute sitzen im Saal. Sie sehen einen Italo-Western mit Giuliano Gemma und William Berger. Am Ende des Films, beim großen Showdown, sinkt ein Mann im Parkett zusammen. Er ist erschossen worden.
Sofort wird die Polizei gerufen. Sie riegelt das Kino ab und beginnt mit den Verhören und Untersuchungen. Aber von dem Mörder fehlt jede Spur. Und auch ein Motiv ist nicht zu entdecken; denn der Ermordete war ein Alltagsmensch, ein Pensionär ohne Feinde, der nur eine besondere Eigenart hatte: Er war ein Filmnarr und Stammkunde des Kinos.
Die Polizei beschließt nun, das Verbrechen zu rekonstruieren. Wieder läuft der Schluß des Films. Auf dem Platz des Ermordeten sitzt, stolz auf seine »Rolle«, ein Angestellter des Kinos. Wenig später ist auch er tot, unter den Augen der Polizei erschossen.
Im Saal bricht jetzt ein chaotischer Tumult aus. Vor dem Kino drängen sich Reporter, Fernsehteams und Schaulustige. Die Polizeibeamten sind ratlos. Verärgert über ihre hilflosen und irrationalen Erklärungsversuche ordnet der Polizeipräsident eine erneute Rekonstruktion des Verbrechens an. Er selbst setzt sich auf den Platz, auf dem zwei Menschen gestorben sind. Und jetzt geschieht das Unglaubliche, Unfaßbare: Der Kinoheld richtet seine Waffe auf den Polizeipräsidenten, die drohende Mündung verfolgt den schreiend Flüchtenden, der Vorführer kann den Film nicht stoppen, das dritte Opfer findet den Tod.

Tourist Trap – Touristenfalle

TOURIST TRAP

USA 1979/80. **Produktion:** Compass International/Charles Band Production. **Länge:** 2937 m.
Regie: David Schmoeller. **Drehbuch:** David Schmoeller/J. Larry Carroll. **Kamera:** Nicholas von Sternberg. **Musik:** Pino Donnagio.
Darsteller: Chuck Connors, Jon Van Ness, Jocelyn Jones, Robin Sherwood, Tanya Roberts, Keith McDermott, Dawn Jeffroy.
Verleih: Senator-Verleih.
Erstaufführung: 28. 11. 1980.

Das Regiedebüt David Schmoellers reiht sich in die Welle der modernen Horrorfilme nahtlos ein. Fünf junge Leute stoßen bei einem Urlaubstrip auf eine verlassene Siedlung in der Wüste. Slausen (Chuck Connors) ist der einzige Bewohner des unwirtlichen Ortes. Er rät den Reisenden, die eine Fahrzeugpanne haben, den Ort vor Einbruch der Dunkelheit zu verlassen, da sein Bruder unzurechnungsfähig und gewalttätig sei. Nacheinander fallen vier der jungen Leute mysteriösen Tätern – scheinbar fremdbewegten Puppen – zum Opfer. Doch nicht die Puppen sind verantwortlich, sondern der schizophrene Slausen, der sich mit den Morden für den Ehebruch seiner Frau rächt.
Schmoellers »Tourist Trap« ist geschickt inszeniert und bietet spannende Unterhaltung. Beeinträchtigt aber wird der Film durch die exzessiven Gewaltdarstellungen.

Das Traumhaus

BRD 1980. **Produktion:** Bärenfilm/Paramount. **Länge:** 3160 m.
Regie: Ulrich Schamoni. **Drehbuch:** Wolfgang Menge. **Kamera:** Igor Luther. **Musik:** Peter Herbolzheimer. **Ausstattung:** Sybille Hahn/Thomas Schapert. **Kostüme:** Barbara Naujock/Erika Grimme. **Schnitt:** Dörthe Völz.

Judy Winter und Horst Frank in dem Film »Das Traumhaus« (Foto: Cinema International Corp.).

Darsteller: Horst Frank, Judy Winter, Jochen Schroeder, Leslie Malton, Kika Mol, Jakobine Engel, Max Grothusen, Albert Krogmann.
Verleih: CIC.
Erstaufführung: 5. 9. 1980.

Nachdem die »Grünen« ihre Partei gegründet haben, war es nur eine Frage der Zeit, daß der Film sich dem in dieser Bewegung dokumentierten Bewußtsein widmen würde. »Traumhaus« ist nun die Reaktion des filmenden Kleingärtners Ulrich Schamoni auf die aktuelle Frage der alternativen Lebenskultur.
Vier junge Leute leben in einem vom Abbruch bedrohten Haus. Mitten in der Stadt praktizieren sie einen für ihre Umwelt ungewöhnlichen Lebensstil: Sie pflanzen ihr eigenes Gemüse, halten sich Schweine, Gänse und Ziegen und züchten im Swimming-pool eine verloren gegangene Fauna. Als sie sich der Angriffe der Bodenspekulanten nicht mehr zu erwehren wissen, greift Topmanager Kolberg – Vater der Kommunardin Jakobine – ein. Er entdeckt sein Herz für Alternativkultur und läßt das Haus von Grund auf renovieren. Doch im futuristischen Bau mit Solarzellen und Thermofenstern gedeiht die romantische Aussteigeridylle nicht mehr. Die jungen Leute ziehen aufs Land, aber o weh, hinterm Bauernhaus lugt bereits das Kernkraftwerk hervor. Der Traum vom neuen Leben scheint endgültig ausgeträumt.
Nun ist es sicherlich kein leichtes Unterfangen, in der Bundesrepublik einen Film über die aktuellen Befindlichkeiten eines großen Teils der Jugend zu machen. Schamoni hat es zumindest versucht – aber er ist auch gescheitert. Der Grund dürfte nicht zuletzt darin liegen, daß der Regisseur mit einem Stab, der allenfalls fürs Kammerspiel taugt, versucht hat, »großes Kino« zu machen. Aus der Leichtheit wird so Seichtheit. Der Film versinkt gegen Ende immer stärker im naiven Sentiment.

Al Pacino in dem Film ». . . und Gerechtigkeit für alle« (Foto: Columbia).

. . . und Gerechtigkeit für alle

. . . AND JUSTICE FOR ALL

USA 1978. **Produktion:** Malton Films. **Länge:** 3255 m.
Regie: Norman Jewison. **Drehbuch:** Valerie Curtin, Barry Levinson. **Kamera:** Victor J. Kemper. **Musik:** Dave Grusin. **Ausstattung:** Peter Samish. **Kostüme:** Ruth Myers. **Schnitt:** John F. Burnett.
Darsteller: Al Pacino, Jack Warden, John Forsythe, Lee Strasberg, Jeffrey Tambor, Christine Lahti, Sam Levene, Robert Christian, Thomas Waites, Larry Bryggman, Craig. T. Nelson.
Verleih: Warner-Columbia.
Erstaufführung: 20. 3. 1980.
FBW-Prädikat: wertvoll.

Arthur Kirkland ist ein junger Anwalt, der noch fest an die Gerechtigkeit glaubt. Doch bei seiner Tätigkeit als Verteidiger in den Gerichtssälen von Baltimore muß er bald erkennen, daß »Recht« in den USA oft mit sehr unterschiedlichen Maßstäben gemessen wird. Kirkland kämpft hartnäckig gegen die Ungerechtigkeiten des amerikanischen Justizsystems an. Doch meistens ist seine Mühe vergeblich: Menschliche Schicksale werden durch Gleichgültigkeit oder auch juristische Intrigen entschieden.

Der Regisseur Norman Jewison weist mahnend auf ein Problem hin; er läßt dessen Behandlung dann aber allzu rasch im Wirrwarr pathologischer Einzelfälle verkommen, so daß am Schluß zwar dunkel die Einsicht bestehen bleibt, daß einiges faul sei im US-Justizalltag, die Ursachen jedoch vor allem in den menschlichen Unzulänglichkeiten von einzelnen Personen begründet seien, nicht aber im System.

Al Pacinos großartigem schauspielerischen Temperament gelingt es, das Interesse über zwei Kinostunden hinweg immer wach zu halten – trotz der abstrusen

Regie-Einfälle. Eine Sammlung von vertrottelten, korrupten oder schlicht faulen und desinteressierten Juristen kontrastiert mit einem idealisierten Anwalt, der sich bei seinem Streben nach »Gerechtigkeit für alle« um Kopf und Kragen bringt, aber jederzeit der Sympathie der Zuschauer sicher sein darf.
Emotional argumentierendes Unterhaltungskino.

Der unglaubliche Hulk

THE INCREDIBLE HULK

USA 1979. **Produktion:** Kenneth Johnson/Chuck Bowman/Universal. **Länge:** 1846 m.
Regie: Kenneth Johnson, Sigmund Neufeld. **Drehbuch:** Kenneth Johnson, Thomas Szollosi, Richard Chr. Matheson. **Kamera:** Howard Schwartz, John McPherson. **Musik:** Joseph Harnell. **Ausstattung:** Charles Davis, Frank Grieco. **Kostüme:** Charles Waldo. **Schnitt:** Jack Schoengarth, Allan Marks, Edward Williams.
Darsteller: Bill Bixby, Susan Sullivan, Jack Colvin, Lou Ferrigno.
Verleih: CIC.
Erstaufführung: 20. 6. 1980.

Nach »Batman«, »Flash Gordon« und »Superman«, um nur eine kleine Auswahl aus der Gilde amerikanischer Reißbrett-Heroen zu nennen, tritt nun auch der »Hulk« an, um Amerika von allem Bösen zu reinigen. Die Figur stammt aus der Feder des »Spider-Man«- und »Captain-America«-Erfinders Stan Lee und trägt natürlich wie seine Kollegen den Mythos des Übermenschen. Eine Bild- und Allmachtsvorstellung aus dem düsteren Bodensatz kleinbürgerlicher Ideologie. Ein Unterschied zwischen »Superman« und dem »Hulk« besteht allenfalls darin, daß es sich bei letzterem um ein giftgrünes Monster und nicht um einen smarten, blonden Amerikaner handelt. Er verkörpert mehr das alter ego aus »Dr. Jekyll and Mr. Hyde« als das Image vom netten Nachbarsjungen.

Lou Ferringo in dem Film »Der unglaubliche Hulk«
(Foto: Cinema International Corp.).

Ein junger Wissenschaftler verwandelt sich durch eine zu intensive Gamma-Strahlung in das grüne Monster. Verzweifelt sucht er eine Rückverwandlung einzuleiten. Zu allem Überfluß befindet er sich noch auf der Flucht vor mißtrauischen Reportern. Man kann also davon ausgehen, daß noch weitere »Hulk«-Abenteuer auf der Leinwand folgen werden. Es handelt sich bei diesem Film ohnehin nur um die Kopplung zweier amerikanischer TV-Serienfolgen.

Die unglaubliche Reise in einem verrückten Flugzeug

AIRPLANE

USA 1980. **Produktion:** Howard W. Koch. **Länge:** 2457 m.
Regie: Jim Abrahams, David Zucker, Jerry Zucker. **Drehbuch:** Jim Abrahams. **Kamera:** Joseph Biroc. **Musik:** Elmer Bernstein. **Ausstattung:** Anne D. McCulley. **Schnitt:** Patrick Kennedy.

Darsteller: Kareem Abdul-Jabbra, Lloyd Bridges, Peter Graves, Julie Hagerty, Robert Hays, Leslie Nielsen, Lorna Patterson, Robert Stack, Stephen Stucker, Otto, Jim Abrahams.
Verleih: CIC.
Erstaufführung: 21. 11. 1980.
FBW-Prädikat: wertvoll.

Jim Abrahams Film dürfte Hollywoods erfolgreichste Komödie des vergangenen Jahres gewesen sein und zugleich jener Film, der bewies, daß man mit geringen Mitteln sowohl publikumswirksame als auch kassenträchtige Filme produzieren kann.
Es geht um den Trans-American-Flug 209 von Los Angeles nach Chikago. An Bord ist eine bunte Truppe versammelt: ein Pilot mit Sexualproblemen, ein Arzt, dessen Nase wackelt, wenn er lügt, eine singende Stewardess, eine ältere Dame mit reichlich Kokain. Kaum ist das Mittagsmenu verteilt, erkranken sowohl Passagiere als auch die gesamte Mannschaft. Jetzt ist guter Rat teuer. Das Steuer übernimmt schließlich Ted Striker, der zwar sechs Jahre bei der Luftwaffe war, aber noch nie in seinem Leben geflogen ist. Elaine Dikkinson, eine attraktive Stewardess, assistiert ihm im Cockpit. Wer nach diesem Film noch immer keine Flugangst hat, ist wirklich gesund.

Urban Cowboy

URBAN COWBOY

USA 1979. **Produktion:** Robert Evans/Irving Azoff/Paramount. **Länge:** 3703 m.
Regie: James Bridges. **Drehbuch:** James Bridges, Aaron Latham. **Kamera:** Ray Villalobos. **Schnitt:** Dave Rawlins.
Darsteller: John Travolta, Debra Winger, Scott Glenn, Madolyn Smith, Barry Corbin, Brooke Alderson, Cooper Hukkabee.
Verleih: CIC.
Erstaufführung: 12. 9. 1980.

Bud verläßt die Farm der Eltern, um in der Stadt sein Glück zu versuchen. Er wird Hilfsarbeiter in einer petrochemischen Fabrik; die Abende verbringt er bei »Gilley's«, einer riesigen Amüsierkneipe im Westernstil, mit Tanz und einem mechanischen Bullen, auf dem die Freizeitcowboys sich der kurzen Illusion des Rodeos hingeben können. Bud findet schon nach wenigen Tagen die Frau fürs Leben, doch er muß erst Sieger beim Bullenreiten werden, bis das Glück vollständig ist.
»Urban Cowboy« skizziert das moderne Freizeitverhalten, beschreibt den mechanisierten Mythos von Freiheit und Abenteuer. Die Arbeitswelt bleibt nahezu völlig ausgeblendet, das Leben findet statt im Halbdunkel des Amüsierbetriebes. Das Melodram ist präzise und kühl inszeniert, die Milieustudie treffend. Unterhaltungsfilm mit Ansätzen zu kritischer Bestandsaufnahme amerikanischer Lebensumstände.

Verbotene Spiele auf der Schulbank

Bundesrepublik Deutschland 1980. **Produktion:** Apollo Filmproduktion. **Länge:** 2057 m.
Regie: Keine Angaben.
Darsteller: Verena Lessing, Mario Pollak, Soraya Athigi, Elke Iro.
Verleih: Apollo/Avis.
Erstaufführung: 31. 7. 1980.

Schulmädchen-Porno mit einer nymphomanischen Gymnasiastin im Mittelpunkt, die bei Mitschülern und Lehrern rasch zum Kern vorstößt.

Das Verbrechen des Zé Bigorna

O CRIME DO ZE BIGORNA

Brasilien 1977. **Produktion:** I. C. B./Lucy Barreto.
Regie: Anselmo Duarte. **Drehbuch:** Lauro Cesar Muniz. **Kamera:** Oswaldo de Oliveira. **Musik:** Edu Lobo. **Schnitt:** Raimundo Higino.

Darsteller: Lima Duarte, Steno Garcia, Lady Francisco, Otavio Augusto, Jofre Soares.
Erstaufführung: Mai 1980, ZDF.

Zé Bigorna ist ein unscheinbarer Bürger in einer kleinen brasilianischen Stadt. Allein seine Position als Leiter des örtlichen Blasorchesters gibt ihm eine gewisse Popularität. Eines Tages wird er während einer Orchesterprobe verhaftet, weil in seinem Haus seine Frau Marlene und der »Hauptmann«, der Führer der regierenden Partei, erschossen aufgefunden worden sind.
Die ganze Stadt weiß, daß Marlene und der Hauptmann ein Verhältnis hatten, und alle Bürger sind überzeugt, daß Zé mit dieser Bluttat seine Ehre wiederherstellen wollte. Obwohl er die Tat leugnet und durch die Orchesterprobe für die Tatzeit ein Alibi hat, bleibt Zé Bigorna in Haft.
Seinem Verteidiger gesteht er, daß der Hauptmann Marlene mit ihm verheiratet hat, um sie immer in seiner Nähe zu haben, und daß er, Zé, in Wirklichkeit nie ihr Mann gewesen ist, aber das weiß die Bevölkerung nicht. Sie feiert den Ehemann, der die untreue Frau und den gewissenlosen Verführer getötet hat, als Helden. Eine Flut von Geschenken wird ihm in die Untersuchungshaft gebracht. Und da entschließt sich Zé, lieber ein schuldiger Held als eine unschuldige Null zu sein. Er gesteht den Mord, den er nicht begangen hat.
In Wirklichkeit hat Miguel Farah, der Führer der Opposition, den Hauptmann von einem bezahlten Mörder umbringen lassen. Ihm, dem Drahtzieher, kommt der Rummel um den vermeintlichen Volkshelden gerade recht. Als der wahre Mörder auf den »Erfolg« Zés eifersüchtig wird und sich seinerseits der Tat rühmt, da spielt Farah Zé einen Revolver zu, und der erschießt seinen »Rivalen«.
Der Prozeß gegen Zé Bigorna kann nun beginnen. Während die Menge dem Angeklagten zujubelt, steht der neue politische Führer bereits unerkannt im Hintergrund.

Verdammt noch mal! ... Wo bleibt denn da die Zärtlichkeit?

ET LA TENDRESSE? ... BORDEL.

Frankreich 1978. **Produktion:** Chloé Production/Foch Production. **Länge:** 223 m. **Regie:** Patrick Schulmann. **Drehbuch:** Patrick Schulmann. **Kamera:** Jacques Assuérus. **Musik:** Patrick Schulmann. **Schnitt:** Aline Freess.
Darsteller: Jean Luc Bideau, Marie Catherine Conti, Bernard Giraudeau, Evelyne Dress, Régis Porte, Anne-Marie Philipe.
Verleih: Jugendfilm.
Erstaufführung: 28. 2. 1980.

Liebe, Sex, Zärtlichkeit und Erotik – drei Paare demonstrieren in einer satirisch gemeinten Komödie drei unterschiedliche Formen von Partnerschaft zwischen Mann und Frau.
Patrick Schulmanns Erstlingsfilm ist ein temporeiches Spekulationsprodukt, das nicht vor makabren Gags und eindeutigen Zweideutigkeiten zurückschreckt. Offensichtliches Talent des Filmemachers und sympathische darstellerische Leistungen auf der einen Seite, geschmackliche Entgleisungen und burleske Ausrutscher auf der anderen Seite – ein sehr zwiespältiges Debüt.

»Verdammt noch mal! . . . Wo bleibt denn da die Zärtlichkeit?« (Foto: Jugendfilm).

Verflixt noch mal ... wer hat? Der hat!

O BEN DOTATO

Brasilien 1979. **Produktion:** Jose Miziara.
Länge: 2447 m.
Regie: Keine Angaben.
Darsteller: Keine Angaben.
Verleih: CFC-Contact-Film.
Erstaufführung: 3. 7. 1980.

Keine Informationen zum Inhalt.

Die Verführung des Joe Tynan

THE SEDUCTION OF JOE TYNAN

USA 1979. **Produktion:** Martin Bregman.
Länge: 2934 m.
Regie: Jerry Schatzberg. **Drehbuch:** Alan Alda. **Kamera:** Adam Holender. **Musik:** Bill Conti. **Bauten:** Alan Hicks. **Ausstattung:** David Chapman. **Schnitt:** Evan Lottman.
Darsteller: Alan Alda, Barbara Harris, Meryl Streep, Rip Torn, Melvin Douglas, Charles Kimbrough, Michael Higgins.
Verleih: CIC.
Erstaufführung: 13. 6. 1980.

Ein Mann auf dem Weg nach oben – in die schwindelnden Höhen amerikanischer Politik. Je ehrgeiziger Senator Tynan seine Karriere plant, um so entschiedener vernachlässigt er seine Familie. Durch einen Zufall lernt er eine junge Rechtsanwältin kennen, die ihm Material in die Hände spielt, mit dem er den Kandidaten für den Obersten Gerichtshof stürzen kann. Tynan verliebt sich in die attraktive Anwältin. Doch die Beziehung ist nur eine Romanze auf Zeit. Als er zum Präsidentschaftskandidaten seiner Partei gewählt wird, bringt er für den Wahlkampf seine Familienverhältnisse wieder in Ordnung. Seine Frau, die sich gerade von ihm trennen wollte, steht den Emanzipationsprozeß nicht durch. In der Schlußeinstellung sieht man das Ehepaar auf der Wahlkampftribüne, vom Volk beklatscht. Schatzbergs Film ist ein oberflächliches politisches Melodram, ohne allzu große Anklänge an die politische Wirklichkeit.

Alan Alda und Meryl Streep in dem Film »Die Verführung des Joe Tynan« (Foto: Cinema International Corp.).

Vergiß beim Sex die Liebe nicht – Schulmädchen-Report, 13. Teil

Bundesrepublik Deutschland 1980. **Produktion:** Rapid-Film, München. **Länge:** 2354 m.
Regie: Walter Boos. **Drehbuch:** Günther Heller. **Kamera:** Klaus Werner. **Musik:** K. A. Dilz.
Darsteller: Katja Bienert, Rosl Mayr, Gaby Fritz, Sylvia Engelmann, Renate Lange, Alexander Arndt, Don Bahner.
Verleih: Neue Constantin Film.
Erstaufführung: 14. 8. 1980.

Bemerkenswert immerhin, daß diese Soft-Sex-Serie jetzt bereits bei Folge 13 angelangt ist. Und mittlerweile scheint sie sich auch zu wandeln: Mehr Lebenshilfe (siehe Titel) und mehr heitere Situationen kommen ins Spiel. Doch dies ist nach wie vor so dilettantisch wie nur irgend etwas.

Vier irre Typen

BREAKING AWAY

USA 1979. **Produktion:** Peter Yates für 20th Century Fox. **Länge:** 2764 m.
Regie: Peter Yates. **Drehbuch:** Peter Tesich. **Kamera:** James Glennon. **Musik:** Patrick Williams. **Ausstattung:** Patrizia von Brandenstein. **Schnitt:** Cynthia Scheider.
Darsteller: Dennis Christopher, Dennis Quaid, Daniel Stern, Jackie Earle Haley, Barbara Barrie, Paul Dooley, Robyn Douglass, Hart Bochner, Amy Wright, Peter Maloney, John Ashton.
Verleih: 20th Century Fox.
Erstaufführung: 7. 3. 1980.

Peter Yates' Film ist trotz des irreführenden deutschen Titels keine Teenager-Komödie, sondern eine recht unverbindliche Schilderung der Sozialstrukturen in einer amerikanischen Kleinstadt. Zwischen den proletarischen »Cutters« und den aus dem Bildungsbürgertum stammenden Studenten des Städtchens kommt es regelmäßig zu Auseinandersetzungen. In einem Radrennen soll schließlich entschieden werden, wer die »besseren Amerikaner« sind. Wie zu erwarten, gewinnen die Cutters, und der Mythos vom Land der unbegrenzten Möglichkeiten ist wiederhergestellt.

»Vier irre Typen« (Foto: 20th Century Fox).

Vier rechnen ab

Siehe früher: »Vier Schlitzaugen rechnen ab«

Vier Schlitzaugen rechnen ab

THE FOUR INVINCIBLES

Hongkong 1979. **Produktion:** First Films Ltd, Hongkong. **Länge:** 2186 m.
Regie: Keine Angaben.
Darsteller: Keine Angaben.
Verleih: Ring-Film/Splendid.
Erstaufführung: 16. 5. 1980.

Keine Informationen zum Inhalt.

Violanta

VIOLANTA

Schweiz 1977. **Produktion:** Condor-Film/Artcofilm.
Regie: Daniel Schmid. **Drehbuch:** Wolf Wondratschek, Daniel Schmid. **Kamera:** Renato Berta. **Musik:** Peer Raben. **Schnitt:** Ila von Hasperg.
Darsteller: Lucia Bose, Maria Schneider, Ingrid Caven, Lou Castel, Francois Simon, Gerard Depardieu.
Erstaufführung: Dezember 1980, ZDF.

In einem abgelegenen Bergdorf bereitet Donna Violanta die Hochzeit ihrer Tochter Laura vor. Violanta ist Richterin und ungekrönte Herrin in diesem Tal, dem sie in den langen Jahren ihrer Regentschaft Friede und Gerechtigkeit gebracht hat. Niemand weiß, daß die Richterin eine Mörderin ist.
Vor vielen Jahren, als junges Mädchen, hatte Violanta Adrian geliebt. Aber ihr Bruder Fortunat hatte sie im Spiel an Simon verloren. Ihn mußte sie heiraten, und ihn, den ungeliebten Gatten, hat sie getötet.
Zur Hochzeit Lauras kommt auch Silver, Simons Sohn aus einer anderen Verbindung. Silver verliebt sich alsbald in Laura, und sie erwidert seine Liebe. Beide sind von Schuldgefühlen geplagt, weil sie sich für Halbgeschwister halten. Sie wissen nicht, daß Laura nicht die Tochter Simons, sondern Adrians ist, daß Violanta bei ihrer Hochzeit bereits schwanger war. Als sie es erfahren, da können sie ihre Liebe doch nicht verwirklichen, denn eine Bindung zwischen ihnen müßte der ganzen Bevölkerung die Schande und die Schuld der »Richterin« offenbar machen. So wird Violanta doch von den Folgen ihrer mörderischen Tat eingeholt. Sie ist bereit, auf ihre Weise zu zahlen. Sie bereitet weiterhin Lauras Hochzeit mit David vor. Auf dem Höhepunkt des Festes hebt sie gedankenvoll ein Glas mit vergiftetem Wein, trinkt und stirbt ...
Laura aber, die wie ihre Mutter mit einem ungeliebten Mann verheiratet worden ist, wird auch das Amt ihrer Mutter übernehmen.

Von der Hand in den Mund

FROM HAND TO MOUTH

USA 1920. **Produktion:** Rolin Film Company/Hal Roach.
Regie: Alf. Goulding. **Drehbuch:** H. M. Walker. **Kamera:** Walter Lundin. **Musik:** Archiv.
Darsteller: Harold Lloyd, Mildred Davis, Harry »Snub« Pollard, Peggy Courtwright.
Erstaufführung: März 1980, ZDF.

Der mittellose Harold führt in den Slums ein wahres Hundeleben, das ihm zum Mittag einen abgenagten Knochen beschert. Zu ihm gesellen sich ein kleines Mädchen und ein Hund. Gemeinsam trägt sich die Not leichter, ist man erfinderischer. Aber wer denkt schon an Falschgeld, wenn der Hund einige Ganoven um ein paar Scheine erleichtert? So wird Harold nun von der Polizei gejagt, gefaßt und nur durch die Fürsprache der jungen Mildred laufengelassen. Sie hat gerade eine Erbschaft gemacht, ahnt aber nicht, daß ihr Anwalt beauftragt ist, ihr das Vermögen mit Hilfe von Ganoven abzujagen. Das Schicksal macht Harold zum Komplizen jener Bande, und er beteiligt sich unfreiwillig an Mildreds Entführung. Als er das bemerkt und polizeiliche Hilfe sucht, ist man jedoch an ihm nicht mehr interessiert. Mit schlagkräftigen Provokationen gelingt es ihm schließlich, die Polizei zu mobilisieren, die Bande auffliegen zu lassen, Mildred die Erbschaft und sich selbst eine innige Freundschaft zu sichern.

Ein wahrer Held

HERO AT LARGE

USA 1979. **Produktion:** Stephen Friedman/Kings Road Prod. **Länge:** 2676 m. **Regie:** Martin Davidson. **Drehbuch:** A. J. Carothers. **Kamera:** David M. Walsh. **Musik:** Patrick Williams. **Bauten:** Albert Brenner. **Schnitt:** David Garfield. **Darsteller:** John Ritter, Anne Archer, Bert Convy, Kevon McCarthy, Harry Bellaver, Anita Dangler, Jane Hallaren, Leonard Harris.
Verleih: CIC.
Erstaufführung: 6. 6. 1980.

Stellungsloser junger Schauspieler, der für eine Filmreklame einen Comic-Helden mimt, zieht durch entsprechende tatsächliche »Heldentaten« die Aufmerksamkeit und Hoffnung ganz New Yorks auf sich. Der Film ist hoffnungslos überfrachtet mit Kritik an skrupellosen Werbemanagern, betrügerischen Politikern und gewissenlosen Reportern. Naiv-sentimentale Geschichte, die ohne jedes Spannungsmoment inszeniert ist.

John Ritter in dem Film »Ein wahrer Held« (Foto: Cinema International Corp.).

Warum die UFOs unseren Salat klauen

Bundesrepublik Deutschland 1979. **Produktion:** Cine Contor Filmproduktion, Berlin. **Länge:** 2490 m.
Regie: Hansjürgen Pohland. **Drehbuch:** Hansjürgen Pohland.
Darsteller: Ursula Monn, Timmy Piper, Alexander Kerst, Günter Pfitzmann, Beate Hasenau, Raimund Harmstorf, Ilse Pagé, Curd Jürgens, Hildegard Knef.
Verleih: Cinefrance Filmkunst.
Erstaufführung: 18. 4. 1980.

Die satirische Absicht ist manchmal noch spürbar. Berliner Wirklichkeit zwischen Spekulation und Idylle, zwischen Geschäften und Geheimdiensten, Grunewald-Passanten und Kleingärtnern, zwischen Politik und Polizeihysterie. Eine haarsträubende Mischung, leider meist eher platt als pointiert dargeboten.

Warum sollte ich lügen?

WHY SHOULD I LIE?

USA 1980. **Produktion:** MGM/Pancho Kohner. **Länge:** 2457 m.
Regie: Larry Peerce. **Drehbuch:** Peter Stone. **Kamera:** Gerald Hirschfeld. **Musik:** Charles Fox.
Darsteller: Treat Williams, Lisa Eichhorn, Gabriel Swann, Susan Heldfond, Anne Byrne.
Verleih: CIC.
Erstaufführung: 14. 11. 1980.
FBW-Prädikat: wertvoll.

Die von Larry Peerce inszenierte und von Pancho Kohner produzierte Komödie »Warum sollte ich lügen« ist typisch für eine derzeitige Welle beim Film. Während ein Teil der Leinwand noch für die Gattung Horror und Science Fiction offensteht, kommt die Kehrseite der Unterhaltungsmedaille mit der Romantik zum Zuge. Gefühl ist wieder gefragt.
Cletus Hayworth heißt der fröhliche junge Mann, der es mit der Wahrheit nicht sehr genau nimmt. Er arbeitet für das Sozialamt in der kleinen Stadt Spokane im Staat Washington und bekommt den Fall eines kleinen Jungen übertragen, der aus dem Waisenhaus zu Adoptiveltern ziehen soll. Jeorge heißt der siebenjährige Knabe. Das J am Anfang statt des üblichen G ist wichtig. Die ausgefallene Idee stammt von der leiblichen Mutter, die kurz nach der Geburt ins Gefängnis eingeliefert wird und die glaubt, mit einem J am Anfang ließe sich ihr Kind später leichter aus den Sozialamtsakten wieder herausfinden. Durch einen Irrtum sagt ihr die Behörde jedoch, der Knabe sei schon adoptiert.
Cletus hört von dem traurigen Fall, will durchaus Mutter und Sohn wieder zusammenführen und nimmt Jeorge zu sich. Um die Dinge ganz zu verwirren, nennt er ihn Hank. Auf der Suche nach der verschollenen Mutter trifft Cletus die junge Kay Lindsey (Lisa Eichhorn), und beide lieben einander und lieben auch das Kind. Kein Wunder, daß bei so viel Schwindelei Cletus immer mehr in Schwierigkeiten kommt und seine phantastischen Geschichten um ein Haar die Beziehungen zu allen Menschen zerstören, die er liebt. Jeorge, der ja auch Hank heißt, weiß immer, worauf es ankommt. Obgleich er das Leben noch nicht so recht versteht, rettet er die Situation. Seine Unschuld bürgt fürs gute Ende.
»Warum sollte ich lügen?« ist die Geschichte von menschlichen Beziehungen. Die Liebenden sind typische Vertreter einer Generation, die den Perfektionismus verabscheut und die gern bereit ist, eigene Fehler einzugestehen. Der Zuschauer von heute kann sich mit ihnen identifizieren, und gerade darum ging es dem Regisseur. Larry Peerce hat zuvor die Filme »Goodbye Columbus«, »Die Kehrseite der Medaille«, »Aschermittwoch« mit Elizabeth Taylor und »Zwei Minuten Warnung« inszeniert. In »Warum sollte ich lügen?« setzt er die Trumpfkarte Kind ein, und er tut dies mit äußerster Behutsamkeit.
Der Film »Warum sollte ich lügen?« ist nach dem in Amerika viel gelesenen Roman »The Fabricator« von Hollis Hodges gedreht. Der Film ist übrigens einer der ersten der neugegründeten MGM, deren Markenzeichen der brüllende Löwe ist.

Die Wasser des Huang-Po-Flusses fließen im Frühling nach Osten

YI JIAN CHUANGSHUI TONG LING

China 1947. **Produktion:** Lianhua-Filmproduktion.
Regie: Cai Chusheng, Zheng Junli. **Drehbuch:** Cai Chusheng, Zheng Junli. **Kamera:** Zhu Jinming. **Musik:** Zhang Zhengwan. **Schnitt:** Wu Dingfang, Cheng Zhaoxi, Fu Zhengyi.
Darsteller: Shangguan Yunzhu, Zhou Boxun, Xia Tian, Li Ciyu, Zheng Ming.
Erstaufführung: Oktober 1980, ZDF.

Die Handlung beginnt in den dreißiger Jahren zur Zeit des chinesisch-japanischen Krieges. Als japanische Truppen in Shanghai einmarschieren und über den Yangzi (Jangtse) ins Landesinnere vordringen, wird Zhang Zhongliang, der die Freiwilligenarmee im Kampf gegen die Eindringlinge unterstützt, von seiner Frau Sufen und seinem kleinen Sohn getrennt. Mutter und Kind ziehen zu Zhangs Eltern aufs Land. Bald wird aber auch ihre neue Heimat von den Japanern erobert, die dort mit Hilfe einiger Kollaborateure ein strenges Besatzungsregime etablieren. Zhangs Vater fällt der Willkür der Besatzungstruppen zum Opfer und wird hingerichtet. Sufen muß jetzt für den Lebensunterhalt der Familie sorgen. Sie kehrt mit ihrem Sohn und der Schwiegermutter nach Shanghai zurück und hofft weiterhin auf ein Wiedersehen mit Zhang, von dem sie seit Ausbruch des Krieges keine Nachricht mehr erhalten hat.
Zhang hat es im Verlauf der Kämpfe nach Chongqing verschlagen. Dort trifft er die Tänzerin Lizheng, die er vor Ausbruch des Krieges kennengelernt hat. Lizhengs einflußreicher Adoptivvater verschafft ihm einen Posten in seinem Handelsunternehmen, und unter dem Einfluß seiner neuen Umgebung sagt sich Zhang von seiner Vergangenheit los und wird zu einem geschäftstüchtigen Aufsteiger. Da er seine Familie für tot hält, heiratet er die exzentrische Lizheng. Nach der Kapitulation Japans kehrt Zhang 1945 nach Shanghai zurück und wird dort im Haus der Kusine Lizhengs aufgenommen, mit der er bald ein Verhältnis beginnt.
Sufen wird durch bitterste Armut gezwungen, eine Stelle als Dienstmädchen anzunehmen. Zufällig gerät sie in den Haushalt der Kusine, wo sie auf einem Bankett zu Ehren der Ankunft Lizhengs unter den Gästen ihren Mann erkennt. Lizheng will um jeden Preis einen Skandal vermeiden und fordert Zhang auf, sich von Sufen scheiden zu lassen. Als Sufen merkt, daß Zhang selbst bei einer Gegenüberstellung mit seiner Mutter und seinem Sohn nicht den Mut findet, seine Karriere aufs Spiel zu setzen und zu seiner Familie zurückzukehren, stürzt sie sich in den Fluß. Zuvor aber hat sie ihr Kind der Obhut ihres Schwagers empfohlen, der in den Bergen weiter für eine Erneuerung Chinas kämpft.

Watership down

WATERSHIP DOWN

Großbritannien 1978. **Produktion:** Nepenthe Prod., London. **Länge:** 2508 m. Zeichentrickfilm.
Regie: Martin Rosen. **Drehbuch:** Martin Rosen, nach dem gleichnamigen Buch von Richard Adams. **Kamera und Zeichentrickregie:** Tony Guy. **Musik:** Angela Morley, Malcolm Williamson. **Schnitt:** Terry Rawlings.
Verleih: Filmverlag der Autoren.
Erstaufführung: 14. 11. 1980.
FBW-Prädikat: besonders wertvoll.

Martin Rosen hat fernab von Disneys süßer Beschaulichkeit einen Zeichentrickfilm gemacht, der ohne Kitsch und Kalauer eine poesievolle und phantasiereiche Geschichte erzählt. Es geht um das Schicksal einer großen Kaninchenfamilie. Dargestellt wird eine Story aus der Tierwelt, die, wie könnte es anders sein, sehr viel Menschliches hat. Es geht um Glück, um Ängste, um dramatische Ereignisse und listige Kämpfe auf der Suche der Familie nach einem neuen Domizil.
Im Genre des komischen Zeichentrickfilms setzt »Watership down« ganz ein-

»Watership down«
(Foto: Filmverlag der Autoren).

deutig neue Maßstäbe. Und technisch gesehen kann er es mit jedem Disney-Produkt aufnehmen.

Wenn ich dich wiedersehe

IF EVER I SEE YOU AGAIN

USA 1978. **Produktion:** Joe Brooks. **Regie:** Joe Brooks. **Drehbuch:** Joe Brooks, Martin Davidson. **Kamera:** Adam Holender. **Musik:** Joe Brooks. **Schnitt:** Rick Shaine.
Darsteller: Joe Brooks, Shelley Hack, Jimmy Breslin, Jerry Keller, Kenny Karen, George Plimpton.
Erstaufführung: Dezember 1980, ZDF.

Bob Morrison gehört in New York zu den Erfolgreichen der Werbebranche. Er komponiert und arrangiert populäre Musik zu Fernseh-Werbespots. Seinen beiden Kindern, mit denen er seit der Scheidung allein lebt, ist er ein liebevoller Vater.
Eines Tages – er bearbeitet gerade einen Auftrag von einem Hundefutterhersteller, der eine andere Instrumentierung will, als er vorgesehen hat – wird Bob klar, daß ihn seine Arbeit nicht mehr erfüllt. Bei nächster Gelegenheit steigt er aus.
Der Zufall will es, daß Bob sich die Chance bietet, die Musik für einen Hollywoodfilm zu schreiben und auch zu dirigieren. Auf dem Weg zum Studio trifft er einen alten Freund, der ihm von Bobs Jugendliebe, Jennifer Corly, erzählt, die heute als Malerin in der Nähe von Los Angeles wohnt.
Aus einer Laune heraus ruft Bob Jennifer an und verabredet sich mit ihr. Was vor zwölf Jahren nicht viel mehr als eine Romanze war, erweist sich nun sehr bald als Liebe auf den zweiten Blick. Das Glück der Liebenden wird jedoch immer wieder unterbrochen, weil Bob aus beruflichen Gründen zwischen West- und Ostküste hin- und herpendeln muß.
Kurz vor Weihnachten will Jennifer mit Bob Schluß machen, weil sie nicht an eine dauerhafte harmonische Beziehung glauben kann. Der enttäuschte Bob kehrt allein nach New York zurück, um mit den Kindern Weihnachten zu feiern. Doch mitten in der Feier gibt es eine freudige Überraschung. Jennifer steht in der Tür. Sie hat sich für Bob und die Kinder entschieden.

Wenn ich König wär

IF I WERE KING

USA 1938.
Regie: Frank Lloyd. **Drehbuch:** Preston Sturges. **Kamera:** Theodor Sparkuhl. **Musik:** Richard Hageman.
Darsteller: Ronald Colman, Basil Rathbone, Frances Dee, C. V. France, Ellen Drew, Henry Wilcoxon, Heather Thatcher.
Erstaufführung: Oktober 1980, ARD.

»Wenn ich König wär«, in Anlehnung an Justin Huntly McCarthys mehrfach verfilmtes Bühnenstück aus dem Jahre 1901 entstanden, ist ein Paradebeispiel für Lloyds geschliffenen Inszenierungsstil, der durch die Adaption des renommierten Drehbuchautors (und späteren Regisseurs) Preston Sturges zusätzliches Kolorit erhält. Erzählt wird – ohne jeden Anspruch auf historische Authentizität – in einer liebenswerten Mischung aus Melodram, Komödie und Kostümspektakel eine phantastisch anmutende Geschichte um den französischen Lyriker und Vagabunden François Villon: Aufgrund einer launischen Eingebung König Ludwigs XI. darf Villon in dem von Burgund belagerten Paris eine Woche lang Großkanzler von Frankreich spielen. Bis zum unvermeidlichen Happy-End (der Held beendet die feindliche Belagerung und erobert das Herz eines Hoffräuleins) muß er sich jedoch zunächst gegen die Intrigen des Hofstaates und die Winkelzüge des Monarchen mit allen Finessen zur Wehr setzen.

Wer hat Tante Ruth angezündet?

WHOEVER SLEW AUNTIE ROO?

USA 1972. **Produktion:** American International/Hemdale. **Länge:** 2230 m.
Regie: Curtis Harrington. **Drehbuch:** Robert Blees, James Sangster. **Kamera:** Desmond Dickinson. **Musik:** Kenneth V. Jones.
Darsteller: Shelley Winters, Mark Lester, Cloe Franks, Ralph Richardson, Lionel Jeffries, Hugh Griffith.
Verleih: Filmwelt.
Erstaufführung: 8. 2. 1980.

Ein Hänsel- und Gretel-Film für Erwachsene aus der Hand des Horror-Spezialisten Curtis Harrington. Ein Spiel mit der zweideutigen Realität des Märchens. Ein kriminalpsychologisch sehr stimmiger Mord irritierter Kinder an einer alten Frau. Abgründiges Schock-Kino für Intellektuelle.

Die Wiese

Il PRATO

Italien 1979. **Produktion:** Filmtre/RAI TV-2. **Länge:** 3277 m.
Regie: Paolo und Vittorio Taviani. **Drehbuch:** Paolo und Vittorio Taviani. **Kamera:** Franco die Giacomo. **Musik:** Ennio Morricone. **Ausstattung:** Gianni Sbarra. **Kostüme:** Lina Nerli Taviani, Renato Ventura. **Schnitt:** Roberto Perpignani.
Darsteller: Michele Placido, Saverio Marconi, Isabella Rossellini, Giulio Brogi, Angela Goodwin, Remo Remotti, Ermanno Taviani, Miro Guidelli, Giuseppe Rocca, Francesca Taviani, Maria Toesca, Giacomo Pardini.
Verleih: Prokino.
Erstaufführung: 5. 12. 1980.

»Der Film ist ein Raum, in dem alles vorhanden sein muß: Suche nach dem Neuen, Experimente, moralische Institution, Kultur, Unterhaltung – alle Aspekte des Lebens. Für uns ist es wichtig, daß es sich um Spektakel handelt, ein Schauspiel, das die Menschen fesselt, das hilft, die Welt zu verstehen – das ist ein Urbedürfnis des Menschen.«
Unter dieser Prämisse machen die italienischen Brüder Taviani Kino (und auch

Isabella Rossellini, Saverio Marconi und Michele Placido in dem Film »Die Wiese« (Foto: prokino Filmverleih).

Fernsehen). Nach »Padre Padrone« ist dieser Film, der beim Internationalen Filmfestival in Venedig erstmals vorgestellt wurde, indessen eine Überraschung. Im Unterschied zu ihrem letzten Film mit seiner kraftvollen Poesie haben Paolo und Vittorio Taviani hier einen zarten, intimen Film geschaffen, in dem verschiedene Themen verwoben sind.
»Die Wiese« ist ein romantisches Märchen über die Sehnsucht und die Suche nach dem unerreichbaren Glück, ein Film über das mühsame Umherirren einer Jugend, die sich auf schmerzhafte Weise mit den komplexen Beziehungen zwischen Gefühl und Beruf in ihrem Leben auseinandersetzt.
Und zugleich ist das eine Huldigung an Roberto Rossellini und wohl auch Ingrid Bergmann, denn die Taviani-Brüder verpflichteten für ihr poetisch engagiertes Werk die Tochter des Künstlerpaares, Isabella Rossellini, als Hauptdarstellerin.

Wild Swedish-Girls (Feuchter Sex aus Skandinavien)

WILD SWEDISH-GIRLS

Schweden 1979. **Produktion:** Saga Films AS, Stockholm. **Länge:** 1780 m.
Regie: Keine Angaben.
Darsteller: Keine Angaben.
Verleih: Filmagentur A. Kaster, Dudweiler.
Erstaufführung: 29. 2. 1980.

Keine Informationen zum Inhalt.

Wild Woman

WILD WOMAN

Spanien 1978. **Produktion:** Circulo Films, Madrid. **Länge:** 2242 m.
Regie: Keine Angaben.
Darsteller: Keine Angaben.
Verleih: Avis/Film-Allianz.
Erstaufführung: 29. 2. 1980.

Keine Informationen zum Inhalt.

Willie und Phil

WILLIE AND PHIL

USA 1979. **Produktion:** Paul Mazursky/Tony Ray. **Länge:** 3175 m.
Regie: Paul Mazursky. **Drehbuch:** Paul Mazursky. **Kamera:** Sven Nykvist. **Musik:** Claude Bolling.
Darsteller: Michacl Ontkean, Margot Kidder, Ray Sharkey, Jan Miner, Tom Brennan, Julie Bovasso, Louis Guss, Kathleen Maurie, Kaki Hunter.
Verleih: 20th Century Fox.
Erstaufführung: 10. 10. 1980.

Mit seinem neuen Film »Willie und Phil« hat Paul Mazursky (»Bob und Carol und Ted und Alice«, »Next Stop Greenwich Village«, »Eine entheiratete Frau«) eine sehr direkte Hommage an sein Vorbild François Truffaut inszeniert. Wie in Truffauts 1961 entstandenen Leinwandklassiker »Jules und Jim« erzählt auch Mazursky die Geschichte eines erotischen Dreiecksverhältnisses. Willie und Phil lernen sich beim Verlassen eines Kinos kennen, in dem sie Truffauts »Jules und Jim« gesehen haben. Wenig später treffen die beiden auf Jeanette, die eine Bleibe sucht. Beide machen ein Angebot, eine Münze entscheidet schließlich. Zwar zieht Jeanette zu Willie, doch die Liebesbeziehungen liegen nicht eindeutig. Schließlich jedoch heiraten Willie und Jeanette, die drei Freunde trennen sich. Phil geht nach Los Angeles, Willie und Jeanette ziehen aufs Land. Das Glück auf dem Bauernhof aber ist nur von kurzer Dauer. Gemeinsam mit Tochter Zelda fahren Willie und Jeanette zu Phil nach Kalifornien. Jeanette beginnt wieder zu arbeiten, Willie aber schließt sich einer Hippie-Kommune an und geht nach Indien. Die neuen Ehepartner heißen Phil und Jeanette. Mehr als ein Jahr später kehrt Willie aus Indien zurück. Er will in New York wieder als Lehrer arbeiten. Gemeinsam lassen die drei Freunde noch einmal die Stationen ihrer zehnjährigen Freundschaft Revue passieren. Sie sind an einem Wendepunkt ihrer Beziehungen angekommen, jeder muß von nun an seinen eigenen Weg gehen.
Mazurskys Film ist bei allen Bemühungen

nur eine schwache Neuauflage des Truffaut-Films, allzu larmoyant und widerspruchslos ist die Geschichte inszeniert, erinnert eher an eine anspruchslose Broadway-Komödie denn an eine dichte Zeichnung des amerikanischen Intellektuellen-Milieus.

Willkommen, Mr. Chance

BEING THERE

USA 1979. **Produktion:** Lorimar Productions Inc., Culver City. **Länge:** 3538 m. **Regie:** Hal Ashby. **Drehbuch:** Jerzy Kosinski, nach seinem Roman »Chance«. **Kamera:** Caleb Deschanel. **Musik:** John Mandel. **Ausstattung:** James Schoppe. **Kostüme:** May Routh. **Schnitt:** Don Zimmerman.
Darsteller: Peter Sellers, Shirley MacLaine, Jack Warden, Melvyn Douglas, Richard Dysart, Sam Weisman, Arthur Rosenberg, Gwen Humble, Frederic Lehne, Jerome Hellman, Ned Wilson, Alice Hirson, James Noble.
Verleih: Scotia International.
Erstaufführung: 19. 9. 1980.
FBW-Prädikat: besonders wertvoll.

Der Film von Hal Ashby ist eine genüßlich ausziselierte schwarze Komödie von dem naiven, unschuldigen Gärtner Chance, der das Leben bislang in einem von ihm liebevoll gepflegten Garten verbracht hat – oder aber vor dem Fernsehapparat.
Von einem Tag auf den anderen wird Chance plötzlich in die reale Welt gestoßen. Ein Zufall führt ihn in Washingtons tonangebende Szene. Und selbst auf die mächtigsten Leute der Nation nimmt Chance Einfluß. Im Lande der unbegrenzten Möglichkeiten sind auch die Erfolgschancen eines harmlosen Idioten so grenzenlos, daß er über Nacht zum geheimnisvollen Tutor des Präsidenten werden kann, Politik und Macht, Wirtschaft und Herrschaft in Verwirrung stürzt und mit den schrecklichen Multiplikationseffekten des Fernsehens zum Star der Nation wird.
Selten ist das Medium Fernsehen und sein

Peter Sellers in dem Film »Willkommen, Mr. Chance« (Foto: Scotia International).

Einfluß mit so kühlem Understatement zur Zielscheibe des sarkastischen Spotts gemacht worden. Wer, wie unser Analphabet aus dem abgeschlossenen Bereich seines kleinen Gartens, in der Lage ist, auf dem Niveau des Fernsehprogramms zu denken und zu reden, sich zu bewegen und Hände zu schütteln, der kann offenbar jede Karriere machen. Die Mattscheibe als Erleuchtung selbst für das Weiße Haus.
»Willkommen, Mr. Chance« ist ein meisterhafter Film, der voller subtiler Bösartigkeit und voller hintersinniger Anspielungen steckt. Ein Film, der sich parodistisch mit der Regierung Carter beschäftigt und die politischen Seitenhiebe nach allen Richtungen hin austeilt. Ein Film, der die Verflechtung von Großkapital und Politik aufzeigt, der den Humbug der Fernseh-Talkshows ad absurdum führt und auch vor der Intimsphäre des Präsidenten-Schlafzimmers nicht haltmacht. Und das alles ohne Prätention, eher beiläufig und dezent.
Wobei natürlich Peter Sellers in seiner

letzten Rolle die alles entscheidende Schlüsselfigur dieses tückischen Satirestoffes ist. Völlig ungeschützt, mit subtiler Ironie, stellt er den Fernseh-Narren, den »Kaspar Hauser des elektronischen Zeitalters«, wie ein Kritiker schrieb, als fühllosen, von den Fernsehbildern betäubten, die Eintönigkeit liebenden, für keine spontane Regung noch zugänglichen infantilen Narren mit Karriereglück dar. Absurdes Theater auf realer Szene.

Wilma Rudolph, die schwarze Gazelle

WILMA

USA 1977. **Produktion:** Cappy Petrash Greenspan.
Regie: Bud Greenspan. **Drehbuch:** Bud Greenspan. **Kamera:** Arthur Ornitz. **Musik:** Irwin Bazelon. **Bauten:** Ned Parsons. **Schnitt:** William Cahn.
Darsteller: Cicely Tyson, Shirley Jo Finney, Jason Bernard, Joe Seneca, Denzell Washington.
Erstaufführung: Mai 1980, ZDF.

Der Spielfilm »Wilma«, produziert, geschrieben und inszeniert von Bud Greenspan, ist gleichzeitig ein Dokument: Er schildert die biographischen Tatsachen eines außergewöhnlichen Sportlerschicksals – das der Amerikanerin Wilma Rudolph, die gehbehindert in einer mittellosen Familie aufwuchs und im Alter von zwanzig Jahren trotzdem einen einmaligen sportlichen Erfolg errang. Sie wurde 1960 dreifache Olympiasiegerin. So beginnt und endet der Spielfilm auch mit dokumentarischen Aufnahmen der Ereignisse in Rom, die die junge Negerin aus Tennessee mit einem Schlage weltberühmt machten. Heute ist Wilma Rudolph mit ihrem Jugendfreund Robert Eldridge verheiratet und hat vier Kinder.

Wir sind die größten Knochenbrecher

BLIND FIST OF BRUCE

Hongkong 1979. **Produktion:** Kam Bo Motion Pictures, Hongkong. **Länge:** 2226 m.
Regie: Keine Angaben.
Darsteller: Keine Angaben.
Verleih: Film-Allianz/Avis.
Erstaufführung: 18. 1. 1980.

Einschlägiges im wahrsten Sinn des Wortes aus der Eastern-Serienproduktion.

Die wunderbaren Jahre

Bundesrepublik Deutschland 1979. **Produktion:** Franz Seitz. **Länge:** 2700 m.
Regie: Reiner Kunze. **Drehbuch:** Reiner Kunze. **Kamera:** Wolfgang Treu. **Musik:** Rolf Wilhelm. **Ausstattung:** Franz Bauer. **Kostüme:** Gisela Struve. **Schnitt:** Barbara von Weitershausen.
Darsteller: Gabi Marr, Martin May, Dietrich Mattausch, Christine Wodetzky, Rolf Boysen, Bärbel Deutschmann, Thomas Frontzek, Erich Schleyer, Joane Prawitz.
Verleih: United Artists.
Erstaufführung: 7. 3. 1980.
FBW-Prädikat: wertvoll.

Kurz nach Erscheinen seines Buches (in der BRD) übersiedelte der Schriftsteller Reiner Kunze von Ost nach West. Anfangs wollte das Fernsehen einige der Episoden aus dem Kunze-Band verfilmen. Das Projekt aber weitete sich aus, und schließlich schrieb Kunze das Drehbuch für einen Spielfilm. Für zehn Tage übernahm Rudolf Noelte die Regie, schied jedoch wegen Meinungsverschiedenheiten mit Kunze aus dem Team aus. Kunze selbst inszenierte nun – mit Unterstützung von Franz Seitz – den Film. Aus den kurzen Episoden des Originalwerks entstand eine kontinuierliche Geschichte. Kunze erzählt die Geschichte einer Gruppe von Jugendlichen in einer thüringischen Kleinstadt, referiert ihre Kon-

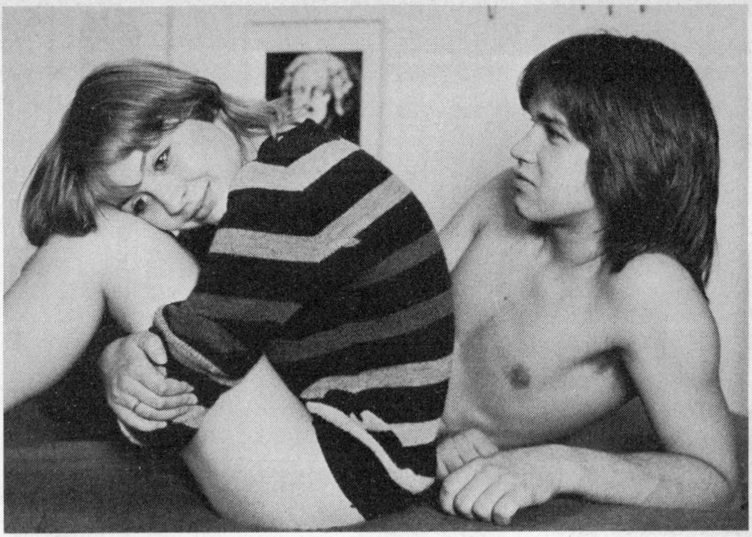

Gabi Marr und Martin May in dem Film »Die wunderbaren Jahre« (Foto: United Artists).

frontationen mit der DDR-Administration. Der Film wird jedoch seinem Anspruch nicht gerecht, zeichnet eher holzschnitthaft das Bild der DDR-Wirklichkeit. Statt Differenzierung herrscht grobes Raster vor.

Wut im Bauch

OVER THE EDGE

USA 1978. **Produktion:** Orion Pictures Comp. **Länge:** 2578 m.
Regie: Jonathan Kaplan. **Drehbuch:** Charlie Haas, Tim Hunter. **Kamera:** Andrew Davis. **Musik:** Sol Kaplan. **Ausstattung:** A.C. Montenaro. **Kostüme:** Adrienne Ceresque. **Schnitt:** Robert Barrere.
Darsteller: Michael Kramer, Pamela Ludwig, Matt Dillon, Vincent Spano, Tom Fergus, Harry Northup, Andy Romano, Ellen Geer.
Verleih: Filmverlag der Autoren.
Erstaufführung: 27. 6. 1980.
FBW-Prädikat: wertvoll.

Die von den Städtebauern und den Soziologen, den Politikern und den Erwachsenen überhaupt vergessene Jugend in einer amerikanischen Trabantenstadt – wie kann, wie soll sie leben, wie sich wehren? Jonathan Kaplans Film engagiert sich kraftvoll und mutig für die vom Milieu geprägten und im Milieu verlorenen jungen Leute und prangert menschenfeindliche gesellschaftliche Strukturen an.
Der fast dokumentarisch trocken angelegte Film bewegt die Zuschauer durch sein effektvolles, starkes und rhythmisch gut akzentuiertes Szenario. Nichts wird umständlich erklärt, und dennoch ist rasch alles gesagt über die Verzweiflung der Halbstarken, die Gleichgültigkeit und Mutlosigkeit der Eltern, die düstere, seelenlose Perspektive des Lebens in einer vom Profit bestimmten künstlichen Stadt.

»Wut im Bauch« (Foto: Filmverlag der Autoren).

Ein Schocker, der freilich nicht die aufschreckt, die es angeht – die Verursacher solcher unmenschlichen Lebensbedingungen.

Xanadu

XANADU

USA 1979. **Produktion:** Lawrence Gordon/Universal. **Länge:** 2637 m.
Regie: Robert Greenwald. **Drehbuch:** Richard Christian Danus, Marc Reid Rubel. **Kamera:** Victor J. Kemper. **Musik:** Barry DeVorzon, Electric Light Orchestra. **Bauten:** Marc E. Meyer. **Ausstattung:** John W. Corso. **Kostüme:** Bobbie Mannix. **Schnitt:** Dennis Virkler.
Darsteller: Olivia Newton-John, Gene Kelly, Michael Beck, James Sloyan, Dimitra Arliss, Katie Hanley, Fred McCarren.
Verleih: CIC.
Erstaufführung: 10. 10. 1980.

Robert Greenwalds Musical mit Olivia Newton-John und Altstar Gene Kelly in den Hauptrollen versteht sich als Märchen für Erwachsene. Im Stil der 40er Jahre für die 80er gedreht, ließ man nichts unversucht, den alten Hollywood-Glamour, frisch aufpoliert, auf die Leinwand zu bringen. 237 Tänzer, Rollschuhfahrer und Akrobaten in bunten Glitzerkostümen wurden 1979 drei Monate lang in die Szenerie geschickt, bis die nostalgisch verklärte Show abgedreht war.
»Xanadu« ist ein Märchen für die Disco-Generation: Olivia Newton-John als Zeus-Tochter Kira, die die Wünsche der Menschen erfüllen soll.

Yanks – Gestern waren wir noch Fremde

YANKS

Großbritannien 1978. **Produktion:** Vic Films. **Länge:** 3846 m.
Regie: John Schlesinger. **Drehbuch:** Colin Welland, Walter Bernstein. **Kamera:** Dick Bush. **Musik:** Richard Rodney Bennett. **Ausstattung:** Brian Morris. **Kostüme:** Shirley Russel.
Darsteller: Richard Gere, Vanessa Redgrave, William Devane, Lisa Eichhorn, Rachel Roberts, Chick Vennera, Annie Ross.
Verleih: United Artists.
Erstaufführung: 4. 4. 1980.

Zwischen 1942 und dem Tag der alliierten Invasion am 6. Juni 1944 werden mehrere Millionen amerikanischer Soldaten nach Großbritannien gebracht. Ihr Verhältnis zu den englischen Gastgebern ist kühl und distanziert, und nur sehr zögernd toleriert man gegenseitige Mentalitätsunterschiede. Nur eine Handvoll Menschen überwindet Vorurteile und Standesdünkel, knüpft Beziehungen zu den Yanks. Schlesingers Film erzählt die Geschichte dreier Liebesbeziehungen zwischen amerikanischen GI's und englischen Mädchen. Trotz dramaturgischer Schwächen eine interessante Milieuschilderung.

Yojimbo

YOJIMBO

Japan 1960. **Produktion:** Kurosawa Films.
Regie: Akira Kurosawa. **Drehbuch:** Ryuzo Kikushima, Akira Kurosawa. **Kamera:** Kazuo Miyagawa. **Musik:** Masaru Sato. **Bauten:** Yoshiro Muraki.
Darsteller: Toshiro Mifune, Eijiro Tono, Kamatari Fujiwara, Takashi Shimura, Seizaburo Kawazu, Isuzu Yamada.
Erstaufführung: März 1980, ZDF.

Ein umherziehender, herrenloser Samurai, Sanjuro Kuwabatake, kommt in eine kleine japanische Stadt, die sich mitten in einem Bürgerkrieg befindet. Auf der einen Seite steht der Seidenhändler Tazaemon mit der Bande des Seibei, auf der anderen der Sakefabrikant Tokuemon mit der Bande des Ushitora. Sanjuro bietet seine Dienste beiden Seiten an in der Hoffnung, rasch Geld zu verdienen. Überzeugt davon, daß sich die beiden Parteien gegenseitig umbringen werden, provoziert er sie zu Kampfhandlungen.
In der Zwischenzeit ist Unosuke, Ushitoras jüngerer Bruder, heimgekehrt. Er ist der Gefährlichste der Bande, denn er trägt als einziger eine Pistole. Sanjuro gibt vor, auf Ushitoras Seite überzuwechseln, tötet aber statt dessen drei seiner Leute, um einem Bauern samt Frau und Kind die Flucht aus der Stadt zu ermöglichen. Als Unosuke Sanjuros Verrat entdeckt, sperrt er ihn ein und foltert ihn brutal. Mit Hilfe des kleinen Sakeverkäufers Gonji kann Sanjuro fliehen. Nachdem er sich erholt hat, kommt er gerade rechtzeitig zum großen Schlußkampf zurück in die Stadt. Außer Sanjuro, dem Sargschreiner, dem Sakeverkäufer und dem Wächter sind alle tot. Einsam steht der Samurai in der zerstörten, noch rauchenden Stadt; er schaut über die Leichen, lächelt und geht.

Zärtlich, aber frech wie Oskar

Bundesrepublik Deutschland 1980. **Produktion:** Lisa-Film/Metro-Film, München. **Länge:** 2357 m.
Regie: Franz J. Gottlieb. **Drehbuch:** Florian Burg. **Kamera:** Franz X. Lederle. **Musik:** Gerhard Heinz.
Darsteller: Patricia Zenker, Régis Porte, Babsi May, Tobias Meister, Renate Langer, Herbert Fux, Walter Kraus, Rosl Mayr, Otto Retzer, Heinz Eckner.
Verleih: Residenz-Film.
Erstaufführung: 5. 9. 1980.

Sex-Lustspiel aus der Wörthersee-Kiste von Produzent Carl Spiehs. Variation der uralten, schon im sogenannten Heimatfilm strapazierten Einfälle vom jungen Mann, der sich vor Verehrerinnen nicht retten kann. Männlicher Chauvinismus und barbusige Hautvermarktung getreulich Hand in Hand. Und für die Lachmuskeln ein depperter Pfarrer!

Zehn – Die Traumfrau

TEN

USA 1978. **Produktion:** Orion Pictures, New York. **Länge:** 3345 m.
Regie: Blake Edwards. **Drehbuch:** Blake Edwards. **Kamera:** Frank Stanley. **Musik:** Henry Mancini. **Schnitt:** Ralph E. Winters.
Darsteller: Dudley Moore, Julie Adams, Bo Derek, Robert Webber, Dee Walace, Sam Jones, Brian Dennehy, Max Showalter, Rad Daly.
Verleih: Warner-Columbia.
Erstaufführung: 24. 4. 1980.

George, der lächerliche und doch so sympathische Held dieses Films, ist ein erfolgreicher Unterhaltungsmusiker – mit einer herrlichen Villa in bester Lage, mit vielen anderen materiellen Besitztümern und mit einer hübschen Freundin, genannt Sam, die als Sängerin ihre Meriten hat.
George ist also ein richtiger Kino-Glückspilz. Aber die Midlife-Krise hat den Jungen gepackt, und er fühlt sein Leben in all dem Überfluß sinnlos zerrinnen. Was Wunder?
Da begegnet er seiner »Traumfrau« Jenny – leider auf dem Weg zu ihrer Hochzeit. Ist das der Wink des Himmels? George setzt jedenfalls alles daran, Jenny wiederzusehen. Und in einem Millionärshotel in Mexiko bei den Klängen des »Bolero« von Maurice Ravel, dessen Rhythmus Jenny sexuell unheimlich zu stimulieren scheint, wähnt George sich am Ziel seiner Träume. Doch die wunderschöne Frau hält nicht, was er sich von ihr versprochen hat. Reumütig kehrt er zu seiner alten Freundin Sam zurück.
Ein Komödienstoff, der etliche Lebensweisheiten auf heitere Art szenisch umsetzt, aber doch vor allem recht ungeniert Lust(spiel)-Kapital schlägt aus der emanzipatorischen Krise eines chauvinistischen Junggesellen. In Einzelheiten ist das amüsant beobachtet, und auch die ironischen Seitenhiebe auf den globetrottenden US-Touristen sind gut pointiert. Aber im ganzen ist das doch reichlich antiquiertes Hollywood-Kino ohne großen Bezug zur Realität.
Der deutsche Titel in Verbindung mit dem Boulevardpresse-Image von Bo Derek (Markenzeichen: strähnige Flechtzöpfchen-Frisur) hat den Film hierzulande vollends in eine falsche Publikumserwartung laufen lassen.

Zeig mir, wie man's macht

MALIZIA EROTICA

Italien/Spanien 1979. **Produktion:** ASA Cinematografica, Rom/Estella Films, Madrid. **Länge:** 2179 m.
Regie: Jose Larraz. **Musik:** Ubaldo Continiello.
Darsteller: Laura Gemser, Barbara Rey, Daniele Vargas, Gabriele Tinti, Mila Stanic.
Verleih: Jugendfilm.
Erstaufführung: 28. 8. 1980.

Der deutsche Titel signalisiert kino-direkte Sexualkunde. Doch die Story dreht sich zunächst um einen Gymnasiasten, der als Voyeur von zwei lesbischen Nachbarinnen erwischt wird. Daß er dann auch von ihnen in die »Liebe« eingewiesen wird, liegt bei solcherart Filmen nahe. Die Verhaltensstörungen des Jugendlichen werden überdies anhand des sexuellen Verhaltens seiner Eltern erklärt. Und über diese ganze Ansammlung von zwischenmenschlichen Problemen schüttet der Regisseur die Sahnesoße seiner humorigen Porno-Scherzchen. Schlimm!

Zimmermädchen der Lust

Bundesrepublik Deutschland/Frankreich 1979. **Produktion:** Apollo/Cinema 2000. **Länge:** 2800 m.
Regie: Andrée Marchand.

Darsteller: Sophia André, Gregory Salvatin, Dominique Bonval.
Verleih: Apollo/Peiper.
Erstaufführung: 14. 11. 1980.

Sex, Crime und Courths-Mahler-Kitsch, traulich vereint. Aus dem Tagebuch eines nicht ganz unbedarften Dienstmädchens.

Ein Zombie hing am Glockenseil

LA PAURA

Italien 1980. **Produktion:** Dania Film/National Cinematografica, Rom. **Länge:** 2258 m.
Regie: Lucio Fulci. **Kamera:** Sergio Salvati.
Darsteller: Christopher George, Catriona McCall, Janet Agren, Carlo de Mejo, Daniela Doria.
Verleih: Alemannia/Arabella.
Erstaufführung: 11. 9. 1980.

Versatzstücke des Horrorfilm-Genres werden hier stümperhaft zu einer abstrusen Story montiert. Verwurmte Leichen sind nicht jedermanns Sache. Epigonales Billigkino.

Zombies unter Kannibalen

LA REGINA DEI CANIBALI

Italien 1979. **Produktion:** Flora-Film/Fulvia Cinematografica, Rom. **Länge:** 2094 m.
Regie: Frank Martin (alias Francesco Martino). **Drehbuch:** Walter Patriarca. **Kamera:** Fausto Zuccoli. **Musik:** Nico Medenco.
Darsteller: Ian McCulloch, Sherry Buchmann, Peter O'Neill, Alexandra Delli Colli.
Verleih: Alemannia/Arabella.
Erstaufführung: 18. 4. 1980.

Es kommt noch schlimmer, als es der Titel schon ahnen läßt. Geschmackloser und unappetitlicher Kolportage-Schmarren.

20 im Auto, 40 im Bett

LA SIGNORA A FATTO IL PIENO

Italien/Spanien 1979. **Produktion:** Interfinances Corp., Rom/Edela Films, Madrid. **Länge:** 2332 m.
Regie: Juan Bosch. **Kamera:** Gino Santini. **Musik:** Stelvio Cipriani.
Darsteller: Carmen Villani, Carlo Giuffré, Esperanza Joy, Simion Andreu.
Verleih: Avis/Film-Allianz.
Erstaufführung: 23. 5. 1980.

Plumpe Sex-Komödie mit einer römischen Prostituierten im Mittelpunkt, die im Auftrag des Wirtschaftsmanagers den zuständigen Minister (vergeblich) zu verführen sucht.

Zwei Dreschflegel schlagen alles kurz und klein

AGAINST RASCALS WITH KUNG FU

Hongkong 1977. **Produktion:** Dragon Nation Film. **Länge:** 1980 m.
Regie: Hua Jen.
Darsteller: Yuan Hsiao Tieng, Jacky Chan.
Verleih: A. B. Film.
Erstaufführung: 3. 4. 1980.

Chinesisches Gewaltkino auf der niedrigsten Stufe des Klamauks.

Zwei Kamele auf einem Pferd

C'EST PAS MOI, C'EST LUI

Frankreich 1979. **Produktion:** Fideline, Paris. **Länge:** 2523 m.
Regie: Pierre Richard. **Drehbuch:** Alain

Pierre Richard in dem Film »Zwei Kamele auf einem Pferd« (Foto: Tobis Filmkunst).

Godard, Pierre Richard. **Kamera:** Claude Agostini. **Musik:** Vladimir Cosma. **Darsteller:** Pierre Richard, Aldo Maccione, Valérie Mairesse, Danielle Minazolli, Franca Valeri, Henri Garcin.
Verleih: Tobis Filmkunst.
Erstaufführung: 21. 3. 1980.

Als »Katastrophen-Duo« machen Pierre Richard und Aldo Maccione Tunesien unsicher. Ein Möchtegern-Autor und ein eitler Altstar sind die Typen, anhand deren sich eine Klamotte reinsten Wassers entwickelt.

Zwei Schlitzohren in der Knochenmühle

THE FEARLESS HYENA

Hongkong 1979. **Produktion:** Lo Wi Motion Pictures. **Länge:** 2062 m.
Regie: Janky Chan.
Darsteller: Janky Chan, Yen Si-Kuen.
Verleih: A. B. Film.
Erstaufführung: 21. 3. 1980.

Chinesischer Karate-Film, der die sattsam bekannte Grundstruktur dieser Prügelfilme etwas humorvoll auflockert und auch der Charakterisierung der Personen mehr Aufmerksamkeit schenkt, als gemeinhin in diesem Genre üblich.

Zwei Teufelskerle auf dem Weg nach Süden

SUPERCOCK

USA 1979. **Produktion:** New Films Co, New York. **Länge:** 2254 m.
Regie: Keine Angaben.
Darsteller: Keine Angaben.

Verleih: Avis/Film-Allianz.
Erstaufführung: 18. 4. 1980.

Keine Informationen zum Inhalt.

Zwei tödliche Fäuste im Schatten der Schlange

SNAKE IN THE MONKEYS SHADOW

Hongkong 1979. **Produktion:** Golding Films, Kowloon. **Länge:** 2419 m.
Regie: Keine Angaben.
Darsteller: Keine Angaben.
Verleih: Mercator-Filmverleih.
Erstaufführung: 7. 3. 1980.

Keine Informationen zum Inhalt.

Zwei wie Feuer und Zunder

BOXING WIZARD

Hongkong 1979. **Produktion:** Ocean Films, Hongkong. **Länge:** 2139 m.
Regie: Keine Angaben.
Darsteller: Sim Yuen, Hsian Pi Tan.
Verleih: Avis/Ascot.
Erstaufführung: 7. 3. 1980.

Der ungenannte Regisseur hat ein Dutzendfilmchen im Kung-Fu-Genre heruntergekurbelt. Chinesische Meterware.

Ein Zwinger voll Verrückter

DOVE VAL IL VIZIETTO NON DE L'HAI?

Italien 1979. **Produktion:** Flora/Fulvia/Gico. **Länge:** 2389 m.
Regie: Franco Martinelli. **Musik:** Fabricio de Angelis.
Darsteller: Renzo Montagnani, Alvaro Vitali, Stefano Amato, Loredana del Santo, Angie Vibeker.
Verleih: Apollo/Graf/C. H.-Film/Exquisit.
Erstaufführung: 6. 6. 1980.

Trottelige Detektive sollen im Auftrag einer reichen Dame deren Ehegatten beschatten. Der ist nicht, wie vermutet, ein untreuer Gemahl, sondern Transvestit. Auf Kosten dieser Minderheit macht der Film seine albernen und billigen Witzchen. »Ein Käfig voller Narren« im primitiven Verschnitt.

Festival-Preisträger 1980

30. Internationale Filmfestspiele in Berlin

Mit dem neuen Festivaldirektor Moritz de Hadeln an der Spitze feierten die Internationalen Filmfestspiele in Berlin ihr dreißigjähriges Jubiläum. Gleichzeitig fand das Internationale Forum des jungen Films unter der Co-Direktion von Ulrich Gregor zum zehnten Male statt. Zwölf Tage lang, vom 18. bis 29. Februar 1980, wurden in fünfzehn Filmtheatern und Spielstellen mehr als zweihundert Filme vorgestellt (nicht gerechnet die Vorführungen in der Filmmesse).

Die Internationale Jury vergab folgende Preise:

Goldene Bären für die besten Filme: »Heartland« von Richard Pearce (USA) und »Palermo oder Wolfsburg« von Werner Schroeter (Bundesrepublik Deutschland).
Silberne Bären – für die beste Regie: Istvan Szabo für »Vertrauen« (Ungarn); als Spezialpreis für den originellsten Film: »Mein Asyl« von Marco Ferreri (Italien/Frankreich); für die beste Darstellerin: Renate Krößner in dem DDR-Film »Solo Sunny« von Konrad Wolf; für den besten Darsteller: Andrzej Seweryn in dem polnischen Film »Der Dirigent« von Andrzej Wajda.
Der Jubiläumspreis der 30. Berlinale ging an den südafrikanischen Dramatiker Athol Fugard für sein Engagement in dem Film »Ringelblumen im August« seines Landsmannes Ross Devenish.
FIPRESCI-Preise (der Interationalen Filmpresse-Vereinigung): »Solo Sunny« von Konrad Wolf (DDR), »Hungerjahre« von Jutta Brückner (Bundesrepublik Deutschland), »On Company Business« von Allan Francovich (USA).
Lobende Erwähnungen der Internationalen Jury: für das Drehbuch des Films »Düsman« (Der Feind), Türkei, von Yilmaz Güney, Regie: Zeki Ökten; für den Film »Korpinpolska« (Rabentanz), Finnland, und für den Film »Rude Boy«, Großbritannien; Regie: David Mingay/Jack Hazan.
Den Goldenen Bären für den besten Kurzfilm erhielt »Hlavy« (Die

Köpfe), CSSR, von Petr Sis. – Ein Silberner Bär für die beste Regie eines Kurzfilms ging an Jörg Moser-Metius für den Film »Rod Gröth«, Bundesrepublik Deutschland.

26. Westdeutsche Kurzfilmtage in Oberhausen

Vom 21. bis 26. April 1980 fanden in Oberhausen die 26. Westdeutschen Kurzfilmtage statt.

Die Internationale Jury des deutschen Volkshochschulverbandes vergab den Großen Preis der Stadt Oberhausen, verbunden mit 5000 DM, ex aequo an »Board And Care« von Ron Ellis (USA) und »Gemeinde ohne Erde« von Marta Eseban (Peru). Weitere Hauptpreise erhielten: »Chairmen« von Jean-Thomas Bedard (Kanada), ex aequo »ein Purpursegel in weiter Ferne« von Andras Mesz (Ungarn) und »Drei Tonnen Glück« von Vladimir Balco (Jugoslawien), »9 Tage und das ganze Leben« von Jurij G. Zanin (UdSSR), »Ein Abstecher nach Enkenbach« von Alexander von Berswordt (BRD), »Protokollgemäß« von Tamas Feheri (Ungarn), »Nachricht aus Chile«, Regie anonym (Chile).

Die Jury des Kultusministers von NRW zeichnete den Film »Über eine Revolution« von Omar Amiralay (Südjemen) aus.

Der Preis der Internationalen Jury der Filmkritik (FIPRESCI) ging an »Der Aufsatz« von Andrzej Baranski (Polen) und »Die Hand« von Darko Markovic (Jugoslawien).

Weitere Preise vergaben: Jury des Evangelischen Filmzentrums (Interfilm): »In Ehre und Ruhe« von Fernando Raffaeli Colla (Schweiz). – Jury der Katholischen Filmarbeit: »Board And Care« von Ron Ellis (USA) und »Die Hand« von Darko Markovic (Jugoslawien). – Jury der Jungsozialisten: »Ein Abstecher nach Enkenbach« von Alexander von Berswordt (BRD). – Jury der Fédération Internationale des Cine-Clubs: »Das Märchen von den Märchen« von Jurij Norstein (UdSSR). – Den Preis der Mitarbeiter erhielt der Film »La Promenade« von Jacques Barsac (Frankreich). – Von der Jury des Kinder- und Jugendfilmzentrums wurde der Preis des Bundesministers für Jugend, Familie und Gesundheit an den Film »Die Kindheit der Marisol« von Bernabe Hernandez (Kuba) vergeben.

33. Internationale Filmfestspiele in Cannes

Bei den 33. Internationalen Filmfestspielen in Cannes, die vom 9. bis 23. Mai 1980 stattfanden, vergab die Internationale Jury unter Vorsitz von Kirk Douglas folgende Preise:
Großer Preis, die Goldene Palme, ex aequo an »Kagemusha« von Akira Kurosawa und »Hinter dem Rampenlicht« von Bob Fosse.
Großer Spezialpreis der Jury an »Mein Onkel aus Amerika« von Alain Resnais.
Darstellerpreise an Anouk Aimée und Michel Piccoli in »Der Sprung ins Leere« von Marco Bellocchio.
Preis für Drehbuch und Dialoge an Ettore Scola, Age und Scarpelli, die Autoren von »Die Terrasse« von Ettore Scola.
Preis für Regie an »Die Konstante« von Krzysztof Zanussi.
Preise für die Charakterrollen von Carla Gravina in »Die Terrasse« von Ettore Scola und Milena Dravic in »Spezialbehandlung« von Goran Paskaljevic sowie Jack Thompson in »Breaker Morant« von Bruce Beresford.
Großer Preis, die Goldene Palme, für einen Kurzfilm an »Seaside Woman« von Oscar Grillo.
Der Große Preis der technischen Kommission des französischen Films ging an »Le risque de vivre« von Gerald Calderon.

17. Internationales Kurzfilmfestival in Kraków

Beim 17. Internationalen Kurzfilmfestival vom 3. bis 8. Juni 1980 wurden folgende Filme von der Internationalen Jury preisgekrönt:
Goldene Drachen »Petit Pierre« (Frankreich), »Die Kavalkade« (Bulgarien), »Neun Tage und das ganze Leben« (UdSSR)
Silberne Drachen »Geburtstag« (Polen), »Animalia IV« (Ungarn), »Ameisen« (Jugoslawien), »Die Könige des Flatbush« (USA)
Bronzene Drachen »Die Kalbelias – Nomaden des Rajsthan« (Indien), »Blind – taub – stumm« (DDR), »Ein höchst kritisches Bild« (Polen)
Ehrendiplome »Erbauer« (Jugoslawien), »Ketrec« (Ungarn), »Tod des Fernsehens« (Australien), »Metamorphose« (UdSSR)
FAO-Preis »Diamantensucher« (Venezuela)
FIPRESCI-Preis »Neigung« (Polen), »Konferenz über Chile« (Kanada)
FICC-Preis »Leben und Tod« (Niederlande)
Cidalc-Preis »Tod des Fernsehens« (Australien), »Leben und Tod« (Niederlande)

Preis der Stadt Kraków »Kraków erinnert an Lenin«
Preis der Studenten »Interview« (Kanada)

22. Internationales Filmfestival in Karlovy Vary

Am Hauptwettbewerb von Karlovy Vary haben 33 Spielfilme aus 33 Ländern und Westberlin, am Wettbewerb um den besten Erstlingsfilm 13 Spielfilme aus 13 Ländern und Westberlin teilgenommen. Insgesamt präsentierte das Festival vom 27. Juni bis 10. Juli in seinen verschiedenen Sektionen 154 Filme.

Die Internationale Jury vergab folgende Preise:

Grand Prix (Kristallglobus) »Die Verlobte« (DDR) Regie: Günther Rücker, Günter Reisch
Sonder-Grand-Prix »Signum Laudis« (ČSSR) Regie: Martin Hollý
Sonder-Grand-Prix »Perlen eines Rosenkranzes« (Polen) Regie: Kazimierz Kutz
Hauptpreise »Zum erstenmal verheiratet« (UdSSR) Regie: Jossif Cheifiz
»Johnny Larsen« (Dänemark) Regie: Morten Arnfred
»Illusion« (Bulgarien) Regie: Ljudmil Staikow
Preis »Die Rose von Lidice« »Die Kinder aus Nummer 67 oder Heil Hitler, ich hätt gern 'n paar Pferdeäpfel ...« (Westberlin) Regie: Usch Barthelmess-Weller, Werner Meyer
Preis für den besten Schauspieler Al Pacino in »... Gerechtigkeit für alle« (Regie: Norman Jewison, USA)
Preis für den besten Schauspieler Uelese Petaia in »Die Söhne kehren zurück« (Regie: Paul Maunder, Neuseeland)
Preis für die beste Schauspielerin Anda Ones in »Ruhig ging Anastasia vorbei« (Regie: Alexandru Tatos, Rumänien)
Preis für die beste Schauspielerin Birgit Doll in »Geschichten aus dem Wienerwald« (Regie: Maximilian Schell, Österreich)
Sonderpreis zu gleichen Teilen »Aziza« (Tunesien) Regie: Abdellatif Ben Ammar und »Bittere Göttin« (Indien) Regie: Buddhadeb Dasgupta
Die Preise im Wettbewerb der Erstlingsfilme sprach die Jury folgenden Filmen zu: »Das Nest im Wind« (UdSSR) Regie: Olev Neuland, »Olympiade 40« (Polen) Regie: Andrzej Kotkowski, »Lang lebe die Mittelklasse« (Spanien) Regie: Jose Maria Gonzales Sinde

33. Internationale Filmfestspiele in Locarno

Vom 1. bis 10. August 1980 fanden in Locarno die 33. Internationalen Filmfestspiele statt. 90 Filme aus 30 Ländern wurden gezeigt. Eine Internationale Jury vergab die folgenden Hauptpreise:
Großer Preis (Goldener Leopard) des Festivals für den besten Film des Wettbewerbs: »Maledetti vi amerò« (Italien) von Marco Tullio Giordana.
Ernest-Artaria-Preis (Bronzener Leopard), welcher zum Andenken an den Schweizer Operateur (1926–1971) die Arbeit eines Technikers auszeichnen soll, der zum Gelingen eines Wettbewerbfilms beigetragen hat: »Exterieur, nuit« (Frankreich) von Jacques Bral für die technische Qualität von Bild (Perre-William Glenn) und Ton (Antonio Bonfanti).
Spezialpreis (Silberner Leopard) des Festivals, der einem besten ersten oder zweiten Spielfilm oder einem Werk aus einem Land mit einem noch jungen, nationalen Filmschaffen verliehen wird: »Clarence and Angel« (USA) von Robert Gardner.
Großer Preis der Jury (Bronzener Leopard), der einen Filmschaffenden, einen Schauspieler oder eine Schauspielerin auszeichnen soll: »Opname« (Niederlande), ein Film, der von Erik van Zuylen und Marja Kok in hervorragender Kollektivarbeit für das Werktheater Amsterdam geschaffen wurde.

4. World Film Festival in Montreal

Beim 4. World Film Festival vom 22. August bis 1. September 1980 in Montreal fiel der Grand Prix ex aequo an den amerikanischen Film »The Stunt Man« von Richard Rush und an den italienischen Titel »Fontamara« von Carlo Lizzani.

Internationales Filmfestival in Venedig

Bei den Internationalen Filmfestspielen in Venedig, die vom 28. August bis 8. September stattfanden, wurden zum erstenmal seit 1972 wieder im Rahmen eines Wettbewerbs die traditionsreichen »Goldenen Löwen« verliehen.
Der Hauptpreis wurde ex aequo vergeben: an »Gloria – die Gangsterbraut« (Warner-Columbia) von John Cassavetes und »Atlantic City, USA« (in Deutschland bei Concorde) von Louis Malle.

Weitere Löwen gingen an den griechischen Autor Theodoros Anghelopoulos für »O Megalexandros« (Alexander der Große) und den ungarischen Regisseur Peter Gothar für »Ein besonderer Tag«. Lobende Erwähnungen sprach die Internationale Jury folgenden Filmen aus: »Lena Rais« von Christian Rischert, »Spasatel« von Sergej Solowew, »Die andere Frau« von Peter Del Monte und »Guns« von Robert Kramer.

28. Internationale Filmfestspiele von San Sebastian

Bei den 28. Internationalen Filmfestspielen, die vom 13. bis 24. September 1980 in San Sebastian (erstmals wettbewerbslos) stattfanden, ging der »Preis der Filmkritik« an Andrzej Wajdas schon bei den Berliner Filmfestspielen präsentierten Film »Der Dirigent«. Ein zweiter und dritter Preis wurde den Filmen »Mein Onkel in Amerika« von Alain Resnais und »The Shining« von Stanley Kubrick zugesprochen. Ali Ozgentürks Film »Hazal« erhielt den Preis der Stadtverwaltung in der Reihe »Neue Regisseure«.

29. Internationale Mannheimer Filmwoche 1980

Bei der 29. Internationalen Filmwoche in Mannheim vom 6. bis 11. Oktober 1980 nahm kein bundesdeutscher Film am Wettbewerb teil. Der Große Preis von Mannheim in Höhe von 10000,– DM wurde dem ungarischen Spielfilm »Bekeido« (Friedenszeit) von Laszlo Vitezy zuerkannt. Einen mit 6000,– DM dotierten Sonderpreis für den Film mit dem größten sozialpolitischen Engagement erhielt die Schweizer Regisseurin Gertrud Pinkus für ihren Film »Das höchste Gut der Frau ist ihr Schweigen«.

12. Internationales Filmfestival Nyon 1980

In Nyon in der Nähe von Genf fanden vom 11. bis 18. Oktober die 12. Internationalen Filmfestspiele für Dokumentarfilme statt. Neue Direktorin war 1980 Erika de Hadeln, die Frau des Berliner Festivaldirektors Moritz de Hadeln. Die Hommage von Nyon war dem am 14. Juni 1980 im Alter von 49 Jahren gestorbenen Filmemacher

James Blue aus den USA gewidmet. Er erhielt auch posthum den Spezialpreis der Internationalen Jury »für sein Wirken mit Film und Video zum gegenseitigen Verständnis der Menschen«.
Der Hauptpreis von Nyon, ein Goldener Sesterz, ging an den Film »The Trials of Alger Hiss« von John L. Lowenthal (USA).
Silberne Sesterzen erhielten »Verdronken Land« (Ertrunkenes Land) von Chris Brouwer (Niederlande), »Finsternis« von Markus Fischer (Schweiz) und »They call me Chamar« (Sie nennen mich den Unberührbaren) von Loksen Lalvani (Indien).
Spezielle Erwähnungen gingen an die Filme »This Shattered Land« (Das zertrümmerte Land) von Phil Lewis (USA), ex aequo mit »El Salvador Revolutie of Dood« (El Salvador, Revolution oder Tod) von Frank Diamand (Niederlande), ferner an »Vital Statistics« von Gina Newson (Großbritannien) und »Numéros zéros« (Nullnummern) von Raymond Depardon (Frankreich).

Weitere Festspiel-Erfolge und Preise für den bundesdeutschen Film

Volker Schlöndorff wurde beim »Fest 1980« in Belgrad im Februar 1980 mit der Auszeichnung für die beste Regie- und Drehbuchverwirklichung in seinem Film »Die Blechtrommel« geehrt.

Thomas Schamoni wurde für die Folge »Platzangst« in der ZDF-Reihe »Notsignale« mit dem Fernsehpreis 1980 des Hartmann-Bundes ausgezeichnet.

Der Kamerafilm »Der kleine Godard« von Hellmuth Costard wurde mit dem Preis der Akademie der Darstellenden Künste ausgezeichnet.

Niklaus Schilling erhielt 1980 den mit 10000 DM dotierten Max-Ophüls-Preis der Stadt Saarbrücken für seinen Film »Der Willi Busch Report«.

Die Gilde Deutscher Filmkunsttheater verlieh ihren Gildepreis 1980 in der Gruppe deutscher Filme an Heidi Genée für »1 + 1 = 3«. Den Gildepreis 1980 für einen ausländischen Film erhielt die Schweizer Produktion »Die Schweizermacher« von Rolf Lyssy.

Klaus Kinski wurde für seine Rolle in dem Film »Nosferatu« (Regie: Werner Herzog) auf dem 20. Internationalen Filmfestival von Cartagena (Kolumbien) mit dem Preis für den besten Schauspieler ausgezeichnet. Als bester Film des Festivals wurde »Porträt von Teresa« des kubanischen Regisseurs Pastos Vega prämiiert.

Zwei bundesdeutsche Beiträge wurden im März 1980 beim zweiten internationalen Frauenfilm-Festival in Sceaux bei Paris ausgezeichnet. Helma Sanders »Deutschland, bleiche Mutter« erhielt den ersten, der Film »Hungerjahre« von Jutta Brückner den dritten Preis.

Bei dem dritten Festival für ethnologische und soziologische Filme in Paris wurde der Kamerafilm »Von wegen Schicksal« von Helga Reidemeister gemeinsam mit dem Film »My survival as an aboriginal« des Australiers Essie Coffey mit dem Preis 1980 ausgezeichnet.

Mit sechs Auszeichnungen dominierte der junge deutsche Film im Juni 1980 beim 16. Internationalen Festival des Jungen Kinos in Hyères. Beiträge aus der Bundesrepublik erreichten in allen Kategorien den ersten Preis. In der Reihe »Cinema d'aujourdhui« bekam Luc Bondys »Die Ortliebschen Frauen« (Filmverlag der Autoren) den Großen Preis zugesprochen. Mit dem Grand Prix in der Rubrik »Prix de la Confédération internationale des arts et essai« wurde Eberhard Schuberts »Flamme empor« (Basis) ausgezeichnet. Die Zuschauer entschieden sich bei der Vergabe ihres Grand Prix' für »Die Kinder aus No. 67« von Usch Barthelmeß-Weller (Basis).
Zwei Auszeichnungen für deutsche Filme dann noch in der Reihe »Cinema différent«: der Grand Prix für Rotraut Papes »Souterrain«, der Spezialpreis der Jury ging an Christoph Janetzko für seinen Film »Fenster«. Den Spezialpreis der Filmkritik erhielt Bastian Clevé für seinen experimentellen Langfilm »San Francisco«.

Michael Verhoeven wurde für seinen Film »Sonntagskinder« im September beim Festival du Film Etouffe im südfranzösischen Ales mit dem ersten Preis ausgezeichnet.

Der Verband Deutscher Kritiker vergab seinen Kritikerpreis für Film an den Defa-Regisseur Frank Beyer und für Fernsehen an Marianne Lüdecke.

Solveig Hoogesteijns Spielfilm »Manoa«, eine Coproduktion mit dem BR, wurde im September 1980 bei den Internationalen Filmfestspielen in Biarritz mit dem Preis für die beste künstlerische Gesamtleistung ausgezeichnet.

Rolf Hädrich wurde im September 1980 in Hamburg mit dem Rotterkreiz des isländischen Falkenordens ausgezeichnet für die Fernsehverfilmungen der Halldor-Laxness-Romane »Das Fischkonzert« (1972) und »Das wiedergefundene Paradies« (1980).

Rainer Werner Fassbinders Film »Faustrecht der Freiheit« erhielt beim X. Internationalen Filmfestival in Santarem/Portugal (vom 3. bis 9. November 1980) den Sonderpreis der internationalen Jury.

Beim 16. Chicago-Film-Festival, das vom 7. bis zum 26. November stattfand, gewann einer der Beiträge aus der Bundesrepublik Deutschland, der Film »Ordnung« von Sohrab Shadid Saless, den Bronzenen Hugo.

Christian Ziewer wurde beim 9. Internationalen Filmfestival für Menschenrechte in Straßburg (vom 19. bis 25. November 1980) für seinen Film »Aus der Ferne sehe ich dieses Land« mit dem ersten Preis ausgezeichnet.

Die Profi-Preise der 7. Friedberger Filmtage (Tage des internationalen religiösen Films vom 24. bis 27. November) gingen an »Usambara, das Land, wo Glaube Bäume versetzen soll« von Peter Heller, »Liturgie der Völker – Beispiele aus vier Kontinenten« von Marietta Peiz, »Puppen« von Peter A. Wendt, »Terracotta – Gebrannte Erde« von Per Söderberg und »Ich – unter die Haube?« von Rüdiger Daniel.

Oscar für »Die Blechtrommel«

Zum erstenmal in der Geschichte der amerikanischen Academy Awards erhielt im Jahr 1980 ein deutscher Spielfilm einen der begehrten Oscars: Volker Schlöndorff wurde mit der Trophäe für seine Grass-Verfilmung »Die Blechtrommel« (als der »beste fremdsprachige Film«) ausgezeichnet.
Hauptpreise für den »besten Film«, für Regie und Drehbuchbearbeitung (Robert Benton) für den »besten Hauptdarsteller« (Dustin Hoffmann) und für die »beste weibliche Nebenrolle« (Meryl Strep) gingen an den US-Film »Kramer gegen Kramer«.
Mit dem Oscar für die »beste Kameraführung« wurde der Kameramann von Francis Coppolas »Apocalypse Now«, Vittorio Storaro, ausgezeichnet. Der Vietnam-Film erhielt auch den Preis für die beste Filmmusik.
Den Oscar als »beste Hauptdarstellerin« erhielt Sally Field in »Norma

Rae – Eine Frau steht ihren Mann«. Auch das Titellied dieses Films wurde als »bester Originalsong« ausgezeichnet. Für die »beste männliche Nebenrolle« erhielt der 79jährige Melvyn Douglas für seine Darstellung in »Being There« den Preis.
Der Oscar für die besten optischen Effekte ging an die Trick-Spezialisten von »Alien – Das unheimliche Wesen aus einer fremden Welt«.

Die Preise der Britischen Filmakademie

Die British Academy of Film and Television Arts übergab Anfang April 1980 in einer Festveranstaltung im Wembley Conference Center ihre Preise für das Filmjahr 1979.
Als bester Film des Jahres wurde »Manhattan« von Woody Allan ausgezeichnet. Den Preis für die beste Regie erhielt Francis Coppola für »Apocalypse Now«.
Den Preis für die herausragendsten schauspielerischen Leistungen erhielten Jane Fonda und Jack Lemmon für ihre Rollen in »Das China Syndrom«.
Als bester Kameramann wurde Vilmos Zsigmond für »Die durch die Hölle gehen« ausgezeichnet. Der Drehbuch-Preis ging an Woody Allen und Marshal Brickman für »Manhattan«.
Weitere Preisträger waren: für Bauten Michael Seymour für »Alien – das unheimliche Wesen aus einer fremden Welt«; für Kostüme Shirley Russell für »Yanks – gestern waren wir noch Fremde«; Schnitt: Peter Hunter für »Die durch die Hölle gehen«; bester Nachwuchsdarsteller: Dennis Christopher für »Vier irre Typen«.

Italienische »David«-Preisverleihung

In Italien wurden zum 26. Male die Davids vergeben, die von einer römischen Preisstiftung jährlich verliehen werden, um – ähnlich den amerikanischen Oscars und den französischen Césars – hervorragende filmische Leistungen des In- und des Auslandes auszuzeichnen.
Preisträger des Jahres 1980 sind:
Stanley R. Jaffe für die Produktion von »Kramer gegen Kramer«.
Francis Coppola für die Regie von »Apocalypse now«.
Isabelle Huppert für ihre Darstellung in »Die Spitzenklöpplerin«.
Dustin Hoffman für die Hauptrolle in »Kramer gegen Kramer«.
Jack Lemmon für seine kontinuierliche darstellerische Tätigkeit.

Jay Presson Allen für das Drehbuch von »Just tell me what you want« (Sag mir endlich, was du willst«).
Ralph Burns für die Musik »Movie Movie«.
Der auf den Namen Lucchino Visconti lautende David-Preis wurde nach dem Entscheid einer italienischen Kritiker-Jury dem sowjetischen Regisseur des Films »Stalker«, Andrej Tartowski, zugesprochen. Der sogenannte Davide Europeo fiel diesmal dem britischen Regisseur John Schlesinger zu.
Schließlich wurden noch Sonderpreise verliehen, und zwar u. a. an Hanna Schygulla für ihr Spiel in »Die Ehe der Maria Braun« und an Justin Henry für eine Nebenrolle in »Kramer gegen Kramer«.

Preis der deutschen Filmkritik 1980

Zum drittenmal verlieh die Arbeitsgemeinschaft der Filmjournalisten den von der Hamburger Wochenzeitung »DIE ZEIT« mit DM 5000 dotierten Preis der deutschen Filmkritik im Rahmen der Berlinale. 1980 ging die Auszeichnung, die sich speziell als Förderpreis versteht, an den Berliner Filmemacher Uwe Frießner für seinen Film »Das Ende des Regenbogens«. Der Jury des Preises der deutschen Filmkritik gehörten die Kritiker Hans C. Blumenberg, Peter Buchka, Klaus Eder, Wolfram Schütte und Karsten Witte an.

»Filme des Monats« – eine Auszeichnung der Evangelischen Filmarbeit 1980

Seit Jahren wählt eine Jury der Evangelischen Filmarbeit in Frankfurt aus dem Spiel- und auch Dokumentarfilmangebot in der Bundesrepublik einen Film zum »Film des Monats«. Im Jahre 1980 waren es zehn Titel, denen die Juroren ihr Prädikat verliehen:

Januar: keine Nennung.
Februar: »Die Herde» (Sürü) von Zeki Ökten (Türkei).
März: »China Syndrom« von James Bridges (USA).
April: »Die kleinen Fluchten« (Les petites figues) von Yves Yersin (Schweiz).
Mai: »Unversöhnliche Erinnerungen«, Dokumentarfilm von Johann Feindt, Karl Siebig und Klaus Volkenborn (BRD).
Juni: »Hungerjahre« von Jutta Brückner (BRD).

Juli: »Behinderte Liebe« von Marlies Graf (Schweiz).
August: »Paul Jacobs und die Atombande« (Paul Jacobs and the Nuclear Gang), Dokumentarfilm von Jack Willis (USA).
September: keine Nennung.
Oktober: »Der Aufstand« von Peter Lilienthal (BRD).
November: »Willkommen, Mr. Chance« (Being There) von Hal Ashby (USA).
Dezember: »Das höchste Gut einer Frau ist ihr Schweigen« (Il valore della donna è il suo silenzio). Dokumentarfilm von Gertrud Pinkus (Schweiz).

Die Preise des Fernsehfestivals von Monte Carlo

Beim 20. Internationalen Fernsehfestival von Monte Carlo vom 1. bis 9. Februar 1980 vergab die Jury vier Silberne Nymphen als Hauptpreise in der Sparte Fernsehspiel.
Ausgezeichnet wurden Rainer Erler für die Regie des bundesdeutschen Fernseh- und Kinofilms »Fleisch«, Akira Hayasaka für sein Drehbuch zu dem japanischen Film »Eine Reise des Leidens«, Leonid Obolenski als bester Darsteller (in dem sowjetischen Beitrag »Am Ende des Sommers« von Rouben Mouradian) und Josee Kniter als beste Darstellerin (in dem holländischen Beitrag »Eine Hochzeit« von Gerard Rekers).

16. Adolf-Grimme-Preis

Der Adolf-Grimme-Preis, der Fernsehpreis des Deutschen Volkshochschul-Verbandes, wurde im Theater der Stadt Marl 1980 zum 16. Mal vergeben.
Der Grimme-Preis mit Gold ging an »Metin« (ZDF), Regie: Thomas Draeger.
Adolf-Grimme-Preise mit Silber erhielten »Die große Flatter« (WDR), Regie: Marianne Lüdcke; »Endlösung« (WDR), Regie: Paul Karalus; »Pusteblume« (ZDF), Regie: Peter Lustig, Anne Voss; »Die Lebensgeschichte des Bergarbeiters Alphons S.« (WDR), Regie: Christoph und Gaby Hübner.

Deutscher Filmpreis 1980

Die beim Bundesminister des Innern gebildete unabhängige Jury für Filmförderung hat in mehrtägiger Sitzung über die Deutschen Filmpreise 1980 entschieden. Am 13. Juni 1980 verlieh Bundesinnenminister Gerhart Rudolf Baum in Berlin die folgenden Auszeichnungen:
Ein Filmband in Gold als »bester Film des Jahres« – verbunden mit einer Prämie von 400000 DM – für »Die letzten Jahre der Kindheit«, Regie: Norbert Kückelmann; Produzent FFAT GmbH/Pro-ject Filmproduktion im Filmverlag der Autoren, München.
Ein Filmband in Silber, verbunden mit einer Prämie von 300000 DM, für sechs programmfüllende Spielfilme, und zwar:
»Das Ende des Regenbogens«, Regie: Uwe Frießner; Produzent: Basis-Film Verleih GmbH, Berlin.
»Der Aufstand«, Regie: Peter Lilienthal; Produzent: Independent-, Provobis- und Vietinghoff-Film-Produktion GmbH, München/Berlin.
»Die Ortliebschen Frauen«, Regie: Luc Bondy; Produzent: von Vietinghoff Filmproduktion GmbH/Solaris Filmproduktion GmbH/Pia Frankenberg Musik- und Filmproduktions GmbH u. Co., Berlin.
»1 + 1 = 3«, Regie: Heidi Genée; Produzent: Genée und von Fürstenberg Filmproduktions GmbH/Heidi Genée Filmproduktion, München, (Preis und Prämie erhielt die Regisseurin).
»Geschichten aus dem Wiener Wald«, Regie: Maximilian Schell; Produzent: MFG-Film GmbH in Zusammenarbeit mit Solaris-Film Bernd Eichinger, München.
»Lena Rais«, Regie: Christian Rischert; Produzent: Christian Rischert Filmproduktion, München.
Ein Filmband in Silber, verbunden mit einer Prämie von 100000 DM, erhielt der programmfüllende Dokumentarfilm »Monarch«, Regie: Johannes M. Flütsch und Manfred Stelzer; Produzent: Regina Ziegler Filmproduktion, Berlin.
Ein Filmband in Silber, verbunden mit einer Prämie von 30000 DM, erhielten die folgenden fünf Kurzfilme:
»Als die Igel größer wurden«, Regie und Produktion: Ursula und Franz Winzentsen, Hamburg.

»Execution – a study of Mary«, Regie und Produktion: Oh Muvie, Elfi Mikesch, Berlin.
»Le manege de petit Pierre«, Regie: Marie-Louise Plessen und Daniel Spörri; Produzent: Windrose Film- und Fernsehproduktion, Hamburg.
»Quai de Valmy«, Regie und Produktion: Renate und Adolf Härtl, Stuttgart.
»Valse triste«, Regie: Lukschy, Rateuke, Schmige; Produzent: Regina Ziegler Filmproduktion, Berlin.
Ein Filmband in Gold für Einzelleistungen erhielten:
Heidi Genée (Regie und Drehbuch von »1 + 1 = 3«); Usch Barthelmeß-Weller und Werner Meyer, verbunden mit einem Stipendium bis zu 10000 DM (Regie des Erstlingsfilms »Die Kinder aus No. 67«); Thomas Kufahl, verbunden mit einem Stipendium bis zu 10000 DM (darstellerische Leistungen in »Das Ende des Regenbogens«); Jutta Lampe (darstellerische Leistungen in »Schwestern oder Die Balance des Glücks«); Adelheid Arndt (darstellerische Leistungen in »1 + 1 = 3); Krista Stadler (darstellerische Leistungen in »Lena Rais«); Nikolaus Paryla (darstellerische Leistungen in »Lena Rais«); Jürgen Jürges (Kameraführung in »Die letzten Jahre der Kindheit« und »Die Kinder aus No. 67«); Peer Raben (Musik von »Die Reinheit des Herzens« und »Die Ortliebschen Frauen«); Siegrun Jäger (für den Schnitt von »Der Aufstand«) und Jan Schlubach (für die Ausstattung von »Fabian«).
Ein Filmband in Gold für langjähriges und hervorragendes Wirken im deutschen Film erhielten:
Filmproduzent Boris Borresholm; die Schauspieler Ivan Desny, Martin Held, Paul Hubschmid, Hilde Krahl, Liselotte Pulver und Hannelore Schroth sowie Filmkomponist Werner Schmidt-Boelcke.

Kino und Fernsehen sind aufeinander angewiesen

Die beiden bundesdeutschen Fernsehprogramme ARD und ZDF strahlen zusammen überregional rund 390 Filme im Jahr aus. Dazu kommen noch einmal rund 140 bis 150 Filme, die jeweils regional in einem der fünf Dritten Programme gezeigt werden. Trotz dieser Spielfilm-Flut auf dem Bildschirm steigen jedoch seit 1978 auch wieder die Besucherzahlen in den Kinos. Nach dem großen Kellersturz der deutschen Filmwirtschaft in den sechziger Jahren sind Unruhe und Unsicherheit allmählich wieder gedämpfter Zuversicht gewichen. Das gespannte Verhältnis zwischen Kino und Fernsehen hat sich gelockert.

Kein Grund zur Zufriedenheit indessen. Denn: zwei Drittel aller Bundesbürger kennen das Kino nur noch durch das Fernsehen. Das jedenfalls ergab eine im Auftrag der ARD/ZDF-Medienkommission Anfang 1978 durchgeführte Untersuchung, in der festgestellt wurde, daß 66 Prozent der Bundesdeutschen schon länger als ein Jahr nicht mehr im Kino gewesen waren.

Das Fernsehen tut deshalb auch einiges, um durch unterhaltende Programme, durch Kultur- und Filmmagazine sowie durch ausgesprochene Ratschlag-Sendungen auf das Ursprungsmedium des Fernsehens, den Kinofilm, informierend hinzuweisen. Zwischen schlechtem Gewissen und verwandtschaftlichen Gefühlen gegenüber dem nahestehenden Medium gibt es eine breite Palette der Motivation für diese publizistische Rückenstärkung des Kinos.

Aber auch die Stagnation auf dem Filmproduktionssektor in den sechziger Jahren konnte das Fernsehen nicht gleichgültig lassen. Rascher als in den Kreisen der Filmwirtschaft (wo man sich anfangs noch trügerische Hoffnungen über die Chancen eines Konfrontationskurses frei nach dem Motto »Keinen Meter Film für das Fernsehen« gemacht hatte) erkannte man in den Programm- und Produktionsbüros des Fernsehens, daß Kino und Bildschirm auf lange Zeit hin aufeinander angewiesen sein werden.

Und so sind den Filmemachern nicht nur hierzulande, sondern ebenso auch in anderen europäischen Ländern dort die potentesten Verbündeten erwachsen, wo man lange Zeit eher die Vernichter des Films vermutete. In Italien gibt es kaum noch wichtige Filme, die nicht vom staatlichen Fernsehen RAI mitproduziert worden sind; in Frankreich taucht das Programm Antenne 2 immer häufiger im Nachspann interessanter Kinofilme auf; und in der Bundesrepublik sind die neuen und die alten Produzenten sich darüber im klaren, daß eigentlich Großes nur noch läuft, wenn das Fernsehen mit von der Partie ist. (Was freilich auch nicht selten Zwänge für die Filmemacher – eine Schere im Kopf – bedeutet.)

Coproduktionsbeteiligungen mit Beträgen, die im Schnitt zwischen einer halben und einer ganzen Million DM liegen, ebnen dem Fernsehen nicht nur den Weg zu einer engen partnerschaftlichen Zusammenarbeit mit der Filmwirtschaft, die sich ideell und kulturell gut macht, sondern verhelfen dem Fernsehen auch zu Filmprogrammen, die vom künstlerischen, gestalterischen und materiellen Aufwand her für einen Sender allein in dieser Form unerschwinglich wären. Erst im Zusammenwirken von Fernsehgeldern, Produzentenmitteln und Filmförderung verschiedenster Art sind die Film/Fernseh-Coproduktionen überhaupt realisierbar. Daß die Filme jeweils eine Kino-Vorlaufzeit von bis zu zwei Jahren haben, kann das Fernsehen dabei überhaupt nicht stören. Denn – siehe oben – zwei Drittel der Bundesbürger gehen ohnehin nicht ins Kino.

Man darf also getrost auch so formulieren: Das Fernsehen ist auf den Kinofilm angewiesen.

Und um diese Cooperation zu institutionalisieren, wurde am 4. November 1974 ein erstes sogenanntes Film/Fernseh-Abkommen zwischen der Filmförderungsanstalt (FFA) einerseits und der Arbeitsgemeinschaft der öffentlich-rechtlichen Rundfunkanstalten der BRD (ARD) sowie des Zweiten Deutschen Fernsehens (ZDF) andererseits geschlossen. Erklärtes Ziel: durch Gemeinschaftsproduktionen und Projektförderungsmaßnahmen die Herstellung von Filmen zu ermöglichen, die das Programmangebot sowohl der Filmtheater als auch des Fernsehens bereichern.

Im Laufe von mehr als fünf Jahren brachten die Fernsehanstalten ein Förderungsvolumen von 44 Millionen DM auf, das für Gemeinschaftsproduktionen von Film/Fernsehen (34 Millionen DM), für Zuschüsse an die FFA und für Vorabkäufe ausgegeben wurde. 75 Filme wurden coproduziert; darunter waren Titel wie »Die verlorene Ehre der Katharina Blum«, »Der amerikanische Freund«, »Die gläserne Zelle«, »Geschichten aus dem Wienerwald«, »Die Ehe der Maria Braun«, »Die Blechtrommel«, »Gibbi Westgermany« oder »Lili Marleen«, aber auch »Der starke Ferdinand«, »Das Schlangenei«, »Der Schneider von Ulm«, »Faust in der Tasche«, »David«, »Nosferatu«, »Die Patriotin«, »Soweit das Auge reicht«, »Arabische Nächte«, »Im

Herzen des Hurrican«, »Palermo oder Wolfsburg«, »Gladow« oder »Fitzcarraldo« – um nur einige zu nennen. Daneben gab es den sogenannten Vorabkauf der Fernsehrechte bei 27 Filmen. Insgesamt also wurden 102 Filme seit Bestehen des Abkommens in Zusammenarbeit von Fernsehen und Filmwirtschaft realisiert.
Daß diese ökonomische Cooperation nicht immer den künstlerischen Erwartungen der Regisseure emtsprach, wurde spätestens seit der »Hamburger Erklärung« der Filmemacher vom Herbst 1979 (siehe »Fischer Film Almanach 1980«) deutlich. Hieß es da doch, daß es zwar ohne die Arbeit einiger Fernsehredaktionen »keinen neuen deutschen Film« gäbe; andererseits wurde den Fernsehanstalten jedoch auch »anstößiges« Verhalten vorgeworfen. Die Anstalten würden im Rahmen des Film/Fernseh-Abkommens über Drehbücher nach inhaltlichen Kriterien entscheiden, was ihnen nicht zustände; die internen Praktiken in den Anstalten führten zur Selbstzensur bei allen Beteiligten; Programmraster würden als Zensurmittel benutzt; und schließlich zwinge das Fernsehen dem Film Strukturen auf, die der Filmsprache widersprächen. Zudem berücksichtige das Film/Fernseh-Abkommen nicht den Dokumentarfilm, enthalte keinerlei Punkte, die dem Low-Budget-Film zugute kommen könnten, und der experimentelle Film existiere anscheinend überhaupt nicht.
Der Streit über ein neues, ein zweites Film/Fernseh-Abkommen wurde offenkundig, als während der Berliner Filmfestspiele 1980 der Sekt schon kaltgestellt war, mit dem die Verabschiedung des neuen Abkommens begossen werden sollte. Es bestanden erhebliche Meinungsverschiedenheiten über die richtige Verteilung der Mittel und über die Zusammensetzung der zuständigen Kommission, und vor allem Dr. Alexander Kluge verfocht den Standpunkt der Filmemacher so nachdrücklich, daß MdB Rolf Meinecke, der Vorsitzende des Verwaltungsrats der FFA, am 21. Februar die Fernsehanstalten in letzter Minute um eine Denk- und Verhandlungspause bat. Ihm, Meinecke, seien Zweifel gekommen, ob die Filmemacher ausreichend zu Wort gekommen seien. Nach fünf Monaten konnten die Meinungsverschiedenheiten endlich durch eine Umschichtung des Etatansatzes und durch eine veränderte Kommissionszusammensetzung ausgeräumt werden.
In der offiziellen Erklärung der Filmförderungsanstalt vom 7. Juli 1980 heißt es:
»Der Vorsitzende des Verwaltungsrats der Filmförderungsanstalt, Dr. Rolf Meinecke MdB, hat heute in Berlin den zwischen ARD und ZDF einerseits und der Filmförderungsanstalt andererseits erfolgten Abschluß eines neuen Film/Fernseh-Abkommens bekanntgegeben. Ziel der Intensivierung der Zusammenarbeit zwischen beiden Medien ist danach die Verstärkung der Gemeinschaftproduktion und der Pro-

jektförderung von Filmen, die das Programmangebot sowohl der Filmtheater als auch des Fernsehens bereichern. Das Gesamtförderungsvolumen liegt mit DM 79 Millionen deutlich über dem des 1. Abkommens von 1974 (DM 44 Millionen). Im einzelnen werden während der fünfjährigen Laufzeit DM 54 Millionen für die Gemeinschaftproduktion von Filmen und DM 15 Millionen für die Projektförderung im Rahmen des Filmförderungsgesetzes eingesetzt. Die Abkommenspartner gehen davon aus, daß die so hergestellten programmfüllenden Filme in der Regel vorab 24 Monate für die Kino-Auswertung bereitstehen.
Als wichtigste Neuregelung hat mit DM 7,5 Millionen ab 1. Juli 1980 die Nachwuchs- und Innovationsförderung und mit DM 2,5 Millionen für die Laufzeit bis 31. Dezember 1983 die Förderung der Herstellung von Drehbüchern Eingang in das Abkommen gefunden.
Die für die Durchführung des Abkommens bestellte Gemeinsame Kommission aus insgesamt 10 Delegierten von ARD, ZDF und der deutschen Filmwirtschaft wird sich in Kürze konstituieren.
Dr. Meinecke sieht in dem Abkommen einen erneuten Beweis für die sich im Verlauf der letzten Jahre zum Wohle beider Partner verstärkende gute Zusammenarbeit sowie eine wertvolle Ergänzung der Förderungsmaßnahmen des Filmförderungsgesetzes. Das neue Abkommen ist geeignet, dem deutschen Film auch weiterhin zu qualitätvoller Gestaltung und wirtschaftlichem Erfolg zu verhelfen.«
Der auf zehn statt bisher acht Mitglieder erweiterten Auswahlkommission zur Verwirklichung des Abkommens gehören an:
Hans-Otto Grünefeldt, Programmdirektor Fernsehen des HR; Hans Joachim Wack, Geschäftsführer der Degeto-Film (ARD); Heinz Ungureit, Leiter der Hauptredaktion Fernsehspiel und Film des ZDF; Ernst Fuhr, Justitiar des ZDF; weiter, als Vertreter der FFA: die Produzenten Alexander Grüter und Alexander Kluge; Horst von Hartlieb für den Verband der Filmverleiher; Herbert Strate, Präsident des Hauptverbands Deutscher Filmtheater; Christel Buschmann und Johannes Kalbfell von der Arbeitsgemeinschaft Neuer Deutscher Spielfilmproduzenten.
Die vier Fernseh-Vertreter haben gemeinsam sechs Stimmen, so daß zwischen der Film- und der Fernsehseite Stimmengleichheit besteht.
Heinz Ungureit, der Leiter der Hauptabteilung Fernsehspiel und Film beim ZDF, hat in einer Programmbroschüre des ZDF das neue Abkommen und vor allem die Film/Fernseh-Zusammenarbeit sehr temperamentvoll aus seiner Sicht kommentiert:
»Es ist noch nicht so lange her, da bezweifelte unsere maßgebende Filmkritik grundsätzlich den Sinn solcher Film/Fernseh-Zusammenarbeit. Vor einer Verflachung und Vereinnahmung des Kinos durch

das elektronische Medium wurde gewarnt; der Kinofilm sollte rein, unangetastet, extrem, traumhaft, mythisch – kurz, ganz anders als der Fernsehfilm sein. Cineasten schüttelten sich vor Grausen bei der Vorstellung, daß Fernsehfilme die Kinoleinwände füllen sollten. Die Macher selbst meinten in ihrem Hamburger Manifest: ›Die Fernsehanstalten produzieren mit ihren Programmrastern Strukturen von Filmen, die der Filmsprache nicht entsprechen ...‹

Aber inzwischen möchten viele Macher ihre Fernsehfilme, wenn sie einigermaßen geraten sind, vor der Ausstrahlung unbedingt ins Kino bringen. Man weiß, daß Fernsehfilme erst richtig wahrgenommen und von der Kritik gewürdigt werden, wenn sie wenigstens auf einem Kinofilmfestival oder auf einer Kinoleinwand gelaufen sind. Und wehe, das Fernsehen nimmt für sich in Anspruch, einen seiner Filme zuerst seinen Zuschauern, die ihn finanzieren, über den Bildschirm zu zeigen. Dann sind dieselben Kritiker, die den Fernsehfilm noch gerade grundsätzlich von der Leinwand verbannen wollten, sogleich mit dem Vorwurf der Zensur zur Hand. Eine Logik ist in all dem nicht mehr zu erkennen, es sei denn die, daß auf jeden Fall für richtig befunden wird, was zu Lasten des Fernsehens geht.«

Heinz Ungureit argumentiert hier aus der Situation eines Verantwortlichen, der oft gescholten und kritisiert wird für Entscheidungen, die in der Struktur und Organisation des Mediums Fernsehen in der BRD liegen.

Ohne Zweifel steht fest: Künstlerische Geltung und wirtschaftlicher Erfolg des Spielfilms in der BRD sind in den vergangenen Jahren durch die Zusammenarbeit von Kino und Fernsehen gefördert worden. Daß die Cooperation der beiden gleichermaßen aufeinander angewiesenen optischen Medien nicht frei von Richtungskämpfen und Dominierungsbestrebungen ist – wen wundert das?

So wie die Dinge hierzulande nun einmal liegen, wird man sich auch weiterhin mit partnerschaftlicher Zusammenarbeit als Minimal- und zugleich Optimal-Lösung abfinden müssen.

Auf den folgenden Seiten das neue Film/Fernseh-Abkommen im vollen Wortlaut.

Das 2. Film/Fernseh-Abkommen

Zwischen der

Filmförderungsanstalt
– Bundesanstalt des öffentlichen Rechts –
(nachstehend FFA genannt)

und den

in der Arbeitsgemeinschaft der öffentlich-rechtlichen Rundfunkanstalten der Bundesrepublik Deutschland zusammengeschlossenen Landesrundfunkanstalten
Bayerischer Rundfunk
Hessischer Rundfunk
Norddeutscher Rundfunk
Radio Bremen
Saarländischer Rundfunk
Sender Freies Berlin
Süddeutscher Rundfunk
Südwestfunk
Westdeutscher Rundfunk
– ARD –

sowie der

Anstalt des öffentlichen Rechts
Zweites Deutsches Fernsehen
– ZDF –
(nachstehend Rundfunkanstalten genannt)
wird im Anschluß an das Abkommen vom 04. November 1974 zur Förderung der Zusammenarbeit zwischen Film und Fernsehen nachfolgendes

2. Abkommen

geschlossen:

§ 1

Ziel der Zusammenarbeit der Partner dieses Abkommens ist es weiterhin, durch Gemeinschaftsproduktionen und Projektförderungsmaßnahmen die Herstellung von Filmen zu ermöglichen, die den Voraussetzungen des Filmförderungsgesetzes (FFG) und der Rundfunkgesetze entsprechen, und dadurch das Programmangebot sowohl der Filmtheater als auch des Fernsehens zu bereichern. Das Verfahren im einzelnen ist in den §§ 2 bis 10 geregelt.

Gemeinschaftsproduktionen

§ 2

1. Zur Durchführung von Gemeinschaftsproduktionen zwischen Film und Fernsehen verpflichten sich die Rundfunkanstalten, im

Rahmen ihrer genehmigten Haushaltsmittel im Vereinbarungszeitraum von fünf Jahren insgesamt Mittel in Höhe von 54,0 Millionen Deutsche Mark aufzubringen, die sich wie folgt verteilen:

1979	ARD/ZDF	je 4,5 Mio DM	=	9,0 Mio DM
1980	ARD/ZDF	je 5,0 Mio DM	=	10,0 Mio DM
1981	ARD/ZDF	je 5,5 Mio DM	=	11,0 Mio DM
1982	ARD/ZDF	je 6,0 Mio DM	=	12,0 Mio DM
1983	ARD/ZDF	je 6,0 Mio DM	=	12,0 Mio DM
		insgesamt		54,0 Mio DM

Die auf der Grundlage des Abkommens vom 04. 11. 1974 von ARD/ZDF bereits bereitgestellten Mittel werden auf dieses Abkommen voll angerechnet, soweit sie den Betrag von je 17 Mio DM übersteigen.

2. Die Mittel unterliegen der alleinigen Verfügung der jeweils beteiligten Rundfunkanstalt.

3. Die von der bzw. den Rundfunkanstalt(en) für die jeweiligen Gemeinschaftsproduktionen zu erbringenden Sach- und Personalleistungen können nur im Einvernehmen mit dem Hersteller auf die nach Abs. 1 zu erbringenden Mittel angerechnet werden.

§ 3

Eine Gemeinschaftsproduktion im Sinne dieses Abkommens liegt vor,

a) wenn es sich um einen Film im Sinne von § 1 handelt;

b) wenn von den Vertragspartnern die für die Filmherstellung erforderlichen finanziellen, künstlerischen und/oder technischen Leistungen gemeinsam erbracht werden. Eine gemeinsame finanzielle Leistung liegt nur vor, wenn der filmwirtschaftliche Hersteller mindestens 20 v. H. der Herstellungskosten oder im Falle einer internationalen Gemeinschaftsproduktion des deutschen Herstellungskostenanteils erbringt;

c) wenn für das Vorabspiel des Films eine Frist von 24 Monaten eingeräumt wird. Abweichungen nach Fertigstellung des Films bedürfen der Zustimmung der nach § 4 dieses Abkommens gebildeten Kommission. Die Zustimmung soll nicht ohne triftigen Grund verweigert werden, wenn die an der Gemeinschaftsproduktion Beteiligten übereinstimmend die Zustimmung zur abweichenden Regelung beantragen. Ein Grund für eine abweichende Regelung liegt insbesondere dann vor, wenn der Hersteller keinen Verleiher für die Filmtheater-

auswertung oder eine ähnliche Organisation gefunden hat, die ebenfalls eine Auswertung der Gemeinschaftsproduktionen in Filmtheatern in angemessenem Umfang gewährleistet. Die Vorabspielfrist darf nicht geringer sein als sechs Monate.
Die Fristen für das Vorabspiel beginnen mit der Abnahme des Films durch die beteiligten Rundfunkanstalten. § 30 Abs. 2 FFG bleibt unberührt.

§ 4

Zur Durchführung dieses Abkommens wird eine gemeinsame Kommission bestellt, der folgende Mitglieder angehören:
je 2 Mitglieder von der ARD und dem ZDF benannt, 3 Mitglieder benannt von den Verwaltungsratsmitgliedern nach § 6 Abs. 1 Nrn. 4, 6 und 8 FFG, 3 Mitglieder, wovon 1 Mitglied Theaterbesitzer sein soll, benannt von den Verwaltungsratsmitgliedern nach § 6 Abs. 1 Nr. 7 FFG im Einvernehmen mit der Bundesvereinigung des deutschen Films.
Für jedes Kommissionsmitglied wird aus dem gleichen Kreis ein Stellvertreter benannt. Den Vorsitz der gemeinsamen Kommission führt im jährlichen Wechsel ein Mitglied aus dem Kreis der Rundfunkanstalten und ein Mitglied aus dem Kreis der FFA. Die Kommission gibt sich eine Geschäftsordnung. Sie ist bei Anwesenheit von 8 Mitgliedern beschlußfähig. Sie entscheidet mit einfacher Mehrheit; die Mitglieder von ARD und ZDF verfügen über insgesamt je drei Stimmen; Stimmengleichheit gilt als Ablehnung.
Die Kommission entscheidet über die Anerkennung eines Filmvorhabens als Gemeinschaftsproduktion, indem sie die Voraussetzungen des § 3 Ziff. 1 b) und c) prüft. Dabei soll grundsätzlich vermieden werden, daß die Rundfunkanstalten mit Herstellern koproduzieren, die von ihnen wirtschaftlich abhängig sind oder auf die sie einen bestimmenden Einfluß haben.
Vorrangig den Fernsehinteressen dienende Filme sollen nicht Gegenstand der Gemeinschaftsproduktion sein.

§ 5

1. Der deutsche Hersteller und die beteiligte(n) Rundfunkanstalt(en) werden Gemeinschaftsproduktionen im Sinne dieses Abkommens der Kommission schriftlich anmelden. Der Anmeldung sollen Drehbuch, Besetzungsliste, Kalkulation und Finanzierungsplan sowie der Koproduktionsvertrag oder dessen Entwurf beigefügt werden. Den Unterlagen ist auch der Nachweis beizufügen, daß die Vor-

aussetzungen für die Filmtheaterauswertung der Gemeinschaftsproduktion gegeben sind. Die Kalkulation, der Finanzierungsplan, der Koproduktionsvertrag oder dessen Entwurf sowie der Verleihvertrag werden von der Geschäftsstelle zu Auskunftszwecken unter Vermeidung der Mitteilung von Geschäftsgeheimnissen bereitgehalten. Eine Weitergabe an die Mitglieder der Kommission aus dem Bereich der FFA erfolgt nicht.

2. Die Kommission soll innerhalb einer Frist von acht Wochen entscheiden, ob das angemeldete Projekt als Gemeinschaftsproduktion im Sinne dieses Abkommens anerkannt wird oder nicht. Die Entscheidung ist der FFA und den Antragstellern mitzuteilen.

3. Projekte, die sich für die Realisierung als Gemeinschaftsproduktion im Sinne des § 3 eignen, können vom Hersteller auch ohne Vorabsprache mit einer Rundfunkanstalt vorgeschlagen werden. Empfiehlt die gemeinsame Kommission die Verwirklichung des Projekts als Gemeinschaftsproduktion, so werden die ARD-Rundfunkanstalten und das ZDF unter besonderer Würdigung der abgegebenen Empfehlung in eigener Verantwortlichkeit die Möglichkeit einer Beteiligung an dem Projekt prüfen. ARD und ZDF beabsichtigen, für die in dieser Weise an sie herangetragenen Projekte während der Laufzeit des Abkommens rd. 15 v. H. der gemäß § 2 aufzubringenden Mittel einzusetzen.

Kommt eine Vereinbarung über die Realisierung des Projektes als Gemeinschaftsproduktion zustande, so befindet die gemeinsame Kommission über das Projekt. Sie kann von der früher getroffenen Empfehlung nur abweichen, sofern neue Tatsachen vorliegen.

§ 6

Mit der Anerkennung durch die Kommission nimmt der Film an allen Förderungsmaßnahmen des FFG unter den dort genannten Voraussetzungen teil. Die dem Film zuerkannten Förderungshilfen fließen in voller Höhe dem filmwirtschaftlichen Hersteller zu.

§ 7

Soweit vertraglich nicht anders vereinbart, steht der Verwertungserlös nach Abdeckung der dem Hersteller entstandenen Produktionskosten dem beteiligten Hersteller und der bzw. den beteiligten Rundfunkanstalt(en) entsprechend dem Verhältnis ihrer Beteiligung an den Produktionskosten zu; die fernsehmäßige Verwertung des Films in der Bundesrepublik Deutschland einschließlich Berlin-West ist in der Vereinbarung über die Beteiligungsverhältnisse angemessen zu berücksichtigen. Die Rundfunkanstalten verpflichten sich, die ihnen zufließenden Erlösanteile zur Aufstockung der in § 10 genannten Zuwendungen zu verwenden.

§ 8

1. Die Rundfunkanstalten sind in der Entscheidung frei, an welchen Gemeinschaftsproduktionen sie sich beteiligen.
2. Die FFA erhält einen Monat nach Ablauf jedes Haushaltsjahres eine Übersicht der im vorangegangenen Jahr bestimmungsgemäß eingesetzten Mittel.
3. Die FFA erhält einen Monat nach Ablauf eines Haushaltsjahres eine Aufstellung der den Rundfunkanstalten im vorangegangenen Jahr zugeflossenen Erlösanteile der Gemeinschaftsproduktionen.
4. Die Rundfunkanstalten erhalten sechs Monate nach Ablauf eines Haushaltsjahres von der FFA eine Aufstellung der den an Gemeinschaftsproduktionen beteiligten Herstellern zugeflossenen Förderungsmittel der FFA.
5. Die FFA fordert die Hersteller von gemäß §§ 2 und 9 in Gemeinschaftsproduktion hergestellten Filmen auf, spätestens ein halbes Jahr nach Erstaufführung des Films der Bundesrepublik Deutschland eine technisch einwandfreie Kopie des Films in dem gedrehten Originalformat unentgeltlich zu übereignen, sofern diese Verpflichtung nicht schon anderweitig begründet ist. Im übrigen gilt § 21 Abs. 2 FFG.

Nachwuchs- und Innovationsförderung

§ 9

1. Zur besonderen Förderung des experimentellen, des Nachwuchs- und des Films mit Innovationscharakter stellen ARD und ZDF insgesamt 7,5 Mio Deutsche Mark je zur Hälfte zur Verfügung unter Anrechnung der im Jahre 1979 bereits im Rahmen des Vorabkaufs von Fernsehrechten nach § 9 des 1. Abkommens gezahlten oder zuerkannten 0,5 Millionen Deutsche Mark. Aus diesen Mitteln wird beginnend mit dem 01. Juli 1980 verfügt.
2. Die ARD und das ZDF bilden aus der Mitte der nach § 4 bestellten Kommission eine aus je einem Delegierten der ARD und des ZDF bestehende Unterkommission, die Angebote auf Gemeinschaftsproduktion solcher Filme entgegennimmt und darüber entscheidet. Den Angeboten sind die zu einer Beurteilung des Vorhabens erforderlichen Unterlagen beizufügen, in der Regel Drehbuch,

Besetzungsliste sowie Kalkulation und Finanzierungsplan. Von der Vorlage eines Drehbuches kann insbesondere abgesehen werden, wenn auf andere Weise dargetan wird, daß das Filmvorhaben einen Film im Sinne der Aufgabenstellung dieses Sonderfonds erwarten läßt. Im übrigen gelten die Bestimmungen der §§ 1 bis 8 sinngemäß; von der Voraussetzung des § 3 lit. b) kann abgesehen werden. § 5 Abs. 3 findet hierfür keine Anwendung.
3. Die Unterkommission soll im Einzelfall die Finanzierungs- und Herstellungskosten-Beteiligung einer Rundfunkanstalt mit in der Regel 200000,– und in Ausnahmefällen 300000,– Deutsche Mark aussprechen.
4. Über das Ergebnis ihrer Tätigkeit unterrichtet die Unterkommission die nach § 4 errichtete Gemeinsame Kommission im Halbjahresabstand.

Projektfilmförderungsmaßnahmen

§ 10

1. Zur Verstärkung von Projektfilmförderungsmaßnahmen gemäß § 32 FFG stellen die ARD und das ZDF der FFA jährlich zum 01. Juli eines jeden Kalenderjahres 3 Mio DM je zur Hälfte zur Verfügung unter Anrechnung der für 1979 bereits je zur Hälfte gezahlten 0,5 Mio DM. Mittel, die für die Mitfinanzierung von Filmprojekten gemäß § 9 bereitgestellt, aber im Haushaltsjahr nicht verbraucht wurden, sind zur Aufstockung der Mittel nach Satz 1 zu verwenden.
Der gleichen Aufstockung gemäß Satz 1 dieser Ziffer dienen die Rückflußmittel aus § 7 Satz 2.
2. Die Rundfunkanstalten gehen davon aus, daß unter den von der Vergabekommission geförderten Filmen sich in angemessenem Umfang Projekte befinden, die neben der Qualifikation im Sinne von § 32 Abs. 1 FFG erwarten lassen, daß sie auch für eine Verwertung im Fernsehen geeignet sind.
3. Die Rundfunkanstalten gehen davon aus, daß die Hersteller von projektgeförderten Filmen ihnen als ersten die Fernsehnutzungsrechte für den Geltungsbereich des FFG anbieten; die FFA wird dafür ihre guten Dienste zur Verfügung stellen.

Drehbuchförderung und Entwicklungsmaßnahmen

§ 11

1. Zur Verstärkung der Mittel, die für Förderungshilfen gemäß § 68 Abs. 1 Ziff. 5 in Verbindung mit § 47 FFG für die Herstellung von Drehbüchern und zur Planung und Vorbereitung von Filmvorhaben vorgesehen sind, stellen ARD und ZDF der FFA jährlich bis zu 0,5 Mio DM je zur Hälfte zur Verfügung. Diese Verstärkungsmittel sollen von der FFA im gleichen Rang wie ihre eigenen Mittel gemäß § 68 Abs. 1 Ziff. 5 FFG eingesetzt werden. Die Zahlungen sind jeweils zum 1. Juli eines Kalenderjahres fällig.
2. Die FFA teilt ARD und ZDF jeweils zum 31. März mit, für welche Förderungsprojekte die bereitgestellten Mittel im vorangegangenen Kalenderjahr eingesetzt worden sind. Bis zu 150000 DM der bereitgestellten Mittel können von einem Haushaltsjahr zum nächsten übertragen werden. Die nicht verbrauchten und nicht übertragenen Mittel dienen der Verstärkung von Projektförderungsmaßnahmen gemäß §§ 32, 59 und 60 FFG.
3. § 10 Abs. 2 und 3 gelten entsprechend.

Schlußbestimmungen

§ 12

1. Dieses Abkommen tritt mit Unterzeichnung in Kraft. Es kann beiderseits unter Einhaltung einer Frist von sechs Monaten zum Jahresende gekündigt werden, erstmals zum 31. Dezember 1983.
2. Das Abkommen kann ohne Einhaltung einer Kündigungsfrist und mit sofortiger Wirkung gekündigt werden, wenn das FFG in der ab 1. Juli 1979 geltenden Fassung in einer die Interessen der Rundfunkanstalten berührenden Frage geändert wird. Das gleiche gilt, wenn das FFG aufgehoben wird oder außer Kraft tritt.
3. Wenn die Mittel gemäß § 2 in nicht nur unwesentlichem Umfang nicht verbraucht werden, so sind beide Parteien zu Verhandlungen über Anpassungen des Abkommens bereit. Art und Ausmaß der etwa vorzunehmenden Abkommensänderungen sollen davon abhängen, ob dem Nachteil der einen Partei ein Vorteil der anderen gegenübersteht oder umgekehrt.

Berlin, den 26. Juni 1980

FILMFÖRDERUNGSANSTALT
Bundesanstalt des öffentlichen Rechts

Der Vorsitzende des Verwaltungsrates
gez. Dr. Rolf Meinecke

(Dr. Rolf Meinecke)
Der Vorstand
gez. Robert Backheuer

(Robert Backheuer)
gez. Roland Caspary

(Roland Caspary)

Frankfurt am Main, den 1. Juli 1980
Für die in der Arbeitsgemeinschaft der öffentlichrechtlichen Rundfunkanstalten der Bundesrepublik Deutschland zusammengeschlossenen Landesrundfunkanstalten
Der Intendant des Hessischen Rundfunks
gez. Werner Hess

(Werner Hess)
Mainz, den 8. Juli 1980
ZWEITES DEUTSCHES FERNSEHEN
Anstalt des öffentlichen Rechts
Der Intendant
gez. Karl-Günther von Hase

(Karl-Günther von Hase)

Protokoll-Notizen zum Abschluß eines 2. Film/Fernseh-Abkommens aufgrund der Besprechungen in der Verhandlungsgruppe Film/Fernsehen am 19. Dezember 1979 und 20. Juni 1980.

1. *zu § 4*
a) Die nach § 4 des Abkommens durch die Gemeinsame Kommission zu beschließende *Geschäftsordnung* ist der Verhandlungsgruppe zur Kenntnis zu bringen.
b) Im Hinblick auf die Regelung in § 4, wonach grundsätzlich vermieden werden soll, daß die Rundfunkanstalten mit Herstellern coproduzieren, die von ihnen *wirtschaftlich abhängig* sind oder auf die sie einen bestimmenden Einfluß haben, geht die Verhandlungsgruppe davon aus, daß die Gemeinsame Kommission berechtigt ist, auch Anträge solcher *Firmen* entgegenzunehmen und als Gemeinschaftsproduktion anzuerkennen, wenn überzeugend dargetan wird, daß filmwirtschaftliche Interessen der Genehmigung eines solchen Co-Produktionsvorhabens nicht entgegenstehen.

2. *zu § 5*
Die Verhandlungsgruppe geht davon aus, daß in der Regel ein *Drehbuch* vorzulegen ist. Demgegenüber kann von der Vorlage eines Drehbuchs abgesehen werden, wenn aufgrund der Besonderheiten des Filmtyps auch auf andere Weise eine nach § 4 entscheidungsfähige Grundlage dargetan wird; dies gilt insbesondere für programmfüllende Dokumentarfilme. Ist dies nach Überzeugung der einreichenden Anstalt der Fall, so wird die betreffende Redaktion, die das Projekt betreut, eine kurze Begründung zu diesem Punkt liefern.

3. *zu § 9*

Im Hinblick auf den besonderen Charakter dieser neuen Nachwuchs- und Innovationsförderung werden bei Zustandekommen des Einzelvertrages 33 vom Hundert der vereinbarten Finanzierungs- und Herstellungskostenbeteiligung fällig. Der Betrag ist nach Möglichkeit *bürgschaftsfrei* zu geben. Die restlichen 67 vom Hundert des jeweiligen Einzelvertrages werden spätestens bei Ablieferung der Sendekopie fällig.

Es besteht Übereinstimmung darin, daß sich die produktionstechnische Abwicklung von nach § 9 zustandegekommenen Gemeinschaftsproduktionen an die *Besonderheiten des betreffenden Filmtyps* anpaßt.

Über die Gleichstellung der Frau in den Medien

Die im August 1978 gegründete »Aktion Klartext e. V.« für Gleichstellung der Frau in den Medien hat zwar schon hier und da positive Entwicklungen in ihrem Sinn bewirkt. Auf einer Pressekonferenz im September 1980 in Bonn stellte jedoch die Vorsitzende der AKT, Hilde Junker-Seeliger (zugleich Vorsitzende im WDR-Rundfunkrat), fest, daß das Gesamtbild »weiterhin unbefriedigend« sei. Noch immer fühlen sich die Frauen in den Medien von den Männern an die Wand gedrückt.

Nach internen Anlaufschwierigkeiten stützt sich die Initiative »Aktion Klartext« jetzt auf mehr als 125 Mitglieder. Sie ist eine Informations-, Anlauf- und Koordinationsstelle. Sie will Programm- und Produktanalysen erarbeiten und kontinuierliche Produktionsbeobachtung betreiben. Sie will eine Diskussion in den Medienbetrieben in Gang setzen, und zwar gemeinsam mit den zuständigen Männern, die sicherstellen soll, daß bei gleicher Qualifikation im Fall von Personalbesetzungen Frauen so lange bevorzugt berücksichtigt werden, wie sie in dem entsprechenden Bereich unterrepräsentiert sind. Sie will Männerdomänen im Programm-, Produktions- und Redaktionsbereich abbauen. Sie will die Solidarität der Frauen untereinander und zwischen Frauen und Männern fördern, sie will Frauen ermutigen, zu handeln und nicht zu klagen. Und sie will einem verzerrten Frauenbild in den Produktionen der Massenmedien entgegenwirken.

Als konkretes Ergebnis der bisherigen Arbeit wurde im Herbst 1980 eine von AKT-Vorstandsmitglied Elke Baur unternommene, vom Bundesministerium für Jugend, Familie und Gesundheit unterstützte »Untersuchung über Anzahl und Positionen von Frauen in der privaten Film- und Fernsehproduktion« unter dem Titel »... und Frauen kommen vor« veröffentlicht. Sie ist im eigens für die AKT-Publikationen gegründeten E. Baur Verlag, Baden-Baden, erschienen (280 Seiten, DM 20,–). Mit freundlicher Genehmigung des Verlags zitieren wir im folgenden aus dieser Untersuchung:

Ausgelöst durch die Frauenbewegung mit Diskussionen über die Befreiung der Frauen aus tradierten Rollenzwängen und ihr Recht auf

Selbstbestimmung in Fragen der Sexualität und Berufswahl, beginnen feministische Filmemacherinnen Frauenprobleme in eigenen Filmen darzustellen. Die meisten ihrer Filme produzieren sie außerhalb der privatwirtschaftlich strukturierten Produktionsbetriebe, deren Produktionen von kommerziellen Erfolgen und Profiten bestimmt sind. Offizielle Finanzmittel der Filmförderung und die Auftragvergabe durch Fernsehanstalten erforderten einen Qualitätsanspruch, der zunächst nicht in ihrem Interesse lag. Sie produzierten ihre Filme alleine, unter Ausschluß der Männer, um eigene Erfahrungen mit dem Medium zu gewinnen und mit der Absicht, eine feministische Gegenfilmkultur zu den männerbestimmten Produktionen in Gang zu setzen. Vorgeführt und diskutiert haben sie ihre Frauenfilme vorwiegend in Frauen- und Jugendzentren, Jugendklubs, Gewerkschaftshäusern, Universitäten und in kommunalen Kinos oder auf Frauenfilmfestivals. Auch heute noch setzen sie diese Aufklärungsarbeit fort. Erreicht haben sie mit ihren Produktionen, die die Form der Dokumentation bevorzugten, hauptsächlich ein Publikum, das den Film als politisches und nicht vorrangig unterhaltendes Medium akzeptiert. Die Kritiker allerdings stempelten Frauenfilme, die belehrende Tendenzen aufwiesen und nicht als publikumsträchtiges Spektakulum konzipiert waren, bald als »militant-feministischen Frauenfilm« ab.
Die Filmemacherinnen zogen jedoch ihre eigenen Konsequenzen aus den Erfahrungen, die sie mit dem Medium gemacht hatten. Sie erkannten, daß sie die Themen ihrer Filme nicht auf das Abbilden spezifischer Frauenprobleme beschränken konnten. Mitte der 70er Jahre waren es vor allem die französischen Kolleginnen, die programmatische Stellungnahmen zur Thematik des Frauenfilms abgaben. Nelly Kaplans (»La Fiancée du Pirate« und »Papa . . . Les Petits Bateaux«) Feststellung und Forderung lautet: »Noch ist die Anzahl der schöpferischen Frauen zu gering, als daß sie das Gesetz des Zufalls aufheben können. Aber um Gotteswillen mögen die von Frauen gedrehten Filme so gemacht sein, daß sie alle interessieren – auch wenn sie alle stören –, ja, sie sollen sogar jedermann stören.
Es sollen weder männliche noch weibliche Geschichten erzählt werden, sondern Geschichten überhaupt. Mit diesen Geschichten soll das hinterhältige Gift im Film, die Frauenfeindlichkeit, unschädlich gemacht werden. Unsere Narrheit soll darin bestehen, mehr zu wollen, als wir können, aber auch alles zu können, was wir wollen. Dichterinnen an eure Lauten, Hexen auf eure Besen.« Und die Filmemacherin Danielle Jaeggi (»Sorcières-Camarades«, »Un Geste En Moi« und »Cerisay Elles Ont Ose«) fügt hinzu: »Frauensprache? Manche Frauen tun so, als ob die den Frauen zugeteilte Rolle nicht eng mit dem

gesamten Gesellschaftssystem zusammenhinge, als ob eine von den Männern abgeschnittene Frauenkultur existieren könnte. Ersticken hinter verschlossenen Türen. Delirium im geschlossenen Kreis ... Wir dürfen uns nicht auf die sogenannten Frauenprobleme beschränken (wie die Frauenzeitungen und auch feministischen Zeitungen). Wir müssen aus dem engen Kreis unserer hausfraulichen Sorgen und sorgenvollen Gefühlsregungen heraus ... Wir müssen von dem ausgehen, was wir gelebt haben, um es zu verändern. Frauenfilm? Feministischer Film? Nicht nur wir selbst wollen mit den Augen der Frau betrachtet werden, mit unseren eigenen Augen, sondern auch die Gesellschaft in ihren vielfältigen Zusammenhängen; sie sollte aus der Perspektive unserer eigenen Erfahrungen und aus der Sicht unseres Willens zur Veränderung gesehen werden.« Viviane Forrester verweist darauf, daß die Sichtweise der Frau beim Filmemachen einfach fehlt und die Diskussion darüber, ob diese Sichtweise nun besser oder wirksamer ist, insofern unsinnig ist, als es darum geht, überkommene Klischees dadurch abzuschaffen, indem endlich der fehlenden Komponente eine Chance gegeben wird: »Die Frauen sind dabei, sich dessen zu bemächtigen, was sie sich zur selben Zeit wie die Männer hätten erkämpfen müssen, das eigene Filmen. Eigentlich hätten die Männer die Frauen nach dem schlechten Start darum bitten sollen, dies zu tun. Die Frauen werden sich gegen eine Flut von Klischees, gegen eine geheiligte Routine zur Wehr setzen müssen, gegen Klischees und Routine, an denen sich die Männer ergötzen oder die sie bekämpfen und die auch den Frauen oft Fallen stellen werden. Die Frauen werden sehr aufmerksam und vor allem sehr genau sein müssen.«

Die Emanzipationsfilme der drei hier zitierten französischen Filmemacherinnen wurden von Kritikern wegen ihrer Verquickung von Feminismus und links-politischer Überzeugung als militante Frauenfilme eingestuft und waren vorwiegend im nichtkommerziellen Kino zu sehen.

Seit einigen Jahren erkämpfen sich in der Bundesrepublik Frauen ihre Anerkennung als Filmemacherinnen und Produzentinnen aber auch im kommerziellen Produktionsbereich, der sich an ein breites Publikum wendet. Ihre Filme reduzieren sich nicht auf die Beschreibung eigener Erfahrung und der Suche nach Selbstfindung. Sie bereiten ihre Filmgeschichten optisch so auf, daß Frauenfeindlichkeit und Diskriminierung von Frauen und Männern in ihren gesellschaftlichen Zusammenhängen und patriarchalischen Mechanismen sichtbar werden. Ihre Filme gewinnen in der Öffentlichkeit, in Presse, Rundfunk und Fernsehen zunehmen an Publizität. Frauen haben gelernt, die öffentlichen Gelder des Bundes und der Länder über die Filmförderung in Anspruch zu nehmen und den Hauptauftraggeber der privaten Film- und Fernsehproduktionsbetriebe, die öffentlich-rechtlichen Fernsehanstalten, in die Pflicht zu nehmen, wenn es auch bisher nur wenige Frauen sind. Sie erkennen bei ihrer Arbeit ihre Abhängigkeit von Finanzmitteln und Auftraggebern und üben Kritik. Uschi Reich, die 1974 für den Westdeutschen Rundfunk ihren Film »Anna« produzierte, stellt klar: »An der Filmhochschule haben wir zwar auch mit wenig Geld produziert, und es sind gute Filme dabei herausgekommen, aber jetzt, wenn man direkt für einen Sender arbeitet, ist die Situation eine völlig andere. Man muß für einen geringen Produktionsetat einen Film abliefern, dem man den Geldmangel nicht ansehen darf. Obwohl die Produktionsbedingungen völlig andere sind, wird Fernsehstandard erwartet.

Man befindet sich bei Auftragsproduktionen dieser Art in einer schizophrenen Situation: Man bekommt eine bestimmte Produktionssumme, mit der man den Film eigentlich nicht machen kann, aber man ist gezwungen, darauf einzugehen, weil man den Film sonst überhaupt nicht realisieren kann, da der Sender nicht bereit ist, ihn in Eigenproduktion herzustellen (da würde er ihn bestimmt das Dreifache kosten). Die angebliche Freiheit, die man durch die Möglichkeit der Auftragsproduktion erhält, ist bereits durch die zu gering kalkulierte Produktionssumme aufgehoben.«

Die Tatsache, daß es einigen Frauen gelungen ist, sich ihren Platz im kommerziellen und professionellen Film zu erkämpfen, darf einerseits nicht darüber hinwegtäuschen, daß es Frauen nur selten gelingt, in künstlerisch-kreative Entscheidungsfunktionen vorzudringen, während ihnen andererseits die administrativ-dienenden Funktionen in dieser Branche zugeteilt werden oder künstlerisch-handwerkliche Berufe wie der Cutterinnen-Beruf zu Frauenberufen degradiert werden. Die Aufforderung der Filmemacherin Jutta Brückner bleibt also weiterhin aktuell: »Mehr Frauen hinter die Regiepulte und Kameras – hinter den Schneidetischen sitzen sie eh.«

Die Anfänge sind bisher noch bescheiden aber hoffnungsvoll. Und schon haben clevere Verleiher die Werbewirksamkeit von »Frauenfilmen« erkannt. Was sie da allerdings teilweise auf den Markt unter diesem Markenzeichen bringen, das sind häufig von Männern produzierte Filme, die das Frauenproblem entschärfen und entpolitisieren. Nur mit Frauen als gleichwertige Partner auf allen Ebenen der Berufe in der Film- und Fernsehbranche kann das stereotype Frauenrollenbild, dem die meisten Filme wegen ihrer langen männlichen Tradition verhaftet sind, entzerrt werden. Nur so kann bewirkt werden, daß ein realitätsgerechtes und progressives Rollenbild der Frau Maßstäbe setzt und diese nicht weiterhin Filmen vorbehalten bleiben, die nach den Serienstrickmustern der Western, Familienreihen und Komödien

ein Rollenbild der Frau produzieren, das sich tradierten Normen und Klischeevorstellungen verpflichtet.
Mittlerweile scheint auch die offizielle Seite das Defizit der Frauenbeteiligung in dieser Branche zu erkennen. Bisher jedenfalls enthielten die Filmförderungsmaßnahmen auf Bund- und Länderebene keine spezielle Regelung zur Förderung von Frauen. Noch in diesem Sommer (1980; Anmerkung der Redaktion) steht die Zustimmung der »Hamburger Bürgerschaft« zu dem neuen Filmförderungsgesetz an. Das »Hamburger Filmmodell« sieht vor, über den »Verein Hamburger Filmbüro e. V.« ein Filmhaus zu betreiben, daß der Filmkultur als Zentrum dienen soll und die Filmförderung abwickelt, die die Förderung des Nachwuchses und die *Unterstützung filmender Frauen* miteinbezieht.
Neben Bund und Ländern, an deren Filmförderungsmitteln Frauen bisher nicht gleichberechtigt beteiligt sind, kommt den öffentlich-rechtlichen Fernsehanstalten eine besondere Verantwortung zu. ARD und ZDF werden sich in den kommenden vier Jahren mit 79 Millionen DM an den Filmförderungsmaßnahmen beteiligen, darüber hinaus werden sie Produktionen in Auftrag geben und als Coproduzenten auftreten. Gemeinsam sind ARD und ZDF die Hauptauftraggeber der privaten Film- und Fernsehwirtschaft in der Bundesrepublik. Elisbeth Berg stützt ihre These, das »ohne das Standbein der öffentlich-rechtlichen Fernsehaufträge sich zahlreiche Firmen der Film-/Fernsehproduktion, des Filmverleihs und -vertriebs und des filmtechnischen Bereiches als Grenzbetriebe einer schrumpfenden Branche am Markt kaum hätten halten können«, auf die Auswertung statistischer Daten. Nach ihren Berechnungen erreichten die wertmäßigen Umsätze der Zusammenarbeit in den Jahren 1960–1978 einen Betrag von 4,57 Milliarden DM; – inbegriffen sind dabei die Aufwendungen der Rundfunkanstalten für den Erwerb von Ausstrahlungsrechten (Lizenzen), für Auftragsproduktionen und für filmtechnische Leistungen.
Von den Programmverantwortlichen wird die spezielle Funktion, die ARD und ZDF für den privatwirtschaftlichen Produktionsbereich haben, ausdrücklich betont. ZDF-Programmdirektor Dieter Stolte verweist darauf, daß ARD und ZDF überregional 390 Spielfilme pro Jahr ausstrahlen und darüber hinaus in den fünf Dritten Programmen regional im Schnitt 140 Filme gezeigt werden. Heinz Ungureit, ebenfalls ZDF, betont, daß 70 % aller potentiellen Zuschauer nach wie vor mit dem Spielfilm nur via Bildschirm in Berührung kommen, weil nur 30 % häufiger oder gelegentlich ins Kino gehen, und folgert daraus, »daß das Fernsehen also für die überwiegende Mehrheit der Zuschauer als Mittler historischer sowie neuer, ausländischer und heimischer Spielfilme eine wichtige Funktion erfüllt«. Der Intendant des Hessi-

schen Rundfunks, Werner Hess, kennzeichnet die Mittlerfunktion des Fernsehprogramms: »Mancher Film, der im Filmtheater völlig durchgefallen war und offensichtlich kein Publikumsinteresse an sich ziehen konnte, fand bei einer Ausstrahlung im Fernsehen positive Beachtung und sogar Zustimmung einer zahlenmäßig großen Zuschauerschaft. Den Grund für diesen merkwürdigen Vorgang kann man sicher nicht nur in der Bequemlichkeit des Zuschauers suchen, der vielleicht den abendlichen Weg zum Filmtheater scheut, sondern viel eher in der Tatsache, daß die Struktur des Fernsehprogramms die Möglichkeit bietet, dem Zuschauer Produktionen näherzubringen, für die er von sich aus kein Interesse gezeigt hätte, deren Wert er aber durchaus erkennt, wenn er mit einem Film unversehens konfrontiert wird.«
Die Mittlerfunktion, die hier dem Fernsehprogramm zugeschrieben wird, gilt auch über den Spielfilm hinaus für Kurzfilme, Dokumentationen, Jugend- und Kinderfilme und andere Aufbereitungsformen im filmtechnischen und elektronischen Bereich. Das öffentlich-rechtliche Fernsehprogramm ist im Gegensatz zum kommerziellen Kinoprogramm nicht profitorientiert, deshalb hat dieses Programm Vorbildcharakter für gesellschaftlich relevante Themen, die eine positive Veränderung der Darstellung der Frau anstreben und Abschied nehmen von einem verzerrten Rollenbild der Frau in unserer Gesellschaft. Da die Hauptauftraggeber der privaten Filmproduktionsfirmen die öffentlich-rechtlichen Fernsehanstalten sind, hat dieser Auftraggeber auch die Mitverantwortung dafür, Frauen bei der Auftragsvergabe gleichberechtigt zu berücksichtigen.
Die vorliegende Erhebung dokumentiert die Beschäftigungslage der Frauen in einer Medienbranche, die ihre Produkte nicht nur im kommerziellen Kino absetzen muß, sondern auch die öffentlich-rechtlichen Fernsehanstalten beliefert.

1962 proklamierten junge Filmemacher und Filmschaffende den neuen deutschen Film in ihrem »*Oberhausener Manifest*«. Diese Filmemacher hatten bisher außerhalb der branchenüblichen Konventionen gearbeitet und forderten ein Alternativkino:
»Der Zusammenbruch des konventionellen deutschen Films entzieht einer von uns abgelehnten Geisteshaltung endlich den wirtschaftlichen Boden. Dadurch hat der neue Film die Chance lebendig zu werden.
Deutsche Kurzfilme von jungen Autoren, Regisseuren und Produzenten erhielten in den letzten Jahren eine große Zahl von Preisen auf internationalen Festivals und fanden Anerkennung der internationalen Kritik. Diese Arbeiten und ihre Erfolge zeigen, daß die Zukunft

des deutschen Films bei denen liegt, die bewiesen haben, daß sie eine neue Sprache des Films sprechen.
Wie in anderen Ländern, so ist auch in Deutschland der Kurzfilm Schule und Experimentierfeld des Spielfilms geworden.
Wir erklären unseren Anspruch, den neuen deutschen Spielfilm zu schaffen.
Dieser neue Film braucht neue Freiheiten, Freiheit von den branche-üblichen Konventionen, Freiheit von der Beeinflussung durch kommerzielle Partner, Freiheit von der Bevormundung durch Interessengruppen. Wir haben von der Produktion des neuen deutschen Films konkrete geistige, formale und wirtschaftliche Vorstellungen. Wir sind gemeinsam bereit, wirtschaftliche Risiken zu tragen.«
Zu den 26 Erstunterzeichnern des Oberhausener Manifests gehört noch keine Frau. Auch die Regisseure, deren Filme unter dem Namen »Junger Deutscher Film« in die Kinos kamen, sind Männer: Alexander Kluge mit »Abschied von gestern« 1966, Jean Marie Straub mit »Nicht versöhnt« 1965, Ulrich Schamoni mit »Es« 1965, Peter Schamoni mit »Schonzeit der Füchse« 1966, Volker Schlöndorff mit »Der junge Törless« 1966, Johannes Schaaf mit »Tätowierung« 1967, u. a. Mit diesen Filmen einer Stilrichtung, die allerdings Ende der 60er Jahre kaum noch Verleiher fand, war jedoch der Weg geebnet zu den Filmen, die als »Anderes Kino« oder auch »Neuer Deutscher Film« bezeichnet werden. Erstmals sind jetzt unter den Namen der Filmemacher(innen) auch Frauen zu finden: *Marianne Lüdcke, Erika Runge, Helke Sander, Ula Stöckl, Karin Thomé, Claudia v. Alemann, Heidi Genée, Margarethe v. Trotta und Helma Sanders-Brahms* beispielsweise, die jedoch vergleichsweise zu ihren männlichen Kollegen zahlenmäßig nur wenige sind. Als Produzentin machte sich u. a. vor allem *Regina Ziegler* einen Namen. Bisher jedoch fanden die Filme der Filmemacherinnen international wenig Beachtung, diese blieb Filmen von Fassbinder, Werner Herzog, Werner Schroeter, Wim Wenders, Volker Schlöndorff und anderen männlichen Kollegen vorbehalten. Die niveauvolle Entwicklung des Dokumentar- und Spielfilms in der Bundesrepublik, die auch die Aufmerksamkeit des Auslandes mit sich brachte, ist auf eine verstärkte Filmförderungspolitik des Bundes, auf die verstärkte Zusammenarbeit mit dem Fernsehen, auf die Aktivitäten zahlreicher »Kommunaler Kinos« und auch auf die Arbeit der Filmhochschulen in München und Berlin zurückzuführen. Aber die junge Filmemacher-Generation steht den Filmförderungsmaßnahmen des Bundes nicht unkritisch gegenüber, die komplizierten Entscheidungskriterien der Gremien werden für sie undurchschaubar.
Seit dem »Hamburger Filmfest« im Herbst 1979 fordern namhafte

Filmschaffende, unter ihnen Margarethe von Trotta, Josef Brödl, Erwin Keusch, Adolf Winkelmann und Helke Sander, eine umfangreichere Nachwuchsförderung, andere Fördergremien, eine stärkere Akzeptanz des Dokumentarfilms durch das Fernsehen und mehr Selbstverwaltung. Im Manifest der Hamburger Filmemacher heißt es:

»Phantasie läßt sich nicht verwalten. Gremienköpfe können nicht bestimmen, was der produktive Film tun soll. Wir lassen uns nicht mehr auseinanderdividieren, der Spielfilm nicht vom Dokumentarfilm, die älteren Filmemacher nicht mehr vom Nachwuchs, das Erzählkino nicht mehr vom Experimentalfilm.

Wir haben unsere Professionalität erprobt. Wir können uns deshalb nicht als Zunft verstehen. Wir haben gelernt, daß unsere Verbündeten nur die Zuschauer sein können. Das sind Menschen, die arbeiten, die Träume, Wünsche und Interessen haben; das sind Menschen, die ins Kino gehen, auch die, die sich einen ganz anderen Film vorstellen können.«

Die Verfasser(innen) des Hamburger Manifestes möchten ihre Forderungen in den geplanten Förderungsmaßnahmen der Länder Hamburg, Hessen und Nordrhein-Westfalen berücksichtigt sehen.

Die Untersuchung »... und Frauen kommen vor« befaßt sich auch eingehend mit der Filmförderungspraxis in der Bundesrepublik Deutschland. Dabei ergibt sich:

Die Förderungsmaßnahmen des Bundes und der Länder werden vorwiegend von Männern bestimmt.

In den Gremien, Räten, Organen und Kommissionen der 1967 gegründeten Filmförderungsanstalt in Berlin, einer Anstalt des öffentlichen Rechts, wachen über die »Steigerung der Qualität des deutschen Films und die Verbesserung der Struktur der Filmwirtschaft« fast ausschließlich Männer. Von 76 Vertretern und Stellvertretern dieser Organe und Kommissionen sind nur 5 Frauen, davon 4 in stellvertretenden Positionen. Die Bewertungskommission ist derzeit mit 9 Männern und 1 Frau besetzt. In das Vergabegremium entsenden Bundesrat, Bundestag, ARD, ZDF, Fachverbände, RFFU und Kirchen ihre Vertreter. Diese Institutionen müßten in Zukunft dafür Sorge tragen, daß in diese Gremien genauso viele Frauen wie Männer entsandt werden. Die Filmförderungsanstalt wird aus Einnahmen einer »Filmabgabe« auf Eintrittskarten und aus Mitteln des Bundes, der Rundfunkanstalten und einiger Bundesländer finanziert. In den vergangenen Jahren standen hierfür zwischen 20 bis 25 Millionen DM zur

Verfügung, mit denen nach überwiegend wirtschaftlichen Gesichtspunkten Spielfilme, prädikatisierte Kurzfilme und die Modernisierung von Filmtheatern gefördert werden. Bei der »Projektförderung« für programmfüllende Filmvorhaben, der Förderung der filmberuflichen Fortbildung, der Verbreitung prädiktisierter Filme und der Förderung von Filmtheatern mit beispielhaftem Programm und Maßnahmen spielen auch qualitative Kriterien eine Rolle. – Finanzgeber und Vertreter der Filmförderungsanstalt müßten gehalten sein, ein Konzept zu entwickeln, das Frauen eine gleichberechtigte Chance in diesem Förderungssystem gibt. Bis dieses Ziel erreicht ist, müßten Sonderregelungen vor allem bei der Nachwuchsförderung für Frauen gelten. Für die Verfasser des Filmförderungsgesetzes könnte eine Willensäußerung zur Befürwortung der Gleichstellung von Frauen und Männern auch darin bestehen, in Zukunft in ihren Gesetzestexten auch die weibliche Form der Berufsbezeichnungen zu wählen, statt der ausschließlich männlichen Form wie beispielsweise in § 15 (4), (5), (6).
Für die kulturelle Filmförderung in Form von Prämierung von Spitzenleistungen in Form von Preisen und Prämien ist der Bundesminister des Innern zuständig. Für die Filmförderung wird beim Bundesminister des Innern jeweils mit einer Amtszeit von drei Jahren ein Auswahlausschuß gebildet, der maximal mit 35 Mitgliedern besetzt sein kann. Derzeit gehören diesem Ausschuß 26 Mitglieder an, davon sind 6 Frauen. Aus dem Auswahlausschuß bildet der Bundesminister des Innern 5 Kommissionen, die die Vergabe von Preisen und Prämien vorschlagen und mit entscheiden:

1. Kommission Deutscher Spielfilmpreis
2. Kommission Produktionsförderung A
   Spielfilmvorhaben und Drehbücher
3. Kommission Produktionsförderung B
   Kurzfilmvorhaben und Filmvorhaben ohne Spielhandlung
4. Kommission Produktionsförderung C
   Kinder- und Jugendfilm
5. Kommission Verleihprämien

Nur die Kommission Produktionsförderung C – Kinder- und Jugendfilm – ist derzeit paritätisch mit 3 Frauen und 3 Männern besetzt. Würde der Bundesminister – was er nach den Richtlinien über die Vergabe von Preisen, Prämien und Stipendien zur Förderung des deutschen Films (Filmförderungsrichtlinien BMI) kann – in den Auswahlausschuß weitere 9 Frauen berufen, so könnte er sowohl in diesem Ausschuß als auch in den vier übrigen Kommissionen ebenfalls eine Parität von Männern und Frauen herstellen, ohne daß auch nur ein einzi-

ger Mann seines Amtes enthoben werden müßte. Vielleicht wäre so ein erster Schritt getan, die Gleichstellung von Frauen und Männern in den Kommissionen und im Auswahlausschuß herzustellen und möglicherweise damit auch eine verstärkte Berücksichtigung der Frauen bei der Preis- und Prämienverteilung zu erreichen. Immerhin beträgt die Filmförderung durch das Bundesministerium jährlich zwischen 6 bis 7 Millionen DM. Die Vergabe der Preise und Prämien durch den Bundes-Innenminister spiegelte in den vergangenen Jahren nicht nur die Unter-Repräsentation der Frauen in diesem Bereich wider, sondern auch eine auf Männerleistung fixierte Preisvergabe. Einmal abgesehen von der Prämienvergabe an Produzenten, die eine wirtschaftliche Förderung bedeuten soll, werden hauptsächlich Einzelleistungen für preiswürdig empfunden und nur in ganz seltenen Ausnahmen die Gesamtleistung eines künstlerischen Teams. So sind es vorwiegend Regisseu*re*, Autor*en*, Kamera*männer*, Filmarchitek*ten* etc., die Preise erhalten, und erst seit ganz kurzer Zeit ganz selten einmal eine Cutter*in*. Daß in den meisten Fällen die künstlerische Qualität eines Films jedoch durch das Zusammenspiel des künstlerisch-kreativen Teams zustande kommt (dazu gehört auch die Frauendomäne: Filmschnitt), scheint bei den Preisverleihern unbekannt zu sein. So gehen Frauen bei Preisvergaben fast immer leer aus – die Frauendomäne Filmschnitt wird nur wenig berücksichtigt, und das Durchsetzungsvermögen der Frauen in Männerdomänen der Filmbranche scheint sich noch jenseits der Preisvergabe abzuspielen. Allerdings gibt es einen Bereich bei der Preisvergabe, bei dem Frauen und Männer anzahlmäßig fast in einem ausgeglichenen Verhältnis ausgezeichnet werden. Fast ebenso viele Schauspielerinnen wie Schauspieler erhielten das »Filmband in Gold für langjähriges und hervorragendes Wirken im deutschen Film«. Der Vorstoß der Frauen in die Männerdomäne Film gestaltet sich also auch im Spiegel der kulturellen Filmförderung der Bundesrepublik als problematisch. Deshalb müßten Filmvorhaben von Frauen, bis eine Gleichstellung erreicht ist, finanziell besonders gefördert werden, ohne daß Filmfrauen und ihre Filmvorhaben in ein Getto außerhalb der relevanten Kulturpolitik abgedrängt werden.
Der 1965 gegründete gemeinnützige Verein »Kuratorium Junger Deutscher Film« hat zum Ziel: »Die künstlerische Entwicklung des deutschen Films anzuregen und den filmkünstlerischen Nachwuchs« zu fördern. Dieser Verein wird auf Bundesländer-Ebene mit jährlich ca. 750000 DM finanziert. In den Jahren 1966 bis 1976 förderte das Kuratorium insgesamt 141 Filme, bei denen 125 Männer Regie geführt hatten gegenüber 14 Frauen (9,9 %). Bei 2 Filmen hatten eine Frau und ein Mann gemeinsam Regie geführt. Die finanzielle Unter-

stützung für die Herstellung von Filmen erhielten 57 Filme, bei denen Männer Regie geführt hatten, und 8 Filme (12,3 %), bei denen Frauen Regie geführt hatten. Mit Vertriebsförderungsmitteln wurden insgesamt 76 Filme ausgestattet. Bei 6 Filmen (7,6 %) hatte eine Frau Regie geführt. Dieses Ergebnis zeigt, daß Frauen bei der Förderung ihrer Erstlingswerke prozentual etwas höher vertreten sind als bei der Förderung durch das Bundes-Innenministerium. Vergleichsweise zu den Männern ist die prozentuale Frauenbeteiligung jedoch auch bei dieser offiziellen Förderung gering. Da die Mitglieder des gemeinnützigen Vereins von der ständigen Konferenz der Kultusminister und ein Mitglied von der Finanzministerkonferenz der Länder berufen werden, müßten beide Konferenzen gehalten sein, für ein ausgeglichenes Verhältnis von Frauen und Männern im Vorstand zu sorgen, und der Vorstand müßte verpflichtet werden, für ein ausgeglichenes Verhältnis von Frauen und Männern im Auswahlausschuß zu sorgen. Für das Jahr 1976 gab der Verein bekannt, daß beispielsweise 56 Spielfilme zur Förderung eingereicht wurden, wofür eine Summe von 20 Millionen DM erforderlich gewesen wäre. Das bedeutet, daß auch für förderungswert befundene Filme und Filmvorhaben ausschließlich aus finanziellen Gründen nicht gefördert werden konnten. Unter dem Aspekt der Durchsetzung der Gleichstellung der Frauen darf in der augenblicklichen Situation jedoch keine Frau als Nachwuchstalent verlorengehen. Das heißt, es ist ein Konzept notwendig, wie von Frauen eingereichte und für förderungswert befundene Filme und Filmvorhaben, die jedoch mit den vorhandenen Mitteln nicht finanziert werden können, dennoch beispielsweise über einen Sonderfond gestützt werden können. Ein solcher Sonderfond sollte jedoch den Auswahlausschuß nicht aus der Verpflichtung entlassen, für einen »frauen«-gerechten Ausgleich bei der Verteilung der Förderungsmittel zu sorgen.
Die Voraussetzungen der Filmförderung durch Bund und Länder sind teilweise von der Prädikatisierung durch die Film-Bewertungsstelle Wiesbaden und die Freigabe durch die Freiwillige Selbstkontrolle der Filmwirtschaft abhängig. Zur Zeit hat der Hessische Kultusminister für den Bewertungs- und Hauptausschuß der Filmbewertungsstelle Wiesbaden keine Frau benannt. Der Hessische Kultusminister müßte also aufgefordert werden, die Gleichstellung von Frauen und Männern in diesen Ausschüssen ernst zu nehmen. Sinnvoll wären in diesem Zusammenhang auch verbindliche Kriterien über »eine realitätsgerechte und nicht diskriminierende Darstellung der Frauen«, die bei der Bewertung »wertvoll« und »besonders wertvoll« angewendet werden könnten.
Innerhalb des gesamten Filmförderungssystems durch Bund und Län-

der ist auch eine spezielle Förderung des »feministischen Films« anzustreben, da diese Bewegung gleichzeitig als Erprobungsfeld neuer Produktionsformen und Arbeitsweisen einzuschätzen ist, das Frauen Chancen der Verwirklichung ihrer Ideen und Vorstellungen gibt, die ihnen die kommerziellen Filmproduktionsbetriebe nicht bieten können.

Die Auswertung der Daten der Personalstandserhebungsbogen privater Film- und Fernsehproduktionsbetriebe belegen folgende Thesen:

Die vergleichsweise zu anderen Wirtschaftsbranchen krisenanfälligere private Film- und Fernsehproduktionsbranche beschäftigt nur ca. 17 % der Mitarbeiter und Mitarbeiterinnen in einem festen Arbeitsverhältnis. Ca. 83 % in dieser Branche arbeiten in einem sogenannten »vorübergehenden« oder »auf Produktionsdauer« begrenzten freien Arbeitsverhältnis. Die Gründe hierfür liegen darin, daß die auf Wirtschaftlichkeit und Rentabilität bedachte private Film- und Fernsehproduktionsbranche vor allem das künstlerische Personal nur für eine bestimmte Produktion verpflichtet. In festen Arbeitsverhältnissen arbeiten in diesem Bereich vorwiegend Mitarbeiterinnen und Mitarbeiter in den Bereichen Allgemeine Betriebsdienste und Verwaltung; also in Tätigkeiten, die sich nicht ausschließlich auf ein bestimmtes audio-visuelles Produkt beziehen. Da Frauen in diesen beiden Bereichen prozentual am höchsten vertreten sind, fällt das Ergebnis bei der prozentualen Beteiligung der Festanstellungen und der damit verbundenen meist höheren sozialen Sicherheit zunächst positiv für die Frauen aus. Bei den Festangestellten liegt die Frauenbeteiligung bei 41,7 % bei den Freien nur bei 36,9 %. In künstlerisch-kreativen Bereichen verändert sich dieses Bild jedoch zuungunsten der Frauen. Ein Vergleich der Festangestellten und Freien in dem Bereich Film- und Fernsehausstattung zeigt, daß Frauen bei Festanstellungen benachteiligt sind. Der Frauenbeschäftigungsanteil in diesem Bereich beträgt 40,3 % insgesamt. Bei den Festangestellten fällt er auf 17,1 % und erhöht sich bei den Freien auf 46,2 %. In diesem Bereich bleibt die »Sach-Ausstattung« den Männern vorbehalten, die »Darsteller-Ausstattung« den Frauen. Frauen, die in diesem Bereich in Männerdomänen arbeiten, erhalten ihre »Belohnung« als »Seltenheitswert« durch eine Festanstellung. In der Kategorie Szenenbau-Handwerk (Bühnenarbeiter, Vorhandwerker, Bühnenmeister) steigt beispielsweise der Gesamtbeteiligungswert der Frauen von 2,6 % auf 3,6 % der Frauenbeteiligung bei den Festanstellungen und sinkt auf 0 % bei den Freien. Dabei darf allerdings nicht übersehen werden, daß von insgesamt 77 Beschäftigten in dieser Kategorie nur 2 Frauen sind. In der Kategorie Szenen- und Studio-Ausstattung (Fotograf/in; Architekt/in; Szenenbildner/in; Requisiteur/in; Grafiker/in; technische(r) Zeichner/in) steigt der prozentuale Frauenbeschäftigungsanteil von dem Gesamtdurchschnittswert 16,1 % auf 34,8 % bei den festangestellten Frauen und sinkt auf 13,8 % bei den Freien. In der Kategorie Darsteller-Ausstattung (Garderobiere, Masken- und Kostümbildnerinnen), die eine Frauendomäne ist, sinkt der prozentuale Beschäftigungsanteil der Frauen von 75,5 % Gesamtdurchschnittswert auf 42,1 % bei den festangestellten Frauen und erhöht sich auf 78,7 % bei den Frauen, die in einem freien Arbeitsverhältnis arbeiten. Umgekehrt steigt das prozentuale Beschäftigungsverhältnis der Männer in dieser Kategorie von einem Gesamtdurchschnittswert von 24,3 % auf 57,9 % bei den festangestellten Männern, die in diesen Berufen in einem freien Arbeitsverhältnis arbeiten. Mit der Einschränkung, daß Frauen in Männerdomänen zahlenmäßig nur äußerst wenige sind, kann festgestellt werden, daß die Chance für diese wenigen Frauen hoch ist, eine Festanstellung zu erreichen. Umgekehrt erhöht sich aber auch die Chance der Festanstellung für Männer, die in Frauendomänen arbeiten, und das sind zahlenmäßig wesentlich mehr als umgekehrt Frauen in Männerdomänen. Vollends deutlich wird die Benachteiligung der Frauen bei Festanstellungen (mit Ausnahmen in den Bereichen Allgemeine Betriebsdienste und Verwaltung) in der Kategorie Darsteller-Ausstattung. Dort sind nur 4,5 % Frauen festangestellt gegenüber 25,0 % Männern. Das heißt, nur 8 von 163 erfaßten Frauen sind festangestellt, aber immerhin 11 von 44 erfaßten Männern. Allerdings muß auch bei diesem Ergebnis berücksichtigt werden, daß, je spezieller sich die Tätigkeit auf die Realisierungsphase eines Projekts bezieht, es desto weniger Festanstellungen gibt, und je allgemeiner sich die Tätigkeit auf den Betrieb bezieht, es desto mehr Festanstellungen gibt.

Der Frauenbeschäftigungsanteil liegt in den privaten Film- und Fernsehproduktionsbetrieben mit ca. 37 % höher als in weniger krisenanfälligen Medienbetrieben. Der prozentuale Anteil der Frauen verringert sich allerdings, je mehr Beschäftigte der Betrieb hat. Dieses zunächst einmal positive Ergebnis muß jedoch im Zusammenhang mit der Tatsache gesehen werden, daß die Berufe der Branche sehr stark durch Männer- und Frauendomänen bestimmt sind. Bei den typischen Frauenberufen überwiegen Tätigkeiten mit »dienenden-administrativen« Funktionen, bei den Männern überwiegen Tätigkeiten mit »künstlerisch-kreativen und technischen« Funktionen. Über die Verteilung der Frauen- und Männerdomänen gibt die folgende Tabelle einen Überblick:

Betriebsbereiche	Männerdomänen (80–100 %)	Frauendomänen (80–100 %)
Allgemeine Betriebstechnik	Techniker; Beleuchter; Oberbeleuchter; Beleuchtungsmeister	
Produktion und Regie	Regisseur; Realisator; Bildregisseur; Produktionsleiter; Aufnahmeleiter-Assistent	
Redaktion und Programm	Autor	
Darstellender Bereich	Sänger	
Spezielle Technik im Foto-/Film-/Fernsehbereich	Tonmeister; Kameramann; Tontechniker; Kamera-mann-Assistent	Cutterin; Cutterin-Assistentin; Negativ-abzieherin
Film- und Fernsehausstattung	Vorhandwerker; Fotograf; Architekt; Requisiteur	Kostümbildnerin
Allgemeine Betriebsdienste	Kraftfahrer; Fotokopist; Pförtner; Hausmeister; Bote	Raumpflegerin
Verwaltungsbereich		Buchhalterin; Sekretärin

Es stehen also wesentlich mehr Männerdomänen nur sehr wenigen Frauendomänen gegenüber. Aber weder die Voraussetzungen der Schul- und Berufsausbildung noch die Tätigkeitsmerkmale der Berufe in der privaten Film- und Fernsehbranche lassen eine geschlechtsspezifische Trennung in Männer- bzw. Frauenberufe zu. Zu dieser geschlechtsspezifischen Berufsentwicklung haben vorwiegend tradierte Urteile über die Rolle der Frau in der Berufswelt beigetragen. »Technischer Verstand«, »Entscheidungskompetenz«, »autonomes Handeln«, »künstlerische Kreativität« sind Fähigkeiten, die in der Vergangenheit rollentraditionell vor allem Männern, nicht aber Frauen zugeschrieben wurden und teilweise auch heute noch werden. Dies führt auch heute noch dazu, daß Frauen eine durch tradierte Rollenvorstellung geprägte Berufswahl treffen und Männer sich in ihren Domänen behaupten können. Vorurteile machen es Frauen außerdem schwer, sich in Männerdomänen zu behaupten. Für Männer scheinen Frauenberufe in der Film- und Fernsehbranche nur wenig attraktiv zu sein. In der Regel sind diese mit einem niedrigen Statuswert ausgestattet, und vor allem ist der Verdienst meist geringer. Nach dem RFFU-Tarifvertrag für Filmschaffende liegen die Mindest-Wochengagen der Frauenberufe im Schnitt bei 430,– DM, die der Männer immerhin bei 530,– DM. Die Mindest-Wochengage einer Cutterin beträgt nach diesem Tarifvertrag 700,– DM, während die Mindest-Wochengage eines Kameramannes bei 1300,– DM liegt. Die logische

Konsequenz aus dieser geschlechtsspezifischen Aufteilung der Film- und Fernsehberufe heißt, daß eine Gleichstellung von Frauen und Männern in dieser Branche nur dann erreicht sein kann, wenn in allen Berufen Frauen und Männer in gleicher Anzahl gleichgestellt arbeiten können. Dafür müssen Bedingungen auch außerhalb der Film- und Fernsehproduktionsbetriebe durch die entsprechenden Ausbildungsmöglichkeiten für Frauen geschaffen werden. Ein zahlenmäßiger Ausgleich zwischen Frauen und Männern, der sich nur generell auf die Anzahl der Beschäftigten bezieht, reicht nicht aus. Wie sehr die Film- und Fernsehbranche durch Männer- und Frauendomänen bestimmt wird, das verdeutlicht auch die folgende Tabelle, in der Berufe nach 2/3-Mehrheit der Männer bzw. Frauen aufgeschlüsselt sind:

Betriebsbereiche	2/3 Männerberufe 55–80 %	2/3 Frauenberufe 55–80 %
Allgemeine Betriebstechnik		
Produktion u. Regie		
Redaktion u. Programm		
Darstellender Bereich	Schauspieler/in	
Spezielle Technik im Foto-/Film-/Fernsehbereich	Filmkopienfertiger/in	
Film- u. Fernsehausstattung	Grafiker/in	Garderobier/e; Maskenbildner/in
Allgemeine Betriebsdienste	Hilfsarbeiter	
Verwaltungsbereich		Büro-Mitarbeiter/in; Sachbearbeiter/in

Unter diese 2/3-Mehrheitsberufe fallen sehr viel weniger Berufe. Die vergleichsweise zu den Männern niedrigere Frauenbeschäftigung im darstellenden Bereich hat ihre Ursache bereits in den Drehbüchern und Textvorlagen der Filmvorhaben. Filmautoren und Filmemacher sowie deren Auftraggeber scheinen Filmstoffe mit Männerrollen zu bevorzugen. Der relativ hohe Anteil der Männer bei den Tätigkeiten Büro-Mitarbeiter und Sachbearbeiter erklärt sich daraus, daß diese Berufe ein Sprungbrett in die Aufnahme- und Produktionsleitung sein können. Da diese Bereiche jedoch wieder eindeutig männerbestimmt sind, gelingt dieser Aufstieg Männern vermutlich häufiger als Frauen. Insgesamt müßten die bisherigen wenigen Frauendomänen als Berufe eingestuft werden, die bei entsprechender Fort- und Weiterbildungsmöglichkeit ein Hinüberwechseln in Berufe mit sogenann-

ten »offenen Berufszugängen« ermöglichen. Unter diesem Aspekt sollten Bestrebungen einer Akademisierung dieser Berufe bereits in der Grundausbildung durchaus kritisch gesehen werden. Zumindest sollten Möglichkeiten der innerbetrieblichen Aufstiegschancen neu erörtert werden.
Eine Übersicht, in welchen Berufen der privaten Film- und Fernsehproduktion bereits eine Parität der Anzahl beschäftigter Männer und Frauen erreicht ist, zeigt die folgende Tabelle:

Betriebsbereiche	Parität zwischen der Anzahl von Frauen und Männern 45–55 %
Allgemeine Betriebstechnik	
Produktion und Regie	Produktions-Assistent/in; Regie-Assistent/in
Redaktion und Programm	
Darstellender Bereich	Statisten/innen
Spezielle Technik im Foto-/Film-/Fernsehbereich	
Film- und Fernsehausstattung	
Allgemeine Betriebsdienste	
Verwaltungsbereich	

Die Tabelle zeigt, daß im Produktions- und Regiebereich genügend Frauen in Assistenzfunktionen arbeiten, um dann später in den Männerdomänen Regie und Produktionsleitung zahlenmäßig gleich und in gleichwertigen Positionen zu arbeiten. Anscheinend bedeutete aber bisher die Assistenzfunktion für Männer ein Sprungbrett und für Frauen eine Sackgasse. Die anteilige Gleichstellung bei den Statisten zeigt, daß zumindest die Besetzung bei Hilfsschauspieler-Rollen der gesellschaftlichen Realität entspricht.
Die folgenden zusammengefaßten Ergebnisse beziehen sich ausschließlich auf festangestellte Beschäftigte in der privaten Film- und Fernsehproduktionsbranche.
In leitenden Positionen sind Frauen im administrativen Bereich besser vertreten als in Bereichen, in denen der Produktionsprozeß für ein audio-visuelles Produkt unmittelbar umgesetzt wird, also beispielsweise im künstlerisch-planenden Bereich Technik. Bei dem vergleichsweise mit anderen Institutionen und Betrieben positiven Ergebnis der Frauenbeteiligung in leitenden Positionen darf allerdings nicht übersehen werden, daß diese prozentuale Beteiligung mit Ausnahme im Bereich Verwaltung, wo das Verhältnis mit einer Frauenbeteiligung von 46,1 % fast ausgeglichen ist, niedriger ist als der Durchschnittswert der Frauenbeschäftigung in dieser Branche. Insge-

samt nimmt der Frauenbeschäftigungsanteil in leitenden Positionen mit sinkender Betriebsgröße ab. Das bedeutet, daß Frauen in leitenden Positionen vor allem in kleineren Produktionsbetrieben tätig sind, also meistens dort, wo auch das finanzielle Risiko größer und die Arbeitsplätze unsicherer sind.
Bei den Betrieben, die einen Aufsichtsrat haben, liegt der prozentuale Anteil der Frauen in diesen Gremien bei 3,6 %.
Im Durchschnitt arbeiten nur 3,8 % aller Beschäftigten halbtags, von diesem geringen Prozentsatz sind aber immerhin 83,3 % Frauen.
Die prozentuale Anteiligkeit der Frauen in den verschiedenen Altersstufen nimmt mit steigendem Alter von 66,7 % bei den unter 20jährigen auf 12,5 % bei den 61- bis 65jährigen ab, während die der Männer im gleichen Alterszeitraum von 33,3 % auf 87,5 % ansteigt. Das kann einmal ein Zeichen dafür sein, daß sich immer mehr junge Frauen entschließen, einen Beruf zu ergreifen, zum anderen aber auch dafür, daß Frauen aus familiären Gründen ihre Berufstätigkeit häufiger aufgeben als Männer, die in der Regel bis zum Pensions- bzw. Rentenalter berufstätig bleiben. Auffallend hoch ist außerdem der Frauenanteil bei den über 65jährigen. 66,7 % sind Frauen, und nur 33,3 % sind Männer. Abgesehen davon, daß vor allem in künstlerischen Berufen die Altersgrenze 65 nicht gleichzeitig auch Ruhestand bedeutet, kann der prozentual hohe Anteil der Frauen auch darin liegen, daß sie im Alter schlechter versorgt sind als Männer.
Die monatliche Einkommensschichtung auf der Basis der Grundvergütung zeigt, daß Frauen in der Einkommensschichtung 2000 bis 2500 DM überrepräsentiert sind. Dafür sind sie unterrepräsentiert in den Schichtungen von 3000 bis 5000 DM. In der Einkommensschichtung 2000 bis 2500 DM und in der Einkommensschichtung 5000 bis 5500 DM ist das Verhältnis zwischen Männern und Frauen ausgewogen. Allerdings sind von der Gehaltsschichtung 2000 bis 2500 DM insgesamt nur 17,8 % aller Beschäftigten betroffen und von der Gehaltsschichtung 5000 bis 5500 DM nur noch 0,3 %. Über der Gehaltsschichtung 5500 DM sind ausschließlich nur noch Männer vertreten. Das bedeutet, daß auch von den 12,6 % Frauen, die in leitenden Positionen bei Betrieben mit über 30 Beschäftigten arbeiten, ein höheres Gehalt als 5500 DM nicht erreicht wird, im Gegensatz zu den Männern. Die Ursachen für die insgesamt schlechtere Bezahlung der Frauen sind nicht ausschließlich in den Faktoren »Alter« oder »Länge der Betriebszugehörigkeit« zu suchen, sondern auch darin, daß Frauen in Berufen arbeiten, die schlechter bezahlt werden, und daß die Film- und Fernsehproduktionsbranche die Mehrzahl der Berufe als Männerdomänen ausweist. Im Vergleich mit der öffentlich-rechtlichen Rundfunk- und Fernsehanstalt WDR liegt das Durchschnittsein-

kommen der Beschäftigten in privaten Produktionsbetrieben jedoch sehr viel niedriger.
Der Anteil der Beschäftigten, die keine Kinder haben, liegt mit ca. 80 % sehr hoch. Im Vergleich zu den Männern haben weniger berufstätige Frauen in dieser Branche Kinder als Männer. Das ist auch ein Hinweis darauf, daß sich für Frauen die Doppelbelastung Beruf und Haushalt mit Kindern als wenig erstrebenswert darstellt. Unter den Alleinstehenden mit Kindern liegt der Anteil der Frauen bei ca. 80 % gegenüber dem Anteil der Männer, der bci 20 % liegt. Es gibt also auch in dieser Branche wesentlich mehr alleinstehende berufstätige Frauen, die neben ihrem Beruf auch ihre Kinder versorgen, als Männer.
Die Arbeitsplätze und die Beschäftigungssituationen in den privaten Film- und Fernsehproduktionsbetrieben regelt »Angebot und Nachfrage«, das heißt, Auftraggeber (hier insbesondere auch die ARD und das ZDF), Verleiher und Kinobesitzer schaffen in diesem Punkt indirekte Abhängigkeiten. Unter dem Aspekt der Gleichstellung von Frauen und Männern sollte ARD und ZDF mit dem größten Distributionsvolumen audio-visueller Produktionen eine besondere Aufmerksamkeit gelten. Als Filmeinkäufer (auch über Tochtergesellschaften, wie beispielsweise der DEGETO), als direkter Auftragvergeber oder als Mitfinanzier der Filmförderungen können beide Institutionen (incl. Landesrundfunkanstalten) den Produktionsmarkt mit beeinflussen und vor allem das Programm bestimmen. Organe, Gremien und Personen in Entscheidungsfunktionen der öffentlich-rechtlichen Fernsehanstalten und deren Tochterunternehmen müßten sich also verstärkt um eine Auftragsvergabe kümmern, bei der Frauen gleichberechtigt in Beteiligung und Stellung berücksichtigt werden. Bei Ankauf von Fremdproduktionen müßten sie dafür Sorge tragen, daß die Darstellung der Rolle der Frauen in den audio-visuellen Produktionen keine Diskriminierung bedeutet. Möglicherweise kann die Gleichstellung der Frauen mit Männern in diesem Bereich auch durch eine Kontrollinstitution mit sogenannten »Ombuds-Funktionen« erreicht werden. Eine solche Stelle könnte einerseits als Produzent gegenüber dem Auftraggeber auftreten und gleichzeitig auch Hilfestellungen bei Filmvorhaben (Filmförderung, Vertragsabschlüsse, Kalkulationen etc.) geben, um in dieser finanziell risikoreichen Branche zu einer einigermaßen gesicherten Finanzierung zu gelangen. Eine solche Stelle könnte auch eine Schutzfunktion bei abgelehnten Drehbüchern und Filmvorhaben übernehmen und gegebenenfalls als Produzent auftreten.
Von Anfang an gleichberechtigt beteiligt werden müßten Frauen in den zukünftigen sogenannten »neuen Medien«. Diese Beteiligung muß bereits bei den vier geplanten Pilotprojekten erfolgen. Die Bun-

desländer, die für diese Kabelpilotprojekte ihre Zustimmung erteilt haben, sollten sich der Gleichstellung von Frauen mit Männern bei diesen Vorhaben geradezu verpflichtet fühlen, da diese Projekte zukunftsweisend sein sollten.
Die privaten Film- und Fernsehproduktionsbetriebe können im wesentlichen als eine maßgeblich von Männern bestimmte Medienbranche bezeichnet werden. Eine Gleichstellung bei den Tätigkeiten Regie- und Produktionsleiterassistenz sowie bei den Statisten, eine Gleichstellung bei den leitenden Positionen im Verwaltungsbereich, eine Gleichstellung in der Gehaltsschichtung 3000 bis 2500 DM und 5000 bis 5500 DM und eine Gleichstellung in der Kommission Produktionsförderung C (Kinder- und Jugendfilm) des Bundesinnenministeriums reicht für eine gesetzlich verbriefte Gleichstellung nicht aus.

Auch die Dokumentarfilmer organisieren sich

»Dokumentarfilmer nehmen mit ihrer Arbeit an gesellschaftlichen Prozessen teil« (Duisburger Erklärung der Arbeitsgemeinschaft Dokumentarfilm). Sie machen Probleme deutlich, zeigen Gegensätze, Widersprüche, Konflikte auf, sind Anlaß zur Freude, zur Trauer, zum Zorn, aber sie lassen sie gleichgültig. In einer Zeit zunehmender Isolierung der Menschen voneinander, der Entfremdung durch technisches Perfektionsdenken, der Machtlosigkeit aufgrund zentraler Entscheidungsmechanismen ist Dokumentarfilmarbeit wichtiger als je zuvor. Doch gerade wegen dieser Entwicklung – auch im Arbeitsbereich der Dokumentaristen – ist sie schwieriger als je zuvor.
Nach einjähriger Vorbereitungszeit bei regionalen Treffen und auf mehreren Delegiertenkonferenzen fand zu Beginn der »4. Duisburger Filmwoche« am 19. September 1980 die Gründungsversammlung einer bundesweiten Arbeitsgemeinschaft Dokumentarfilm e. V. statt. Mehr als 80 Dokumentarfilmer traten ihr auf Anhieb bei.
Die Arbeitsgemeinschaft (Adresse: Hamburger Filmbüro, 2000 Hamburg 50, Friedensallee 7) setzt sich für eine öffentliche Förderung des Dokumentarfilms auf allen Gebieten ein und verlangt von den entsprechenden Gremien die Einbeziehung des Dokumentarfilms in die Projektförderung, die Einrichtung regionaler Produktionsbüros und die Schaffung einer wirksamen Verleih- und Vertriebsförderung für den Dokumentarfilm. Von den Fernsehanstalten fordert sie u. a. eine Erhöhung des Anteils der dokumentarischen Arbeit in allen Redaktionen und Programmbereichen.
Weitere Zielsetzungen sind in der folgenden programmatischen »Duisburger Erklärung« der Arbeitsgemeinschaft zusammengefaßt:

Duisburger Erklärung der Arbeitsgemeinschaft Dokumentarfilm

Unser Auge sieht sehr schlecht und sehr wenig – und deshalb haben die Menschen das Mikroskop erdacht, um unsichtbare Erscheinungen zu sehen, und deshalb haben die Menschen das Teleskop erdacht, um ferne, unbekannte Welten zu sehen und zu erforschen, und deshalb haben die Menschen die Filmkamera erfunden, um tiefer in die sichtbare Welt einzudringen, um die visuellen Erscheinungen zu erforschen und aufzuzeichnen, um nicht zu vergessen, was geschieht und was man in Zukunft zu berücksichtigen hat.

Dsiga Vertov

Dokumentarfilmer nehmen mit ihrer Arbeit an gesellschaftlichen Prozessen teil. Sie geben mit ihrer Arbeit Einsicht in Konflikte, zeichnen Widersprüche auf, geben Anlaß zur Freude, zum Nachdenken, zum Trauern, aber auch zum Zorn – nie zum Gleichgültigbleiben!
In einer Zeit der zunehmenden Isolierung der Menschen voneinander, der Entfremdung am Arbeitsplatz, der Machtlosigkeit des einzelnen aufgrund undurchschaubar gewordener Entscheidungsmechanismen und Lebenszusammenhänge ist bewußte Dokumentarfilmarbeit wichiger als je zuvor.
Der Dokumentarfilm soll Einblicke in Lebensbereiche und Lebensverhältnisse geben, Zusammenhänge aufklären, Verständnis wekken, zu Einsichten führen, zu Stellungnahmen herausfordern und Handlungsmöglichkeiten anbieten.
Das heutige Dokumentarfilmschaffen liegt im argen.
Das Fernsehen hat den Dokumentarfilm zum bebilderten Journalismus degradiert, für das Kommerzkino ist er erst recht nicht existent.
Dieser Entwicklung wollen wir nicht mehr tatenlos zusehen. Deshalb schließen wir uns in der Arbeitsgemeinschaft Dokumentarfilm zusammen.
Was wir brauchen, ist eine lebendige Dokumentarfilmkultur!
Wir kämpfen für die Förderung des Dokumentarfilms auf allen Gebieten. Die Arbeitsgemeinschaft Dokumentarfilm soll der beruflichen Interessenvertretung dienen und die Diskussion um Formen und Inhalte sowie Produktionsbedingungen der dokumentarischen Filmarbeit vorantreiben.
Zur Verwirklichung der Aufgaben der Arbeitsgemeinschaft gehört die Zusammenarbeit mit den DGB-Gewerkschaften, insbesondere der RFFU und dem VS sowie der DJU und der IG-Druck und Papier.
In Zusammenarbeit mit den im DGB organisierten Kolleginnen und Kollegen lassen sich die Ziele und Interessen der Mitglieder der Arbeitsgemeinschaft Dokumentarfilm am ehesten verwirklichen.
Ziel der Zusammenarbeit ist es auch, die Bildung einer einheitlichen Mediengewerkschaft im DGB zu unterstützen.
Der Grad des Zusammenwirkens mit den DGB-Gewerkschaften ist

in der Arbeitsgemeinschaft Thema der Arbeit und der Diskussion. Dabei existieren unterschiedliche Zielvorstellungen, sie umfassen die einfache Kooperation wie auch die organisierte Angliederung in eine Mediengewerkschaft.
In der film- und medienpolitischen Diskussion und Auseinandersetzung wird die Arbeitsgemeinschaft mit Gruppierungen, mit denen sie gemeinsame Ziele verfolgen kann, zusammenarbeiten.
Freie Produzenten werden Mitglieder sein wie auch Festangestellte der Rundfunkanstalten; Regisseure und Autoren ebenso wie Cutter, Tontechniker und Kameraleute; Professionelle wie Laienfilmer; Praktiker wie auch Theoretiker.
Die ganze Breite unseres handwerklichen Umfeldes ist gemeint.
Wir erwarten ein Bündel Widersprüche, die in der Arbeitsgemeinschaft auftreten werden, nicht nur unterschiedliche künstlerische, sondern auch verschiedene ökonomische Interessen sind vorhanden.
Es ist unser Ziel, diese Widersprüche mindestens offen darzulegen und – da wo möglich – auszutragen.

Duisburg, den 19. September 1980

Kurzbiographien von Filmemachern

ROBERT VAN ACKEREN, 1946 als Sohn holländischer Eltern geboren, besuchte die Fachschule für Optik und Fototechnik (Abteilung Film und Fernsehen). Von 1962 bis 64 war er Mitarbeiter des Literarischen Colloquiums Berlin. Er begann 1964 Kurzfilme zu drehen, inszenzierte 1970 als ersten Spielfilm »Blondies No. 1«. 1971 folgte »Küss mich Fremder«, »Harlis« (Bundesfilmpreis 1973), »Der letzte Schrei« (1974), »Belcanto« (1977), »Das andere Lächeln« und »Tabu« (1978).

HARK BOHM, Jahrgang 1939, wuchs auf der Nordseeinsel Amrum auf. Ab 1959 studierte er Jura in Hamburg. 1966 legte er das Staatsexamen ab. Anschließend arbeitete er als Kunsthändlergehilfe in einer Münchener Galerie, danach als Referendar am Gericht und in einer Anwaltskanzlei. 1969 gab er diesen Beruf auf und begann ein Jahr später, die ersten Kurzfilme zu drehen. 1970 gründete er zusammen mit Wim Wenders, Rainer Werner Fassbinder, Peter Lilienthal und Thomas Schamoni u. a. den Filmverlag der Autoren in München. Gelegentlich trat er in Filmen von Kollegen als Darsteller auf. Erste Arbeiten waren 1971 die Kurzfilme »Wie starb Roland S.?« und »Einer wird verletzt, träumt, stirbt und wird vergessen«. Erster Spielfilm war 1972 »Tschetan, der Indianerjunge«, es folgten 1973 »Ich kann auch 'ne Arche bauen«, 1974 »Wir pfeifen auf den Gurkenkönig« (Fernsehfilm), 1976 »Nordsee ist Mordsee«, »Wölfe« (Dokumentarfilm), 1978 »Moritz, lieber Moritz« und 1979 »Im Herzen des Hurrican«.

RAINER BOLDT, geboren 1946. Seit 1960 Experimente mit Film. 1968 bis 71 Studium an der Deutschen Film- und Fernsehakademie Berlin. Abschlußfilm »Zwei Tage fürs Leben«. 1973 »Die 7-Tage-Woche des Drahtwebers Rolf Piechotta« (Fernsehfilm), 1975 »die Wahl« (Fernsehfilm) 1976 »Fehlschuß« (Fernsehfilm), 1976 »Menschenfresser« (Spielfilm), 1977 »Neues aus Uhlenbusch« (6 Folgen der Fernsehserie), 1978 »Esch oder die Anarchie« (Fernsehfilm), 1980 »Ich hatte einen Traum« (Spielfilm).

LUC BONDY, geboren 1948 in Zürich, Sohn des bekannten Literaturkritikers François Bondy, aufgewachsen vor allem in Frankreich, Schauspielschule und Regiestudium in Paris. Theaterregie in Deutschland ab 1970. »Die Ortliebschen Frauen« ist sein erster Film. Theater: 1970 »Die Zofen« (Genet) Fabrikhalle Hamburg, »Narr und Nonne« (Witkiewicz) Göttingen, Junges Theater; 1971 »Die Stühle« (Ionesco) Nürnberg, »Bremer Freiheit« (Fassbinder) Nürnberg; 1972 »Leonce und Lena« (Büchner) Schauspielhaus Düsseldorf, »Was ihr wollt« (Shakespeare) Wuppertal; 1973 »Stella« (Goethe) Darmstadt, »Die See« (Bond) Residenztheater München; 1974 »Glaube, Liebe, Hoffnung« (Horvath) Schauspielhaus Hamburg, »Die Unbeständigkeit der Liebe« (Marivaux) Städtische Bühnen Frankfurt; »Der Dauerklavierspieler« (Laube) Städtische Bühnen Frankfurt; 1975 »Die Hochzeit des Papstes« (Bond) Städtische Bühnen Frankfurt; 1976 »Die Wupper« (Lasker-Schüler) Schaubühne Berlin; 1977 »Man spielt nicht mit der Liebe« (Musset) Schaubühne Berlin; »Gespenster« (Ibsen) Schauspielhaus Hamburg; 1978 »Lulu« (Alban Berg) Staatsoper Hamburg; »Anton Tschechows ›Platonow‹« (Brasch) Freie Volksbühne Berlin.

PETER F. BRINGMANN, 1946 in Hannover geboren, studierte von 1968 bis 71 an der Hochschule für Fernsehen und Film in München. Von 1972 bis 73 absolvierte er diverse Tätigkeiten, so als Regieassistent, Aufnahme- und Produktionsleiter. 1973 arbeitete er am Drehbuch zum Film »Kein Grund zur Unruhe« mit, den er 1974 inszenierte. 1975 führte er die Regie bei der TV-Serie »Ein Haus für uns«, und 1976 folgte der Fernsehspielfilm »Aufforderung zum Tanz«, zu dem, wie auch bei »Paul kommt zurück« (1977) und »Theo gegen den Rest der Welt« (1979), Matthias Seelig das Drehbuch schrieb. Dazwischen, 1978, drehte Bringmann noch für Tura-Film den WDR-Auftragsfilm »Der Tag, an dem Elvis nach Bremerhaven kam«.

JUTTA BRÜCKNER, geboren 1941 in Düsseldorf. Studium der Politischen Wissenschaft und Philosophie in Berlin, Paris und München. Promotion, wissenschaftliche Arbeiten und Artikel bis 1973. Lebt in Berlin. Ab 1973 Drehbücher für die Bavaria und das Bayerische Fernsehen. Hörspiele. Drehbücher und Filme: 1974: Drehbuch zu »Der Fangschuß« (zusammen mit Margarethe von Trotta, Regie Volker Schlöndorff), 1975: »Tue recht und scheue niemand«, 1976/77: »Ein ganz und gar verwahrlostes Mädchen«, 1977: Drehbuch zu »Eine Frau mit Verantwortung« (Regie Ula Stöckl), 1979/80: »Hungerjahre«, 1980: in Arbeit »Das Handwerk des Lebens« (Regie).

CHRISTEL BUSCHMANN, Studium (Germanistik, Romanistik); als Journalistin tätig für Zeitungen und Fernsehen; Übersetzungen; Lehrtätigkeit an der Film- und Fernsehakademie Berlin. Drehbücher: »Der Hauptdarsteller« (Drehbuchprämie des BMI), »Gibbi-Westgermany« (Drehbuchprämie des BMI). Erste Spielfilm-Regie: »Gibbi-Westgermany«.

RAINER ERLER, 1933 in München geboren, begann 1952 als Regieassistent bei Rudolf Jugert, Harald Braun, Kurt Hoffmann, Paul Verhoeven, Wolfgang Liebeneiner und Franz Peter Wirth. Von 1961 bis 72 war Erler als Autor, Regisseur und Produzent bei der Bavaria Atelier GmbH und drehte dann 1973 seinen ersten Film in eigener Produktionsfirma, der 1972 gegründeten pentagramma-film: »Sieben Tage«. 1965 lief nach der Fernsehausstrahlung »Seelenwanderung« in den Kinos und erhielt den Ernst-Lubitsch-Preis. Weitere Kinofilme entstanden 1967/68: »Fast ein Held« und »Professor Kolumbus«. 1974/76 lief die SF-Serie »Das blaue Palais« über die Bildschirme. »Operation Ganymed« (1977) und »Fleisch« (1979) sind nach ihrer TV-Sendung in die Kinos gekommen. Weitere wichtige TV-Filme: »Die Delegation« (1969), »Die Halde« (1975), »Die letzten Ferien« (1975) »Die letzten Ferien« (1975), »Plutonium« (1978) und »Die Quelle« (1978 /79). Mit vielen Preisen und Auszeichnungen (Triest, Mailand, Monto Carlo) hat sich Rainer Erler zum wichtigsten deutschen Science-Fiction-Regisseur profiliert. Viele seiner Filme sind auch als Romane erschienen, z. B. »Die Delegation«, »Das blaue Palais«, »Fleisch« und »Operation Ganymed«.

HEIDI GENÉE, geboren 1938 als Heidi Rente in Berlin. 1956 bis 59 Allround-Ausbildung in einer Jugendfilmproduktion. Bis 1961 Regieassistenzen in Berlin. 1962 bis 63 und ab 1967 freiberufliche Cutterin und Regieassistentin in München. 1964 bis 66 Cutterin und Regieassistentin bei der Bavaria in München. Cutterin u. a. bei Ulrich Schamoni (»Es«, 1965, u. a.), Peter Lilienthal (»La Victoria«, 1973, u. a.), Bernhard Sinkel (»Lina Braake«, 1975, u. a.), Hark Bohm (»Nordsee ist Mordsee« 1975), Alexander Kluge (»Der starke Ferdinand«, 1976).
Filme von Heidi Genée: »Hinter Ihnen dreht einer« (Kurzfilm, 1967); »Frühnachrichten« (Kurzfilm, 1968); »Grete Minde« (1976); »Lothar Günther Buchheim, Selbstbeschreibung« (Dokumentation, 1977); »Guten Morgen, Gulliver« (Kurzfilm, 1978); »Kaffee, Kuchen und Canasta« (8. Folge der Fernsehserie »Freundinen«, 1978); »1 + 1 = 3« (1979).

WOLF GREMM (37) kam über Studium (Literatur, Musik, Psychologie, Theaterwissenschaft) und DFFB (von 1966 bis 69) zum Film. Jeweils produziert von seiner Frau Regina Ziegler entstanden 1973 »Ich dachte, ich wäre tot«, 1974 »Meine Sorgen möcht ich haben« (Lubitsch-Preis), »Die Brüder« (1976), »Tod oder Freiheit« (1977), »Fabian« (1980). Dazwischen zwei TV-Filme: »Die Moodies« (1974) und »Tod im U-Bahnschacht« (1975).

PETRA HAFFTER, Filmemacherin und Produzentin (C + H-Film) in Berlin; Studium der Publizistik, Theaterwissenschaften und Politischen Wissenschaften an der FU Berlin; seit 1974 Arbeit als Autorin für den Hörfunk; 1976 dreimonatige Redaktionsassistenz (Volontariat) in der Redaktion Schauspiel des ZDF; 1977 Gründung der C + H-Film, zusammen mit Richard Claus; seit 1979 Mitglied im Vorstand des »Verbands der Filmarbeiterinnen e. V.«. Ihre Filme: Dokumentarfilme »Leben und Kampf«, 1976, Mitarbeit an Buch und Ton; »Gefährliche Arbeit«, 1976, Mitarbeit an Buch und Schnitt; »Zensur«, 1977, Co-Regie; »Alles hat hier seinen Preis«, 1977, Buch, Regie, Produktion; »Morgen geht die große Reise los«, 1978, Co-Autorin, Co-Regie, Produktion; »Wahnsinn, das ganze Leben ist Wahnsinn«, 1979; »Bananen-Paul«, Spielfilm 1980 (in Vorbereitung), Produktion; »Panik«, Dokumentarfilm 1980 (in Vorbereitung), Produktion.

ERWIN KEUSCH, 1946 in Zürich geboren, studierte zunächst Germanistik, Psychologie und Geschichte und ab 1968 Theaterwissenschaft und Germanistik in München. Zum Film kam er 1973 über eine freie Mitarbeit beim Bayerischen Rundfunk und dem ZDF. 1974 gründete er zusammen mit Christian Weisenborn eine eigene Filmfirma, die Nanuk-Filmproduktion. Sein erster Kinospielfilm war 1976 »Das Brot des Bäckers«, für den er 1977 einen Bundesfilmpreis erhielt. Erster langer Dokumentarspielfilm: »Lehrlinge«, 1971/72. Als abendfüllende Kinodokumentation brachte der Filmwelt-Verleih »Was ich bin, sind meine Filme« (über Werner Herzog) heraus, der 1977/78 entstanden ist.

INGO KRATISCH, 1945 in der CSSR geboren, studierte von 1969 bis 72 an der Filmakademie in Berlin. Seine Filme: 1971 zwei Kurzfilme: »In Kreuzberg« und »Akkord«. Dann Spielfilme: 1972 »Die Wollands«, 1973 »Lohn und Liebe«, 1975 »Familienglück«, 1976 »Die Tannerhütte«, diese vier zusammen mit Marianne Lüdcke. 1979 »Henry Angst«.

KLAUS LEMKE, 39, begann nach einem abgebrochenen Kunstgeschichts- und Philosophiestudium 1963 als Regieassistent, war Mitarbeiter der Zeitschrift »Film«, drehte sechs Kurzfilme und inszenierte 1967 als erste Spielfilme »48 Stunden bis Acapulco« und »Negresco – Eine tödliche Affäre«, danach eine Zeitlang nur Fernsehfilme, ab 1975 (»Idole«) mit Cleo Kretschmer in der Hauptrolle. 1978 konnte er dann wieder einen Kinofilm realisieren: »Ein komischer Heiliger«, in den Hauptrollen Cleo (Ingeborg Maria) Kretschmer und Wolfgang Fierek.

PETER LILIENTHAL, geboren 1929 in Berlin, 1939 Emigration nach Uruguay, 1959 Rückkehr nach Deutschland, seitdem Regisseur von rund 25 Fernseh-, Dokumentar- und Spielfilmen. Aus der Zusammenarbeit der ZDF-Redaktion »Das kleine Fernsehspiel« mit Peter Lilienthal entstanden folgende Filme: 1971 »Jacob von Gunten« nach Robert Walsers Roman; 1972 »Start Nr. 9« (Kamerafilm); 1973 »Shirley Chisholm for President« (Kamerafilm) – Adolf-Grimme Preis; 1973 »La Victoria« (Filmproduktion) – Kritikerpreis des Fernsehfestivals in Prag, Fernsehpreis der Deutschen Akademie für Sprache und Dichtung; 1975 »Es herrscht Ruhe im Land« (ZDF-Erstsendung am 5. 1. 1978); 1976 »Kadir« (Kamerafilm); 1979 »David« (Spielfilm/Gemeinschaftsproduktion mit dem ZDF) – Zwei Bundesfilmpreise in Gold für die Herstellung und den Schauspieler Valter Taub, »Goldener Bär« der Berlinale '79.

HANS NOEVER, Jahrgang 1928, schrieb ein Theaterstück (»Nach Kasan«), einen Roman (»Venedig liegt bei Cleve«) und ein Hörspiel (»Der Tod meines Vaters«), bevor er 1967 zusammen mit Thomas Schamoni als erste Filmarbeit die Dokumentation »Eine Luftreise, ein Abenteuer, etwas für Kenner« drehte. 1969/70 entstanden weitere Dokumentarfilme: »Beckett – wie es war«, »Frankenstein am Rhein«. 1972 drehte er die TV-Produktion »Zahltag«, dann wieder Dokumentarfilme: »Bannister ist verschwunden« (1974), »Antoine – 16221 – 0« (1975), »Ich weiß, daß die Sonne« (Bundesfilmpreis 1975) und »Der kaputte Traum« (1976). 1978 entstand Noevers erster Spielfilm: »Die Frau gegenüber«, 1979 folgte ebenfalls fürs Kino »Die Nacht mit Chandler« sowie »Der Preis fürs Überleben«. Noever ist Gründungsmitglied und war bis 1977 Mitgesellschafter des Filmverlags der Autoren.

HANSJÜRGEN POHLAND, gebürtiger Berliner (1934) studierte nach dem Abitur Musik und lernte dann in der Mosaik-Kopieranstalt in Berlin das Filmhandwerk. 1955 gründete er seine eigene Produktionsfirma und drehte 21 Kurzfilme, alle wurden prädikatisiert, viele errangen internationale Auszeichnungen. Seine erste Spielfilm-Produktion war 1961 »Tobby«, dem 1962 »Das Brot der frühen Jahre« von Herbert Vesely folgte, der fünf Bundesfilmpreise errang. Ebenfalls 1962 entstand als Pohland-Produktion Peter Lilienthals »Stück für Stück« und im selben Jahre Pohlands TV-Regie »Wenn ich Chef wäre« mit Wolfgang Neuss. Weitere Kinofilme, die Pohland produzierte: »Die Tote von Beverly Hills« (1964, Michael Pfleghar), »Serenade für zwei Spione« (1965, Pfleghar), »Katz und Maus« (1966, Pohland auch Regie), ebenfalls Regie bei den Filmen »Dieser Mann und Deutschland« (1966 für den WDR) und »Tamara« (1967). »Under Ground« inszenierte und produzierte Pohland 1969, 1970 mit F. J. Gottlieb »Hänsel und Gretel ... verliefen sich im Wald«. 1970 »Stamping Ground« über das Pop-Festival in Rotterdam, 1971 »Things Fall Apart«, 1974 Produzent des Spielfilms »Der zweite Frühling«. 1977 drehte Ulli Lommel bei ihm »Ausgerechnet Bananen«, und 1978 war Pohland Co-Produzent beim amerikanischen Film »Blank Generation.«

PETER PRZYGODDA, geboren 1941 in Berlin, arbeitete von 1968 bis 70 als Schnittassistent bei der CCC-Film (Berlin). Seit 1970 ist er selbständiger Schnittmeister und drehte eigene Kurz- und Dokumentarfilme. In Brasilien drei Dokumentarfilme: »Saveiros«, »Caxunde« (Preis des internationalen Dokumentarfilmfestivals in Rio) und »... als Diesel geboren«. Kurzfilme: »Besuch auf dem Land« (1969) und »Can« (1971). Schnittmeister der Filme: »Der große graublaue Vogel« (Thomas Schamoni), »Ludwig II« (Syberberg), »Adele Spitzeder« (Peer Raben), »Liebe, so schön wie Liebe«, »Sylvie« (Klaus Lemke), »Paul« (Klaus Lemke), »Teenagerliebe« (Klaus Lemke), »Katharina Blum« (Volker Schlöndorff), »Sternsteinhof« (H. W. Geißendörfer), »Die gläserne Zelle« (H. W. Geißendörfer), »Summer in the City« (Wim Wenders), »Die Angst des Tormanns« (Wim Wenders), »Der scharlachrote Buchstabe« (Wim Wenders), »Alice in den Städten« (Wim Wenders), »Falsche Bewegung« (Wim Wenders), »Der amerikanische Freund« (Wim Wenders), »Die linkshändige Frau« (Peter Handke), »Messer im Kopf« (Reinhard Hauff) und »Lightening Over Water« (Wim Wenders).
Bundesfilmpreis für den Schnitt von: »Falsche Bewegung« (1975), »Der amerikanische Freund« (1978), »Die linkshändige Frau« (1978) und »Die gläserne Zelle« (1978).

JOCHEN RICHTER, 1941 in Böhmen geboren, studierte Theaterwissenschaft in München, realisierte erste Kurzfilme am Deutschen Institut für Film und Fernsehen, arbeitete als Regieassistent und Kameramann und fünf Jahre als Redakteur beim Bayerischen Fernsehen. Kamera, Buch und Regie zu mehr als 25 Dokumentarfilmen. Buch und

Regie bei drei Kino-Spielfilmen. Zu seinen Filmen gehören u. a. 1966 »Hälfte des Lebens«, 1967 »Ich schreibe dir aus einem fernen Land«, 1968 »Garten der Foltern«, 1969 »Hermann Hesse«, 1970 »Träume aus Eisen und Glas«, »Joan Miro«, 1971 »Den Fischen etwas über das Wasser erzählen«, 1972 »Die Wüste«, »Ansichten von Bayern«, 1973 »Die Ameisen kommen« (Kino-Spielfilm), 1974 »Basta«, 1975 »Umarmungen« (Kino-Spielfilm), 1976 »Cowboy«, 1977 »Eurydike – oder das Mädchen von Nirgendwo«, 1978 »Spiegel der Städte«, »Henry Fonda«, 1979 »Richard Strauss«, »Ich bin Dein Killer« (Kino-Spielfilm).

CHRISTIAN RISCHERT, 1936 geboren, gründete 1959 seine Produktionsfirma Arcis-Film und produzierte einige Hundert Werbe- und Industrie-, Kurz- und Dokumentarfilme, bevor er 1966 mit »Kopfstand, Madam!« den ersten Spielfilm inszenierte. Es folgten TV-Filme und Dokumentationen: »Platz 219« (1967), »Ich war beim Caudillo, Franziska« (1968/69), »Die Anpassung« (1969), »Polizeianwärter« (1970), »Mittlere Reife« (1971), »Berührungen« (1971), »Einzelhaft« (1972). 1976 entstanden »Der Tod des Fischers Marc Leblanc«, »K.u.k.-Hofzuckerbäcker Demel«, 1977 »Venedig« und »Paradiesgarten«, 1979 »Das Restaurant«, »Die Feinschmecker«, »Lena Rais«.

SOHRAB SHAHID SALESS, 1944 in Teheran geboren, lebt und arbeitet seit 1974 in der Bundesrepublik Deutschland. Nach Regie- und Dramaturgie-Studien in Wien und Paris drehte er mehr als 20 kurze Dokumentarfilme für das Iranische Ministerium für Kultur und Kunst, wofür er u.a. (1971) eine Goldmedaille beim Teheraner Festival bekam. Weil das Ministerium keine langen Filme förderte, realisierte er mit den Zuschüssen für einen Kurzfilm (ca. 5000 DM) seinen ersten langen Spielfilm »Ein einfaches Ereignis« (1973). Es folgte »Stillleben« (1974). Beide Filme hatten Erfolg bei den Berliner Filmfestspielen 1974. Weil er ein Projekt über ein Waisenhaus in Teheran abbrechen mußte und wohl auch wegen politischer Schwierigkeiten, ging Saless in die Bundesrepublik; hier drehte er zunächst »In der Fremde« (1974), dann »Reifezeit« (1975) (bei dem sich Saless ebenfalls auf sein einziges Vorbild Tschechow beruft), »Tagebuch eines Liebenden« (1976) und den 60-Minuten-s/w-Film »Die langen Ferien der Lotte H. Eisner« (1979) und »Ordnung« (1979/80).

HELMA SANDERS-BRAHMS (40) besuchte drei Semester die Schauspielschule in Hannover, studierte von 1962 bis 65 Germanistik und Anglistik und arbeitete dann ein Jahr als Lehrerin. Sie hospitierte bei Corbucci und Pasolini.

Ihre erste Filmarbeit war 1969 eine Dokumentation über »Angelika Urban, Verkäuferin, verlobt« und »Die Ausbeutung von Hoffnung«. Nach dieser Eigenproduktion drehte sie für das ZDF das kleine Fernsehspiel »Gewalt« (1970). Es folgten »Die industrielle Reserve-Armee« (1971), »Der Angestellte« (1972), »Die Maschine (1973). 1974 inszenierte sie als Bavaria-Produktion »Die letzten Tage von Gomorrha« mit Mascha Rabben und Ernst Jacobi, eine barocke Version von Alice in Wonderland auf Sizo-Science-Fiction. 1974: »Erdbeben in Chile«, 1975: »Unter dem Pflaster ist der Strand«, 1976: »Shirins Hochzeit«, 1976/1977: »Heinrich« (Regina Ziegler produzierte diesen mit Bundesfilmpreis und Goldener Schale ausgezeichneten Film), 1980: »Deutschland bleiche Mutter«, »Vringsveedeler Tryptichon« (dreiteiliger Dokumentarfilm).

NIKLAUS SCHILLING, 1944 in Basel geboren, ist gelernter Grafiker und Dekorateur. Nach einigen 8-mm-Versuchen beginnt er 1963 als Kameraassistent in Zürich, dann Kameramann beim Fernsehen. Ab 1965 lebt er in München, zunächst als Produktionsassistent und dann Kameramann, u. a. bei Lemke, Thome, Spils, Straub. Daneben auch einige Kurzfilme: »Cosmos Action Painting« (1961), »Reinigungsanlage II« (1962), »Verlorene Stunden« (1965), »Flug 601« (1966), »Auftrag ohne Nummer« (1967) und »Einsamer Morgen« (1968). Seinen ersten Spielfilm dreht er 1971: »Nachtschatten«. Es folgen 1976 »Die Vertreibung aus dem Paradies«, 1977 »Rheingold« und 1979 »Der Willi-Busch-Report«.

WERNER SCHROETER, 1945 in Thüringen geboren, wuchs in Bielefeld auf. Nach dem Abitur studierte er drei Semester Psychologie. Nebenbei arbeitete er als Journalist. 1967/68 drehte er seine ersten Filme auf 8 mm. 1968 nahm er am Experimentalfilmfestival in Knokke teil. 1969 konnte er seine ersten Erfolge auf der Hamburger Filmschau und der Mannheimer Filmwoche verbuchen. Er inszenierte auch für das Theater: »Emilia Galotti« 1972 in Hamburg; »Salome«, »Lukrezia Borgia«, »Fräulein Julie« und »Das Käthchen von Heilbronn« zwischen 1973 und 1978 in Bochum; »Miss Sarah Sampson« 1977 in Kassel. Dort auch 1979 seine erste Operninszenierung: Wagners »Lohengrin«. Seinen ersten langen Film drehte er 1969: »Eika Katappa«. Es folgten »Nicaragua«, 1970 »Der Bomberpilot« und »Anglia« (unveröffentlicht), 1971 »Salome«, »Macbeth«, »Der Tod der Maria Malibran«, 1973 »Willow Springs«, 1974 »Der schwarze Engel«, 1976 »Flocons d'or/Goldflocken«, 1978 »Regno die Napoli – Neapolitanische Geschwister«, 1980 «Palermo oder Wolfsburg«.

BERNHARD SINKEL, 1940 in Frankfurt am Main geboren, ist von Beruf Rechtsanwalt. Von 1970 bis 72 leitete er das Ressort Archiv und Dokumentation beim Nachrichtenmagazin »Der Spiegel« und schrieb ab 1972 Filmdrehbücher, besorgte Produktionsleitungen und bearbeitete TV-Serien, z. B. die »Sesamstraße«. Erster eigener Film war der Fernsehfilm »Clinch« 1973, bei dem schon Alf Brustellin, mit dem er später alle Filme zusammen gemacht hat, an der Kamera stand. So auch bei Sinkels erstem Kinofilm, der gleich ein großer Erfolg wurde. »Lina Braake – die Interessen der Bank können nicht die Interessen sein, die Lina Braake hat« (1974/75). Die nächsten beiden Filme entstanden in Co-Regie mit Brustellin: »Berlinger« (1975) und »Der Mädchenkrieg« (1976/77). 1977 drehte er nach einem gemeinsam mit Brustellin verfaßten Buch den »Taugenichts«, und 1977/78 war Sinkel am Kollektivfilm »Deutschland im Herbst« beteiligt.

MICHAEL VERHOEVEN, Sohn von Paul Verhoeven, Jahrgang 1938, begann nach seinem Medizinstudium mit der Film- und Bühnenarbeit in München. Für seinen 1973 entstandenen Vietnam-Film »o.k.«, der auch für heftigen Berlinalwirbel sorgte, erhielt er den Bundesfilmpreis. Seine Spielfilme: »Paarungen«, »Engelchen macht weiter – hoppe, hoppe Reiter«, »Der Bettenstudent«, »o.k.«, »Wer im Glashaus liebt ...«, »Sonja schafft die Wirklichkeit ab oder Ein unheimlich starker Abgang«, »MitGift«, »Gefundenes Fressen«, »Sonntagskinder«.

WIM WENDERS, 1945 in Düsseldorf geboren, drehte 1967 seine beiden ersten 16-mm-Filme: »Schauplätze« und »Same Player Shoot Again«. Es folgten »Silver City« (1968), »Polizei Film«, »Alabama« (erster 35-mm-Film) und »3 amerikanische LP's« (1969), »Summer in the City« (1970), »Die Angst des Tormanns beim Elfmeter« (1971), »Der scharlachrote Buchstabe« (1972), »Alice in den Städten« und »Aus der Familie der Panzerechsen« (1974), »Falsche Bewegung« (1975), »Im Lauf der Zeit« (1976), »Der amerikanische Freund« (1977), »Lightning Over Water« (1979), »Hammett« (in Arbeit).

WIGBERT WICKER, geboren 1939 in Stadt Allendorf bei Marburg, Abitur in Fulda, Studium der Anglistik und Germanistik in Marburg, München und Edinburgh. Das Regiehandwerk gelernt als Assistent bei Rainer Erler, Franz Peter Wirth, Don Taylor, Alexander Petrowic (»Gruppenbild mit Dame« mit Romy Schneider) und Alfred Vohrer (Simmel-Filme). Für »Car-Napping« wurden sämtliche bundesdeutsche Förderungen ausgeschüttet: Filmförderungsanstalt, Filmförderung vom Berliner Senat, Rahmenabkommen Film/Fernsehen.

Anschriften der Filmverleiher in der Bundesrepublik und in Westberlin

ABATON-FILM-VERLEIH – Von-Melle-Park 17, 2000 Hamburg 13; T.: 040/454222

AB-FILMVERLEIH – Rudolf Breitscheid-Str. 21, 6092 Kelsterbach/Ts.; T.: 06107/4678

ACCORD-FILM – Weseler Str. 65, 4000 Düsseldorf; T.: 0211/620640

ADRIA-FILMVERLEIH – Bayerstr. 37, 8000 München 2; T.: 089/592465

AG-KINO – siehe FiFiGe

ALEMANNIA/ARABELLA – Rauchstr. 8, 8000 München 80; T.: 089/989591

ASCOT-FILM – Charlottenstr. 1, 4000 Düsseldorf; T.: 0211/365269

ATLAS-FILMVERLEIH – Ludgeristr. 16, 4100 Duisburg; T.: 0203/370011–17

AVIS-FILMVERLEIH – Leopoldstr. 62, 8000 München 40; T.: 089/396020

BASIS-FILM – Güntzelstr. 60, 1000 Berlin 31; T.: 030/8533035

CHRONOS-FILMVERLEIH – Tegernseer Landstr. 284, 8000 München 90; T.: 089/6904092

CIC CINEMA INTERNATIONAL – Kaiserstr. 66, 6000 Frankfurt; T.: 0611/236944/46
Lietzenburger Str. 51, 1000 Berlin 30; T.: 030/243039
Graf-Adolf-Str. 18, 4000 Düsseldorf; T.: 0211/364031/2
Glockengießerwall 1, 2000 Hamburg 1; T.: 040/331946
Sonnenstr. 2, 8000 München 2; T.: 089/594310

CONCORDE-FILM – Wilhelmstr. 22, 8000 München 40; T.: 089/333889

CS CINEMA SERVICE INTERNATIONAL – Gernotstr. 11, 8000 München 40; T.: 089/306400

DIAMANT-FILM – Graf-Adolf-Str. 108, 4000 Düsseldorf; T.: 0211/360713/4

FANTASIA FILMVERLEIH – Am Laufer Schlagturm 3, 8500 Nürnberg; T.: 0911/203922

FIFIGE, HAMBURGISCHE FILMVERKAUFSGENOSSENSCHAFT – Von-Melle-Park 17, 2000 Hamburg 13; T.: 040/418830

FILM ALLIANZ – Herzogspitalstr. 11, 8000 München 2; T.: 089/2604145

FILMHANSA – Poccistr. 3, 8000 München 2; T.: 089/7252888

FILMVERLAG DER AUTOREN – Tengstr. 37, 8000 München 40;

T.: 089/376461
Graf-Adolf-Str. 10, 4000 Düsseldorf; T.: 0211/360880
Glockengießerwall 6, 2000 Hamburg; T.: 040/2802322
Windscheitstr. 19, 1000 Berlin; T.: 030/7213860

FILMWELT – Trautenwolfstr. 7, 8000 München 40; T.: 089/395875, 335277

FREUNDE DER DEUTSCHEN KINEMATHEK E. V. – Welserstr. 25, 1000 Berlin 30; T.: 030/211725/246848

GAMMA-FILM – Schweigerstr. 2, 8000 München 40; T.: 089/661091

FRITZ GENSCHOW-FILM – Kyllmannstr. 14, 1000 Berlin 39; T.: 030/8051053

HERZOG-FILMVERLEIH – Martin-Heindl-Str. 2, 8022 Grünwald; T.: 089/6411099

IMPULS FILM H. J. FLEBBE – Gustav-Brandt-Str. 10, 3000 Hannover; T.: 0511/809351 8

JUGENDFILM-VERLEIH GMBH – Lietzenburger Str. 44, 1000 Berlin 30, T.: 030/2131063
Graf-Adolf-Str. 108, 4000 Düsseldorf; T.: 0211/362097/98
Taunusstr. 52/60, 6000 Frankfurt/M.; T.: 0611/233358/59
Ernst-Merck-Str. 14, 2000 Hamburg 1; 040/249086/87
Sendlinger-Tor-Platz 10, 8000 München 2; T.: 089/598455/56

KORA-FILM – Adelheidstr. 7, 8000 München 40; T.: 089/374607

NEF – Widenmayerstr. 4, 8000 München 22; T.: 089/226319
Disposition: Saarfilm, Grühlinstr. 115, 6600 Saarbrücken; T.: 0681/42461

NEUE CONSTANTIN FILM – Albert-Roßhaupter-Str. 73, 8000 München 70; T.: 089/72961
Lietzenburger Str. 51, 1000 Berlin 30; T.: 030/2117031
Graf-Adolf-Str. 37, 4000 Düsseldorf; 0211/370597
Taunusstr. 52–60, 6000 Frankfurt; T.: 0611/230711
Dammtorstr. 12, 2000 Hamburg 36; T.: 040/341631

NOBIS-FILM – Lietzenburger Str. 51, 1000 Berlin 30; T.: 030/2138995
Graf-Adolf-Str. 108, 4000 Düsseldorf 1; T.: 0211/352527
Taunusstr. 52–60, 6000 Frankfurt; T.: 0611/236388
Glockengießerwall 6, 2000 Hamburg 1; T.: 040/2803881
Schuberstr. 8, 8000 München 2; T.: 089/534541

NWDF-UNITAS – Klosterstr. 78, 4000 Düsseldorf; T.: 0211/353730

OBELISK – Amiraplatz 1, 8000 München 2; T.: 089/297382

PAHL-FILM – Wilhelmstr. 12, 7400 Tübingen; T.: 07071/27671

PROKINO – Ungererstr. 84, 8000 München 40; T.: 089/365081

RESIDENZ FILMVERLEIH – Poccistr. 3, 8000 München 2; T.: 089/777038

RING-FILM-VERLEIH – Schwalbenstr. 13, 8012 Ottobrunn; T.: 089/6094141

CARLO SCHMIDT – Schwarzer Weg 11, 4040 Neuß; T.: 02101/464661
SCOTIA FILMVERLEIH – Possarstr. 14, 8000 München 80; T.: 089/473027
SENATOR FILM – Goethestr. 18, 6000 Frankfurt/M.; T.: 0611/294084–6
SKYLIGHT FILMVERLEIH – Potsdamer Str. 96, 1000 Berlin; T.: 030/2615045
SPLENDID-FILM – Graf-Adolf-Str. 108, 4000 Düsseldorf; T.: 0211/365285
STEIN FILM – Theresienstr. 130, 8000 München 2, T.: 089/525294
TEAM FILM – Giselastr. 15, 8000 München 40; T.: 089/161291
TOBIS FILMKUNST GMBH – Bismarckstr. 108, 1000 Berlin 12; T.: 030/310456
TWENTIETH CENTURY FOX – Hainer Weg 37–53, 6000 Frankfurt 70; T.: 0611/610371
Kurfürstendamm 197–198, 1000 Berlin 15; T.: 030/8814099
Graf-Adolf-Str. 83/87, 4000 Düsseldorf; T.: 0211/363031
Klosterwall 4, 2000 Hamburg 1; T.: 040/322877
Lenbachplatz 3, 8000 München 2; T.: 089/558177
UNIDOC – Dantestr. 29, 8000 München 19; T.: 089/156061
UA UNITED ARTISTS – Stresemannallee 13, 6000 Frankfurt; T.: 0611/637096
Lietzenburger Str. 51, 1000 Berlin 30; T.: 030/2115066
Oststr. 168, 4000 Düsseldorf; T.: 0211/350414
Spitaler Str. 11, 2000 Hamburg 1; T.: 040/331299
Bayerstr. 13, 8000 München 2; T.: 089/591524
VERLEIHGENOSSENSCHAFT DER FILMEMACHER E. G. – Alfonsstr. 1, 8000 München 19; T.: 089/1901208
WARNER-COLUMBIA FILMVERLEIH – Ickstattstr. 1, 8000 München 5; T.: 089/236010
Schaperstr. 29, 1000 Berlin 15; T.: 030/244712
Scheurenstr. 1, 4000 Düsseldorf; T.: 0211/369931
Kaiserstr. 66, 6000 Frankfurt/M., T.: 0611/232054
Steindamm 32, 2000 Hamburg 1; T.: 040/244054

Verzeichnis der Regisseure

Verzeichnis der fremdsprachigen Originaltitel